utb 5829

Eine Arbeitsgemeinschaft der Verlage

Brill | Schöningh – Fink · Paderborn
Brill | Vandenhoeck & Ruprecht · Göttingen – Böhlau Verlag · Wien · Köln
Verlag Barbara Budrich · Opladen · Toronto
facultas · Wien
Haupt Verlag · Bern
Verlag Julius Klinkhardt · Bad Heilbrunn
Mohr Siebeck · Tübingen
Narr Francke Attempto Verlag – expert verlag · Tübingen
Psychiatrie Verlag · Köln
Ernst Reinhardt Verlag · München
transcript Verlag · Bielefeld
Verlag Eugen Ulmer · Stuttgart
UVK Verlag · München
Waxmann · Münster · New York
wbv Publikation · Bielefeld
Wochenschau Verlag · Frankfurt am Main

Thomas Mergel

Staat und Staatlichkeit in der europäischen Moderne

Vandenhoeck & Ruprecht

Dr. Thomas Mergel ist Professor für Europäische Geschichte des 20. Jahrhunderts an der Humboldt-Universität zu Berlin.

Online-Angebote oder elektronische Ausgaben sind erhältlich unter **www.utb.de**

Bibliografische Information der Deutschen Nationalbibliothek
Die Deutsche Nationalbibliothek verzeichnet diese Publikation in der Deutschen Nationalbibliografie; detaillierte bibliografische Daten sind im Internet über https://dnb.d-nb.de abrufbar.

Umschlagabbildung: Titelblatt von Thomas Hobbes' Leviathan. https://commons.wikimedia.org/wiki/File:Leviathan_by_Thomas_Hobbes.jpg

Korrektorat: Dore Wilken, Freiburg
Umschlaggestaltung: Atelier Reichert, Stuttgart
Satz: SchwabScantechnik, Göttingen
Druck und Bindung: GrafikMediaProduktionsmanagement, Köln
Printed in the EU.

Vandenhoeck & Ruprecht Verlage | www.vandenhoeck-ruprecht-verlage.com

UTB-Band-Nr. 5829
ISBN 978-3-8252-5829-0

Inhalt

Einführung

1. Staat als Problem der Moderne

Es geht im Folgenden um ein Phänomen, das alle immer und überall irgendwie betrifft, aber trotzdem – oder vielleicht deshalb – schwer benennbar ist. „Staat“ ist einer der Begriffe, die so alltäglich sind, dass man sie für naturgegeben zu halten geneigt ist: der römische Staat, der Staat der Maya, der Staat im Mittelalter. „Der Staat“ erscheint fast wie ein Individuum und manchmal benimmt er sich auch wie ein Mensch: Der Staat muss reagieren, er nimmt Steuern ein, er bedenkt bestimmte Gruppen (und meist ist „Vater Staat“ auch ein Mann – es geht eben um *Herr*-schaft[1]). Diese Anthropologisierung verweist nicht nur darauf, dass uns der Staat im Alltag sehr nah ist, sondern auch auf die Suggestion, er sei etwas Überzeitliches. Nun sind Historiker aber daran gewöhnt, dass die Dinge niemals so bleiben, wie sie sind, und dass alle Phänomene, die wir vor uns haben, historisch sind, sprich: dass sie irgendwann entstanden sind und deshalb auch irgendwann wieder enden werden. Unsere Wirtschafts- und Lebensformen sind historisch; das Verhältnis der Geschlechter ist wandelbar; sogar das Verhältnis zum eigenen Körper, Gefühle und Empfindungen haben eine Geschichte, wenn wir diese auch nicht leicht historisieren können.

Das ist beim Staat nicht anders. Auch er ist ein historisches Phänomen, das einen Anfang und vermutlich auch irgendwann ein Ende hat. Mit „Staat“ ist demgemäß nicht jede Art von politischer Herrschaft gemeint, sondern eine spezifische, zur Institution geronnene Ausprägung. Dieser Staat, so der Ausgangspunkt dieses Buches, ist eine Erscheinung der Moderne. Mit „Moderne“ ist dabei (sehr grob) die Epoche gemeint, die sich etwa in den letzten 500 Jahren entwickelte, die sich mit den atlantischen Revolutionen des späten 18. und den industriellen Revolutionen des 19. Jahrhunderts voll ausbildete (und seit ein paar Jahrzehnten womöglich an ein Ende kommt).[2] Der Begriff bezieht sich, wie die Diskussionen der letzten Jahre herausgestellt haben, vor allem auf den Westen, so dass man eigentlich von „west-

1 Dank an Paul Nolte für diese Anregung.

2 Als ein Überblick über die verzweigte Diskussion zu diesem Thema: Dipper, Moderne.

Kolonialherren Staaten entstehen und wurde Staatlichkeit entwickelt (wenngleich mit unterschiedlichem Erfolg und anderen Folgewirkungen).

Insofern ist der moderne Staat in seinen Formen und Strukturen ein Phänomen und ein Merkmal der Moderne. Dieses Ausgangspostulat wurde und wird nicht überall geteilt, und gerade in Deutschland, wo der Begriff des Staates eine besondere Schätzung genoss, gab es seit dem 19. Jahrhundert die geradezu kanonische Auffassung, dass der Staat der Neuzeit nur ein besonderer Fall des Umstands sei, dass alle entwickelten Gesellschaften Staaten hervorgebracht hätten.[5] Manche Althistoriker operieren selbstverständlich auch für das alte Israel, das Perserreich oder die Kelten mit dem Staatsbegriff.[6] Auch für das Mittelalter werden in neuerer Zeit Fragen der Staatlichkeit diskutiert.[7] Die west- und südeuropäische Forschung benutzt in diesem Zusammenhang „estado“ oder „stato“ weitaus ungezwungener als die deutsche den Begriff „Staat“. Auch aus der politischen Anthropologie kommen Vorstellungen, „Staat“ als eine Herrschaftsform zu sehen, die die Bildung menschlicher Gemeinschaften seit sehr früher Zeit begleitet hat.[8] Und die Globalgeschichte operiert für die großen asiatischen Reiche wie China oder Japan auch für die Zeit der (westlichen) Vormoderne oftmals recht zwanglos mit dem Staatsbegriff.[9]

In der Tat gibt es gute Gründe, all diesen politischen Ordnungen Momente von Staatlichkeit zu attestieren. Aber es ist eben etwas anderes, den Staatsbegriff in seinem vollen Bedeutungsumfang zu verwenden. Mit „Staatlichkeit“ ist das Bündel an Funktionen gemeint, das, treten sie zusammen auf, einen Staat ausmachen kann, die aber auch für sich oder schwächer ausgeprägt auftreten können. Dazu gehört etwa der Anstaltscharakter, dass also politische Herrschaft nicht mehr von einer Führungsperson abhängig ist; dazu gehören eine Finanzierung durch kontinuierliche Steuern, eine zentral gesteuerte Militärmacht, Gesetze mit Anspruch auf umfassende Geltung, eine Administration, die Aufgaben erfüllen und nicht nur Pfründner versorgen soll. Dazu gehört aber auch eine Einheitlichkeit der Herrschaft, die sich darin äußert, dass man nur diesem (einen) Staat verpflichtet oder unterworfen ist. Generell führt es nicht weit, in allen Gesellschaften mit Herrschaftsstrukturen einen Staat zu vermuten, denn dann kann man die Besonderheit dessen, was neu ist am modernen Staat, nicht mehr erkennen. Aber man kann diese Vor- und Außer-Geschichten nicht unterschlagen, wenn man verstehen will, was so neu und einzigartig am modernen Staat ist.

---

5 Zur Diskussion der ideengeschichtlichen Linien (schon mit deutlicher Skepsis gegenüber der emphatischen Ladung des Begriffs „modern“): Skalweit, Der ‚moderne Staat‘; Schieder, Wandlungen des Staats.

6 Demandt, Antike Staatsformen.

7 Vgl. Stefan Esders, „Staatlichkeit“, Governance und Recht im (westlichen) Mittelalter, in: Schuppert (Hg.), Von Staat zu Staatlichkeit, 77–100.

8 So etwa Breuer, Der Staat.

9 Vgl. die Begriffsdiskussion bei Wolfgang Reinhard, Einleitung: Weltreiche, Weltmeere – und der Rest der Welt, in: ders. (Hg.), 1350–1750, 18–20.

2. Was bedeutet „Staat"?

Dass wir es mit einem neuen Phänomen zu tun haben, erhellt auch aus der Selbstbezeichnung der modernen politischen Ordnungen. Denn erst in der Frühen Neuzeit hat sich der Begriff so herausgebildet, wie wir ihn kennen. Die Begriffsgeschichte kann dieser Selbstbeschreibung nachspüren.[10] „Staat" kommt aus dem Lateinischen „status" (= „Zustand", „Stand") und wird in der Formulierung „status rei publicae" (= der Zustand des Gemeinwesens) zu einem Begriff, der eine politische Verfasstheit beschreibt. Im Mittelalter und der Frühen Neuzeit meinte vor allem im außerdeutschen Sprachgebrauch „status" auch ein Landgut, eine Besitzung (das englische Wort für Immobilien „real estate" verweist darauf). Status war (wie die französische Fassung „état") zunächst eine Bezeichnung für die mittelalterlichen Stände, die landgebunden waren und über Land verfügten: Ein König, den man John Lackland nannte (= Johann Ohneland 1166–1216: ein bösartiger Spottname. Eigentlich hieß der Mann Plantagenet), war deshalb kein legitimer König. Erst im 17. Jahrhundert bürgerte es sich in Deutschland ein, den Begriff Staat (oftmals auch noch „Stat" ohne die deklinatorische Nachsilbe „us" geschrieben) auch für die *civitas* oder die *res publica,* also für politische Gemeinschaften zu benutzen. Ein Beispiel sind die niederländischen „Generalstaaten", d.h. die „Generalstände", also eine Art Reichstag dieses Gebiets, das sich im 16. Jahrhundert vom Reich losgelöst hatte. Auch heute noch heißt das Parlament der Niederlande „Staten-Generaal".

Das neue Modell politischer Herrschaft wurde also von neuen Begriffsbildungen begleitet – neue Semantiken verweisen darauf, dass die Welt sich mit den alten Worten nicht mehr adäquat beschreiben lässt. Das gilt schwerpunktmäßig für den deutschen und den romanischen Sprachraum. Für das Heilige Römische Reich hat Robert von Friedeburg argumentiert, dass sich mit „Staat" schon früh eine institutionelle Vorstellung verband, die auch den Fürsten binden sollte und die mehr bedeutete als nur Sicherheit und Ordnung, sondern auch die „Gute Policey" einschloss, also die Fürsorge für die Bürger und die aktive Sorge für eine gute Gesellschaft.[11] Diese umfassende Bedeutung, die nach Friedeburg ein Lerneffekt aus den Katastrophenerfahrungen des Dreißigjährigen Krieges ist, findet sich im englischen Sprachraum nicht; hier hat der Begriff „state" lange nicht die Prominenz gewonnen, die „Staat", „état" oder „estado" hat.[12] Ein möglicher Grund ist, dass sich in England das, was wir „Absolutismus" nennen, nicht durchsetzen konnte, und man kann die (mehr oder weniger) absolute personale Herrschaft des Monarchen als ein Übergangsphänomen zur „absoluten Herrschaft" des überpersönlichen Staates verstehen. Im Englischen wird man viel häufiger den Begriff „government" finden, der viel breiter verstanden wird als im Deutschen „Regierung", wenngleich im 20. Jahrhundert (und das heißt: mit der Ausweitung des Kriegs- und des Wohlfahrtsstaates) „state"

---

10 Zum Folgenden: Boldt u.a., „Staat und Souveränität".

11 Friedeburg, Luthers Vermächtnis.

12 Hierzu begriffsgeschichtlich Skinner, Genealogy of the Modern State.

auch im englischen Sprachgebrauch gerade der Sozialwissenschaften wieder mehr in den Vordergrund gerückt ist, weil der Staat als autonomer Spieler in gesellschaftlichen Machtbeziehungen wieder ernster genommen werden soll.[13] In der politischen Theorie war der Begriff aber anscheinend immer viel mehr im Gebrauch als in der praktischen Politik und im öffentlichen Diskurs.[14] Die gewissermaßen metaphysische Bedeutung, die man vor allem in Deutschland dem Staat gab, fand sich sprachlich im Englischen nicht. Die andere Staatlichkeit der angelsächsischen Länder (auf die ich noch eingehen werde) drückt sich in einer anderen Semantik aus.

Natürlich lässt sich sofort einwenden: Die obige Beschreibung stimmt mit der Realität nur selten und niemals voll überein. Dem mag man nicht widersprechen. Die vielen einschränkenden Klammern, die hinter den obigen Aussagen stehen, deuten darauf. Dieses Modell des modernen Staates ist das, was Max Weber einen *Idealtypus* nennt: kein „Ideal", sondern ein Konstrukt, das die einzelnen Merkmale im Dienste einer begrifflichen Reinheit steigert, um einen theoretischen Begriff davon zu gewinnen.[15] Ein Idealtypus entwirft eine theoretische Vorstellung, um damit Erkenntnis über die Realität zu erhalten, und dies ist ein Verfahren, das wir auch im Alltag anwenden, um die Welt zu verstehen. Das geschieht in unserem Fall auf zweierlei Weise:

(1.) Einen Staat, der alle diese Merkmale voll ausgeprägt aufweist, gibt es selbstverständlich nicht; aber wir können die Frage, wie nahe dieser oder jener Staat dem Idealtypus des modernen Staates kommt, wie sehr er also „Staat" in diesem Sinne ist, an einem solchen Idealtypus messen, können sozusagen die Abweichung in der Realität konstatieren. Solches passiert nicht nur in der Wissenschaft, sondern auch in der Politik: Wenn ein Staat nicht in der Lage ist, genügend Steuern einzutreiben, um seine Funktionen zu gewährleisten, oder wenn er die gesetzliche Ordnung nicht aufrechterhalten kann, dann attestieren wir ihm eine mangelhafte Staatlichkeit, und im Extremfall nennt man ihn einen „failed state": Er kann seine Aufgaben nicht erfüllen. Insofern haben wir alle einen Idealtypus im Kopf, wenn wir „Staat" sagen. Der seit den 1990er Jahren zunehmend beliebtere Begriff der *Staatlichkeit* meint, dass man unterschiedliche Erscheinungsformen und Intensitäten dieser Durchdringung der Gesellschaft mit Herrschaft empirisch beobachten kann. Besonders in der aktuellen Debatte um die Krise des Staates florieren solche Skalierungen.[16] Sie zielen auf eine Relativierung des metaphysischen Begriffs von Staat, der die Diskussion über Jahrhunderte bestimmt hat.

(2.) Man kann aber einen solchen Idealtypus nicht nur von seinen verschiedenen Formen der Realisierung abgrenzen, sondern auch von anderen idealtypisch

13 Evans u. a., Bringing the State Back In.

14 Mit einem Schwerpunkt auf der politischen Theorie und konzentriert auf Frankreich und Deutschland in Abgrenzung zu Großbritannien: Dyson, The State Tradition in Western Europe, 186–196, 209 f.

15 Weber, Wirtschaft und Gesellschaft, 10.

16 Vgl. Gunnar Folke Schuppert, Von Staat zu Staatlichkeit. Konturen einer zeitgemäßen Staatlichkeitswissenschaft, in: ders. (Hg.), Von Staat zu Staatlichkeit, 11–39.

konstruierten Phänomenen: So können wir nicht nur beschreiben, was „Staat" im Unterschied zu „Gesellschaft" oder „Kirche" ausmacht; sondern wir können auch in der begrifflichen Erfassung des Staates selbst feinere Unterscheidungen treffen; also etwa den Territorialstaat der Frühen Neuzeit (der Wert auf seine territoriale „Arrondierung" legte) idealtypisch beschreiben und unterscheiden von Begriffen wie „Rechtsstaat" (der nicht notwendig demokratisch sein musste, sich aber auf ein neutrales Recht stützte), wir können den (polemisch gemeinten, aber dennoch idealtypisch konstruierten) Begriff des liberalen Nachtwächterstaates des 19. Jahrhunderts vom Interventions- oder vom Wohlfahrtsstaat des 20. Jahrhunderts abgrenzen, der die Daseinsvorsorge für die ihm zugehörigen Menschen als eine wichtige Aufgabe erkennt. All diese Begriffe sind Idealtypen, die uns erlauben, bestimmte Merkmale besonders zu betonen und zu beachten.

Idealtypen haben mithin eine doppelte Funktion: Erstens erlauben sie, die Abweichung der festgestellten Realität von der „Idee" festzustellen, und damit sozusagen die Schwankungsbreite der empirischen Wirklichkeit (und damit am Ende auch die Tauglichkeit des Idealtypus) zu bestimmen: Stimmt es denn, dass der Staat ein geborener Heide ist, wenn er gleichzeitig Kirchensteuer erhebt? Und zweitens erlauben sie eine Strukturierung der sozialen (also auch der historischen) Wirklichkeit, weil sie uns trennscharfe Begriffe zu entwickeln ermöglichen. Damit können wir jenseits aller realen Verwischungen und Vermischungen die verschiedenen Phänomene für unsere Erkenntniszwecke unterscheiden.

Um 1900 hat die deutsche Staatslehre versucht, diesen Begriff des Staates idealtypisch zu bestimmen. Sie hat dabei drei Merkmale betont, die heute noch anerkannt sind:[17]

(1.) Ein Staat muss über ein Territorium verfügen: ein *Staatsgebiet.* Ohne Land kein Staat. Dieses Territorium muss so klar abgegrenzt sein, dass man eindeutig sagen kann: Dieses Stück Land gehört zum einen, jenes zum anderen Staat. Im Mittelalter gehörten zum Land im Allgemeinen die Personen, die darauf waren („Land und Leute"); aber mittelalterliche Herrschaften waren territoriale Flickenteppiche. Der moderne Staat hat danach gestrebt, dass auf seinem Gebiet nur sein Recht gilt; und er hat versucht, dieses sein Territorium zu „arrondieren", also so zusammenzulegen, dass man sich von einem zum anderen Ende bewegen konnte, ohne Landesgrenzen zu überschreiten. Territorium ist Machtausdruck, und neues Territorium zu erobern und dem eigenen einzugliedern, bedeutet Machtzuwachs.

(2.) Ein Staat braucht ein Volk, ein *Staatsvolk.* Es muss klar sein, wer dazugehört und wer nicht. Dass damit ethnische oder nationale Kriterien verbunden sind („Deutsche", „Franzosen"), ist nicht notwendig, sondern das Kennzeichen eines spezifischen Typs von modernem Staat, des Nationalstaats. Aus der Zugehörigkeit zum Staatsvolk erwächst einerseits die Figur des Staatsangehörigen (der zu seinem Staat in einem rechtlichen Verhältnis steht, das ihm auch Schutz garantiert – etwa wenn er im Ausland ist) und später die des über lange Zeit selbstver-

17 Zum Folgenden Jellinek, Allgemeine Staatslehre, 394–396.

ständlich männlich gedachten Staatsbürgers, der über alle politischen Rechte verfügt. Nur Staatsangehörige können zum Militär eines Landes eingezogen werden; nur Staatsangehörige sind wahlberechtigt. Das ist ja nicht selbstverständlich, denn auch diejenigen, die nicht dem Staat angehören, sind von dessen Regeln betroffen, wenn sie auf seinem Gebiet leben, zahlen z. B. Steuern. Andererseits wird damit sehr viel klarer zwischen denen unterschieden, die dazugehören, und denen, die nicht dazugehören: den nicht vollberechtigten Einwohnern, den Ausländern, den Fremden, den Bürgern eines anderen Staates. Diese Grenze scharf zu ziehen und zu begründen, hat sich immer als schwierig erwiesen. Ein Beispiel ist die Diskussion um die doppelte Staatsbürgerschaft: Muss man dann doppelt Wehrdienst leisten und darf man in zwei Ländern wählen?

(3.) Kein Staat ohne *Staatsgewalt.* Das ist der schwierigste Begriff, denn er ist mehrdeutig. Zunächst meint er das Monopol des Staates auf legitime Gewaltausübung nach innen, und dieses erwächst aus seiner hoheitlichen Macht über Staatsgebiet und Staatsvolk. Damit sind aber nicht nur Polizei und Gefängnis gemeint, sondern auch Recht und Gesetzgebung, hoheitliche Akte und Urkunden. Seit Thomas Hobbes – also seit dem Englischen Bürgerkrieg der 1640er Jahre – wurde die Staatsgewalt als Folge einer freiwilligen Überlassung interpretiert: Die Menschen treten das ihnen eigene, naturrechtlich gegebene Recht auf Gewalt, das den Krieg aller gegen alle implizierte, an den Staat ab, der ihnen dafür Sicherheit und inneren Frieden liefert. Die Gewalt, über die der Staat verfügt, dient also der Pazifizierung der Gesellschaft. Polizei, Rechtswesen, aber auch Verkehrsregeln reduzieren die Wahrscheinlichkeit und das Ausmaß gewalttätiger Auseinandersetzungen zwischen den Bürgern. Für Max Weber war dieses Monopol der legitimen Gewaltausübung im Grunde das einzige Kriterium, das einen Staat definieren konnte, und alles andere folgte für ihn daraus. „Wenn nur soziale Gebilde bestünden, denen die Gewaltsamkeit als Mittel unbekannt wäre, dann würde der Begriff ‚Staat' fortgefallen sein, dann wäre eingetreten, was man in diesem besonderen Sinne des Wortes als ‚Anarchie' bezeichnen würde."[18] Nun hat aber die (vor allem linke) politische Theorie seit dem 19. Jahrhundert herausgearbeitet, dass die legitime Staatsgewalt auch dazu führen kann (vielleicht sogar führen muss), dass der solchermaßen ermächtigte Staat ganz erhebliche Gewalt gegen seine eigenen Bürger ausübt, dass er sie drangsaliert und terrorisiert und dass Widerstand gegen diese Staatsgewalt selbst zu einem kriminellen Delikt wird.

Auch die Geschichtswissenschaft, vor allem die Frühneuzeitforschung, hat darauf hingewiesen, dass die Staatsgewalt nach innen der Gewaltsamkeit des Staates nach außen korrespondiert. Das Verhältnis ist indes umstritten. Haben die Kriege der Frühen Neuzeit dazu geführt, dass sich gewissermaßen unintendiert Staaten herausbildeten, oder wurden staatliche Strukturen entwickelt zu dem Zweck, Krieg zu

18 Weber, Politik als Beruf, 506.

führen?[19] Damit ist die beunruhigende Frage gestellt, ob der Krieg gewissermaßen Staatszweck sei, umgekehrt: Sind Staaten zum Frieden auf Dauer überhaupt fähig? Die Gewalt, die der europäische Kolonialismus am Ende des 19. Jahrhunderts entwickelte, erst recht die Massenkriege des 20. Jahrhunderts beruhten schließlich auf einer historisch unbekannten Zuspitzung von staatlicher Macht.

Vor allem mit der Staatsgewalt verbindet sich der Begriff, der entscheidend für das moderne, europäische Verständnis des Staates ist: *Souveränität.*[20] Der Begriff meint, dass der Staat Herr (!) seiner selbst ist. Nach außen bedeutet das: Er allein kann legitim Krieg führen. Das ist nicht selbstverständlich, denn über weite Teile der Geschichte konnte jeder Krieg führen, der dazu die Mittel hatte. Parallel dazu gab es aber seit dem Altertum die Lehre vom gerechten Krieg; sie trat mit dem Aufstieg souveräner Staaten zurück, weil Souveränität eben im Recht zur (wie auch immer legitimierten) Kriegführung bestand. Für den souveränen Staat gab es ja keine Instanz mehr, die entscheiden konnte, ob sein Krieg gerecht sei, denn über sich erkannte er keinen Richter mehr an. Seit den Kriegen der Frühen Neuzeit sind Staaten in Europa faktisch die Monopolisten auf legitime Kriegführung geworden, und das hieß einerseits, dass alle anderen, die Ähnliches unternahmen, als Aufständische, Guerilla oder Terroristen kriminalisiert wurden. Andererseits hatte die Monopolisierung zur Folge, dass sich eine Form des „gehegten" Krieges herausbildete, dass auch Kriege nach bestimmten Regeln geführt wurden: Von der Kriegserklärung bis zur Kapitulation, dem Friedensvertrag, dem Verhalten den Besiegten und Kriegsgefangenen gegenüber gab es ein international weithin anerkanntes Regelwerk. Die Frage nach dem gerechten Krieg trat in den Hintergrund gegenüber der Frage, ob der Krieg gemäß den Regeln geführt wurde.[21] Dieses Regelwerk wurde indes erst am Ende des 19. Jahrhunderts formalisiert, vor allem in der Haager Landkriegsordnung (1899). Im „Europäischen Bürgerkrieg" in der ersten Hälfte des 20. Jahrhunderts wurden diese Regeln schon wieder weithin außer Kraft gesetzt. Die asymmetrischen Kriege der letzten Jahrzehnte (meist nennen wir dies „Terrorismus") haben sich erst recht nicht mehr darum geschert: Heute führen häufig Staaten gegen Nicht-Staaten Krieg.

Nach innen bedeutete Souveränität, dass der Staat den Bürgern Regeln setzen und deren Einhaltung durchsetzen konnte, eben mit Hilfe der Staatsgewalt, wozu auch das Rechtswesen gehört. Der deutsche Staatsrechtler Carl Schmitt hat dieses Konzept noch radikalisiert: Für ihn stand die Souveränität über dem Gesetz. „Souverän ist, wer über den Ausnahmezustand entscheidet."[22] Souverän ist also der, der das Recht auch außer Kraft setzen kann. Erst wenn das Gemeinwesen ganz existenziell bedroht ist – im Ausnahmezustand –, zeigt sich, wer wirklich die Entschei-

19 Burkhardt, Der Dreißigjährige Krieg als frühmoderner Staatsbildungskrieg; Reinhard, Das Wachstum der Staatsgewalt.

20 Hierzu: Hans Boldt u. a., „Staat und Souveränität", in: Otto Brunner u. a. (Hg.), Geschichtliche Grundbegriffe. Historisches Lexikon zur politisch-sozialen Sprache in Deutschland, Bd. 6, 1–154.

21 Michael Bothe, Krieg im Völkerrecht, in: Beyrau, Formen des Kriegs, 469–478.

22 Schmitt, Politische Theologie, 13.

dungsgewalt hat. Es ist aber deutlich, dass Schmitt bei dieser Formulierung eher eine Person als „den Staat" im Blick hatte. Er dachte an eine Situation des Bürgerkriegs, in dem einer das Heft in die Hand nahm und sich nicht um etwaige Regeln kümmerte – so wie Hobbes.

In dem Maß, in dem der Staat sich demokratisierte und also die Bürger nicht mehr bloß Objekte, sondern zugleich Akteure staatlichen Handelns waren, wanderte aber auch der Souveränitätsbegriff: War es in der Frühen Neuzeit der Monarch als Person, der souverän war, wurde der Staat als Institution sein Nachfolger. Mit der Amerikanischen und der Französischen Revolution tauchte aber im späten 18. Jahrhundert ein gänzlich neuer Gedanke auf: dass nämlich das Staatsvolk selbst der Souverän sei. Staatliche Souveränität als Volkssouveränität: Damit war nicht mehr ein Staat „über" der Gesellschaft denkbar, sondern er war politischer Ausdruck der Gesellschaft. In Großbritannien, das sich bekanntlich früher parlamentarisch organisierte, hat sich deshalb eine besondere Form von Souveränität ausgebildet: Hier ist nicht das Volk, sondern das Parlament (verstanden als beide Häuser, zusammen mit der Monarchie, der *crown-in-parliament*) der Souverän, als Ausdruck einer Gesamtrepräsentation der Gesellschaft. In neueren Diskussionen im Gefolge der ost- und mitteleuropäischen Revolutionen wird die Verlagerung des Souveränitätsbegriffs hin zum Bürger radikalisiert: Nun ist es nicht das gesamte Volk, sondern es sind die Bürgerinnen und Bürger auch als Individuen, deren Rechte gegenüber dem Staat geschützt werden müssen und die dessen Souveränität konstituieren.[23] Die Souveränität ist mit der Demokratisierung also gewissermaßen nach unten gewandert. Ein Staat „über" der Gesellschaft, der von oben befiehlt, ist damit nicht mehr gut denkbar.

3. Der Staat als europäisches und okzidentales Phänomen

Der hier beschriebene Idealtypus „Staat" ist zunächst ein Phänomen der europäischen (und damit ist im Sinne Max Webers gemeint: der westlichen) Moderne. „Europa hat den Staat erfunden" (Wolfgang Reinhard). In Asien, vor allem in China, entstanden gleichzeitig oder vielleicht auch schon früher wohl politische Herrschaftssysteme, die sehr weitreichende Kapazitäten der Mobilisierung und der inneren Durchherrschung aufwiesen.[24] Nur in Europa aber entwickelten sich politische Systeme, die (in Max Webers Begrifflichkeit) „Anstaltscharakter" aufwiesen, die relativ unabhängig waren von den Personen an der Spitze und deshalb stabil. Nur hier bildete sich eine ständige, fachgeschulte Bürokratie heraus, die auf der Basis

23 Gosewinkel, Schutz und Freiheit?, 520–555.

24 Die 1368 etablierte Ming-Dynastie gilt hier als Wasserscheide. Vgl. Sabine Dabringhaus, Geschichte Chinas 1279–1949, München 2015³. Zur Personalität der Kaiserherrschaft unter den Ming: Frederick W. Mote, Introduction, in: The Cambridge History of China, Bd. 7: The Ming Dynasty 1368–1644, Part I, hg. v. Frederick W. Mote u. Denis Twitchett, Cambridge 1998, 1–10.

von Qualifikation und Leistung funktionierte; nur hier gab es (als Folge des Einflusses des römischen Rechts) eine weithin ungebrochene (und staatsübergreifend vergleichbare) Rechtsentwicklung. Hier wurde ein Recht ausgebildet, bei dem der Tatbestand unabhängig von der Person und nach einem festgelegten Verfahren verhandelt wurde. Allerdings beobachteten die Europäer im Zuge der europäischen Expansion teilweise sehr genau die Formen und Strukturen politischer Herrschaft vor allem in Asien und übernahmen manches davon, meist in einem verwickelten Prozess. Es kann keine Rede davon sein, dass all das, was sich in der Neuzeit als Staat herausbildete, allein in Europa erfunden wurde.[25]

Warum Europa? Dass der moderne Staat sich in Europa herausbildete, heißt noch nicht, dass er sich nur hier herausbilden *konnte*. Dennoch lohnt es sich, nach den spezifischen Bedingungen der Möglichkeit für diesen Prozess zu fragen. Hier ist zunächst auf die politischen und kulturellen Traditionen des Römischen Reichs und der Römischen Kirche zu verweisen, an die sich insbesondere im Bereich des Rechts anknüpfen ließ. Aber auch die Rechtsfigur des römischen Bürgers, den man als eine Vorform des Staatsbürgers verstehen kann, oder die politischen und kulturellen Traditionen der selbständigen griechischen Polis wirkten fort.

Dass sich daraus aber moderne staatliche Strukturen entwickelten, hat vor allem mit der Konkurrenz zu tun:

(1.) Die relative Kleinräumigkeit in Europa begünstigte eine ständige, oft kriegerische Konkurrenz der Herrschaft, die nicht nur zu militärischer Modernisierung, sondern auch dazu führte, dass über die Zeit die territoriale Homogenität und Integrität ebenso wie die eindeutigen Grenzen betont wurden. Im kleinräumigen, dicht besiedelten Europa waren klar gezogene Grenzen wichtiger als im großräumigen China. Die permanente Gewaltsamkeit dieser einander nahen Gesellschaften, die sich vor allem in den mörderischen Bürgerkriegen der Frühen Neuzeit äußerten, ermöglichten die Konzentration der Gewaltpotentiale, so wie das Thomas Hobbes beschrieben hatte.

(2.) Der moderne Staat ist nicht zu denken ohne den Kapitalismus, der sich ebenfalls zunächst und relativ gleichzeitig in Europa entwickelte. Der Kapitalismus bedurfte für sein Funktionieren eines Modells der friedlichen Konkurrenz, in der man sich auf rechtliche Sicherheiten verlassen und langfristig planen konnte – das konnte der Staat liefern. Gleichzeitig aber hat der Kapitalismus die neuen Staaten mit Ressourcen ausgestattet, ohne die sie niemals so umfassend kriegsfähig gewesen wären.

(3.) Dieser Kapitalismus gedieh in der okzidentalen Stadtbürgergemeinde, die sich im Wesentlichen selbst verwaltete, in der freie Bürger wirtschafteten, politisch teilhabeberechtigt waren und um die Teilhabe mit (meist) friedlichen Mitteln konkurrierten. Hier bildete sich – mühsam und ungleichzeitig – das Modell des freien Marktes aus, das auf dem freien Austausch von Gütern und Arbeitskraft beruht. Die

25 Flüchter/Richter, Structures on the Move. Christopher Bayly verweist auf hybride Staatsformen, die dabei entstanden: Bayly, Die Geburt der modernen Welt, 317–321.

Stadt in diesem Sinne ist ebenfalls ein europäisches Phänomen. Sie war mehr als nur eine relativ große Ansiedlung von Menschen, sondern sie war schon im Mittelalter ein selbständiges politisches Gebilde, das eine Vorform des modernen Staates und der Staatsbürgerlichkeit darstellte – die Stadtrepubliken sind gewissermaßen ein Zwischending. Außerhalb Europas gab es diese städtische Autonomie nicht.

(4.) Und schließlich ist der moderne Staat ein Ergebnis der Konkurrenz zwischen geistlicher und weltlicher Macht, die sich seit dem Hohen Mittelalter entwickelte. Dieser Dualismus, der freilich auf Jahrhunderte hinaus höchst konfliktreich blieb, ermöglichte eine Staatlichkeit, die, anders als überall sonst auf der Welt, keine religiösen Legitimationen mehr benötigte, sondern einerseits dem Individuum Freiräume gewähren konnte; die andererseits auch Ersatzreligionen wie den Nationalismus ermöglichte, welche ihrerseits eine Loyalität und Sterbebereitschaft freisetzen konnten, die religiöser Überzeugung vergleichbar war. Der europäische Staat war kein Gottesstaat.

Seit der Frühen Neuzeit wurde dieser Typ von politischer Herrschaft in die Welt hinaus exportiert, häufig sehr gewalttätig. Dort veränderte er sein Gesicht, weil er auf andere Kontexte traf. Das gilt für Asien (und unter gewissen Umständen ist man geneigt, auch Russland dazuzuzählen) ebenso wie für Afrika, wo tribale Zugehörigkeiten sich nicht leicht mit dem Konzept „Staat", erst recht nicht mit der erfundenen „Nation" vertrugen, oder auch für Lateinamerika, wo kolonial geprägte Siedlergesellschaften sich einer Durchstaatlichung der Gesellschaft widersetzten; Gewaltmonopol und Rechtsstaat wurden hier häufig nur prekär entwickelt. In Nordamerika jedoch bildeten die europäisch geprägten Siedlergesellschaften einen europäischen Typ von Staatlichkeit aus, auch um den Preis der Vernichtung der indigenen Völker. Insofern ist der europäische Staat eigentlich welthistorisch ein Sonderfall, eine Ausnahme. Aber er ist eben auch ein Exportartikel und viele seiner Merkmale sind in anderen Regionen implementiert worden.[26]

4. Moderne Staatlichkeit und moderne Gesellschaft

Territorium, Staatsvolk, Staatsgewalt: Diese drei Kriterien kann man als Ausgangspunkt für moderne Staatlichkeit nehmen. Für die Epoche seit dem 19. Jahrhundert lassen sich einige weitere Momente erkennen, die sich zwar aus diesen Kriterien ergeben, aber sich nicht von selbst verstehen, dennoch aber unser heutiges Verständnis grundlegend bestimmen. Sie erwachsen aus dem Verhältnis des Staates zu seiner Gesellschaft, genauer: sowohl aus den Ansprüchen, die er an die Gesellschaft stellt, wie auch umgekehrt. Dieses Verhältnis war deshalb neu, weil erst seit dem späten 18. Jahrhundert beide Sphären als unterschieden wahrgenommen wurden. „Gesellschaft" wird von uns häufig im Sinn von „alles", der gesamten sozialen Wirklichkeit gebraucht. In einem spezifischeren, historischeren Sinne meint

26 Reinhard, Verstaatlichung der Welt; Osterhammel, Verwandlung der Welt, 818–906.

Gesellschaft eine Sphäre, die nicht privat (sondern öffentlich), die aber nicht politisch durchherrscht (also „staatlich“), sondern von der Freiwilligkeit der Akteure und ihrer Handlungen bestimmt ist. Im Altertum und im Mittelalter gab es keine ausdifferenzierte Gesellschaft in diesem Sinn. Eine solche entstand erst in der Neuzeit.[27] „Gesellschaft“ – zunächst als „bürgerliche Gesellschaft“ oder „civil society“ – wurde im Gegensatz zum absolutistischen Fürstenstaat gebraucht. Beiden Sphären wurden unterschiedliche Funktionen zugewiesen, wobei die der Gesellschaft, folgt man dem Vordenker Georg Wilhelm Friedrich Hegel, die Sphäre war, wo die (männlichen) Privatleute sich freiwillig trafen: zum geschäftlichen Verkehr, zum Nachdenken und Diskutieren („Räsonnieren“) über gemeinsame Belange, zur Formulierung gemeinsamer Interessen. Aus dieser Sphäre der (Zivil-)Gesellschaft wurden Erwartungen an den Staat formuliert, ebenso wie der Staat sich in seinem Handeln auf diese Gesellschaft richtete.

Ein moderner Staat schafft sich deshalb ein Recht, das die Menschen gleich behandelt – und ihnen sogar die Möglichkeit eröffnet, unter Umständen gegen den Staat selbst zu klagen! Der moderne Staat betreibt sein Geschäft kontinuierlich; dazu braucht er ein ständig arbeitendes, entsprechend ausgebildetes und loyales Personal: Für einen Staat ist ein Staatsapparat, besonders in Gestalt einer Bürokratie, unabdingbar. Für solche Aufgaben bedarf er einer dauerhaften Finanzierung. Während im Mittelalter Steuern nur dann erhoben wurden, wenn besondere Ausgaben (etwa für einen Krieg) zu tätigen waren, entwickelt der moderne Staat eine ständige und möglichst alle erfassende Besteuerung. Man kann dies als Selbstermächtigung eines in seiner Eigenlogik wuchernden Staates sehen; man kann es aber auch verstehen als die Ermöglichung der Erfüllung von Aufgaben, die von ihm erwartet werden und die sich seit dem 19. Jahrhundert explosionsartig ausgeweitet haben.

Darüber hinaus erzieht der Staat seine Bürger. Er sorgt dafür (und erzwingt es), dass sie eine basale Bildung erhalten, auch, damit die Gesellschaft (etwa die Industriewirtschaft) fachkundiges Personal hat, mit dem sie die Mittel erwirtschaften kann, die der Staat wiederum brauchen kann. Auch für diese Aufgaben muss er Ressourcen bereitstellen, z. B. kompetente Lehrer und Schulgebäude. Während die schulische Bildung im 19. Jahrhundert von vielen eher als Zwang verstanden wurde, werden schulische und Berufsausbildung heute weithin als ein elementares Menschenrecht verstanden, das man vom Staat einfordern kann. Der Staat erzieht seine Bürger darüber hinaus zu Staats-Bürgern, die ein Bewusstsein ihrer Rechte und Pflichten haben und die ein Staatsbewusstsein besitzen, das sie freiwillig mittun lässt, so dass der Staat nicht für alles Zwang ausüben muss. Der französische

27 Aloys Winterling, Über den Sinn der Beschäftigung mit der antiken Geschichte, in: Karl-Joachim Hölkeskamp u. a. (Hg.), Sinn (in) der Antike. Orientierungssysteme, Leitbilder und Wertkonzepte im Altertum, Mainz 2003, 403–419; Paul Nolte, Gesellschaftstheorie und Gesellschaftsgeschichte. Umrisse einer Ideengeschichte der modernen Gesellschaft, in: Thomas Mergel/Thomas Welskopp (Hg.), Geschichte zwischen Kultur und Gesellschaft. Beiträge zur Theoriedebatte, München 1997, 275–298.

Philosoph Michel Foucault hat diese Art des Regierens, die auch durch die Untertanen selbst geschieht, „Gouvermentalité“ genannt.

In den meisten von diesen Bereichen wurde der Staat seit dem 18. Jahrhundert zum Monopolisten, auch dann, wenn er diese Aufgaben von anderen bearbeiten ließ und sie nur regulierte und kontrollierte (wie etwa bei Privatschulen und -universitäten). Das macht eine weitere europäische Spezialität aus. In den meisten anderen Gesellschaften stand dem Staat, wie auch immer er sich präsentierte, ein mächtiges „Anderes“ entgegen, das solche Funktionen ebenfalls übernahm oder beanspruchte: das islamische Recht, das buddhistische Mönchtum oder auch regionale Kriegsherren, die sich auf Clans und Stammesloyalitäten stützten.[28] Dass der Staat zur alleinigen Institution wurde, die Aufgaben und Wohltaten verteilte, Probleme erkannte und bearbeitete – oder von Institutionen bearbeiten ließ, die er kontrollierte – und legitimen Zwang ausübte: Das war europäisch.

Das gilt auch für einen ganz neuen Aufgabenbereich, der seit dem späten 19. Jahrhundert dazukam: den Wohlfahrtsstaat. Er basierte überall auf kommunalen oder selbstorganisierten Instrumenten, die für die jeweiligen Gruppen spezifische Risiken abfedern sollten. Das meist kommunale Armenrecht hat überall in Europa für diejenigen, die nicht für sich selbst sorgen konnten, Sicherungsmaßnahmen vorgesehen – einigermaßen kümmerliche, und meist auf rigider Disziplinierung und Ausschluss beruhend. Oder die Angehörigen einzelner Berufsgruppen schlossen sich zusammen, um miteinander eine Versicherung gegen ihre spezifischen Berufsrisiken zu entwickeln – das waren die ersten Unfall- oder Invalidenkrankenkassen. Der Staat ist also nicht der Erfinder der Sozialpolitik. Von einer subsidiären, unterstützenden Rolle aus hat er die Aufgabe aber weithin an sich gezogen, auch wenn andere Akteure in seinem Auftrag agieren. Dieser Prozess erfolgte in den einzelnen Ländern sehr ungleichzeitig und ungleichgewichtig. Vor allem die Kriege des 20. Jahrhunderts, die auf Massenloyalität basierten, waren der Ausgangspunkt für eine zunehmende Verantwortungsübernahme im Bereich der sozialen Daseinsvorsorge: Krankheit, Invalidität, Alter, Arbeitslosigkeit, Bildung, Erholung – all diese staatlichen Aufgaben sind historisch neu und kennzeichnen den Staat im 20. Jahrhundert. Am Anfang des 21. Jahrhunderts werden andere mögliche Aufgaben des Staates diskutiert, etwa, in Bezug auf Rassismus, Gendergerechtigkeit oder sexuelle Orientierung Gerechtigkeit herzustellen und dafür auch Zwang auf Unternehmen und öffentliche Institutionen auszuüben.

Was staatliche Aufgaben sein sollen, ist mithin nicht von vornherein umrissen. Staaten haben sich zu unterschiedlichen Zeiten um sehr unterschiedliche Dinge gekümmert und die Streubreite war und ist hoch. Infrastrukturaufgaben haben den Staat von Anfang an begleitet und sind im 20. Jahrhundert noch ausgeweitet worden – aber gerade kommunikative Infrastrukturen sind häufig in Privatinitiative aufgebaut worden.[29] Nicht nur sozialistische Staaten rühmen sich einer umfassen-

28 Bayly, Die Geburt der modernen Welt, 312.

29 Dirk van Laak, Infrastruktur, in: Voigt, Handbuch Staat, 1019–1027.

den staatlichen Fürsorge; so ist etwa das berühmte Gesundheitssystem in Großbritannien, der *National Health Service*, seit seiner Gründung 1948 staatlich und durch Steuern finanziert. In den USA sind dagegen die meisten Versicherungsleistungen privat organisiert und der Staat leistet nur ein Minimum. Es gab und gibt Staaten mit einer hohen und solche mit einer niedrigen Steuerquote, in manchen Ländern liegt die Staatsquote (also der Anteil des Bruttoinlandsprodukts, der staatlich erwirtschaftet wird) bei weit über 50 Prozent, in manchen unter 20 (so ausgerechnet im kommunistischen China). Das Verhältnis ist aber immer ähnlich: Der Staat sah sich gesellschaftlichen Forderungen gegenüber, die in irgendeiner Weise mit staatlichen Forderungen an die Gesellschaft korrespondierten. Und wenn nicht alles täuscht, dann ist der historische Trend einer der Ausweitung: mehr Erwartungen an den Staat, aber auch mehr staatliche Organisierung der Gesellschaft.

Lange Zeit galt diese Logik zunehmender staatlicher Zuständigkeit geradezu als historisch unabweisbar. Max Weber hat im Umfeld des Ersten Weltkriegs eine umfassende Verstaatlichung der Gesellschaft als unausweichlich gesehen, durchaus skeptisch; er sah, vor allem mit Blick auf die Bürokratie, ein „stahlhartes Gehäuse der Hörigkeit" am Horizont.[30] Er tat das aus der Erfahrung mit den europäischen Revolutionen seit 1917 und in der Erwartung eines sozialistischen Zeitalters. Damit traf er die Funktionsweise des sozialistischen Staates sehr viel genauer als die Prognosen von Marx, Engels und Lenin, die ein Absterben des Staates in der sozialistischen Gesellschaft vorhersagten (diese Prognosen sind übrigens ein frühes Beispiel für das Bewusstsein von der Historizität des Staates). Da war in der Realität des Sozialismus aber sehr viel mehr Staat, in jeder Hinsicht.

Auch jenseits der sozialistischen Welt hat im 20. Jahrhundert die Verstaatlichung der Gesellschaft zugenommen. In der ersten Hälfte geschah das vor allem unter dem Vorzeichen des Kriegsstaates, der die gesamte Bevölkerung mobilisieren wollte. Andererseits haben schon vor 1945, erst recht aber danach, der Ausbau des Wohlfahrtsstaates und der staatlichen Steuerungskapazitäten enorme Zuwächse an Staatlichkeit mit sich gebracht. Das war aber womöglich keine Einbahnstraße, wie von Max Weber prognostiziert. Denn seit den 1970er Jahren hat der Staat sich in ganz (West-)Europa, ausgehend von den USA, aus vielen Feldern wieder zurückgezogen. Die Bahn, die Telekommunikation, die Post, viele Banken, die bis dahin staatlich waren, wurden privatisiert. In manchen Staaten werden auch Aufgaben, die man seit jeher zu den Kerngebieten staatlichen Handelns zählte, privatisiert, wie Gefängnisse oder Kriegführung. Jedoch ist neuerdings wieder deutlicher sichtbar, dass in großen Krisen – seien dies Bankenkrisen, Flüchtlingskrisen, Wohnungsnot, die Klimakrise oder Corona – dem Staat wieder eine besondere Kompetenz für die Problemlösung attestiert wird und massive Eingriffe in Wirtschaft und gesellschaftliche Prozesse akzeptiert werden. Manche befürchten umgekehrt, dass der Staat nach einer solchen Krise das Heft nicht wieder ohne Weiteres aus der Hand geben will und eine neuerliche Verstaatlichung der Gesellschaft droht. Auch die derzeit weltweit sehr

30 Vgl. Anter, Webers Theorie des modernen Staates, 227 f.

erfolgreichen autoritären Regierungsmodelle operieren mit einem Staatsmodell, das – häufig sehr personalistisch – direkt in alle möglichen Bereiche, sei es Finanz-, Rechts- oder Bildungswesen, interveniert und dadurch die Frage nach der Achtung von Grund- und Freiheitsrechten aufwirft.

Gleichzeitig mehren sich die Hinweise, dass die Staatlichkeit, wie wir sie in den letzten Jahrhunderten kannten, womöglich an ein Ende kommt: Zum einen stößt die (national-) staatliche Autorität immer mehr an ihre Grenzen durch die Verschiebung von Macht auf transnationale Wirtschaftsakteure, die sich weder um Staatsgebiet noch um Staatsvolk groß bekümmern und denen mit herkömmlichen Mitteln kaum mehr beizukommen ist. Das prominenteste Beispiel sind die Internetunternehmen, die durch ihre Ansiedlungspolitik trickreich jedwede Steuern zu vermeiden suchen. Und zum anderen konstatiert man eine Krise der Staatlichkeit außerhalb Europas, die mit „kleinen Kriegen" und parastaatlichen Funktionen bei Drogenkartellen, fundamentalistischen Bewegungen und Warlords einhergeht. Die *Failed States* sind ein Thema der Politikwissenschaft und es bleibt zu diskutieren, ob das nur ein Phänomen von (aus europäischer Perspektive) peripheren Räumen ist oder ob das Scheitern von Staatlichkeit auch in der westlichen Welt bevorsteht.

Quer dazu steht aber eine neue Form der Staatlichkeit, die sich im 20. Jahrhundert entwickelte und die Max Weber noch kaum absehen konnte: das Regieren „jenseits des Nationalstaats" (Michael Zürn): Supranationale Organisationen oder suprastaatliche Zusammenschlüsse entwickeln staatsförmige Dynamiken, schließen Verträge ab und setzen Recht. Grenzüberschreitende Aktivitäten in der Wirtschaft, der Kommunikation, der Mobilität erfordern dies, viele Probleme wie Umwelt oder Migration oder die Besteuerung von Internetunternehmen lassen sich nicht auf nationalstaatlicher Ebene lösen. Auch wenn diese Suprastaatlichkeit in den letzten Jahren in die Defensive geraten ist, stellt sie ein neues Moment von Staatlichkeit dar, das vielen Hoffnung macht (weil sie mit der Denationalisierung die Hoffnung auf Pazifizierung verbinden), anderen aber Angst (etwa weil sie um die Identifikationen oder auch um die Leistungen fürchten, die der Nationalstaat bieten kann). Das ist aber eine andere Staatlichkeit als diejenige, die wir kennen, weil sie nicht mehr durch einen allmächtigen Souverän gewährleistet wird, sondern prinzipiell vom guten Willen der Beteiligten, von Verträgen und Kooperation abhängig ist.

5. Der Staat der Historiker: Bemerkungen zur Forschungsgeschichte

Die moderne Geschichtswissenschaft ist parallel zum modernen Staat entstanden. Das hat Themen und Selbstverständnis des Faches tief geprägt. Allerdings kann man auch hier nationale Unterschiede feststellen. Christopher Bayly hat für die englischsprachige historiographische Tradition ein geflissentliches Übersehen des Staates konstatiert.[31] Man wird nicht fehlgehen, wenn man einen Grund dafür in

31 Bayly, Die Geburt der modernen Welt, 306–309.

der anders gearteten Staatlichkeitsgeschichte findet, die sich auch begriffsgeschichtlich zeigt. Für die deutschen Historiker galt das nicht. Sie haben sich frühzeitig und ausgiebig am Staat abgearbeitet und ihre eigene Profession sehr an ihm gemessen.[32] Die folgenden Bemerkungen beziehen sich deshalb vor allem auf die deutsche historiographische Tradition. Ein „Volk" wurde in diesem Verständnis erst durch den Staat zu dem, was es war, und deshalb konnte es erst dann eine Geschichte haben, wenn es auch einen Staat hatte. Dahinter stand zunächst die ganz einfache quellenkritische Erkenntnis, dass Staaten Akten anlegen und Archive unterhalten – an andere Formen von Überlieferung dachte man damals nicht. Und ohne Akten keine Geschichte. Aber es stand auch eine (besonders in Deutschland wirksame) metaphysische Vorstellung dahinter, die der Historiker Heinrich von Sybel kurz nach der Gründung des Deutschen Kaiserreichs so formulierte: „Die Staatsgemeinschaft ist nicht eine willkürliche Erfindung der einzelnen Menschen, sondern sie ist die angeborene nothwendige Form jedes menschlichen Daseins":[33] Nur durch den Staat konnte sich Menschsein verwirklichen. Der Staat als höchste Form menschlicher Gemeinschaft und als Ziel der Weltgeschichte: Das war ein Gedanke des Philosophen Hegel. Der Althistoriker Eduard Meyer war sogar der Ansicht, dass der Staat logisch wie historisch älter als der Mensch sei. Und tatsächlich sprechen wir ja auch bei Bienen oder Termiten von „Staaten": Ist der Staat nun älter als die Menschen oder übertragen wir damit nur, unangemessen, einen uns zentralen Begriff?

So historisierend die Historiker des 19. Jahrhunderts auch alles als etwas „Gewordenes" und insofern Historisches ansahen: Der Staat war für sie eine gleichsam unhistorische Größe; dass er sich entwickelte, war Ausdruck des menschlichen Fortschritts, und wer ihn nicht hatte, der war historisch weniger weit gekommen. Diese Verherrlichung des Staates schloss für viele (und beileibe nicht nur für deutsche) Historiker auch eine Apotheose der Nation ein, weil sich hier, so ihre Meinung, der Staat auf der höchsten Ebene verwirklichte, denn hier kam zusammen, was (scheinbar) zusammengehörte: Menschen gleicher Sprache und Kultur, die sich ein gemeinsames politisches Ziel setzten.

Eine Historisierung des Staates durch die Geschichtswissenschaft kann man eigentlich erst mit dem Beginn des 20. Jahrhunderts konstatieren. Max Weber und Otto Hintze begannen, nach der Entwicklung und der Eigenart des Staates zu fragen – beide in bemerkenswerter begrifflicher Übereinstimmung, indem sie den Staat als „Anstalt", als „Betrieb" und also abgelöst von der personalen Herrschaft der großen Männer fassten.[34] Sie überprüften die Entwicklung der Bürokratie oder des Kriegswesens nicht nur auf ihre historische Entwicklung, sondern auch auf ihre europäischen Besonderheiten hin. Aber noch lange, bis nach dem Zweiten

32 Im Weiteren folge ich Metzler, Der Staat der Historiker. Außerdem, mit Konzentration auf die Frühneuzeitforschung: Martin P. Schennach, Frühmoderne Staatlichkeit, in: Schuppert, Von Staat zu Staatlichkeit, 41–76.

33 Zit. n. Metzler, Der Staat der Historiker, 20.

34 Weber, Wirtschaft und Gesellschaft, 815–868; Otto Hintze, Wesen und Wandlung des modernen Staats, in: ders., Staat und Verfassung, 470–496.

Weltkrieg, hielt sich die Verherrlichung des Staates „an sich", den die häufig ausgemacht rechtsnationalen Historiker der Weimarer Republik gerne von der Staats-*form* absetzten: So konnten sie (Gerhard Ritter, Hans Rothfels oder Fritz Hartung, um nur einige zu nennen) an der Staatsidee festhalten und doch die Republik von Weimar ablehnen. Als positives Gegenbild wurde der preußische Staat des 18. und 19. Jahrhunderts gepriesen.

Es waren ausgerechnet NS-affine Historiker, allen voran der Mediävist Otto Brunner, die diesen unhistorischen Staatsbegriff kritisch auf's Korn nahmen. 1939 wandte Brunner sich dagegen, den modernen Staatsbegriff auf das Mittelalter anzuwenden.[35] Er tat das zunächst aus völkischen Gesichtspunkten: Weil ein Staat immer nur die äußere Hülle einer Volksgemeinschaft sei, von der im Mittelalter noch nicht die Rede sein könne. Er führte stattdessen den Begriff der Herrschaft[36] ein und verwies auf die für das Mittelalter zentrale personale Dimension von Herrschafts- und Gefolgschaftsbeziehungen, die sich nicht mit der abstrakten Konstruktion von „Staat" vertrage. Sein Argument ist seither prägend geworden für die Diskussion um den Staat in der Moderne: Für das Mittelalter sind andere Zugehörigkeiten kennzeichnend. „Herrschaft", „Land", „Gefolgschaft" oder „Genossenschaft" bilden Loyalitätsmuster im Personenverband, als den man eine mittelalterliche politische Gemeinschaft immer kennzeichnen muss. Brunners These, die eine verworrene Rezeptionsgeschichte durchlaufen hat, trug trotz der ideologischen Schieflage seines Autors dazu bei, den Staatsbegriff nach 1945 zu historisieren.

Das geschah allerdings nur zögerlich. Denn einerseits waren nach den Katastrophen des 20. Jahrhunderts, die ohne die zerstörerische Kraft der Staatsmacht nicht zu denken sind, die Historiker lange Zeit sprachlos – sie sprachen nicht über das Versagen des Staates als historischer Kraft, sondern eher wie der Freiburger Historiker Gerhard Ritter über die „Dämonie der Macht" und über die Staatsidee „als solche". Die Vorherrschaft einer solchen Politikgeschichte hat dazu geführt, dass sich seit den 1960er Jahren eine Sozialgeschichte als Gegenbewegung herausbildete, die auf den Staatsbegriff weitgehend verzichtete und lieber von „politischer Herrschaft" in einem soziologischen Sinn sprach. Und das in einer Zeit, in der eine enorme Ausweitung der Staatstätigkeit vonstattenging, der Sozial- wie der Interventionsstaat immer bedeutender wurde und (man vergisst das gerne) im Zeichen des Kalten Krieges auch der Kriegsstaat eine Konjunktur erlebte. Das Ende der Blockkonfrontation und die Wiedervereinigung, die ein Ansteigen der Staatstätigkeit und einen Wandel der internationalen Politik mit sich brachte, hat die Gewichte zwischen beiden Polen verschoben, weil nun eine Friedensdividende zu verteilen

35 Otto Brunner, Land und Herrschaft.

36 Den er allerdings anders verwendete, als ich es hier tue – ich spreche in diesem Fall immer von Legitimität, so wie Max Weber den Begriff verstanden hat: Weber, Wirtschaft und Gesellschaft, 124 f. Es geht also immer um die Umstrittenheit oder die Akzeptanz der Herrschaft. Brunner sprach von einer „konkreten Ordnung", in anderen Worten: Hierarchie war ein immer geltendes, quasi „natürliches" Prinzip.

war und damit der Interventionsstaat eine neue Bedeutung erhielt, die man in den neoliberalen Konzeptionen der 1980er Jahre nicht erwartet hatte.

Neuere Anregungen zur Beschäftigung mit der Geschichte von Staat und Staatlichkeit sind eher von außen gekommen. Die Historische Soziologie, die vor allem in den USA beheimatet ist und zu Modellbildungen neigt, hat sich seit jeher an den langen Prozessen der Staatsbildung interessiert gezeigt. Vor allem Charles Tilly war hier ein Anreger. Er hat seit den 1970er Jahren in international vergleichenden Längsschnittstudien zur Entstehung des Nationalstaats und zum Zusammenhang von Staat und Gewalt gearbeitet.[37] Die Ausweitung der Perspektive über die Nationalgeschichte hinaus, die Öffnung zur Europäischen und zur Globalgeschichte hat es mit sich gebracht, dass der Staat der europäischen Moderne wieder neu auf die Agenda gekommen ist, dieses Mal aber weniger als ein Modell denn vielmehr als ein welthistorischer Sonderfall. Es verwundert nicht, dass vor allem aus der Geschichte der Frühen Neuzeit wichtige Impulse gekommen sind. Im angloamerikanischen Raum waren es vor allem die Geschichte von Empires und ihre Formen von Staatlichkeit, die das Interesse der Globalhistoriker geweckt haben.[38] In der deutschen Geschichtswissenschaft ist auf Wolfgang Reinhard zu verweisen, der seine Forschungen zur Entstehung des Staates in der Frühen Neuzeit frühzeitig mit einem Interesse an Kolonial- und Dekolonisierungsgeschichte verbunden hat und dem die folgenden Ausführungen viel verdanken.[39] In nationalgeschichtlicher Perspektive hat Pierre Rosanvallon die Geschichte des Staats in Frankreich seit dem 18. Jahrhundert untersucht und dabei betont, dass „der Staat als solcher", als allgemeiner Typus, verschwimmt, wenn wir nahe genug an unseren Gegenstand herantreten, dass wir es dann eigentlich immer mit Sonderwegen und eigenen Ausformungen zu tun haben.[40] Dies gilt es in der Tat zu bedenken, und es wird im Folgenden immer wieder aufscheinen, dass „Staat" in England, Frankreich oder Deutschland ein unterschiedliches Gesicht haben konnte. Allerdings wird immer eher mit Typologien als mit jeweils besonderen Fällen argumentiert, um auch das Gemeinsame an der modernen Staatsbildung (das auch Rosanvallon zugesteht) in den Blick zu bekommen.

Aus der Sicht der Unterschichten und damit eher in seiner repressiven Seite, aber auch in seiner begrenzten Durchsetzungsfähigkeit ist der Staat seit den 1980er Jahren vor allem im Rahmen der alltagsgeschichtlich orientierten Sozialgeschichte untersucht worden; Alf Lüdtke ist hier in Deutschland sicher der einflussreichste Stichwortgeber gewesen.[41] Die wichtigste Neuentwicklung der letzten Jahrzehnte dürfte sich allerdings dem Einfluss des französischen Philosophen Michel Foucault verdanken, der sich für Macht als eine Praxis interessiert hat, die in der Mikro-

37 Vgl. v. a.: Tilly, The Formation of National States.

38 Bayly, Die Geburt der modernen Welt; Osterhammel, Die Verwandlung der Welt; Maier, Leviathan 2.0.

39 Reinhard, Staatsgewalt.

40 Rosanvallon, Der Staat in Frankreich.

41 So z. B. Lüdtke, „Sicherheit" und „Wohlfahrt".

dimension wirkt, und der in diesem Zusammenhang die Bedeutung von Wissen als Machtressource betont hat. Ein wissensgeschichtlicher Zugriff auf die Geschichte des modernen Staates hat demgemäß vor allem danach gefragt, wie Staatlichkeit auf der zunehmenden Generierung von Wissen über Bürger und Territorium beruht hat, und hat sich demzufolge für die Geschichte der Statistik, von Gesundheitspolitik als Wissenspolitik, für Volkszählungen und Demoskopie interessiert.

Will man eine große Tendenz der Forschung resümieren, so lässt sich vielleicht sagen, dass inzwischen ein ungleich skeptischerer Blick auf den historischen Erfolg des Staats herrscht; das betrifft sowohl den Erfolg nach innen im Sinne einer erfolgreichen „Zurichtung" der Bürger als auch den Erfolg nach außen im Sinne eines welthistorischen Modells. Zu vermerken ist aber auch der deutlich schärfere Blick auf den Staat als Gewaltorganisation, die stärker in Spannung zu den benevolenten Seiten des Staates gesetzt wird. Das hat wohl nicht nur mit neueren Entwicklungen wie der Konjunktur der Kolonial- oder Geschlechtergeschichte zu tun, sondern auch mit dem schlichten Umstand, dass nach den Erfahrungen des 20. Jahrhunderts die meisten Historiker den Krieg und den Machtstaat nicht mehr für einen unhintergehbaren historischen Fortschritt halten.

6. Zu diesem Buch

Dieses Buch versteht sich als eine einführende Synthese für Studierende und Forschende, die vor allem diesen einen Zweck verfolgt: den modernen Staat als ein historisches und zu historisierendes Phänomen zu untersuchen. Es bezieht sich auf Europa, weil hier dieses Phänomen entstanden und als „Zivilisationsmission" – mehr oder minder erfolgreich – in die Welt hinausgetragen wurde. Dass dieses Unterfangen angesichts der thematischen und epochalen Breite, die in eklatantem Missverhältnis zum Umfang des Buches steht, nur in groben Strichen geschehen kann, wird hoffentlich auf Verständnis stoßen. Wer sich tiefergehend mit einzelnen Themen beschäftigt, wird wahrscheinlich enttäuscht sein. Viel einschlägige Forschungsliteratur und viele interessante, oftmals verwickelte Forschungsdiskussionen habe ich nicht genauer zur Kenntnis nehmen können, noch weniger davon konnte ich zitieren. Es wird auch deutlich, dass ein gewisser Schwerpunkt auf den größeren westeuropäischen Staaten liegt, häufig mit einem vergleichenden Blick nach den USA, weil hier das europäische Modell der Staatlichkeit eine sehr eigene Umsetzung gefunden hat. Weniger beachtet werden die europäischen Peripherien, vor allem Ost- und Südeuropa; zum Teil, weil sich hier meine Kompetenz in engen Grenzen bewegt, aber auch, weil Frankreich und Großbritannien für die Staatsbildung auch dort als Pioniere und Vorbilder fungiert haben. Deutschland erhält einen vielleicht unverdient wichtigen Platz zum einen, weil es wegen seiner föderalen Struktur eine Ausnahme, aber doch auch ein Vorbild und Exerzierfeld war; zum anderen, weil die reale und diskursive Tradition des Staates, seine historische Überhöhung hier die prägendsten Auswirkungen auf Denken und Schreiben der

Geschichtswissenschaft hatte. Auch der Blick auf die Leserschaft dieses Buches legt einen deutschen Schwerpunkt nahe. Aus diesem Grund wurde auch darauf verzichtet, den Fußnotenapparat und die Bibliographie ausufern zu lassen, und es wurden nur deutsch- und englischsprachige Titel aufgenommen.

Wenn ein Neuzeithistoriker über die Geschichte des Staates schreiben und dabei bis in die Antike zurückgreifen will, dann kann er sich an eine solche Aufgabe nicht wagen ohne die großmütige Beratung und Kritik von kompetenten Kolleginnen und Kollegen, die den Text in Teilen oder ganz lasen und dabei hilfreiche Anmerkungen und Fehlerkorrekturen anbrachten. Ohne die Expertise von Christoph Lundgreen, Barbara Schlieben, Jörg Feuchter, Matthias Pohlig, Paul Nolte, Christian Jansen und Hartmut Kaelble hätte ich nicht gewagt, dieses Manuskript aus der Hand zu geben. Ihnen sei an dieser Stelle herzlich gedankt. Aber natürlich geht alles, was sachlich falsch oder zu kritisieren ist, auf meine Rechnung.

Ein solches Buch schreibt sich nicht ohne Unterstützung. Unglaublich hilfreich und engagiert haben mir Charlotte Meiwes und Giulia Ross unter die Arme gegriffen: Sie haben aufopfernd Bücher ausgeliehen, PDFs organisiert, Hinweise auf Themen und Literatur gegeben sowie das Manuskript in eine abschließende Form zu bringen geholfen. Kai Pätzke und Oliver Schwinkendorf vom Verlag Vandenhoeck & Ruprecht darf ich für die gute und unkomplizierte Betreuung danken. Und schließlich ist Dank an meine Frau Ruth Rumke abzustatten für ihre Geduld und ihre Bereitschaft, dies zu ertragen. Versprochen: In den nächsten Urlaub kommt keine Bücherkiste mit – zumindest keine mit Staatsbüchern. ☺

1. Antike Staatlichkeit und Entstaatlichung im Mittelalter

Historiker konstruieren gerne Kontinuitäten. Die Vorstellung von Brüchen ist ihnen eher fremd. Aber nicht nur, wenn wir den modernen Staat ansehen, müssen wir konstatieren, dass hier die Nähen zur Antike sehr viel auffälliger sind als zum Mittelalter. Die Historiker des 19. Jahrhunderts haben diese Geschichte eher als eine mehr oder weniger lineare Entwicklung gesehen. Die neuere Forschung betont zum einen die größere Nähe von Antike und Moderne; der berühmte Althistoriker Christian Meier war hier Vorreiter. Meier war es aber auch, der vor einer „leichtfertigen Übertragung des Staatsbegriffs auf die Antike" warnte. Denn dabei würden Vorstellungen aus der Moderne in die Antike projiziert, die dort nicht hingehörten.[1] Andere wie Christoph Lundgreen dagegen vertreten die Anwendbarkeit solcher Begriffe als analytische Konzepte. Er insbesondere ist der Ansicht, dass „Staatlichkeit" den starren Begriff des Staates ersetzen könnte.[2] Festzuhalten bleibt die Einigkeit der verschiedenen Positionen: Die Wurzeln des modernen Staates liegen in Griechenland und in Rom – wenngleich man protostaatliche Momente auch in vorderasiatischen Monarchien oder in den phönizischen Handelsstädten der Levante ausmachen kann.

1.1 Die griechische Polis

Etwa seit dem 8. Jahrhundert v. Chr. entstanden in der kleinräumlichen, küstennahen Landschaft Griechenlands *poleis,* Stadtstaaten, die sich zu Stadtrepubliken entwickelten. Sie stützten sich auf eine Schicht freier Bürger *(polites),* für die das

---

1 Christian Meier, Athen. Ein Neubeginn der Weltgeschichte, München 1995, 703. Vgl. zur Antike Walter, Der Begriff des Staates in der griechischen und römischen Geschichte. Auch mit Blick auf die Wahrnehmungstraditionen in der Moderne: Leppin, Das Erbe der Antike, bes. 40–82 (Griechenland), 112–182 (Rom). Eine sehr differenzierte Zusammenschau, die sich wenig um solche begrifflichen Abgrenzungen schert, aber auch über das Perserreich, die Kelten oder die Germanenreiche der Völkerwanderung spricht: Demandt, Antike Staatsformen.

2 Christoph Lundgreen, Staatsdiskurse in Rom? Staatlichkeit als analytische Kategorie für die römische Republik, in: ders., Staatlichkeit in Rom?, 13–60.

Recht auf Mitbestimmung in der periodisch (in Athen bis zu vierzigmal im Jahr) tagenden Volksversammlung, auf die Besetzung von periodischen Wahlämtern und der Rechtsprechung mit der Pflicht zum Kriegsdienst einhergingen. Die wohlhabenden Bürger hatten sich finanziell oder mit Dienstleistungen an Gemeinschaftsaufgaben zu beteiligen. Für diese öffentliche Tätigkeit brauchten sie Zeit: Sie mussten abkömmlich sein, und das konnten sie nur, weil der Lebensunterhalt von Sklaven erwirtschaftet wurde: Die Bürgerfreiheit der Polis war die einer kleinen Minderheit. In unterschiedlichen Ausformungen, von denen uns die athenische Demokratie die bekannteste – allerdings auch die radikalste – ist, entwickelte die Polis eine „urbane Territorialstaatlichkeit" (Stefan Breuer), die im Inneren relativ gewaltfrei war, weil der Wettbewerb um Macht rechtlich eingehegt war, man die Mitbewerber also nicht einfach totschlagen konnte; eine Staatlichkeit mit dauerhaften Formen der Entscheidungsfindung und der Administration sowie – das war ganz neu – einer Form der breiten Partizipation, die seit dem 5. Jahrhundert mit dem Begriff der Demokratie belegt wurde.[3] Die Amtsinhaber agierten im Wesentlichen ehrenamtlich; die Spitzenpositionen wurden hauptsächlich durch Los (unter der Annahme, dass alle Bürger gleich und gleich befähigt seien), aber auch durch die Wahl besetzt.[4] Sie mussten sich um dieses Amt bewerben, was eine gewaltfreie Form des Wettbewerbs und die rhetorische Ansprache an die Bürger, also den öffentlichen Diskurs über politische Fragen beförderte. Sie mussten sich für ihr Tun verantworten, bis dahin, dass sie von der Volksversammlung in die Verbannung geschickt wurden, wenn man der Ansicht war, sie hätten gegen ihre Pflichten verstoßen. Durch diese Formen der wettbewerblichen Politik gelang es, der Usurpation der Macht durch kleine oligarchische Eliten einen Riegel vorzuschieben: Während in anderen Gesellschaften einzelne und ihre Familien herrschten (und zwar meist gestützt auf nackte Gewalt), war es in der griechischen Polis die Schicht der bevorrechteten Stadtbürger, und deren Herrschaft wurde im Wesentlichen für legitim gehalten.

Die griechische Polis, die auch nach Kleinasien und Sizilien exportiert wurde, hat in der Rezeption und Mythenbildung der westlich-europäischen Tradition den Status einer „Zauberformel" (Lundgreen) erhalten; demgemäß ist der Begriff kritisiert worden.[5] Abgesehen von der Vielzahl von politischen Mitbestimmungsformen, die sich dahinter verbergen, ist häufig Athen, das in mancherlei Hinsicht wohl eher eine Ausnahme war, als *pars pro toto* für die Polis gesetzt worden. Darüber hinaus ist die oben gegebene Schilderung bei genauerer Beschreibung auch für Athen differenzierungswürdig. So etwa war die Grenze zwischen freien Vollbürgern und mit minderen Rechten ausgestatteten Einwohnern, gar den Sklaven nicht immer trennscharf. Unter Perikles etwa wurden 457 v. Chr. Diäten für die ärmeren Vollbürger eingeführt, damit sie an den politischen Veranstaltungen teilnehmen konnten, ohne

3 Zu den Charakteristika und den Besonderheiten der athenischen Demokratie: Hansen, Die Athenische Demokratie, v. a. 65–86.

4 Zu dieser durchaus umstrittenen Frage ebd., 49–51.

5 Gawantka, Die sogenannte Polis.

sich um ihren Unterhalt zu sorgen. Die Bürger waren also nicht alle so wohlhabend, wie man sich das denken würde.

Dennoch ist festzuhalten, dass sich in den griechischen Städten erstmals eine neue Form der politischen Integration vollzogen hat, in den Worten Uwe Walters „sicher kein Moderner Staat, aber ebenso sicher ein sehr moderner Staat".[6] Mehr noch: Speziell in Athen haben sich Mitbestimmungsformen entwickelt, die zwar nur einer relativ kleinen Schicht von Bürgern zugutekamen, die aber als historische Vorbilder bis in die Moderne gewirkt haben. Allerdings funktionierte diese Form von Staatlichkeit auf der Basis von relativ kleinen Gesellschaften. Die Polis war eine *face-to-face*-Veranstaltung: Die Bürger kannten sich persönlich, wussten um ihre Bindungen und Traditionen und konnten somit eine Zusammengehörigkeit aufbauen, die auf persönlichen Beziehungen beruhte. Platon dachte sich sein Konzept eines „Idealstaats" als eine kleine Gemeinschaft mit nicht mehr als 5040 Vollbürgern. Als aber im 5. Jahrhundert Athen über die eigentliche Stadt hinauswuchs und sich über ganz Attika ausdehnte, umfasste die athenische Polis vielleicht 30–40.000 Vollbürger – Platon hätte ihr die Funktionsfähigkeit abgesprochen.

Die griechische Polis und vor allem Athen hat nicht nur Institutionen hervorgebracht, die die moderne Staatlichkeit schon in nuce aufwiesen. Sie hat vor allem eine Selbstbeobachtung und Selbstreflexion entwickelt: Die ersten modernen Staatstheorien sind in der griechischen Polis entstanden.[7] Besonders wichtig ist Aristoteles geworden, der in seiner „Politeia" eine politische Philosophie entworfen hat, die zu einer normativen Grundlage moderner Staatlichkeit geworden ist. Er entwickelte die Lehre von den Staatsformen, die – vereinfacht – eine Abfolge der drei „guten" Formen mit drei „schlechten" Formen kennt, die jeweils aufeinander folgen. „Gut" heißt: am Gemeinnutz orientiert; „schlecht": es geht um den Eigennutz:

(1.) Die Einzelherrschaft: Monarchie – nicht notwendig ein König, wohl aber eine dem Gemeinwohl dienende Alleinherrschaft; sie kann zur Tyrannis degenerieren, einer Alleinherrschaft, die nicht dem Gemeinwohl dient.

(2.) Die Herrschaft von wenigen ist die Aristokratie, die Herrschaft „der Besten", der „Tugendhaftesten"; ihre Degenerationsform ist die Oligarchie, also die Herrschaft von wenigen, die aber nur am Eigennutz interessiert sind.

(3.) Die Herrschaft von vielen nennt Aristoteles „Politie": die Herrschaft der Besonnenen, der Vernünftigen. Degeneriert sie, wird sie zur Demokratie oder auch Ochlokratie (die Herrschaft der Armen, des Pöbels).

[Das Schulwissen, dass „Demokratie" die gute, „Ochlokratie" die schlechte Form sein soll, ist postfaschistische Geschichtspolitik, jedenfalls insoweit sie sich auf Aristoteles beruft, der ausdrücklich die *politie* so bezeichnet und die Demokratie eher negativ, als Herrschaft der kleinen Leute beschreibt. Allerdings herrschte in der athenischen Alltagssprache wohl „Demokratie" vor – vielleicht ein Hinweis darauf,

6 Walter, Der Begriff des Staates in der griechischen und römischen Geschichte, 26.

7 Vgl. Henning Ottmann, Geschichte des politischen Denkens Bd. 1, 2: Die Griechen. Von Platon zum Hellenismus, Stuttgart 2001.

dass die realen Bürger der Polis weniger wohlhabende Sklavenhalter als eher Handwerker und kleine Händler waren. Die positive theoretische Besetzung des Demokratiebegriffs geht auf den griechischen Historiker Polybios zurück, der 200 Jahre nach Aristoteles lebte; seine Begriffsbildung reflektiert die gewandelten sozialen Bedingungen der griechischen Stadt, die damals nur im Ausnahmefall noch eine selbständige politische Einheit war.]

Die politische Philosophie des Aristoteles hat zwei weitere, bis weit in die Neuzeit reichende Vorstellungen von Staatsformen entwickelt: Erstens die Theorie der gesetzmäßigen Abfolge von Verfassungsformen und zweitens die Idee, dass es die Mischverfassungen sind, die beste Ergebnisse zeitigen. Noch die Diskussion der amerikanischen Verfassung in den 1780er Jahren war von dieser Vorstellung geprägt, dass es eine Mischverfassung von monarchischen (Präsident), aristokratischen (Senat) und „demokratischen" (Repräsentantenhaus) Momenten sei, die ein politisches System stabil mache. Vor allem in Europa hat sich die Mischverfassungstheorie etwa im Zwei-Kammern-Prinzip gezeigt: Ein Ober- und ein Unterhaus wie in England repräsentiert bis heute die Vorstellung, dass die verschiedenen Klassen der Gesellschaft in eine institutionell harmonierende Form gebracht werden müssen.

1.2 Das römische Imperium

Der Stadtstaat Rom, der in etwa zur selben Zeit (der Legende nach 753 v. Chr.) in Italien entstand, war zunächst eine Monarchie und wurde im 5. Jahrhundert ebenfalls eine Stadtrepublik, allerdings von aristokratischen Eliten (Patriziern) geleitet, die in steter Auseinandersetzung mit den nichtadligen Freien der Stadt (Plebeiern) standen. Es handelte sich um einen Territorialverband, ähnlich wie moderne Staaten. Auch die römische Wirtschaft und Politik basierten natürlich auf Sklaverei. Die Römische Republik, die im 3. Jahrhundert den größten Teil des italienischen Festlandes umfasste, in damaligem geographischen Verständnis global auszugreifen begann und um 200 (nach dem Zweiten Punischen Krieg) zum Weltreich wurde, entwickelte wie die Polis eine höchst differenzierte Fülle von Institutionen, (Wahl-) Ämtern und Regeln des Machterwerbs.[8] Drei Institutionen bildeten in „Gewaltenteilung" (Demandt) die höchsten Instanzen: Erstens das Volk, das in verschiedenen Formen der Versammlung Entscheidungen über Gesetzgebung, Krieg und Frieden und die Wahl von Staatsbeamten traf, das aber in der Volksversammlung, der *contio* (die keine Entscheidungen traf), auch ein Resonanzraum für den politischen Diskurs war.[9] Zweitens der Senat, der aus gewählten erfahrenen Mitgliedern der

8 Zum Folgenden die knappe Erläuterung bei Demandt, Antike Staatsformen, 394–404. Zur aktuellen Diskussion: Lundgreen, Staatlichkeit. Hiernach auch im Weiteren.

9 Karl-Joachim Hölkeskamp, Concordia contionalis. Die rhetorische Konstruktion von Konsens in der römischen Republik, in: Egon Flaig unter Mitarbeit von Elisabeth Müller-Luckner (Hg.), Genesis und Dynamiken der Mehrheitsentscheidung, München 2013, 101–128.

Oberschicht bestand, sich zu allen wichtigen Fragen, namentlich der Außenpolitik, äußerte, Finanzaufsicht wahrnahm und dem die höchste Autorität zugesprochen wurde. Der Magistrat als dritte maßgebliche Institution war mehr als eine Exekutive, sondern umfasste Einzelämter mit hoher politischer Selbständigkeit bis hin zu kriegerischen Unternehmungen: etwa Quästoren (Finanzen), Prätoren (Rechtsaufsicht) oder Konsuln, die Leitungsfunktion, insbesondere in militärischer Hinsicht hatten. Zur Seite standen ihnen entlohnte und zunächst nur auf Zeit, später auf Dauer bestellte ausführende Diener, die Apparitoren.

Die Magistrate wurden von Volksversammlungen gewählt, und zwar maßgeblich nach Regeln einer Ämterlaufbahn, dem *cursus honorum,* und das bedeutete: Es waren Mitglieder der aristokratischen Oberschicht, die gewählt wurden. Auch „Plebeier" wie Pompeius oder Cicero stammten aus aristokratischen Familien. Insofern handelte es sich um einen anderen Typ von Mischverfassung, einen fluiden zumal, denn Plebeier und Patrizier handelten die Macht immer wieder neu aus. Volksversammlungen muss man sich dabei nicht als Zusammenkünfte des ganzen männlichen Bürgervolks von Rom vorstellen, sondern eher als Versammlungen derjenigen, die Zeit hatten und sich auf dem Forum herumtrieben.[10]

Auch das römische Kaisertum, das mit Augustus 27. v. Chr. angesetzt wird, bedeutete in der Entwicklung der Staatlichkeit keinen Bruch, und die Zunahme des Personenkults stellte die Rationalität der Institutionen nicht in Frage. Im Gegenteil: Die religiöse Aura hat es wohl eher erleichtert, in der höchst traditionalen, auf Ehre und Rang bedachten römischen Gesellschaft politische Reformen durchzusetzen. Die Reformen Diokletians (284–305) und Konstantins des Großen (306–337), die die Reichskrise des 3. Jahrhunderts beendeten, führten leistungsfähige Provinzialverwaltungen, eine umfassende Steuerpolitik und tragfähige Rechtsinstitute (die bis in die Moderne reichen) ein. Meist wird zwar zu dieser Zeit das Römische Reich schon auf dem absteigenden Ast gewähnt; aber seine höchste Ausprägung an Staatlichkeit erreichte Rom erst Anfang des 4. Jahrhunderts – imperiale Macht und staatliche Organisation gingen hier nicht überein.

Damit sind einige zentrale Momente römischer Staatlichkeit angesprochen oder zumindest angedeutet:

(1.) Es gab stabile, überpersönliche Institutionen zur Regierung und Gesetzgebung, die (auch wenn sie den jeweiligen Machtverhältnissen häufig nachgeben mussten) ein Gerüst darstellen konnten, das Macht verteilte.

(2.) Es gab eine kontinuierliche und reformierbare Verwaltung, die (jedenfalls im Prinzip) nicht nach Willkür, sondern nach Verfahrensgrundsätzen operierte und in vieler Hinsicht vorbildhaft für moderne Verwaltungen geworden ist. Allerdings wird man nicht von Institutionen im modernen Sinn sprechen. Vielmehr waren es einzelne Amtsträger und ihre Stäbe (also Verwandte und Klienten), die jeweils diese Aufgaben übernahmen und vom nächsten Amtsträger und seinen Leuten abgelöst

10 Martin Jehne, Das Volk als Institution und diskursive Bezugsgröße in der römischen Republik, in: Lundgreen, Staatlichkeit, 117–137.

wurden. Insofern wurde kontinuierlich verwaltet – aber sozusagen von je unterschiedlichen Verwaltungen.

(3.) Vielbegehrt war das römische Bürgerrecht, das Mitsprache in der Volksversammlung und Wahlrecht sicherte, eine bestimmte Rechtsbehandlung (z. B. Verschonung von Folter und Todesstrafe) garantierte und äußere Symbole wie das Tragen der Toga kannte. Mit der Expansion des Römischen Reichs wurde es auch auf außerhalb der Stadt ausgeweitet. Man kann es als eine Protoform der modernen Staatsbürgerschaft verstehen – lange Zeit nur für eine kleine Minderheit der Menschen. Doch im Jahre 212 n. Chr. dehnte Kaiser Caracalla das römische Bürgerrecht auf alle freien Bewohner des Römischen Reichs aus und beförderte damit die politische Integration, entgrenzte aber auch die politischen Zugehörigkeiten.

(4.) Das römische Recht war ein Rechtssystem, das auch private Rechtsverhältnisse zu regeln beanspruchte, das zunehmend auf geschriebene Rechtssätze anstatt auf Gewohnheitsrecht setzte und das im 6. Jahrhundert als „corpus iuris civilis“ zu einem Rechtstext (genauer: einer Sammlung von Rechtssätzen) wurde, der im 19. Jahrhundert die Staatsbildung in Europa nachhaltig beeinflusste und z. B. vorbildhaft für den *Code Napoleon* wurde.

(4.) Das Römische Reich war bei Weitem der größte Militärstaat der Antike, und Reinhards Diktum, dass Staatlichkeit eine Funktion der Kriegsführung ist, ist hier in jedem Fall am Platze. Die militärische Dienstpflicht, die zunächst die Kehrseite des römischen Bürgerrechts war, dauerte im Prinzip 30 Jahre (!), so dass mit der Zeit eine Proletarisierung der Armee stattfand. Wohlhabende Bürger kauften sich lieber frei. Aber noch lange wurden diejenigen als Soldaten eingesetzt, die auch als Bauern tätig waren – und deren Getreide brauchte man ja auch. Deshalb gab es zur Zeit der Republik und in der frühen Kaiserzeit regelrechte Feldzugsaisons: Die Kriege wurden fast ausschließlich im Frühling (nach der Aussaat) geführt und möglichst vor Beginn der Ernte wieder beendet. Je größer das Reich wurde, desto schwieriger wurde das und desto weniger konnte Rom auf seine eigenen Bauern als Soldaten zurückgreifen, sondern musste diese aus den unterworfenen Völkern herauspressen oder sich Söldner einkaufen.

(5.) Rom hat nicht nur versucht, seine Untertanen zur Steuerleistung heranzuziehen, sondern auch Informationen über sie zu gewinnen, wie rudimentär auch immer. Es ließ Volkszählungen durchführen, um die wehrfähigen Männer zu erfassen und ihren Besitz zu verzeichnen. Die Volkszählung des Augustus, die Josef und Maria nach Bethlehem zu reisen veranlasst, ist das bekannteste Beispiel, das sich allerdings nur auf einen Provinzialzensus bezieht. Dass Kaiser Augustus sein gesamtes Reich erfassen ließ: Das war nicht der Fall.

(6.) Darüber hinaus erbrachte das Römische Imperium auch infrastrukturelle Leistungen, die man unter dem Begriff „Innere Staatsbildung“ verzeichnen könnte und die ihrerseits Verwaltungen hervorbrachten. Zu erwähnen wären vor allem Wasserleitungen, das imperiumsweite Straßensystem und eine umlaufende Währung. Seit dem 3. Jahrhundert v. Chr. war das der Sesterz; 309 führte Konstantin der Große den Solidus ein, der bis ins Hohe Mittelalter als Leitwährung in Europa im

Umlauf war. Aber auch die Einführung von Latein als *Lingua franca,* die eine Verständigung im ganzen Imperium ermöglichte, könnte darunter gerechnet werden.

Allerdings wurden viele dieser Institutionen gewissermaßen nur im Prinzip entwickelt. Wie es in der Praxis aussah, steht vielmals auf einem anderen Blatt. Insofern war manches an der römischen Staatlichkeit mehr Idee als durchgehaltene Wirklichkeit. Viele der Momente moderner Staatlichkeit waren auch noch gar nicht oder kaum entwickelt. Das „Staatsvolk" blieb jenseits des römischen Bürgerrechts, das, wie gesagt, lange Zeit nur für eine Minderheit galt, eine opake Sache; ein klares Staatsgebiet ließ sich jenseits der Stadt Rom nur schwer beschreiben; alle farbigen Eintragungen in historischen Atlanten, die so etwas wie ein Staatsgebiet mit klaren Grenzen suggerieren, sind reine Annäherung, wenn nicht gar Fiktion; der Staat war zwar gewalttätig, aber seine Staatsgewalt hatte Grenzen: Die öffentliche Sicherheit war nach modernen Maßstäben nur in engen Grenzen gegeben, denn eine Polizei im modernen Sinn – als bürokratisch organisierten Erzwingungsstab – gab es nicht.[11]

Das Römische Reich war ein Imperium; damit ist ein Typ von großflächiger Herrschaft gemeint, der im 19. Jahrhundert seine größte Ausdehnung erlangte und der gewöhnlich dem Typ der Nation (den es zu römischen Zeiten noch nicht gab) entgegengesetzt wird. Wenn man das Römische Imperium mit der griechischen Polis vergleicht, so wird deutlich, dass die soziale und kulturelle Homogenität der Polis weitaus größer war. Das Römische Reich lebte mit der Heterogenität und kümmerte sich nicht viel um die sonstigen Belange der Untertanen. Die Griechen kannten eine gemeinsame Götterwelt. Im imperialen Rom galt das Prinzip, das im Pantheon baulich umgesetzt wurde: ein Tempel für alle Götter, die man sich so vorstellen mochte. Nicht nur Jupiter und Hera, sondern auch Isis, Mithras oder Jesus wurden hier verehrt. Der moderne Staat zieht es demgegenüber vor, eine einheitliche ideologische Grundlage (die meist nicht mehr religiöser Art ist) zu haben.

Eine solche einheitliche Grundlage zeichnete sich ab, als das Christentum in Rom unter Konstantin dem Großen 313 zunächst erlaubt und schließlich unter Theodosius dem Großen im Jahr 380 faktisch zur Staatsreligion wurde. Die christliche Kirche ist einer der Gründe dafür, warum die moderne Staatlichkeit sich in Europa herausbildete. Die Kirche leistete nämlich eine innere Durchdringung der Gesellschaften, die ebenso protostaatlich war und die mit den Institutionen des Reichs enge Verbindungen einging. Die kirchliche Verwaltungsgliederung der Diözesen und Pfarreien ging einher mit einer planvollen Ausbildung von gebildeten Verwaltungseliten, den Priestern. Spezialisierte Bildungs-, Kultur- und Wirtschaftsinstitutionen entstanden in den Klöstern, die die Bildungszentren des Reichs wurden. Nach dem Niedergang des Römischen Reiches bildeten Klöster und Bischofshöfe im Frühmittelalter die Kerne protostaatlicher Funktionen – allerdings auf regionaler und nicht auf zentraler Ebene. Mit den Geistlichen gab es in einer Zeit, in der kaum jemand lesen und schreiben konnte, ein in der schriftlichen Verwaltung

11 Wilfried Nippel, „Aufruhr" und „Polizei" in der römischen Republik, Stuttgart 1988.

geschultes Personal, weshalb die hohen Beamten an den Königshöfen sehr häufig Geistliche waren. Die Kirche stellte ein weitläufiges Netz an Kommunikation zur Verfügung, das Latein war weiterhin eine Sprache, in der sie sich verständigen konnte. Nicht zuletzt verfügten die kirchlichen Amtsinhaber über eigene militärische Kapazitäten – man darf sich die Bischöfe zu dieser Zeit nicht allzu friedfertig vorstellen. In der ottonischen Zeit, also im 10. Jahrhundert, stellten sie bis zu zwei Drittel des Reichsheeres.

1.3 Entstaatlichung im Mittelalter

Auch wenn eine neuere Forschung Momente von Staatlichkeit auch im Mittelalter entdeckt und auch auf den neuen Begriff der Governance Bezug nimmt, vor allem aber gegen die Vorstellung einer Linearität argumentiert, wird man trotzdem am Befund einer Entstaatlichung im Mittelalter nicht vorbeikommen.[12] Über lange Zeit kam die soziale Ordnung weithin ohne staatliche Momente aus. Dieser Umstand war im 19. Jahrhundert und bis weit darüber hinaus lange Zeit nicht wirklich zur Kenntnis genommen worden. Vor allem für die deutschen Historiker des 19. Jahrhunderts war der mittelalterliche „Staat“ eine Etappe auf dem Weg zum modernen Staat. Sie konstatierten eine kontinuierliche, aufsteigende Linie und begründeten die Momente der Staatlichkeit mit einer (wie sich bald herausstellte: recht imaginierten) Konstruktion einer spezifisch germanischen Staatlichkeit. Otto Brunners These und Begrifflichkeit von „Land und Herrschaft“ ist in der Rezeption selbst in die Kritik geraten, nicht zuletzt deshalb, weil Otto Brunner die nationalsozialistische Imprägnierung seiner Denkfiguren auch mit vielerlei Korrekturen nicht aus der Welt schaffen konnte. „Herrschaft“ war eben auch ein sehr deutscher Begriff. Dennoch ist festzuhalten, dass man die mittelalterlichen politischen Ordnungen nicht einfach als Vorgeschichte des modernen Staates sehen kann, viel weniger als die antiken Ordnungen. Anders gesagt: Rom und Griechenland sind unserem Verständnis von politischer Ordnung viel näher als das europäische Mittelalter. Dieses allerdings dürfen wir uns ebenso wenig als eine aufsteigende Linie (sozusagen: Das finstere Mittelalter wird mit der Zeit immer ein wenig heller.) vorstellen, sondern als unterschiedliche Stufen der Intensität von Staatlichkeit, die mal besser, mal schlechter funktionierte und die sich etwa in Frankreich eher und stabiler ausbreitete als im deutschen Sprachraum.

Die globale Ordnung des Römischen Reichs zerfiel mit der sogenannten Völkerwanderung[13], also seit dem 5. Jahrhundert, in fluide und fragile Stammesgesellschaften (die man sich keineswegs als ethnische Verbände vorstellen muss, wie dies eine ältere Forschung annahm!), die wenig soziale und politische Struktur hatten, die

12 Vgl. Pohl/Wieser, Der frühmittelalterliche Staat; Stefan Esders, „Staatlichkeit“, Governance und Recht im (westlichen) Mittelalter, in: Schuppert (Hg.), Von Staat zu Staatlichkeit, 77–100.

13 Hierzu nun, in einer globalen Perspektive: Meier, Völkerwanderung.

weithin auf mündlichen Beziehungen beruhten und vielfach auch ohne überregionale Wirtschaftsbeziehungen auskamen. Allerdings überlebten noch längere Zeit spätrömische Momente von Staatlichkeit, die von den germanischen Stammeskönigen (die ja oft Militärs in römischen Diensten gewesen waren) teilweise übernommen wurden: Römische Verwaltungsbezirke blieben, Infrastrukturen wie das Straßensystem (soweit es nicht verfiel), die Funktion der Bischöfe, teilweise sogar das Steuersystem. Aber die politische Macht lag weitgehend auf dem Land, das Ernährung bot. Sehr viel besser organisiert war in diesen Jahrhunderten das von Mohammed begründete islamische Reich, das seit dem 7. Jahrhundert mit überlegener militärischer und kultureller Kompetenz nach Europa expandierte. Es wies im Übrigen eine vergleichbare Verbindung von religiöser Kultur und politischer Institutionalisierung auf.

Erste Momente der Staatlichkeit bildeten sich im früheren provinzialrömischen Bereich aus: Ober- und Mittelitalien (Langobarden, Ostgoten), Frankreich (Westgoten, Franken, Burgunder). „Germanische" (mit aller Vorsicht des Begriffs) Völker gingen hier Verbindungen mit römischer Kultur ein, die im Wesentlichen aber nur kirchlich überliefert wurde. Die aktuelle Forschung konstatiert durchaus Ausprägungen von Staatlichkeit, die weiter entwickelt war als man das bisher angenommen hatte, die aber auch Auf- und Abschwünge erfuhr. Beispielsweise wird Karl der Große, der ein Großreich aufgebaut hatte, das sich explizit als Nachfolge des Römischen Reichs verstand, ein intensives Bemühen um den Aufbau einer Beamtenschaft, einer Kirchen- und Schriftreform oder einer stärkeren Kontrolle der lokalen Machthaber attestiert. Unter den Ottonen im 10. Jahrhundert ging die Schriftlichkeit der Herrschaft wieder zurück. Sie wurde dezentraler, und zentrale Herrschaft musste sich mehr den lokalen und regionalen Adelsfamilien unterordnen und war von kirchlichen Institutionen abhängig. Allgemeine Steuern wurden nicht erhoben, eine allgemeine Heeresfolgepflicht gab es offenbar nicht.[14]

„Weltliche" politische Herrschaft war im Früh- und Hochmittelalter nur in enger Verbindung mit kirchlicher Herrschaft vorstellbar, und in dieser Hinsicht ruhte die frühmittelalterliche Staatlichkeit (wenn man sie denn so nennen will) auch auf der spätrömischen Grundlage auf. Ämter erwuchsen hauptsächlich aus religiöser oder aus militärischer Kompetenz. Bischöfe bekleideten meist auch hohe Reichsämter, Klöster übten Gerichtsbarkeit aus oder hatten das Recht, Münzen zu prägen und Zölle zu nehmen. Politische Herrschaft wurde, so die Vorstellung, im göttlichen Auftrag ausgeübt, denn das christliche Mittelalter lebte weiterhin in der Erwartung eines nahen Endes der Zeiten, die schon die römische Christlichkeit geprägt hatte.

Im späten 11. Jahrhundert änderte sich das: Der Investiturstreit zwischen Kaiser und Papst gilt als Wegmarke, dass diese enge Verwiesenheit aufeinander aufbrach und Konflikte schuf. Wer ist dem anderen vorgesetzt? Dürfen weltliche Fürsten geistliche Würdenträger einsetzen? Der Kaiser sagte: Ja; der Papst argumentierte umge-

---

14 Roman Deutinger, Staatlichkeit im Reich der Ottonen – ein Versuch, in: Pohl/Wieser, Der frühmittelalterliche Staat, 133–144.

kehrt, dass im Gegenteil er als Nachfolger des Apostelfürsten Petrus berufen dazu sei, die kirchlichen Fürsten einzusetzen. Nach jahrzehntelanger, teils kriegerischer Auseinandersetzung konnte der Papst den Anspruch des Kaisers abwehren; aber die langfristige Folge war eine Entzweiung von kirchlicher und politischer Herrschaft. Konnte die politische Herrschaft bisher nur als Ausdruck der Heilsgeschichte gesehen werden, so gewann sie nun eigene Legitimität (etwa als Friedenswahrerin); für die kirchliche Herrschaft wurde immer schwerer begründbar, dass sie auch Teil der politischen Herrschaft sein müsse. Das sollte freilich noch Jahrhunderte dauern.

Für die größeren Herrschaftsbildungen (das Reich Karls des Großen erstreckte sich von Polen bis Spanien und von Dänemark bis Rom!) bedurften die Könige der Statthalter: Herzöge und Grafen, die in königlichem Auftrag regieren sollten. Diese gingen aber sogleich daran, eigene Herrschaften aufzubauen. Versuche Ottos des Großen, so etwas wie eine Reichsbeamtenschaft heranzubilden, scheiterten, weil die Ressourcen dafür fehlten. Die Ressourcen: Das war im Wesentlichen das Land. So kam es zu einer typisch mittelalterlichen Form von Herrschaft: dem Lehenswesen (Lehen = Leihe). Ausgehend von der Fiktion, dass alles Land dem König gehörte, erhielt der Gefolgsmann (Vasall) im Austausch für seine Folgebereitschaft Land (später auch Ämter, die Geld einbrachten, wie beim Zollwesen), das er ausbeuten (lassen) oder auch an Untervasallen für deren Folgebereitschaft weitergeben konnte. Formal waren diese Länder und Ländereien nur verliehen. Faktisch tendierte das Lehenswesen aber dazu, dass die Lehensnehmer selbst politische Herrschaft aufbauten und dynastisch sicherten.

Das Lehenswesen als Moment politischer Herrschaft ist in den letzten Jahrzehnten Gegenstand lebhafter Diskussionen gewesen.[15] Dabei hat sich ergeben, dass seine Bedeutung keineswegs für das ganze Mittelalter gelten konnte. Vielmehr bildete es sich erst im Hohen Mittelalter langsam heraus; seine ganze Bedeutung erhielt es erst im Spätmittelalter. Die Bindungen des Vasallen waren bis dahin (und darüber hinaus) sehr viel mehr personaler Art (Gefolgschaft, Freundschaft) als nur gewissermaßen politische Geschäftsbeziehungen. Als solche stabilisierte es die politischen und sozialen Ordnungen. In Hinsicht auf die Staatlichkeit ist diese Personalität wichtig zu bemerken; sie war bis weit in die Neuzeit hinein ein Grundstein politischer Herrschaft. Der Mediävist Theodor Mayer hat demzufolge – gleichzeitig und in Auseinandersetzung mit Otto Brunner – diese Form einen „Personenverbandsstaat“ genannt und diesen dem modernen „institutionalisierten Flächenstaat“ gegenübergestellt.[16]

Für das Heilige Römische Reich galt, dass die Lehen dauerhaft vergeben wurden.[17] Vor allem die großen Lehensnehmer, allen voran die Herzöge und Grafen von Bayern, Sachsen, Böhmen oder Österreich, entwickelten hier ihre eigene Herrschaft, aus den Lehen wurden mit der Zeit selbständige politische Einheiten:

15 Dendorfer, Lehenswesen.

16 Vgl. Pohl, Personenverbandstaat.

17 Hierzu als kurze Einführung mit Quellen: Spieß, Lehnswesen in Deutschland.

Es entstanden territorialstaatliche Gebilde. Anders war das in Frankreich, wo der (spätere) König von der Île de France aus seit dem 12. Jahrhundert in endlosen Kriegen seine Lehensnehmer, die gleichzeitig Konkurrenten waren, unterwarf. In England führte der Einfall der Normannen unter Wilhelm dem Eroberer (der selbst ein Vasall des französischen Königs war!) im 11. Jahrhundert zu einer Ausbildung von Machtstrukturen und -ressourcen, die vor allem die unterworfene Bevölkerung niederhalten sollten. Das zentrale Herrschaftssymbol, der von Wilhelm dem Eroberer erbaute Tower in London, war zunächst nichts anderes als eine Burg inmitten von Feinden. In England ist eine frühere und intensivere Ausbildung staatlicher Strukturen festzustellen, die nicht nur, aber auch auf diese Eroberung zurückzuführen ist. Hier bildete sich eine modifizierte Lehensverfassung aus, die anders als auf dem Kontinent die (großen) Lehen nicht erblich ausgab, sondern immer wieder neu verteilte, was ein treffliches Instrument der Machtkonzentration darstellte. Bereits vor dem Einfall der Normannen hatte der Aufbau einer Zentralverwaltung begonnen, und schon Anfang des 12. Jahrhunderts gab es ein Schatzamt, das eine Übersicht über Einnahmen und Ausgaben führte. Der König beanspruchte ein Burgenbaumonopol, und noch aus angelsächsischer Zeit gab es Volksgerichte, die nach Grafschaften organisiert waren; seit der Wende vom 12. zum 13. Jahrhundert gab es einen ständigen Gerichtshof: Recht war ein Gut, das in England sehr früh zu einem staatlichen Zentralbereich wurde. Die Magna Charta von 1215 hat zwar die Macht der hohen Adligen gegenüber dem König gestärkt. Gleichzeitig hat sie zur Ausbildung von Verfahren geführt, die Rechtssicherheit und politische Mitsprache (in den Parlamenten) ermöglichten.

England ging mithin voran und ist in gewisser Weise eine Ausnahme. Insgesamt gilt (mit charakteristischen Abweichungen): Zentrale akzeptierte Herrschaft zu etablieren, gelang bis ins Spätmittelalter den meisten Herrschern nur sehr unvollständig und instabil. Nur selten schafften sie es, eine kontinuierliche Militärmacht aufzubauen, die zentrale Herrschaft blieb darin von ihren Vasallen, den hohen Adligen abhängig. Ein Gewaltmonopol des Staates nach innen ließ sich nicht durchsetzen, vielmehr beharrten die Freien auf ihrem Recht, Konflikte selbst gewaltsam auszutragen: dem Fehderecht.[18] Eine einheitliche Administration oder eine bürokratische Elite entwickelten sich nicht auf Dauer. Auch eine integrierte Rechtslandschaft entstand nicht; vielmehr überlagerten sich die Rechtstitel und waren mit den jeweiligen Territorien nicht identisch. So gab es beispielsweise in mittelalterlichen Städten nicht nur das Gebiet, über das die Stadt als Korporation verfügte, sondern auch Areale, die dem Recht anderer Herrschaftsträger unterstanden, sei es dem Kaiser oder Adligen, sei es die sogenannte „Kirchenfreiheit“: Die Distrikte um die Kirchen und Friedhöfe unterstanden kirchlichem Recht, hier galt das Recht der Stadt nicht. Auch die Universität war im Mittelalter ein Ort eigenen Rechts. Und mit diesem territorialen Recht ging immer auch das Recht über Personen oder Personengruppen einher.

18 Vgl. Justine Firnhaber-Baker, Seigneurial Violence in Medieval Europe, in: Matthew S. Gordon u. a. (Hg.), The Cambridge World History of Violence, Bd. 2, Cambridge 2020, 248–266.

1.4 Anfänge des modernen Staats im Spätmittelalter

In ganz Europa bildeten sich im Späten Mittelalter Dynamiken von Staatlichkeit heraus, immer in Konkurrenz und in gegenseitiger Beobachtung, durchaus nicht in gleicher Richtung.[19] Für unsere Zwecke liegt es näher, die Gemeinsamkeiten zu betonen. England war ein Pionier, ebenso auch Sizilien, und in mancher Hinsicht auch der Kirchenstaat. Seit dem Späten Mittelalter wurden viele dieser Institutionen auch in anderen Ländern entwickelt. Die wichtigsten Entwicklungen seien hier nur summarisch genannt.

(1.) Die Verwaltung des Landes geschah herkömmlicherweise am Fürstenhof, wo Familienmitglieder und zu Rate gezogene Vasallen, Freunde und Kleriker die Aufgaben erledigten. Mit der Zeit reichte das aber nicht mehr aus. Um der Verwaltung der Länder Herr zu werden, aber auch, um juristische und finanzielle Verhältnisse auf Dauer berechenbar zu machen, differenzierten sich zentrale Behörden aus, die unabhängig vom Fürstenhof die Verwaltung übernahmen. Damit formte sich die Schriftlichkeit als maßgebliches Regierungsmedium aus; davor hatte dafür der Klerus zur Verfügung gestanden, nun wurde immer mehr eigenes Personal dafür herangezogen. Um 1380 hatte die königliche Kanzlei in London bereits über hundert Mitarbeiter! Diese mussten für die Aufgaben qualifiziert sein, so dass sich eine soziale Gruppe von Fürstendienern entwickelte, Schreiber und Juristen, die nicht selbstverständlich aus dem Adel genommen wurden, sondern häufig anderen sozialen Gruppen entstammten, für deren Arbeit aber spezifische Kompetenzen vonnöten waren. Das ist ein zentraler Grund, warum die entstehenden Staaten so sehr daran interessiert waren, Universitäten zu gründen. Der Fiktion nach standen diese Leute dem Fürsten mit ihrem Rat zur Seite, weshalb nicht nur sie sich selbst „Räte" (Geheime, Regierungs-, Staats-Räte) nannten, sondern auch in einem Kollegium, dem Rat (Council, Conseil, Consejo) zusammensaßen, und zwar – das war wichtig – gleichberechtigt: Hier wurde nicht nach Rang, sondern nach Sachlage diskutiert. Das Kollegialprinzip lässt sich für diese frühen Regierungsinstitutionen überall nachweisen.[20]

(2.) Wenn auch der Fürst überall als der Hüter (nicht der Herr!) des Rechts erschien und seine Rechtsprechung eine primäre Herrschaftsaufgabe war, dauerte die Verstaatlichung des Rechts, die in England frühzeitig vor sich gegangen war, auf dem Kontinent länger und bildete sich auch bis in die Späte Neuzeit nicht vollständig aus.[21] Regionale Gewohnheitsrechte, die ihre Legitimität vor allem aus der Tradition bezogen, ließen sich bis ins 19. Jahrhundert nicht verdrängen. Ihren Beginn hat die rechtsförmige Vereinheitlichung aber im Spätmittelalter. Eine wichtige Rolle bei der Verbreitung in die politischen Verbände hinein spielte die Kirche, denn sie hatte

19 Zu den Staatsbildungsprozessen im Spätmittelalter: Watts, The Making of Polities. Vgl. auch die methodisch stark politikwissenschaftlich modellierende, die unterschiedlichen Entwicklungspfade betonende Arbeit von Ertman, Birth of the Leviathan.

20 Reinhard, Staatsgewalt, 171–179.

21 Watts, The Making of Polities, 207–219; Reinhard, Staatsgewalt, 281–306.

früh ein einheitliches Recht entwickelt, das dem rechtsförmigen Verfahren einen hohen Wert beimaß. Eine Juristenzunft bildete sich in den Rechtsschulen (etwa in Paris, in Oxford oder in Bologna) aus, die ihrerseits mit einer aktiven Lobbypolitik ihren Einfluss vergrößerte. Zunehmende Verwaltungsaufgaben und die Professionalisierung der Juristen verstärkten sich gegenseitig. Zentrale Rechtsinstitutionen entstanden; in England übten sie einen prägenden Einfluss auch auf untere Rechtsebenen aus und schufen so einheitliche Rechtsverständnisse mit. Im Reich gelang dieser Prozess nicht. Das Reichskammergericht und der Reichshofrat konnten das Recht nicht zentralisieren, weil die Landesherren sich das Recht nicht aus der Hand nehmen lassen wollten; vor allem das Reichskammergericht galt auch nicht eben als effektiv. Doch mit der Existenz solcher Institutionen wurde das rechtliche Argument die zentrale Ebene, auf der Konflikte vor allem zwischen Einzelstaaten verhandelt werden sollten. Damit trat die Gewalt innerhalb des Reiches in den Hintergrund – bevor man in den Krieg zog, klagte man lieber.

(3.) Auch wenn die Frühe Neuzeit als eine besonders kriegerische Phase der Staatsbildung gelten muss (s. dazu Kap. 2): In unterschiedlichem Ausmaß sind auch im Späten Mittelalter Wellen der Friedlosigkeit über die europäischen Gesellschaften hinweggegangen. In Frankreich war das der Hundertjährige Krieg (1337–1453), in dem es (grob gesagt) um die Ansprüche Englands auf West- und Südwestfrankreich ging (der englische König war bekanntlich ursprünglich ein Vasall des Königs von Frankreich gewesen). In England waren es die konfliktreichen Auseinandersetzungen zwischen Krone und Adel im 13. Jahrhundert, im Deutschen Reich die Zeiten des Interregnums (1250–1273), als beinahe ein Vierteljahrhundert lang keine königliche Oberhoheit bestand und die alltägliche Gewalt – man erinnere sich: Jeder freie Mann konnte sein Recht selbst gewaltsam in die Hand nehmen! – eine ubiquitäre Erfahrung war. Diese Erfahrung führte nicht nur zu ersten zaghaften Ansätzen bei der Einführung eines stehenden Heeres anstatt der sonst üblichen Söldner, den berittenen Ordonnanz-Kompanien in Frankreich (1445). Die Kriegserfahrung bedingte auch, dass die Friedenswahrung zu einem besonders hohen Ziel der zentralen Macht wurde. In dieser Zeit gewann vor allem im Reich die Landfriedensbewegung an Kraft, die erstrebte, dass Machtträger auf ihr Fehderecht, also die Anwendung ihrer legitimen Gewalt zur Durchsetzung von Ansprüchen verzichteten und sich stattdessen mit Methoden des Rechts begnügten; dass sie also Momente ihrer eigenen Souveränität zugunsten von Rechtsverfahren aufgaben. In Frankreich war die Bewegung schon im späten 11. Jahrhundert entstanden. Es entstanden regionale Landfriedensbündnisse und – allerdings kurzlebige, immer nur temporäre – reichsweite Landfrieden. Erst 1495 wurde von König Maximilian ein „Ewiger Landfriede" verkündet, der das individuelle Fehderecht verbot (mit der Begründung, dass der Krieg gegen das Osmanische Reich Priorität vor den Streitereien in der Familie habe): Erst seit diesem Datum gibt es die Fiktion (mehr war es vorerst nicht), dass im Inneren Friede der Normalfall sei, und nicht Fehde/Krieg/Gewalt. Das Bedürfnis nach Frieden im Inneren und die Verrechtlichung der politischen Beziehungen standen miteinander in Zusammenhang.

(4.) Auch das Steuersystem der modernen Staatlichkeit hatte seine Ursprünge im Krieg, und das hatte Auswirkungen auf die politische Partizipation. In Frankreich führte das ewige teure Kriegführen zur Einführung von regelmäßigen Steuern. Wie auch in England hatte diese Kontinuität der Steuerzahlung die naheliegende Konsequenz, dass die Steuerzahler mitreden wollten, so dass Repräsentantenversammlungen der Stände einberufen wurden, um über die Steuerhöhe regelmäßig zu bestimmen: Das war die Urform der modernen Parlamente. Mit dem Späten Mittelalter finden wir überall Ständeversammlungen vor, in denen Vertreter der rechtlich verfassten Korporationen, aus denen die mittelalterliche Ordnung bestand (der Stände), ein Mitspracherecht bei den Landesangelegenheiten beanspruchten. Die Versammlungen vertraten also nicht Individuen und auch nicht ein Staatsvolk, sondern Gruppen. Zu ihren Aufgaben gehörte die Entscheidung über die Erhebung und Verwendung der Steuern (und also mittelbar über Krieg und Frieden), immer mehr aber auch allgemeine Rechtsangelegenheiten. Die Ständeversammlungen (z. B. das englische Parlament oder der Reichstag im Heiligen Römischen Reich) wurden bei Bedarf oder auch periodisch für eine gewisse Zeit zusammengerufen, besaßen also nicht das Recht der Selbstversammlung und tagten nicht in Permanenz.

(5.) Komplementär dazu entwickelte sich ein neues Verständnis von den Aufgaben der Politik: die Förderung des Gemeinwohls als deren höchste Aufgabe.[22] Vor allem von humanistischen Theoretikern wurde das „bonum commune“ zum Zweck der Politik erhoben und damit den politischen Führungen eine neue Erwartung an ihr Handeln mitgegeben. Daraus entwickelte sich in der Frühen Neuzeit die Konzeption der „Guten Policey“, die die Untertanen nicht nur disziplinierte, sondern sich auch um sie sorgte, die diese Untertanen aber auch erziehen und den Staat in ihr Herz pflanzen wollte. Die Spannung zwischen gewalttätigem und benevolentem Staat, die sich durch die Neuzeit ziehen sollte, war hiermit angelegt.

(6.) Schließlich ist noch eine Entwicklung zu nennen, die nicht auf den ersten Blick „staatlich“ genannt werden kann: der Aufschwung der Städte, die, ausgehend von Italien, vom intensivierten Handel und Gewerbe profitierten.[23] Die Städte wurden zu den Kristallisationspunkten des entstehenden Kapitalismus, es entstand ein wohlhabendes Handels- und Finanzbürgertum mit weitgespannten wirtschaftlichen Kontakten. In Italien, wo eine zentrale Staatlichkeit wegen der Macht des Papstes bis ins 19. Jahrhundert gehindert war, führte dies zur Ausbildung von mächtigen Stadtrepubliken: Venedig, Florenz, Genua, Mailand. Auch in Frankreich oder Deutschland waren die Städte selbstbewusst und schlossen sich verschiedentlich zu Städtebünden – z. B. der Hanse oder dem Schwäbischen Städtebund – zusammen, entwickelten aber keine Staatlichkeit. Die Städte und ihre wohlhabenden Bürger waren die wichtigsten Finanzquellen für die Monarchen, die für die Kriegsführung Geld brauchten. Geldhäuser wie die Fugger oder die Welser in Augsburg und Nürnberg erfüllten diese Funktion; kapitalistische Bürger waren sehr viel finanzkräftiger

22 Watts, The Making of Polities, 384–386.

23 Tilly/Blockmans, Cities and the Rise of States.

als die Monarchen, der Kapitalismus ein Geburtshelfer des modernen Staates. In den Städten gab es aber auch die Rechtsfigur des (Stadt-)Bürgers, die Zugehörigkeit und Mitsprache – etwa im Stadtrat – als rechtliches Privileg verbürgte (und der sich meist nur eine Minderheit der Stadtbewohner erfreute). Diese Stadtbürgerschaft wurde zu einer Protoform der späteren Staatsbürgerschaft. Die okzidentale Stadt – und nur sie – verstand sich, so Max Weber, als eine Genossenschaft und war insofern ein Gegenbild zum Untertanenverband, als der die monarchische Herrschaft erschien.[24] Maßgebliche Anregungen für die Demokratisierung des politischen Gemeinwesens sind vom Ideal der genossenschaftlich organisierten, sich nach eigenem Recht verwaltenden Stadt ausgegangen.

Ebenso wenig wie man sich die Ausbildung von Staatlichkeit als eine rationale, gar geplante Angelegenheit vorstellen darf, darf man sie nicht allzu sehr als einen institutionellen Prozess verstehen. Im Gegenteil: Staatsbildung in der Frühen Neuzeit war eine höchst personale Angelegenheit, beruhte auf persönlichen Netzwerken. „Freundschaft" und „Familie" standen als Metaphern für informelle Solidaritäts- und Loyalitätsbeziehungen, die Machtknäuel bildeten und namentlich Zentrum und Peripherie zusammenhielten. Patronage und Klientelwesen, das, was man landläufig und abwertend „Korruption" nennt, waren eingeführte und funktionierende Mechanismen, um Herrschaft auszuüben und unterschiedliche Interessen aufeinander abzustimmen. Staatsbildung verlief also eher durch Interaktions- als durch Institutionengeflechte. Der Aufbau frühneuzeitlicher Staatlichkeit ist ohne diese Instrumente nicht zu denken.[25]

Das Heilige Römische Reich Deutscher Nation spielte im Prozess der Staatsbildung eine Sonderrolle.[26] Im Unterschied zu den anderen Ländern Europas gelang es hier nicht, die Monarchie als Zentralgewalt zu etablieren. Dafür gab es viele Gründe; ein wichtiger lag in der oben schon angesprochenen anderen Entwicklung des Lehensrechts. Der Kaiser konnte sich deshalb nicht auf zentrale Machtmittel stützen, sondern war auf die Entwicklung einer Hausmacht angewiesen, und damit wurde er selbst ebenfalls zum Territorialfürsten, der den Ausbau seiner eigenen Landesherrschaft im Auge haben musste. Die Habsburger haben im Lauf ihrer jahrhundertelangen Inhaberschaft der Kaiserwürde eine territoriale Herrschaft aufgebaut, die aus Deutschland hinauswies und ihren Schwerpunkt in Südosteuropa hatte.

Sodann: Faktisch schon seit dem Ende des 12. Jahrhunderts, verrechtlicht mit der Goldenen Bulle (1356), wurde das Reich endgültig zu einer Wahlmonarchie, und auch wenn über Jahrhunderte ein Habsburger gewählt wurde: Eine Wahl bedeutete immer Zugeständnisse an die Kurfürsten, die sich ihre Stimmen teuer bezahlen ließen. Auch dieses „demokratische" Element trug zur Zentralitätsschwäche und zur

24 Weber, Wirtschaft und Gesellschaft, 741–757.

25 In Zusammenfassung einer langen Forschungsdiskussion: Birgit Emich u. a., Stand und Perspektiven der Patronageforschung. Zugleich eine Antwort auf Heiko Droste, in: Zeitschrift für Historische Forschung 32 (2005), 233–265. Blockmans u. a., Empowering Interactions.

26 Zum Folgenden konzise: Stollberg-Rilinger, Das Heilige Römische Reich Deutscher Nation; Gotthard, Das Alte Reich 1495–1806 (v. a. Kap. 1).

Abhängigkeit von den großen Territorialfürsten bei. Dass ein Teil der Kurfürsten geistliche Herrscher und somit die kirchlichen Interessen gleichzeitig staatliche Interessen waren, stellte die Religion als ein originär politisches Problem im Reich auf Dauer. Nach dem Ende des Dreißigjährigen Kriegs stützte sich die Macht des Kaisers vorrangig auf die kleinen, die „mindermächtigen" Herrschaften, die sich durch seinen Schutz dagegen versicherten, von ihren größeren Nachbarn geschluckt zu werden. Eine heterogene Vielgestaltigkeit von Herrschaftsrechten wurde so konserviert, eine einheitliche Untertanenschaft ließ sich nicht schaffen.

Es gab dabei durchaus immer wieder Initiativen, Kompetenzen beim Kaiser zu konzentrieren, die als Bemühen um eine Zentralisierung der staatlichen Macht verstanden werden können. Peter Moraw hat den Prozess „gestaltete Verdichtung" genannt: keine Staatsbildung im Sinne einer Zentralisierung, aber eine Konzentration von Institutionen und Kommunikation um den Kaiser und den Hof herum.[27] Der Wormser Reichstag von 1495 entwickelte ein Reformpaket, an dem Maximilian I. und die Reichsstände aus sehr unterschiedlichen Motiven heraus Interesse hatten. Dieser Reichstag war als solcher schon eine Neuheit, weil erstmals ein Gremium aus den Mächtigen des Reichs einen Beratungsort fand, der für sich die Institutionalisierung des Reichs anzeigte und dauerhaft Stabilität gewann. Mit der Zeit sollte er sich, periodisch zusammengerufen, zu einem wichtigen Kommunikationsmedium entwickeln, erst recht, seit er (seit 1663) „immerwährend" als Gesandtenversammlung in Regensburg tagte und so eine kontinuierliche Institution wurde, die weniger der Entscheidung und dem Machen von Gesetzen als vielmehr der inneren Kohäsion im Reich diente – und einer Relativierung der kurfürstlichen Macht, denn diese waren bis dato die einzigen, die sich aus eigenem Recht versammeln konnten.[28] Ein Ewiger Landfriede war die zentralste Regelung des Wormser Reichstags: ein bisher ungekanntes, zeitlich unbefristetes Fehdeverbot, das einen Schritt zur Etablierung eines staatlichen Gewaltmonopols darstellte; dessen andere Seite war die Einrichtung von Rechtsinstitutionen, um Konflikte zu behandeln, hierin vor allem das Reichskammergericht, das als letzte Instanz für die Rechtsprechung fungieren sollte. Diese letzte Instanz war allerdings bisher der Kaiser selbst gewesen, so dass Fehdeverbot und Verrechtlichung in Hinsicht auf die Entwicklung von Staatlichkeit ambivalent blieben. Als Reaktion darauf hat Maximilian dann auch seinen Reichshofrat in Wien, der ebenfalls eine rechtliche Letztinstanz war, mit neuen Kompetenzen ausgestattet. Eine historisch wegweisende Rolle hätte der Gemeine Pfennig spielen können: der erste, zunächst auf vier Jahre begrenzte Versuch einer zentralstaatlichen Steuererhebung von allen Einwohnerinnen (!) und Einwohnern des Reiches über 15 Jahren anstatt der von den Reichsständen zu leistenden jährlichen Abgaben. Wäre dieses Konzept umgesetzt worden, hätte die zentrale Herrschaft eine stabile und kontinuierliche Finanzierung zur Hand gehabt und wäre nicht mehr auf

27 Moraw, Von offener Verfassung.

28 Susanne Friedrich, Drehscheibe Regensburg. Das Informations- und Kommunikationssystem des Immerwährenden Reichstags um 1700, Berlin 2007.

die Fürsten angewiesen gewesen. Und deshalb scheiterte der Gemeine Pfennig auch: Die Landesherrn wollten eine solche Steuer nicht, die ihre Macht beschränkt hätte.

Trotz solcher Bemühungen, die es auch in den folgenden Jahrhunderten immer wieder gab (auch der Dreißigjährige Krieg war ein Versuch, mit kriegerischen Mitteln die Zentralmacht zu stärken): Die weitere Entwicklung der Staatlichkeit im Reich vollzog sich auf der Ebene der Territorialstaaten. Hier, in Bayern, Sachsen oder Brandenburg-Preußen, wurde eine durchsetzungsfähige zentrale Herrschaft etabliert, die sich auf Bürokratie, Militär, Justiz und Steuererhebung stützen konnte. In England, Frankreich und Spanien hat sich ein zentraler Staat sehr viel konsequenter durchgesetzt; nicht zuletzt daran lag es, dass hier frühzeitig ein nationales Bewusstsein entstand. Andererseits war das Reich, anders als die europäischen Rivalen, nur zu Verteidigungskriegen, nicht zur Expansion fähig, so dass Eroberungskriege ausblieben (was man von seinen Einzelstaaten und gerade Preußen nun nicht sagen kann). Dass die Deutschen sich so sehr Gedanken um den Staat machten, hat mithin auch den Grund, dass die deutsche Staatlichkeit eben anders – und, wie viele es sahen: defizitärer – gebaut war als die anderer Staaten. Aus dieser territorialstaatlichen Dynamik rührt auch die starke Betonung des Föderalismus in Deutschland. Die eigenartige Koordinationsstruktur, die ständiges Verhandeln und Ausgleich notwendig machte – und hieraus konnte der Kaiser durchaus Machtmittel schöpfen –, ist verschiedentlich mit der Europäischen Union von heute verglichen worden, und zwar meist mit dem Zweck einer Ehrenrettung für das Alte Reich.[29] Und auch wenn dieser Vergleich hinkt (es gibt in der EU schließlich keinen Kaiser): Es ist eine interessante Parallele, wenn man nicht zentralstaatliche Machtlosigkeit, sondern die Verhandlungsstrukturen im Kopf hat und nicht den starken Staat, sondern die Kompromisskultur politischer Verbände betont.

29 So etwa Ralph Bollmann, Heiliges Römisches Europa. Staatenbund oder Bundesstaat, in: Frankfurter Allgemeine Zeitung (FAZ), 11. Dezember 2012.

2. Krieg und Staatsbildung in der Frühen Neuzeit

Dass der Krieg ein großer Staatsbildner ist, ist evident und gewissermaßen ein Glaubenssatz der Politikgeschichte. Wer in der Lage ist, sich die ökonomischen und militärischen Ressourcen zu verschaffen, um über eine längere Dauer Heere in Operation zu halten, seine eigene Gesellschaft als Kriegsgesellschaft zu organisieren, Gebiete zu erobern und zu verwalten, der kann auch einen Staat bilden. Das gilt selbst dann, wenn der Krieg am Ende verloren wird. Der Bolschewismus hat auf der Basis einer disziplinierten Kriegsgesellschaft, jedoch nach einem katastrophal verlorenen Krieg, eine ganz neue Staatlichkeit ausgebildet. In diesem Zusammenhang sind die großen und langen Kriege der Frühen Neuzeit, allen voran der Dreißigjährige Krieg, als „Staatsbildungskriege" bezeichnet worden.[1] Man könnte also sagen: Im Krieg entsteht – mehr oder weniger unintendiert – der Staat.

Sowohl von Historikern, Politikwissenschaftlern als auch Soziologen ist die entgegengesetzte Perspektive ins Spiel gebracht worden: dass staatliche Strukturen zu dem Zweck aufgebaut werden, Kriege zu führen.[2] Kriegführung ist über weite Strecken der Geschichte die essenzielle Aufgabe (und das Ziel) des Staates. Wenn einer einen Krieg führen will, braucht er staatliche (oder zumindest parastaatliche) Strukturen: ein Geldschöpfungssystem (ob über Steuern oder schnöden Raub), militärisches Personal (ob als Söldner, zwangsgedungen oder als professionelle Kriegerklasse), einen Verwaltungsstab, der einen Krieg organisieren kann.

Welche der beiden Theorien die „richtige" ist, kann hier nicht entschieden werden und ist auch wahrscheinlich nicht entscheidbar.[3] Wir haben es mit einem Bedingungsverhältnis zu tun, das Charles Tilly in die berühmte Formel gebracht

1 Burkhardt, Der Dreißigjährige Krieg.

2 Einflussreich geworden ist die polemische politikwissenschaftliche Analyse von Ekkehard Krippendorff, Staat und Krieg. Die historische Logik politischer Unvernunft, Frankfurt 1986. Von Seiten der Geschichtswissenschaft: Reinhard, Geschichte der Staatsgewalt; als Historischer Soziologe argumentiert Charles Tilly, War Making and State Making as Organized Crime, in: Evans u. a., Bringing the State Back In, 169–191.

3 Zur diesbezüglichen Debatte um den Dreißigjährigen Krieg: Burkhardt, Die These vom Staatsbildungskrieg.

hat: „War made the state, and the state made war."[4] In jedem Fall aber gilt, dass die beiden Jahrhunderte nach 1500 in Europa diejenige Epoche sind, in der die innige Verbindung von Krieg und Staat am ausgeprägtesten war. Es handelte sich um die friedloseste Zeit der europäischen Geschichte. In 95 Prozent der Jahre herrschte Krieg; durchschnittlich alle drei Jahre wurde ein neuer begonnen, und Dauer und Ausmaß der Kriege nahmen dramatisch zu – bis hin zum Dreißigjährigen Krieg in Mitteleuropa. Die modernen Staaten haben ihre Existenz in diesen Kriegen gesichert und ihre Kapazitäten ausgebaut; andere sind verschwunden und zu bloßen Regionen herabgesunken.

2.1 Die Bellizität der Epoche[5]

Warum in dieser Zeit die Gewalt so explodierte, ist nicht leicht zu sagen. Ein erster Grund war vermutlich militärtaktischer und militärtechnischer Art. Der britische Historiker Michael Roberts hat in den 1950er Jahren die These von einer militärischen Revolution im 16./17. Jahrhundert vertreten.[6] Die Niederlande und Schweden, so der Schwedenhistoriker Roberts, hätten demzufolge eine neue Infanterietaktik (die Lineartaktik mit einer geschlossenen Schlachtreihe) eingeführt, die (Disziplin vorausgesetzt) sehr viel effizienter funktionierte als die vorherigen losen Haufen. Die These von der Militärischen Revolution ist seither intensiv diskutiert, differenziert und ergänzt worden, vor allem dahingehend, dass derlei Neuerungen bereits seit dem Spätmittelalter zu beobachten sind, und dass weitere Momente dafür ausschlaggebend waren, etwa im Befestigungswesen. Statt einfache Mauern wurden nun nach italienischem Vorbild sternförmige Bastionen gebaut, die einen Sturmangriff leichter abwehren ließen und gegenüber den neuen Kanonen besser gesichert waren. Die Heeresgröße änderte sich deutlich, bedingt durch die Ablösung der gepanzerten Ritter durch billige Fußsoldaten: von ca. 20.000 Soldaten, die sich im Jahre 1500 auf dem Schlachtfeld einfanden, auf ca. 150.000 im Dreißigjährigen Krieg. Die neuen Feuerwaffen führten jedoch dazu, dass Feldschlachten eher gemieden wurden und Belagerungen höher im Kurs standen. Dabei lag der Hauptvorzug von Muskete, Arkebuse und Feldkanonen in der ungleich höheren Durchschlagskraft, nicht in einer schnellen Schussfolge. Ein Bogenschütze konnte bis zu 15 Pfeile pro Minute abschießen, ein Musketenschütze maximal einen Schuss abgeben. Die Zielgenauigkeit war gering. Die oranische Heeresreform hat in den Niederlanden in den 1590er Jahren dann diesen Nachteil durch die Einführung

4 Tilly, Formation of National States, 42.

5 Im Weiteren halte ich mich an Burkhardt, Die Friedlosigkeit der Frühen Neuzeit.

6 Roberts, The Military Revolution. Ein wichtiger Reader, der die wichtigsten Beiträge von 40 Jahren Diskussion beinhaltet: Rogers, The Military Revolution Debate. Als Überblick: Markus Meumann, Militärische Revolution, in: Enzyklopädie der Neuzeit Online, https://referenceworks.brillonline.com/entries/enzyklopaedie-der-neuzeit/*-COM_311411, letzter Zugriff: 14.10.2021. Ich folge hier Reinhard, Geschichte des modernen Staates, 76–82.

des Contremarsches auszugleichen gesucht, bei dem die Schützen der ersten Reihe nach dem Schuss zurücktreten und denen der zweiten Reihe Platz geben, während sie selbst wieder laden können. Dadurch wurde ein ununterbrochener Kugelhagel möglich.

Nach Jahrzehnten der Diskussion und intensiver empirischer Forschungen würde man heute nicht mehr von einer zentralen Revolution sprechen und auch den Zeitrahmen nicht mehr so eng fassen, wie dies Roberts tat. Die Militärische Revolution wird vielmehr – aufgelöst in mehrere Revolutionen – als eine sich selbst verstärkende Innovationsdynamik verstanden, die seit dem späten 15. Jahrhundert die staatliche Handlungsfähigkeit von ständigen militärischen Neuerungen – taktischer, technologischer oder strategischer Art – abhängig machte. Da Kriege das wesentliche Tableau waren, auf dem staatliche Konkurrenz sich äußerte (und sehr viel weniger ökonomischer oder ideologischer Wettbewerb), brachten militärische Neuerungen einen relevanten Standortvorteil, weshalb jeder Staat darauf erpicht sein musste, in dieser Hinsicht die Nase vorne zu haben. In der Rückschau aus dem 21. Jahrhundert fragt sich freilich, ob diese Innovationslogik jemals an ein Ende gekommen sei, anders formuliert: ob die damals angestoßene Militärische Revolution nicht seither zu einer permanenten Revolution geworden sei. Fraglos aber hat sich an der Wende zur Neuzeit ein Schub an militärischen Innovationen ergeben, ohne die die Bellizität der Epoche nicht zu erklären ist, die aber etwa auch den europäischen Militärformationen systematische Vorteile über andere Gesellschaften zuteilwerden ließ, weshalb Geoffrey Parker die Militärinnovationen ursächlich mit dem Aufstieg des Westens in Verbindung bringt.[7] Dass die osmanische Expansion nach Europa am Ende des 17. Jahrhunderts zum Stehen kam, ist auch darauf zurückgeführt worden.

Auf diesen militärischen Innovationen ruhte – zweitens – der Erfolg der ständisch-partikularen Anerkennungskämpfe auf, die verschiedene Regionen aus den größeren politischen Zusammenhängen herauslösten: die Schweiz, die sich noch im Mittelalter verselbständigte; die „Generalstaaten“ (= Generalstände) der Niederlande, die kriegerisch aus dem Habsburgerreich ausschieden, und zwar gestützt auf ihr wehrhaftes Bürgertum, was den Niederlanden in marxistischer Lesart die Ehre einer „frühbürgerlichen Revolution“ eingetragen hat.[8] Beide Länder – langsam begann man schon von „Nationen“ zu sprechen – zeichneten sich durch militärische Innovationen aus. Weniger erfolgreich war der Versuch Böhmens, aus dem Reichsverband auszuscheiden: Mit dem Böhmischen Aufstand begann 1618 der Dreißigjährige Krieg. Ab da wusste man in europäischen Regierungsstuben allerdings, was die Uhr geschlagen hatte, und wandte sich mit massiver Gewalt gegen ähnliche Versuche, „abtrünnig“ zu werden. Der Feldzug des revolutionären englischen Diktators Oliver Cromwell gegen Schottland im Englischen Bürgerkrieg (1648) gehört in diese Linie oder auch

7 Parker, The Military Revolution.

8 Auch Charles Tilly ordnet sie in den Kanon der europäischen Revolutionen ein: Tilly, Die europäischen Revolutionen, 89–125.

die kriegerischen Versuche Spaniens, den Abfall Portugals, Kataloniens oder Aragons zu verhindern, was wiederum zum Streit mit Frankreich führte. Parallel zum Dreißigjährigen Krieg führten in dieser Zeit und aus diesem Grund Spanien und Frankreich 24 Jahre lang Krieg gegeneinander (1635–1659)!

Ein dritter Grund, damit verknüpft, waren die konfessionellen Verwerfungen, die ja nicht nur in Deutschland zu politischen Konflikten führten.[9] Die Reformation eröffnete eine Dimension von Solidarisierung wie von Verfeindung. Dass man sich mit denen zusammentat, die gleichen Glaubens waren, ist in diesem Zusammenhang die idealistische Interpretation. Die materialistische – man könnte auch sagen: die politische – trifft wahrscheinlich die Sache eher: dass man mit denen, denen man sich zugehörig oder von ähnlichen Interessen glaubte, eines Glaubens sein wollte. Konfession wurde zu einem Instrument wie auch Faktor politischer Homogenität. Evangelisch wurden deshalb in Deutschland viele Fürsten, die schon zu Territorialherren geworden waren und mittels des Glaubens auch ihre politischen Interessen schützen wollten, gegen einen katholischen Kaiser. Der gleiche Glaube bedeutete auch einen politischen Kitt. „Cuius regio eius religio", also die religiöse Homogenität in einem Herrschaftsbereich: Das erlaubte umgekehrt auch, den Herrschaftsbereich nach konfessionellen Mustern zu strukturieren und so eine vorpolitische Zusammengehörigkeit zu ermöglichen, die ihrerseits staatsbildend wirken konnte – und hier lag wiederum ein wesentliches Hemmnis für das konfessionell gespaltene Reich, zu einem Staat zu werden. Im stärker zentralisierten Frankreich und in England waren es dagegen nicht Regionen, sondern bestimmte soziale Gruppen, die reformatorischen Gedanken zugeneigt waren. In England wandten sich der Hochadel und König Heinrich VIII. von Rom ab und gründeten die anglikanische Nationalkirche. Teile des Adels, vor allem in Schottland, blieben dagegen katholisch; zwei königliche Sukzessionslinien unterschiedlicher Konfession entwickelten sich damit: die anglikanischen Tudors und die katholischen Stuarts. Davon wiederum setzten sich unter verschiedenen Namen (Puritaner, Presbyterianer, Kongregationalisten, Baptisten) radikale Protestanten in reformierte Freikirchen ab, die sowohl Katholizismus als auch Anglikanismus zu klerikal fanden. Vor allem städtische Bürger und kleine Adlige (Gentry) gehörten ihm an. In Frankreich waren es ebenfalls vor allem städtische Gruppen und kleine Adlige (auffallend viele in Südwestfrankreich, wo es seit dem Mittelalter eine solide Ketzertradition gab), die sich als „Hugenotten" zu einer calvinistischen Version des reformierten Protestantismus bekannten und die die staatskirchliche Position der katholischen Kirche, die eng mit dem König verbunden war, ablehnten. Die konfessionelle Spaltung (die genau betrachtet eine Spaltung in drei war: Katholiken, Lutheraner/Anglikaner, Reformierte/Puritaner) hatte somit das Zeug zu einem Bürgerkrieg, in dem neue Gruppen (Bürger, Territorialherren) in Konflikt mit etablierten mächtigen (weltlichen oder kirchlichen) Gruppen gerieten. Und alle hier beschriebenen Konflikte haben auch zum Krieg geführt.

9 Als europäisch orientierten Überblick: Brendle, Das konfessionelle Zeitalter.

Ein vierter Grund für den Krieg war die Entstehung verschiedener Staaten selbst. Denn die Zeitgenossen (jedenfalls auf dem Kontinent) waren es nicht gewohnt, dass es mehrere Reiche nebeneinander gab. Es gab nach herkömmlicher Vorstellung nur *ein* universales Reich, in der Nachfolge des Römischen Reiches und des Petrusstuhls. Die anderen politischen Gebilde waren als Vasallen gedacht. Dafür stand der Begriff des Kaisers – eben in der Nachfolge des römischen Caesar. Wenn (bis ins 17. Jahrhundert üblich) „die Christenheit" synonym war mit „Europa", dann war an dieses universale Reich gedacht. Eine Koexistenz verschiedener gleichrangiger und strukturell ähnlicher Gebilde konnte es also nicht geben, höchstens eine Nachfolge. Diese Konstellation war auf internationaler Ebene ausgesprochen konfliktträchtig. Nicht nur das Heilige Römische Reich mit seinem Kaiser erhob nämlich diesen Anspruch, sondern auch Frankreich, dessen „allerchristlichster König" (so seine Selbstbezeichnung) viele Kriege im 16. und im 17. Jahrhundert mit dem Anspruch führte, die Nachfolge des Heiligen Römischen Reichs Deutscher Nation anzutreten. Es gab aber nicht nur diese Kandidaten. Auch der schwedische König Gustav Adolf verstand sich als Inkarnation eines skandinavischen Universalreichs in der Nachfolge der Goten (also quasi ein Gegenkonzept zum Römischen Reich). Und das Russische Reich sah sich seinerseits in der Nachfolge des Oströmischen Reichs von Konstantinopel in einer universalmonarchischen Mission. Ein ähnliches Selbstverständnis hatte aber auch – jedenfalls in der Wahrnehmung der christlichen Europäer – der Sultan des Osmanischen Reiches – auf den Islam als legitimierende Religion gestützt, aber eben vom alten Ostrom, Konstantinopel, aus.

2.2 Kriegführung und frühe Staatlichkeit

Beschleunigend wirkte, dass diese Staaten im Entstehen institutionell noch ausgesprochen instabil waren. Die Regeln, nach denen Politik verlaufen sollte, standen noch nicht eindeutig fest, wurden nicht eingehalten und Verstöße waren nicht nach einem allgemeinen Regelkatalog sanktionierbar. Das erwies sich beim Verhältnis von Monarch und Ständen (vor allem in England) oder bei der Frage der Einhaltung von Verträgen. Insbesondere an der monarchischen Nachfolge entzündeten sich häufig internationale Konflikte, so dass Erbfolgekriege ein häufiger Typus frühneuzeitlicher Kriege waren. Generell gilt: Das Fehlen anerkannter Regeln und Verfahren bedingte, dass man schnell zur Waffe griff.

Die Kriegführung selbst reflektierte die hybride und noch unausgebildete Staatlichkeit. Die politische Herrschaft verfügte im Allgemeinen nicht über die Möglichkeiten, eigene stehende Heere aufzustellen, die eigenen Bauern waren militärisch zu wenig kompetent und mussten ja außerdem das Land bestellen, so dass der Krieg gewöhnlich mit kurzfristig angeworbenen, freiberuflichen Söldnern geführt wurde, die am Ende des Krieges wieder entlassen wurden. Deshalb war in Friedenszeiten die Banditenplage ein viel größeres Problem als im Krieg, weil die arbeitslosen Söldner sich neue Formen des Lebensunterhalts suchten. Manche Gegenden wie die Schweiz haben aus dem Söldnertum ein einträgliches Geschäft gemacht: Die Schweizer Bauernsöhne, die sich jedes Jahr nach der Ernte für die europäischen Kriegsschauplätze anwerben ließen, waren für ihre Kriegsfertigkeit (man könnte auch sagen: Brutalität) berühmt. Ein Überrest ist die vatikanische Schweizergarde.

Die großen Kriege überließ der frühmoderne Staat im Wesentlichen privaten Kriegsunternehmern, die auf eigene Rechnung arbeiteten und mit Subunternehmern weitere Verträge schlossen; diese stellten die Offiziere der verschiedenen Einheiten, die dann notdürftig zu einer Armee zusammengebaut wurden. Im Dreißigjährigen Krieg waren 1500 Militärunternehmer verschiedenster Größenordnung tätig. Der Krieg wurde damit nicht privatisiert; er war ja vorher nicht öffentlich gewesen. Vielmehr könnte man ihn vielleicht als eine *public-private partnership* bezeichnen: als eine Auftragsübernahme der Staatsgewalt durch Private, in ständiger Konkurrenz um die Grenzen dieses Auftrags, denn viele Kriegsunternehmer wollten mehr als nur Subunternehmer sein und ihrerseits stabile politische Herrschaft bilden. Die relative Stärke der in dieser Zeit schon erreichten Staatsgewalt sieht man umgekehrt daran, dass es keinem der Kriegsunternehmer, nicht einmal Wallenstein, dem Erfolgreichsten, gelang, dauerhaft selbst staatsbildend erfolgreich zu werden.

Die Währung, in der die privaten Unternehmer bezahlt wurden, konnte Geld, das Recht zu plündern, aber auch den Aufbau ganzer Adelsherrschaften umfassen. Das verlängerte den Krieg, denn die Soldaten und ihre Führer hatten ein regelrechtes beschäftigungspolitisches Interesse am Krieg, und es sind Fälle bezeugt (so bei der Belagerung von Groningen um 1500), wo Söldner im Dienste des Erhalts ihres Arbeitsplatzes einen Friedensschluss verhinderten.[10] Und je länger die Kriege dauerten, je dichter sie aufeinander folgten, je mehr Ressourcen der Staat auch abschöpfen konnte, desto eher lohnte sich der Aufbau stehender Heere, die dann wiederum ein Kern der staatlichen Kriegführung im 18. Jahrhundert geworden sind. Insofern hat die Bellizität der Epoche den Aufbau eines staatlichen Militärapparats befördert, und damit auch den Ausbau einer staatlichen Steuer- und Schuldenverwaltung vorangetrieben[11]

Die Allgegenwart der kriegerischen Auseinandersetzungen führte dazu, dass die Grenze zwischen dem eigenen Herrschaftsbereich und dem des Feindes klarer definiert wurde und dass damit präziser bestimmbar wurde, wann der Kriegsfall eintrat: nämlich bei der Überschreitung dieser Grenze.[12] Das galt vor allem für die sich langsam entwickelnden Nationalstaaten. In den Imperien – dem Osmanischen Reich, dem Habsburgerreich, dem Russischen Reich –, in denen Grenzen ohnehin nicht klar bestimmbar waren und deshalb eher von Grenzzonen als von Grenz-

10 Peter Burschel, Söldner im Nordwestdeutschland des 16. und 17. Jahrhunderts. Sozialgeschichtliche Studien, Göttingen 1992, 273 f.

11 Exemplarisch für England: John Brewer, The Sinews of Power. War, Money, and the English State, London 1989.

12 Zum Folgenden Maier, Once within Borders, v. a. 50–81. Dass Grenzziehungen auch im vormodernen Personenverband getroffen wurden und notwendig waren, dass lineare Grenzen also nicht unumschränkt „modern" sind, zeigt Rutz, Beschreibung des Raums.

linien gesprochen werden muss, war das weniger der Fall. Aber Nationalstaaten beschrieben sich durch klare Grenzen, die sie durch den Bau von Verteidigungsanlagen präzise festlegten; umgekehrt wurde auch ihre Entwicklung durch die klarere Bestimmung von Grenzen begleitet. Der französische Festungsbauer Sebastian de Vauban, Pionier seines Faches, zog einen Ring von hochentwickelten Festungen um das, was nun als „Frankreich" zu gelten hatte. Diese Festungen dienten nicht nur als Verteidigungsorte und als permanente Drohung gegen den Nachbarn, sondern auch als Zeichen nach innen: Hier herrschte nur der französische König. Die klare Abgrenzung von Territorien diente demgemäß ebenso der Durchsetzung eines einheitlichen Rechts wie auch der finanziellen Abschöpfung. „Untertan" – später sollte der Staatsbürger daraus werden –, war nun derjenige, der auf diesem Territorium lebte, von gewissen Ausnahmen abgesehen. Und auf diesen Untertanen hatte die Obrigkeit Zugriff, nicht nur in ökonomischer oder militärischer Hinsicht, sondern auch, was seinen Glauben betraf. Diese territoriale Grenzziehung hatte sich schon mit dem Prinzip „Cuius regio, eius religio" des Augsburger Religionsfriedens von 1555 angedeutet. Der Westfälische Friede von 1648 stellte dieses Prinzip auf Dauer. Danach wurden eindeutige Grenzziehungen zu einem Standardmoment auf Landkarten, um unterschiedliche Staaten zu bezeichnen.

An den Rändern Europas waren diese Grenzen auch Kulturgrenzen, was ebenfalls nicht hieß, dass dies „harte" Grenzen waren. Die Grenze zur muslimischen Kultur, etwa an der iberischen *frontera,* war das ganze Mittelalter hindurch nicht nur kriegerische „heiße Grenze", sondern auch Zone des Austauschs. Gleichzeitig haben diese Grenzgesellschaften den Aufbau staatlicher Strukturen erleichtert, weil hier die Ressourcen so energisch wie möglich zusammengehalten und mobilisiert werden mussten.[13] Man könnte zuspitzen: Die – kriegerische oder friedliche – Grenze zur muslimisch-arabischen Kultur war ein Grund dafür, warum sich in Spanien ein Staat im modernen Sinn relativ früh ausgebildet hat.

Im Unterschied zu den Menschen, für die der permanente Krieg die Planung der Zukunft erschwerte, führte er für die entstehenden Staaten dazu, dass sie strategischer zu wirtschaften begannen, weil sie ja damit rechnen mussten, dass nächstes Jahr wieder Krieg war. Dadurch veränderte sich der Blick auf Land und Leute. Die Fürsten begannen ihre Territorien als ökonomische Einheiten zu sehen, die für politische (meist: militärische) Zwecke zu gestalten und strategisch auszubeuten waren. Die Frage, ob man mehr ein- oder ausführe, ob man sozusagen am Handel verdiente oder draufzahlte, war die Leitfrage einer neuen Wirtschaftspolitik, die sich im 17. Jahrhundert zunächst in Frankreich etablierte, dann aber auch in anderen Ländern aufgenommen wurde. Sie hat den Namen „Merkantilismus" erhalten, ein Begriff, der inzwischen in die Kritik geraten ist, weil er sehr viele unterschiedliche Wirtschaftspolitiken zusammenfasst und eine einheitliche „Idee" suggeriert.[14]

13 Niklas Jaspert, Die Reconquista. Christen und Muslime auf der Iberischen Halbinsel 711–1492, München 2019, 69–75.

14 Moritz Isenmann (Hg.), Merkantilismus. Wiederaufnahme einer Debatte, Stuttgart 2014.

Aber einiges war doch geteilt zwischen einer französischen, auf die Intensivierung von innerstaatlichem Handel fokussierten Politik, einer „kameralistischen“ Politik in Deutschland, die nach den die staatlichen Finanzen zerstörenden ewigen Kriegen die Staatsfinanzen restaurieren wollten, oder der britischen Politik, die auf Außenhandel und Infrastruktur setzte:[15] Ausgehend von der Vorstellung, dass der Reichtum der Welt sich nicht vermehrt, sondern stets nur anders verteilt werden kann, wollte diese Wirtschaftspolitik möglichst viel Reichtum im eigenen Land ansammeln. Das konnte geschehen durch eine aktive Außenhandelspolitik, die eine positive („aktive“) Wirtschaftsbilanz zustandebringen sollte und deshalb die Einfuhrzölle drastisch erhöhte. Das konnte auch dadurch geschehen, dass im Inneren Binnenzölle eingeschränkt, Manufakturen und Handelsbetriebe gefördert und eine effizientere Besteuerung erreicht werden sollte (ohne allerdings die Privilegien von Adel und Kirche anzutasten). Es konnte auch geschehen durch die Ansiedlung ökonomisch aktiver und innovativer Gruppen, wie etwa der in Frankreich verfolgten Hugenotten in Preußen seit dem späten 17. Jahrhundert. Für alles dies benötigte man eine effizientere Verwaltung; das Handels- und Gewerbebürgertum wurde gefördert. Es entwickelte sich die Idee eines staatlichen (und langsam auch: nationalen) Gesamteinkommens, das in Konkurrenz zu anderen Staaten die Machtressourcen definierte. Auch dafür bedurfte es eines klaren Wissens vom staatlichen Raum und seinen Bewohnern, das im 18. Jahrhundert unter dem Begriff der „Statistik“ (= Wissenschaft vom Staat) systematisiert wurde.[16] Die entstehenden Staaten förderten systematisch wirtschaftliche Aktivitäten und suchten deren Bedingungen zu verbessern; sie etablierten regelmäßige Steuersysteme, die durch den Krieg (und für den Krieg) auch besser begründbar waren, aber vor allem auf einen ständigen Geldzufluss zielten. Zunft- und Zollschranken wurden abgebaut, die Existenz einer Marktökonomie erleichtert und so die Entwicklung des Kapitalismus unterstützt. Sofern sie Zugang zu kolonialen Ressourcen hatten, wie Spanien und Portugal in der ersten Phase, die Niederlande und dann England und Frankreich danach, so versuchten sie diese im Sinne des Staatshaushaltes auszubeuten.

2.3 Krieg, Staatsbildung und europäische Expansion

Die (kriegerische) Konkurrenz spielte sich auch außerhalb des europäischen Territoriums ab; mehr noch: Man kann die Herausbildung des modernen Staates nicht ohne die gleichzeitig vor sich gehende Kolonisierung der außereuropäischen Räume verstehen.[17] Sie war nicht nur ein Ort, an dem die Konkurrenten aufeinandertrafen,

15 Schaefer, Merkantilistische Wirtschaftspolitik. Zu Deutschland der Überblick von Rainer Gömmel, Die Entwicklung der Wirtschaft im Zeitalter des Merkantilismus 1620–1800, München 2010.

16 Behrisch, Die politische Ordnung des Raums im 18. Jahrhundert.

17 Reinhard, Unterwerfung der Welt, 18. Zum Zusammenhang von spezifisch europäischer Staatsbildung, technologischer (vor allem militärischer) Innovation und europäischer Expansion: Philip T. Hoffman, Wie Europa die Welt eroberte, Darmstadt 2017.

die Eroberung außereuropäischer Räume war nicht nur Zweck der Konkurrenz. Sondern sie war auch Mittel, insofern sie Ressourcen abzuschöpfen ermöglichte, die sich wiederum trefflich zum Zweck der europäischen Machterweiterung einsetzen ließen.[18] Die globale Expansion lieferte neue Finanzmittel – nicht zuletzt Edelmetalle –, neue Waren und Märkte, sie führte aber dazu, dass Außereuropa selbst zum Schauplatz für die neue staatliche Konkurrenz wurde. Im Siebenjährigen Krieg wurde auch in Amerika und Asien im Zeichen einer europäischen staatlichen Konkurrenz gekämpft. Der Niedergang der iberischen Kolonialmächte der ersten Stunde zugunsten Großbritanniens und der Niederlande zeigte sich in überseeischen Niederlagen gegen die europäischen Konkurrenten. Mehr noch: Es war gerade die politische Fragmentierung, die Konkurrenz, die den europäischen Staaten gegenüber den teils (noch) weiter entwickelten asiatischen Großreichen die Durchsetzung ermöglichten. Denn die Konkurrenz brachte es mit sich, dass eine andere Macht übernahm, wenn die eine sich als überfordert erwies oder ihre Schwerpunkte änderte. Ein Herrscherwechsel, der sonst die Dinge oft völlig neu aufstellte, war in den europäischen Staaten weniger wichtig, weil hier die Struktur schon meist über die Person dominierte. Umgekehrt erforderte die Organisation der Herrschaft in den eroberten Gebieten einen Ausbau der staatlichen Kapazitäten auch „zuhause". Ein regelmäßiges Berichtswesen, eine Entwicklung von (häufig staatlich-privatem) Personal, die Etablierung von Verkehrsverbindungen und die Ausrichtung der heimischen Wirtschaft auf die außereuropäischen Rohstoffe: Auch hier musste der Staat seinen Handlungs- und Beobachtungsraum erweitern. Natürlich besaß der spanische König nicht, wie er behauptete, vollständige Kenntnis von allem, was in seinem Reich vor sich ging.[19] Aber diese Behauptung formulierte den Anspruch, dass er als oberster Regent dort präsent blieb.

Die Konkurrenz der jungen Staaten *in the making* war also ein maßgeblicher Anschub für die Expansion, mehr noch: Der frühmoderne europäische Staat war am Ende auch der eigentliche Sieger der kolonialen Expansion. Die Staatsbildungsprozesse wurden bedeutend beschleunigt, ebenso die finanziellen Spielräume erweitert, und auch gegenüber außereuropäischer Konkurrenz wie etwa dem ebenfalls expansionistischen Japan gerieten die europäischen Staaten in die Vorhand.

2.4 Zonen verdichteter Bellizität

Aus der überbordenden Masse an Kriegsgeschehen im Europa der Frühen Neuzeit werden hier nur drei verdichtete Zonen ausgewählt, die einerseits die Zeitgenossen tief verstört und im kollektiven Gedächtnis lang gewirkt haben; die andererseits auch starke Impulse in Richtung Staatsbildung gaben, in je unterschiedliche Rich-

18 Zum Folgenden auch: Roeck, Geschichte der Renaissance, 1019–1028.

19 Arnd Brendecke, Imperium und Empire. Funktionen des Wissens in der spanischen Kolonialherrschaft, Köln 2009.

tungen. Kennzeichnend an diesen Kriegsepochen (die man sich nicht als kontinuierliche Kriegsgeschehen vorstellen darf) war die Breite an einbezogenen Akteuren: Nicht nur Monarchen, sondern auch große und kleine private Kriegsunternehmer wie auch die adligen Herrschaftsschichten (die sich in England im Parlament fanden, im Reich in den Reichsständen) waren beteiligt und suchten zu profitieren. Wir haben es fast immer mit einer Überkreuzung von inneren und äußeren Auseinandersetzungen zu tun. Muster des religiösen Konflikts, regionale Bestrebungen um Unabhängigkeit und die Kämpfe zwischen Monarchen und anderen Mächtigen vermischten sich und sind in der Fülle der Ereignisse, der Diskussionen darum, auch der Mythen, die darum gesponnen wurden, schwer auseinanderzuhalten. Ein Teil unserer Schwierigkeiten, diese Zeit zu verstehen, liegt auch darin, dass wir die eminente Bedeutung der Religion für das Staatswesen nicht mehr nachvollziehen können. Die Gewaltsamkeit war enorm, die Zerstörung von Gesellschaft, Ökonomie und Kultur zwangsläufig auch. Diese Kriege dauerten sehr lang und in unterschiedlicher Weise führten sie alle zu einer Zunahme an staatlichen Kapazitäten. Zum Beispiel bedingte die periodische Aushebung von Soldaten, dass der Staat besser Buch führte über seine Untertanen, dass Einwohnerschaft, Steuerzahlung und Religionszugehörigkeit genauer registriert wurden. Der katastrophische Eindruck, den man aus der Schilderung dieser langen Kriegsepochen gewinnt, täuscht insofern: Der Staat ging meist gestärkt daraus hervor.

a. Der Dreißigjährige Krieg (1618–1648)[20]

Dieser Krieg – eigentlich eine Abfolge von kleineren und größeren Auseinandersetzungen, die aber einen großen Teil Europas betrafen, von Frankreich bis Schweden, sich indes vor allem auf dem Gebiet des Reichs abspielten – war nur auf den ersten Blick (und vielleicht in der ersten Phase) ein Religionskrieg: eine Auseinandersetzung zwischen dem katholischen Kaiser und seinen Verbündeten (der „Katholischen Liga") einerseits und protestantischen Reichsfürsten andererseits, die bis 1621 in der „Protestantischen Union" verbündet waren. Der Versuch, Böhmen zu rekatholisieren, war Auslöser des Kriegs; es handelte sich hier aber eben auch um einen Aufstand der böhmischen Stände (also des Adels), die sich dem Kaiser in Wien nicht mehr unterordnen wollten und auf staatliche Eigenständigkeit drängten. In dieser Weise war der Dreißigjährige Krieg vor allem eine Auseinandersetzung über die Verfasstheit des Reiches: Sollte das Reich zu einer zentralisierten Monarchie werden wie die anderen europäischen Monarchien oder sollte es eine Föderation mehr oder weniger selbständiger Staaten sein, mit dem Kaiser als *primus inter pares?* Gerade die Politik des Kaisers Ferdinand II. atmete den Geist des Absolutismus, indem sie wiederholt gegen selbstverständliche Verfassungstraditionen verstieß und sich über die Interessen der Reichsstände hinwegsetzte. Die Konfessionsfrage war in diesem

20 Als kurzer aktueller Abriss: Schmidt, Der Dreißigjährige Krieg. Mit Blick auf unsere Thematik als Staatsbildungskrieg: Burkhardt, Der Dreißigjährige Krieg.

Zusammenhang instrumentell, denn die protestantischen Fürsten beanspruchten ihre religiöse Landeshoheit als Teil ihrer staatlichen Autonomie – und der Kaiser bestritt diese. Da es eine kaiserliche Militärorganisation nicht gab und er keine Rücksicht auf die Reichsstände nehmen wollte, stützte sich der Kaiser auf Militärunternehmer wie Wallenstein.

Verkompliziert wurde die Lage dadurch, dass das Reich ein heterogenes Konstrukt verschiedener sich überlagernder Hoheiten war, in dem z. B. auch fremde Fürsten Mitglied des Reiches sein konnten, wenn sie hier Herrschaftsrechte hatten. Der dänische König Christian IV., Herrscher eines anderen Staates, war so gleichzeitig Herzog von Holstein und damit selbst Reichsstand; unter Berufung darauf trat er 1625 auf Seiten der protestantischen Fürsten in den Krieg ein. Insofern hatte der Krieg eine europäische Ausweitungsdynamik. Nach anfänglichen Siegen der Katholischen Liga schalteten sich andere europäische Mächte ein, die von dem Konflikt profitieren wollten, wie Frankreich und Schweden. Obwohl der Kaiser und die Reichsstände sich 1635 auf den Prager Frieden einigten, der den eigentlichen Konflikt hätte beenden können, ging deshalb der Krieg noch lange weiter. Wie wenig insgesamt der Begriff vom Religionskrieg trifft, lässt sich daran ersehen, dass das lutherische Schweden und das katholische Frankreich seit den 1630er Jahren miteinander verbündet waren.

Überall im Reich und an seinen Rändern flackerten die Konfliktherde auf: In der Pfalz, den Niederlanden, in Süddeutschland oder in Nordostdeutschland. Seit den 1630er Jahren führte die Ubiquität des Kriegs zusehends zu staatlicher Anomie, zu ungehemmter Gewalttätigkeit und zu wellenförmigen Kriegsaktivitäten – man darf sich den Dreißigjährigen Krieg nicht als ein permanentes Kriegshandeln vorstellen. Ebenso war aber auch ein Friedensschluss nicht möglich. Nach jahrelangen Versuchen und einem fünf Jahre dauernden Friedenskongress gelang es 1648, in Osnabrück und Münster den „Westfälischen Frieden" abzuschließen, der territorial nicht sehr viel, staats- und völkerrechtlich aber sehr viel änderte – allein schon deshalb, weil hier erstmals alle europäischen Machthaber durch ihre Gesandten aufeinandertrafen: Der Westfälische Friede war historisch der erste multilaterale interstaatliche Friedensvertrag. Er war sowohl eine völkerrechtliche Vereinbarung zwischen verschiedenen Staaten wie eine Festlegung der verfassungspolitischen Verhältnisse im Reich. Vor allem beinhaltete er die Anerkennung von Gegebenheiten, wie sie waren, und also den Abschied von der oben skizzierten Vorstellung von der Universalmonarchie ebenso wie eine Absage an eine zentralisierte Monarchie in Deutschland. Stattdessen führt er eine Vorstellung ein, die in der Politikwissenschaft (weniger in der Geschichtswissenschaft) als „Westphalian System" bekannt wurde: das Konzept von einander gleichberechtigten, souveränen Staaten, die als einzige rechtlich zur Kriegsführung berechtigt sind, Staaten, die durch klare territoriale Grenzen bezeichnet sind. All das war neu und, wie sich herausstellen sollte, zukunftsträchtig – wie sehr damals schon den Zeitgenossen und Beteiligten präsent, ist umstritten.[21] Nach innen führte er zu einer neuen Machtbalance zwischen

21 Heinz Duchhardt, „Westphalian System".

Kaiser und Reichsständen, einer Verrechtlichung der Beziehungen und der Verfahren. Insofern handelte es sich dabei nicht nur um einen Staatsbildungskrieg, sondern auch um den Krieg, in dem sich das moderne Staatensystem herausbildete.

b. Die Bürgerkriege in Großbritannien (1642–1689)

Wenngleich in Großbritannien eine zentrale Monarchie seit dem 13. Jahrhundert durchgesetzt war, bedeutete das keineswegs ein Ende der Konkurrenz um die Autorität; im Gegenteil: Sie war ständig umkämpft. Bis zum Ende des 17. Jahrhunderts war der Königsthron der Gegenstand permanenter gewalttätiger Konflikte zwischen den hohen Adelshäusern. Besonders während der „Rosenkriege" (1455–1485) rivalisierten die beiden Kronprätendentenfamilien der York und der Lancaster mit Krieg und Meuchelmord um die Krone; so lange, bis die gesamte männliche Linie beider Familien ausgelöscht war.[22] Shakespeare hat dieser Epoche Tragödiendenkmale gesetzt.

Ging es in dieser Epoche um die Konkurrenz von Adelsdynastien, so schob sich mit der Reformation und dem Aufkommen der absolutistischen Idee eine programmatische Dimension in die Familienstreitigkeiten. Der Kampf um die Macht wurde ein Kampf um Ideen – zumindest wurde er als ein solcher inszeniert. Die Auseinandersetzungen, die seit Anfang der 1640er Jahre in England kriegerische Gestalt annahmen und mit Unterbrechungen bis zum Ende der 1680er Jahre dauerten, sind nicht nur für die Erinnerung und Selbstmythisierung des Landes wichtig, sondern auch für die gesamte europäische Staatsbildung vorbildhaft geworden.[23] Das gilt in besonderem Maß für die Staats- und Gesellschaftstheorie, nicht zuletzt durch die beiden wichtigsten Staatstheoretiker dieser Zeit, Thomas Hobbes und John Locke. Karl Marx und Friedrich Engels haben in der „Englischen Revolution" der 1640er Jahre und in der „Glorious Revolution" 1688/89 ein frühbürgerliches revolutionäres Fanal gesehen, das den Feudalismus abschaffte. Vieles davon ist historische Fortschrittsromantik. Vor allem ging es in diesen Jahrzehnten des Bürgerkriegs um eine Auseinandersetzung zwischen Monarch und dem Adel, der im Parlament versammelt war, um die Herrschaftsgewalt, genauer: einen Kampf gegen den immer wieder von neuem unternommenen Versuch der Könige, eine absolutistische Herrschaft einzuführen. Dieses Konfliktmotiv verband sich mit dem konfessionellen Konflikt, der auf dem Kontinent im Dreißigjährigen Krieg seinen Ausdruck fand; ähnliche Auseinandersetzungen waren auch im englischen 17. Jahrhundert bestimmend. Seit Heinrich VIII. 1534 England aus der katholischen Kirche gelöst und den freilich dem Katholizismus nicht eben entfernten Anglikanismus eingeführt hatte, spielte die konfessionelle Frage permanent mit hinein, denn der anglikanische Zweig der Tudors (wozu Elisabeth I. gehörte) und der überwiegend katholische Zweig der Stuarts waren eng miteinander verwandt und erhoben Ansprüche auf den Thron, hatten aber sehr

22 Christine Carpenter, The Wars of the Roses. Politics and the Constitution in England, c. 1437–1509, Cambridge 1997.

23 Als Zusammenschau immer noch äußerst hilfreich: Schröder, Die Revolutionen Englands.

unterschiedliche Vorstellungen von der religiösen Gestalt des Reichs. Die dritte, radikal protestantische Fraktion der Puritaner, Calvinisten, Presbyterianer oder Kongregationalisten war im niederen Adel stark vertreten; sie lehnte generell eine staatskirchliche Disziplinierung der Religion ab, war aber aggressiv antikatholisch.

Diese Typisierung bezeichnet die Unterschiede indes überscharf: Jakob I. (1603–1625), der Sohn der von Elisabeth I. hingerichteten katholischen Maria Stuart, ihrer Cousine, war calvinistisch erzogen, bekannte sich aber nach der Thronbesteigung zum Anglikanismus und betrieb eine intolerante Politik gegenüber den Calvinisten; wegen dieser Politik stachen 1620 die „Pilgrim Fathers" mit der Mayflower in See, um in Amerika ein Gottesreich zu errichten. Jedoch war er ein Verfechter des Gottesgnadentums und sah sich nur Gott und keinem Parlament gegenüber verantwortlich. Und das war wichtiger. Sein Sohn Karl I. (1625–1649) gerierte sich noch absolutistischer. Er löste das Parlament auf, weil es ihm Steuern verweigerte, und er hielt sich nicht an Abreden, die seine finanziellen Forderungen von der Zustimmung durch das Parlament abhängig machten. Viele in England hatten den Eindruck, dass er den „Papismus" (ein Schimpfwort für den Katholizismus) wieder einführen wolle. Ein königlicher Putschversuch gegen das Parlament 1642 war Auslöser für den Bürgerkrieg, in dem das presbyterianisch dominierte Parlament auf Betreiben seines Abgeordneten, des Reitergenerals Oliver Cromwell, eine eigene Armee (die *New Model Army*) gegen den König aufstellte. 1647 geriet Karl I. in die Gewalt des Parlaments und 1649 wurde er nach einem umstrittenen parlamentarischen Prozess hingerichtet. Ein Schaudern lief durch Europa: Ein Land richtet seinen eigenen König hin! Dass man Könige ermordete, war an der Tagesordnung, gerade in England. Dass aber die Institutionen ihrem gottgesandten König den Prozess machen und ihn wie einen gewöhnlichen Dieb öffentlich hinrichten: Das war ein Sakrileg. Die Tat wurde als Revolution wahrgenommen (und deshalb heißt diese Zeit auch bis heute die „Englische Revolution", auch wenn Historiker diesen Begriff zurückhaltend gebrauchen) und hatte Auswirkungen bis in die Französische und die Russische Revolution, wo man auch den Monarchen glaubte töten zu müssen, um eine neue Zeit anbrechen zu lassen.

1653 löste die religiös-utopische Militärdiktatur unter Cromwell eine kurzlebige, von ihm selbst ins Leben gerufene Republik ab: „the rule of the saints". Das Staatswesen hieß jetzt „Commonwealth of England". Cromwell, der sich eigentlich als Republikaner verstand und die Königswürde für sich ablehnte, sich nur „Lord Protector" (der Titel für den Vormund unmündiger Könige) nennen ließ, befriedete nicht nur das Land, sondern er führte auch einen brutalen Kolonialkrieg gegen das katholische Irland. Nach seinem Tod wurde 1660 unter Karl II., dem Sohn Karls I., die Monarchie wiederhergestellt. Diese *Restoration* ging so weit, dass Cromwell exhumiert und posthum enthauptet wurde. Karl II. hatte wie sein Vater absolutistische Ambitionen und stieß auf Widerstände in einem Parlament, das man sich aber keineswegs als einheitlich vorstellen darf, sondern das auch Schauplatz des Machtkampfs verschiedener Fraktionen war. Ein Mordkomplott gegen den König wurde 1683 aufgedeckt, oppositionelle Politiker hingerichtet.

Konfessionelle Argumente wurden in diesen Auseinandersetzungen immer wieder vorgebracht; aber die Konfession war eher Ausdruck der Zugehörigkeit zu einzelnen Adelscliquen und dem Bekenntnis zu einer gewissen Staatspolitik. Es ging hauptsächlich darum, wie viel Macht man dem König gegenüber dem Adel, den Städten und den Kircheneliten zugestehen wollte. „Katholisch" bedeutete im Verständnis der englischen Zeitgenossen das Bekenntnis zu Absolutismus und gegen protestantische Glaubensfreiheit. Karl II. selbst war Anglikaner und betrieb eher eine Politik der konfessionellen Toleranz, was aber eben auch eine Aufwertung des Katholizismus bedeutete. Als er 1685 plötzlich starb (auf dem Totenbett trat er dann doch zum Katholizismus über) und keine Nachkommen hinterließ, wurde sein jüngerer Bruder Jakob II., der wiederum Katholik war, König; auch er versuchte eine absolute monarchische Herrschaft einzuführen und wollte sich dabei auf die katholische Kirche stützen, suchte aber einen Modus Vivendi mit der puritanischen Fraktion, was den anglikanischen Eliten ein Dorn im Auge war. Als Jakob dann aber sieben anglikanische Bischöfe in den Tower sperren ließ, weil sie sich seiner Politik verweigerten, unternahm im Benehmen mit einflussreichen Gruppen des Parlaments Jakobs Neffe und Schwiegersohn Wilhelm von Oranien, der calvinistische politische Führer („Statthalter") der Republik der Vereinigten Niederlande, 1688 eine Invasion und übernahm in kurzer Zeit die Macht. Das wurde zeitgenössisch und von der englischen Vergangenheitspolitik die *Glorious Revolution* genannt. Wilhelms Preis dafür war, die Macht mit dem Parlament zu teilen: Er gestand ihm zu, es mindestens alle drei Jahre einzuberufen; das Parlament erhielt das Recht der Steuerbewilligung. Das war neu. Von da an gab es keinen „von Gottes Gnaden" herrschenden König mehr in Großbritannien, sondern der König regierte als der „King in Parliament": nicht mehr als absolutistischer Herrscher, sondern im Benehmen mit den wichtigen Machtgruppen, die sich in den beiden Häusern des Parlaments versammelten. Wilhelm gestand die Unabhängigkeit der Gerichte zu, schuf die Zensur ab, verfügte in der *Bill of Rights* das erste, weltweit vorbildhafte Gesetz zum Schutz der Parlamentsrechte, und: Er legte eine Erbfolge fest, die nur Protestanten zuließ. Ein Katholik kann seither nicht mehr englischer König werden. Der langfristige Effekt der englischen Bürgerkriege war also die Entstehung einer konstitutionellen Monarchie mit festgelegten bürgerlichen und Parlamentsrechten. Damit war ein Alternativmodell zu dem geschaffen, was auf dem Kontinent „Absolutismus" heißen sollte: Die politische Herrschaft musste sich auf Kooperation einlassen, der Staat wurde eher als ein Konglomerat von Interessen und Beteiligten gesehen – und der König war im Grunde nur mehr ein Angestellter seines Staates; allerdings unkündbar.

c. Die „Türkenkriege"

Die Geschichte kriegerischer Auseinandersetzungen zwischen dem Osmanischen Reich und europäischen Mächten reicht bis ins 14. Jahrhundert zurück. Das 16. und 17. Jahrhundert bezeichnet die intensivste Phase. Seit der Eroberung der Hauptstadt des Byzantinischen Reichs, Konstantinopel (und ihrer alltagssprachlichen Umbenennung in „Istanbul“ – noch bis 1930 war der offizielle Name „Konstantinopel“!) (1453), expandierte das Osmanische Reich auf den Balkan Richtung Mitteleuropa. Zunächst stand es vor allem im Konflikt mit der Seemacht Venedig, bald aber auch mit Österreich, dessen Herrscher gleichzeitig Kaiser des Reichs war, später mit Russland, aber auch mit dem Königreich Polen, das im 17. Jahrhundert fast bis an das Schwarze Meer reichte. Diese Kriege zogen sich bis zum Ende des 18. Jahrhunderts hin; gezählt werden bis zur Französischen Revolution allein sechs venezianische, acht österreichische und neun russische Türkenkriege. Zweimal belagerten die Osmanen Wien und bedrohten Mitteleuropa, was zu Endzeitpaniken führte.[24]

Das war Teil der *europäischen* Kriegsgeschichte und nicht, wie die Legende sagt, eines Abwehrkampfs des christlichen Europas gegen die von außen kommende islamische Invasion. Häufig war z. B. Frankreich mit dem Osmanischen Reich verbündet, um den Gegner, das Reich und Habsburg, zu schwächen. Auch viele Soldaten in den osmanischen Heeren waren keine Muslime. Aber die „Türkengefahr“ wurde zeitgenössisch als eine existenzielle Bedrohung des christlichen Europa begriffen, und Erinnerungen an die arabische Eroberung der Iberischen Halbinsel wurden konstant neu aufgerufen. Über lange Zeit konnte das Osmanische Reich weite Teile Südosteuropas zum Teil seines Imperiums machen (Griechenland blieb bis 1829 Teil des Osmanischen Reichs). Die ständige Kriegsgefahr nötigte den Kaiser, bei seinen Reichsständen um Unterstützung zu bitten, was ihn im Reich schwächte und zu Zugeständnissen nötigte. Gleichzeitig aber fungierte das gemeinsame Feind- und Schreckbild des „Türken“ als ein negatives Integrationsmoment, das die (christliche) Reichs- und die Kaiseridee im gespaltenen Reich (und vielleicht auch darüber hinaus) stärkte. In Südosteuropa konnte sich keine stabile Staatlichkeit herausbilden, weil die Region immer Teil eines Imperiums und Spielball der beteiligten Mächte war, sei es des Osmanischen, des Russischen oder des Habsburgerreichs. Eine weitere Folge, bezogen auf (Mittel-)Europa und das Reich war, dass die Vormacht Österreich sich weniger auf Nationalstaatlichkeit, sondern auf die Entwicklung eines Imperiums konzentrierte, dafür enorme militärische Kapazitäten aufbaute und zur europäischen Großmacht aufstieg. Als im 19. Jahrhundert ein deutscher Nationalstaat auf der Agenda stand, war das Reich der Habsburger zum größeren Teil außerhalb des deutschen Sprachraums gelegen. Gleichzeitig war aber diese Konfliktzone auch eine Kontaktzone: Wenn nicht Krieg war, musste man anderweitig zurecht kommen, so dass zwischen Habsburg und dem Osmanischen Reich Formen interkultureller Diplomatie mit den jeweils „anderen“ entstanden – auch das ein Kennzeichen moderner Staatlichkeit.[25]

24 Vgl. – nicht als Gesamtdarstellung, aber als Beschreibung wichtiger Aspekte des Problems: Winfried Schulze, Reich und Türkengefahr im späten 16. Jahrhundert. Studien zu den politischen und gesellschaftlichen Auswirkungen einer äußeren Bedrohung, München 1978.

25 Dorothee Linnemann, Visualising ‚State-Building‘ in European-Ottoman Diplomatic Relations. Visual Ceremonial Descriptions and Conflicting Concepts of Early Modern Governance in the Late Seventeenth and Early Eighteenth Centuries, in: Flüchter/Richter, Structures on the Move, 251–269.

2.5 Die Geburt der modernen Staatstheorie aus dem Geist des Kriegs

Diese Epoche der Bellizität hat viele politische Philosophen zu einem grundsätzlichen Nachdenken darüber angeregt, wie sich Recht und Gewalt, Staat und Volk, Institutionen und Freiheit zueinander verhalten. Der Eindruck der allgemeinen Unsicherheit führte zu der Frage, wie man die Geltung von Regeln ermöglichen und auf Dauer stellen könnte. Wir haben es mit einer intensiven, langandauernden internationalen Diskussion zu tun, innerhalb derer nicht nur die moderne Staatstheorie entfaltet wurde, sondern auch das moderne Völkerrecht entstand.[26] Diese Diskussion ist in ganz Europa und bis nach Amerika „gewandert" und breit rezipiert worden. Die Entstehung einer überstaatlichen Staatstheorie ist gleichzeitig ein Hinweis darauf, wie sehr die Fragen der politischen Ordnung von den Zeitgenossen als allgemeine Probleme und nicht als Spezifika der einzelnen Staaten verstanden wurden.

1625 veröffentlichte der niederländische Jurist Hugo Grotius (1583–1645), noch stärker unter dem Eindruck von Handelskonflikten zwischen England und den Niederlanden als dem Dreißigjährigen Krieg, sein Werk „Über das Recht des Krieges und des Friedens", in dem er als erster ein überstaatliches (und überkonfessionelles!) Völkerrecht entwickelte, das auf der Basis der Toleranz die faktische Koexistenz verschiedener Staatsgebilde anerkannte. Wenige Jahrzehnte später und unter dem Einfluss von Grotius entwickelte der deutsche Philosoph Samuel Pufendorf (1632–1694) eine politische Theorie, die die Staatsbildung in Zusammenhang mit der Unterscheidung von Recht und Unrecht brachte und damit einen Beitrag zu einer naturrechtlich begründeten Staatsrechtstheorie leistete, die in den vernünftigen Interessen der Menschen und also nicht mehr im Willen Gottes die treibenden Interessen sah, sich staatlich zu vereinigen. Er war der Erste, der den Gedanken einer naturrechtlich verankerten Würde des Menschen ins Spiel brachte. Der Staat entstand bei ihm also aus dem Willen der Menschen, sich zusammenzutun.

Solche Überlegungen muten angesichts der Gewalttätigkeit der Epoche und einer keineswegs gerechten Staatlichkeit überaus optimistisch an. Sie haben aber die Entwicklung von Vertrags- und Verfassungsrecht ebenso vorangebracht wie die Aufmerksamkeit für die Rechte der Menschen gegenüber dem Staat. Vor allem die Verfassung der USA ist stark auf solche Traditionen bezogen.

Ein starker Strang der staatstheoretischen Diskussion dieser Zeit ist aber ungleich pessimistischer in seinem Bemühen, die inner- und interstaatliche Gewalt einzuhegen. Einer der frühesten und gleichzeitig wirkmächtigsten dieser Theoretiker war der französische Theologe Jean Bodin (1529 od. 1530–1596). Als katholischer Geistlicher und Anwalt in Paris erlebte er den Ausbruch der Hugenottenkriege 1562 (die ebenfalls weit über 30 Jahre dauern sollten) aus nächster Nähe. Seine „Sechs Bücher über den Staat" (Les six livres de la République [sic!]) (1576) versuchten, die Souveränität des Fürsten zunächst aus religiösen, dann aber auch aus sozialtheoretischen

26 Zu diesem Thema hilfreich: Wolfgang Reinhard, Vom italienischen Humanismus bis zum Vorabend der Französischen Revolution, in: Fenske u. a., Geschichte der politischen Ideen, 241–376.

Argumenten zu rechtfertigen. Der Staat besteht ihm zufolge aus vielen Familien mit einem souveränen Oberhaupt an der Spitze und ist sozusagen selbst eine große Familie; er ist ebenso herrschaftlich verfasst wie eine Familie. Ein Staat ohne Souveränität ist kein Staat. Zwar weiß Bodin, dass es verschiedene Staatsformen gibt, auch Mischformen, aber er plädiert aus Stabilitätsgründen für eine Monarchie, wenngleich mit demokratischen Elementen (lediglich die Nachfolge ist in der Monarchie ein Problem und kann zum Krieg führen, weshalb Bodin aus pragmatischen Gründen für eine Erbmonarchie optiert). Der Fürst [= Hausvater] ist der Stellvertreter Gottes auf Erden; er darf und muss sich zwar beraten lassen, entscheiden muss er aber allein. Nur er kann die Gesetzlosigkeit, die im Naturzustand herrscht, aufheben und in die Sicherheit der Gesetze überführen. Dafür braucht er den Gehorsam seiner Bürger, und für diesen bedarf es der Religion, der Freiheit, des Eigentums und der Gerechtigkeit. So soll der Fürst z. B. die Ämter ohne Ansehen der Person nur nach Leistung vergeben. Der Fürst hat in den gesellschaftlichen Konflikten die Funktion des unparteiischen Schiedsrichters und Versöhners (dies ist eine Spitze gegen die französische Monarchie, die sich in den Hugenottenkriegen einseitig auf die Seite der Katholiken stellte). Aber das Recht zum Widerstand haben die Untertanen nicht, selbst wenn der Herrscher, der zum Tyrannen geworden ist, gegen menschliches oder göttliches Recht verstößt. Allerdings ist Bodin bewusst, dass ein allmächtiger Herrscher zum Missbrauch der Macht neigt – das nimmt er in Kauf.

Mit dieser religiös begründeten Theorie eines souveränen Fürsten als Inbegriff des Staates ist Bodin zum vielzitierten Vordenker des Absolutismus „von Gottes Gnaden“ geworden. Mit der Analogie zwischen Familie und Staat, dem Monarchen als Hausvater hat er eine enorm wirksame ideologische Formel geschaffen, die aus Staatsinteresse Gemeinwohl machte und den Staat als „wir alle“ erscheinen ließ. Gleichzeitig aber ebnete er einer Säkularisierung des Staates den Weg, indem er postulierte, dass der Fürst gerade auch in Religionsdingen nicht mehr Partei sein sollte. Dass der Fürst den Untertanen befehlen könne, welcher Religion sie angehören sollen, lehnte Bodin ab. Damit bereitete er ungeachtet seines theologischen Begriffsmantels die Vorstellung eines säkularisierten Staates vor, der sich in das persönliche Bekenntnis seiner Untertanen nicht mehr einmischt.

Im Umfeld des Englischen Bürgerkriegs entstand eine auf den ersten Blick ähnliche Theorie, die noch ungleich mehr Wirksamkeit entfaltete und bis heute wohl das zentrale Referenzwerk für die Theorie des modernen Staates ist.[27] Thomas Hobbes' (1588–1679) wichtigstes Werk, „Leviathan“ (1651), ist unter dem unmittelbaren Eindruck der Gräuel des Englischen Bürgerkriegs und vor allem der Hinrichtung Karls II. entstanden. Hobbes postuliert einen Naturzustand, in dem ein Krieg aller gegen alle herrscht. Die Menschen sind Herren ihrer selbst und verfügen über ihre naturrechtlich gegebene Gewalt, aber sie sind auch der ständigen Gewalt durch andere ausgesetzt. Um diese zu minimieren, schließen sie sich zusammen und geben in einem Gesellschaftsvertrag die ihnen eigene Gewalt ab an einen

27 Hobbes, Leviathan.

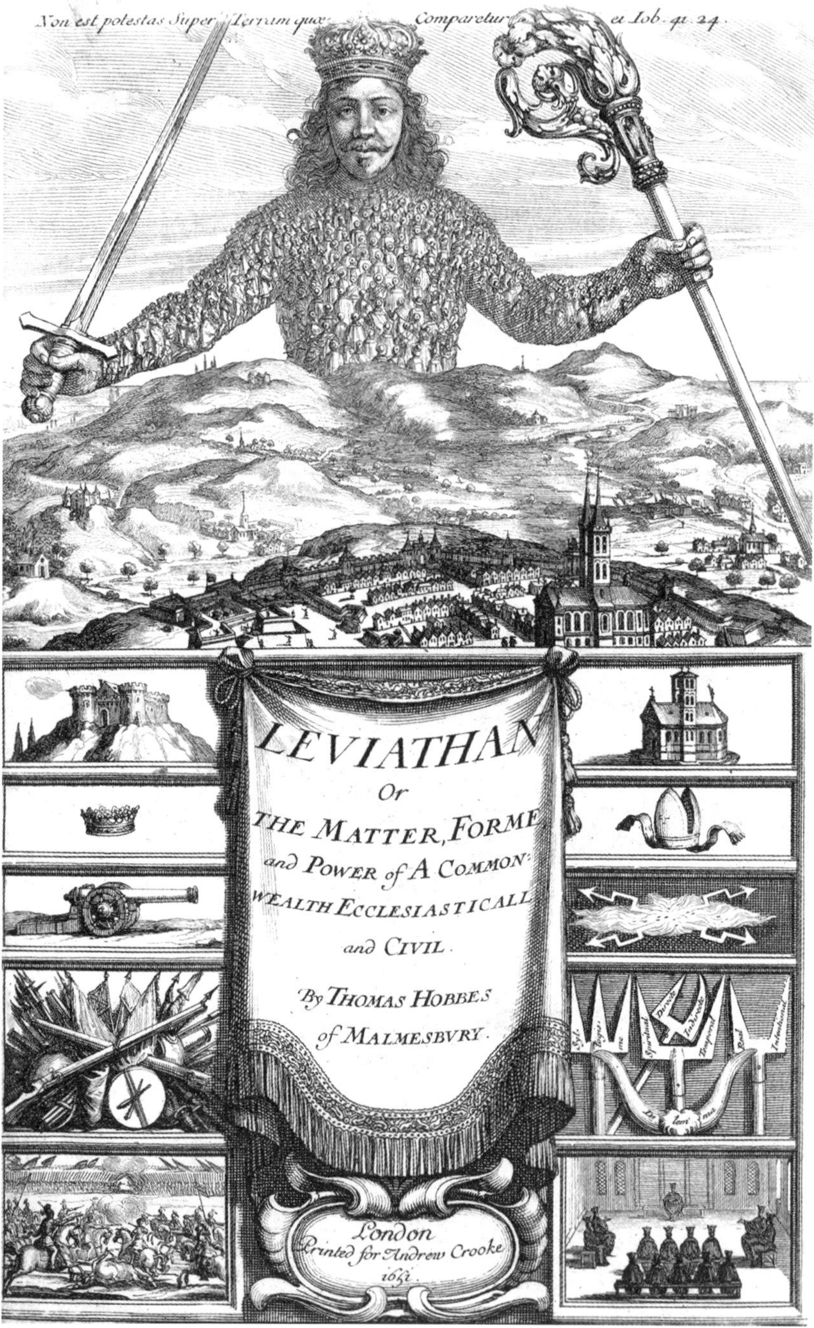

Thomas Hobbes, Leviathan, Frontispiz, 1651.

Mächtigeren, der Sicherheit gewährleistet, aber auch (tendenziell unbegrenzte) Macht über sie hat: den Leviathan[28]. Dadurch entsteht der souveräne Staat. Zentral ist der Doppelcharakter dieser Souveränität: „Denn der, welcher Macht genug hat, alle zu beschützen, der hat auch Macht, alle zu unterdrücken."[29] Man kann dieses Verhältnis auch umdrehen: Wer alle unterdrücken kann, der kann auch alle beschützen. Der Leviathan kann die Bürger zwingen, das zu tun, was ihnen letztlich nützt. Und weil die Gesetze für alle gelten, müssen die Bürger keine Angst mehr vor dem Staat haben.

Dieser Gesellschaftsvertrag ist indes unwiderruflich, d. h. die Rechte, die die Bürger abgegeben haben, können sie nicht zurückfordern oder einklagen, ihnen kommt auch kein Widerstandsrecht gegen den Leviathan zu. Das berühmte Titelbild des Werks zeigt diese allumfassende Macht: Der Leviathan (der aussieht, wie ein frühneuzeitlicher König auszusehen hat) setzt sich in seinem Körper zusammen aus vielen einzelnen Körpern. Er beherrscht das ganze Land, allein schon durch seine schiere Größe. Er trägt ein Schwert (rechts) und einen Bischofsstab (links) und demgemäß gebietet er über Weltliches und Kirchliches, über Krieg und Frieden. Eine höhere Gewalt als ihn (so die Inschrift ganz oben) gibt es nicht.[30]

Diese Theorie ist vielfach rezipiert worden und hat enorme Auswirkungen auf die Staatstheorie gehabt – bis hin zu Carl Schmitt, der um die Mitte des 20. Jahrhunderts diese Form absoluter Staatlichkeit an ein Ende kommen sah, was er lebhaft bedauerte. Für unsere Zwecke genügt es, festzustellen, dass erstens Hobbes (der selbst im Zusammenhang mit dem Bürgerkrieg in die Emigration gehen musste und ein Anhänger König Karls II. war) die Kosten der Gewalttätigkeit als so hoch einschätzt, dass er dafür auch die Freiheitsrechte der Menschen opfert, und zwar unwiderruflich. Zweitens billigt Hobbes der religiösen Gewalt keinerlei Eigenrecht mehr zu. Der Staat entsteht auch nicht auf der Basis von Gottes Ratschluss, sondern auf Grund des freien Willens der Menschen: Er ist eine menschliche und keine göttliche Veranstaltung – das macht den Hauptunterschied zu Bodin aus. Und drittens konzipiert Hobbes den Leviathan als eine Macht „über" der Gesellschaft: Der Staat soll nicht Partei sein in diesen weltlichen Händeln, sondern unparteiisch sein und entscheiden – auch dies eine Ähnlichkeit zu Bodin. Mit dieser Theorie ist Hobbes als ein Vordenker des Absolutismus bezeichnet worden, und das sicher zu Recht. Er kann aber gleichzeitig als ein Vordenker der politischen Philosophie der Aufklärung gelten, die alle Institutionen auf der Basis von menschlicher Vernunft und menschlicher Entscheidung sieht. Der „Absolutist" und Gottesgnadenkönig Karl II. selbst (der bei Hobbes Mathematikunterricht genommen hatte) war von der Theorie demgemäß gar nicht begeistert, weil Hobbes ja damit im Grunde jede Regierung rechtfertigte, solange sie souverän war und „funktionierte".

28 Ein mythisches Seeungeheuer, vor dessen Macht nichts bestehen kann.

29 Thomas Hobbes, Vom Menschen. Vom Bürger, Hamburg 1994[3], 139.

30 Vgl. Zur Interpretation dieses berühmten Bildes Bredekamp, Thomas Hobbes, Der Leviathan (auch zur verwickelten Rezeptionsgeschichte des Bildes).

Als Widerpart zu Hobbes wird vielfach John Locke (1632–1704) verstanden. Der Arzt und Philosoph entwickelte seine politische Theorie vor dem Hintergrund der Ereignisse im Umfeld der *Glorious Revolution.* Auch er war Partei, und zwar gegen die Politik des Königs, und auch er musste mehrere Jahre ins Ausland ins Exil und kehrte erst 1688 nach England zurück. In seinen „Two Treatises of Government" (1689) geht auch er von einem naturrechtlich gegebenen, ursprünglichen Recht des Menschen aus.[31] Locke nimmt aber nicht wie Hobbes seinen Ausgang von der Angst, sondern von den Optionen: Der Naturzustand ist ein Raum der Freiheit, ohne vom Willen eines anderen abhängig zu sein. Der Mensch hat das Recht, das Leben zu genießen, sich wirtschaftlich zu betätigen und Wohlstand zu erwerben. Mit der Zeit ist es aber vernünftiger, sich mit anderen auf die Regeln zu einigen – es kommt mehr heraus dabei, es geht gerechter zu und auch die Gewalt kann in Schranken gehalten werden. Auch bei Locke gibt es einen Gesellschaftsvertrag, den die Individuen abschließen und in dem sie Rechte an eine Obrigkeit abgeben. Jedoch ist diese Obrigkeit in ihrem Handeln und ihren Eingriffen in das Leben der Menschen gebunden daran, dass sie deren Leben, Recht und Eigentum schützt und deren Zustimmung findet. Ist das (über längere Zeit) nicht der Fall, haben die Menschen ein Widerstandsrecht.

John Lockes Theorie betont die naturrechtlich gegebenen Freiheitsmomente stärker als Hobbes, der sehr viel mehr auf Frieden und Sicherheit abhebt. Seine Theorie gilt als die Basisformulierung einer staatlichen Vertragstheorie, wie sie im modernen Liberalismus aufscheint. Die Begrenzung der staatlichen Eingriffsmöglichkeiten und die Position des Individuums sind zentral; das sind sie aber auch deshalb, weil Locke schon – anders als Hobbes – von einer Marktgesellschaft her denkt, in der das Individuum nie nur als (Staats-)Bürger, sondern immer auch als ökonomischer Akteur imaginiert wird.

Lockes Buch ist lange als eine Schrift gegen Hobbes gelesen worden, die politische Theoriediskussion hatte damit sozusagen zwei leicht identifizierbare und als Ausdruck von Zeiterfahrungen interpretierbare Pole. Inzwischen steht aber fest, dass Locke den Leviathan zwar gelesen hat und man implizite Hinweise darauf finden kann, dass Locke selbst aber einen anderen Gegner im Auge hatte: den zeitgenössisch diskutierten, heute aber fast unbekannten Robert Filmer, dessen posthumes Werk „Patriarchia" (1680) eine (aus heutiger Sicht ziemlich schräge) schöpfungsgeschichtlich begründete Rechtfertigung des Absolutismus lieferte. Der Eindruck, dass Locke unmittelbar Hobbes vor Augen hatte, ist vielmehr ein Hinweis darauf, wie dicht und nah an den politischen Ereignissen damals die politische Theoriediskussion war. Anders gesprochen: Solche Argumente und ihre Polarität lagen in der Luft, weil sie sich unmittelbar aus den politischen Erfahrungen ergaben.[32]

---

31 Locke, Zwei Abhandlungen.

32 Michaela Rehm, „The A. B. C. of Politicks". Entstehungskontext und Rezeption von Lockes *Zwei Abhandlungen über die Regierung,* in: Bernd Ludwig/dies. (Hg.), John Locke: Zwei Abhandlungen über die Regierung, Berlin 2012, 1–16.

Resümiert man die politischen Theorien der Zeit mithin aus diesem Erfahrungshintergrund und den Konsequenzen, die sie ziehen, so betonen die meisten die Notwendigkeit einer Konzentration der Gewalt – mit Widerstandsrecht oder ohne. Dabei ist für sie der Staat nicht mehr die persönliche Angelegenheit des Fürsten; er wird vielmehr schon als Institution gedacht, für die der Fürst nur mehr Ausdruck ist: Nun gibt es eine „Staatsräson", die höher steht als persönliche oder dynastische Interessen.[33] Aber ob religiös begründet oder nicht: Es zeigt sich bei allen eine starke Betonung der vertragsrechtlichen Komponente. Nicht von oben wird eine Gesellschaft zum Staat pazifiziert, sondern es sind die Menschen selbst, die sich zusammentun und sich verpflichten, und dadurch wird Augenhöhe gegenüber dem Staat hergestellt. Hier findet sich auch ein Moment, auf das wir später bei der Idee des Staatsbürgers wieder stoßen. In ihrem eigenen Interesse gehen sie Bindungen ein und geben Souveränität ab, eine Souveränität, die „eigentlich" ihnen gehört: In dieser Weise argumentieren alle diese Theoretiker vor einem naturrechtlichen Hintergrund. Diese Denkfigur der freiwilligen Aufgabe von Souveränität zugunsten einer höheren Instanz im Dienste von Frieden und Sicherheit – als Lernerfahrung aus entgrenzter Gewalt – wird uns später wieder begegnen: nach dem Zweiten Weltkrieg, in den suprastaatlichen Vereinbarungen und Organisationen.

33 Münkler, Im Namen des Staates.

3. „Absolutismus" und Staatsbildung

Die Kriege des 16. und 17. Jahrhunderts waren, wie oben dargestellt, Staatsbildungskriege. Konfessionelle Differenzen und Konkurrenzen um die politische Herrschaft waren ihre Antriebe. Aus der epochalen Erfahrung der generellen Friedlosigkeit und der allgegenwärtigen Gewalt waren Überlegungen entstanden, die einen starken Staat als Garanten des gesellschaftlichen Friedens forderten, wobei noch völlig unbefragt dieser Staat in Gestalt eines personalen monarchischen Herrscher erschien. Der Monarch ist der Fokalpunkt der frühen Staatlichkeit, er „war“ (und sollte noch einige Zeit sein) der Staat. Die Theorie Jean Bodins wies eine theologische Letztbegründung für die absolute Macht des Herrschers auf und wurde deshalb in dieser Zeit und noch bis ins 19. Jahrhundert wesentlich intensiver rezipiert als die Theorie von Thomas Hobbes, der die absolute Herrschaft des Leviathan ja aus einem Gesellschaftsvertrag begründet hatte. Aber das hatten die Theorien dieser Zeit gemeinsam: Sie begründeten einen Herrscher „über“ der Gesellschaft, einen „absoluten“ Herrscher.

3.1 Der Begriff und sein Problem

„Absolutismus“ ist keine zeitgenössische Benennung.[1] Vielmehr ist er als ein polemischer Begriff erst nach den Revolutionen in Amerika und Frankreich eingeführt worden, um die früheren, damit als freiheitsfeindlich und despotisch charakterisierten Regime zu desavouieren. Er ist also zunächst ein Begriff aus der politischen Auseinandersetzung. Erst sehr viel später, gegen Ende des 19. Jahrhunderts, wurde „Absolutismus“ als wissenschaftlicher Terminus eingeführt, um eine Epoche der unumschränkten monarchischen Macht zu bezeichnen, und das war keineswegs nur negativ gemeint. Hinter der Kennzeichnung verbarg sich auch die Bewunderung für die politische Leistung eines Philipp II. von Spanien, des Großen Kurfürsten oder Elisabeth I. von England. Der Staatswissenschaftler Wilhelm Roscher hat

1 Zum Folgenden: Hinrichs, Fürsten und Mächte, v. a. 19–36.

Mitte des 19. Jahrhunderts einen „konfessionellen" (Philipp II. von Spanien), einen „höfischen" (Ludwig XIV.) und einen „aufgeklärten" (Friedrich II.) Absolutismus unterschieden. Während die ersten beiden Bestimmungen außer Mode gekommen sind, weil namentlich die konfessionelle Frage im „klassischen" höfischen Absolutismus unverändert virulent war, hat sich „Aufgeklärter Absolutismus" erhalten. Alle diese Begriffe allerdings, darauf ist frühzeitig hingewiesen worden, müssen, wie die meisten Begriffe im Zusammenhang mit dem Staat, als Idealtypen benutzt werden. Nirgendwo fand sich ein Absolutismus in Reinkultur und es gab in Europa eine Menge regionaler Unterschiede. Insofern suggeriert „Absolutismus" eine Homogenität der Herrschaftsformen, die so nicht gegeben war.

Die Bezeichnung „absolute Monarchie" (was nicht das Gleiche ist wie „Absolutismus") ist allerdings zeitgenössisch angelegt gewesen. Bodin hatte zwei Kriterien für eine höchste Gewalt angeführt: Sie müsse souverän sein, also keiner anderen Macht verpflichtet, weder im Inneren noch im Äußeren. Und der Fürst müsse in seiner Machtausübung von den gewöhnlichen Gesetzen unabhängig sein: „summa … legibus soluta potestas" („die höchste, von den Gesetzen losgelöste Gewalt"). „Ab-solutus" ist lediglich eine Steigerungsform: völlig losgelöst. Absolutismus bezeichnet mithin eine Regierungsform, in welcher der höchste Herrscher niemand anderem verpflichtet und auch keinen Gesetzen untergeordnet ist. Mit diesem Begriff ist seit dem 19. Jahrhundert die monarchische Staatsform bezeichnet worden, die seit dem 16. Jahrhundert in Europa entstand und die enorm zur Entwicklung der staatlichen Kapazitäten beigetragen hat. Ihr Protagonist ist Ludwig XIV., der 72 Jahre lang auf dem Thron saß, über 50 Jahre lang selbst regierte und in seiner Politik wie in seiner Selbststilisierung europäisch vorbildhaft wurde. Noch sehr viel weiterreichend war aber die Herrschaft im Russland Peters des Großen (wobei sich die Zeitgenossen nicht sicher waren, ob dies zu Europa gehörte, und wo man eher über „Autokratie" als über „Absolutismus" spricht). Im Schatten dieser großen Staaten fand sich absolute Herrschaft in vielen kleineren europäischen Staaten, wo sie oftmals sogar ausgeprägter war, etwa in den skandinavischen Monarchien.

Es darf aber nicht übersehen werden, dass es Länder gab, in denen diese monarchischen Ambitionen abgewehrt wurden, und dass „Absolutismus" keineswegs als der Normalfall gelten kann. Das galt vor allem für England bzw. das Königreich Großbritannien (seit 1707), wo die Bürgerkriege des 17. Jahrhunderts einen monarchischen Absolutismus auf Dauer verhinderten. In Polen herrschte eine Adelsrepublik, in der Schweiz und den Niederlanden gab es Republiken der teilnahmeberechtigten Bürger. Aber auch das Heilige Römische Reich war nicht nach absolutistischem Muster zu organisieren. Der Kaiser war immer auf die meist recht selbstsüchtige Unterstützung durch die Stände, also die Territorialstaaten wie Preußen, Bayern oder Sachsen angewiesen. In diesen Staaten wiederum bildeten sich teils ausgeprägte Regime der monarchischen Alleinherrschaft heraus.

„Absolutismus" steht hier in Anführungszeichen, weil der Begriff umstritten ist und jedenfalls in der substantivischen Form des -ismus nicht mehr allzu gebräuchlich. Heinz Duchhardt hat sogar im Lichte der Kritik daran, die von ihm selbst prominent vertreten wurde, seinem Buch „Das Zeitalter des Absolutismus" (dessen Titel ihm Verlag und Herausgeber aufgezwungen hatten) in der 4. Auflage von 2007 einen anderen Titel gegeben. Duchhardt verwies auf eine intensive internationale Diskussion, in der die Verankerung auch der „absoluten" Herrschaft in Konsultation und Konsens mit Adligen, Kirchen und mit Bürgern betont wurde.[2] So uneingeschränkt lange stilisiert herrschte der absolute Fürst demnach nicht. Der englische Historiker Nicholas Henshall hat den Absolutismus sogar einen „Mythos" genannt, weil dessen Machtpotentiale (wie etwa die Souveränität des Fürsten) systematisch überschätzt worden seien, während die *Checks and Balances,* die gewohnheitsrechtlich und alltagspraktisch überall im Spiel waren, übersehen worden seien.[3]

Nun ist es mit allen starken historischen Thesen so, dass sie gar nicht anders können, als im Prozess der Diskussion differenziert zu werden. Und freilich schlägt ein Begriff wie „Absolutismus" sehr unterschiedliche Herrschaftsformen über einen Leisten. Auch kann gar kein Zweifel bestehen, dass ein Zentralargument von Henshall überzeugt: dass nämlich eine absolute Herrschaft ohne die Unterstützung durch die lokalen, regionalen, ständischen Mächte (die auch ihre Vorteile darin sehen) niemals möglich gewesen wäre, dass also keineswegs ein allmächtiger Leviathan sich aus den Fluten erhoben und alle anderen niedergeworfen habe, wie das die monarchische Selbststilisierung gerne nahelegte.

Im Anschluss an Ernst Hinrichs kann man aber dennoch argumentieren, dass gerade in Bezug auf das Thema der Staatlichkeit der Absolutismus-Begriff nach wie vor Sinn macht – wenn nicht als Epochenbegriff, so doch als idealtypischer Begriff für eine bestimmte historische Form von politischer Herrschaft im Prozess der europäischen Staatsbildung. Denn er leistet eine wichtige Unterscheidung zu vorherigen Formen der Staatlichkeit und macht den Sprung an staatlicher Autonomie, den wir mit dieser Epoche verbinden, beschreibbar. „Absolutistisch" würde demnach heißen eine Form der politischen Herrschaft, die – mehr oder weniger erfolgreich – beansprucht, dass alle Entscheidung vom souveränen Herrscher ausgeht und dieser nicht durch andere Gewalten gebunden ist, unbenommen tatsächlicher Rücksichten, Kooperationen und Fehlschläge.

Diese Einschränkungen mahnen also zur Vorsicht, was die Realität der Herrschaft angeht. Denn in der Tat ist es ja den absolutistischen Herrschern gelungen, ein bisher nicht gekanntes Maß an Macht auf sich zu konzentrieren. Wir müssen uns dennoch die absolute Herrschaft viel mehr als einen Herrschaftskompromiss vorstellen, bei dem mächtige Gruppen (und hier ist vor allem an verschiedene Adelsfraktionen zu denken) auf Teile ihrer Eigenständigkeit verzichtet haben, um anderweitig (etwa bei Hofe oder im Militär) Einfluss zu erlangen oder um sichere Pfründen z. B. als Steuereinnehmer zu gewinnen. Absolute Herrschaft war häufig

2 Duchhardt, Barock und Aufklärung, 170. Vgl. Duchhardt, Absolutismus.

3 Henshall, The Myth of Absolutism. Allerdings muss erwähnt werden, dass „Absolutismus" in England und Frankreich niemals die Bedeutung als Epochenbegriff erlangt hat wie in Deutschland. Zu dieser Diskussion vgl. Asch/Duchhardt, Der Absolutismus – ein Mythos?

auch ein Prozess der Herrschaftsüberlassung; sie stellte sich meist als ungebundener dar als sie in Wirklichkeit war; und sie war unter Umständen fragiler, als es auf den ersten Blick aussieht.

3.2 Die absolute Monarchie und ihre Grenzen unter besonderer Berücksichtigung Ludwigs XIV.

Weil Ludwig XIV. so vorbildhaft für andere europäische Monarchien war, soll sein Regierungsmodell hier besonders im Blick stehen.[4] Frankreich war ursprünglich so wenig wie andere europäische Staaten ein Einheitsstaat; auch hier gab es verselbständigte Landesherrschaft, war die Kirche überall beteiligt, hatten die Stände ein Mitspracherecht. Ludwig XIV. (1638–1715) kam mit vier Jahren auf den Thron; Frankreich wurde deshalb zunächst von seiner Mutter Anna von Österreich und dem regierenden Minister, Kardinal Jules Mazarin regiert. Nach dessen Tod 1661 beanspruchte Ludwig die persönliche Regierungsgewalt und hatte diese bis zu seinem Tod inne: Die absolute monarchische Herrschaft wurde nun *in persona* vom König ausgeübt. Der Satz „L'état c'est moi" („Der Staat bin ich") ist zwar nicht von Ludwig XIV., wurde diesem nur zugeschrieben, beschreibt aber sehr gut die Vorstellung einer Identität zwischen Staat und Herrscher, die Ludwig hatte. Jedoch wurde eben durch die Politik der Institutionenbildung (gerade im Bereich der Verwaltung) ein Bewusstsein vom überpersonalen Staatscharakter des Königreichs ausgebildet. Ebenfalls Ludwig XIV. wird das „Abschiedswort" zugeschrieben: „Ich gehe, aber der Staat wird nach mir bleiben."

(1.) Ausgangspunkt waren die Gesetzgebung und die Verwaltung: Die Monarchie verdrängte die Stände aus ihrer Mitwirkungsfunktion, die vor allem über die Gerichtshöfe (anderswo durch regelrechte Mitsprachegremien) ausgeübt wurde. Diese Gerichtshöfe, die „parlements", wurden gezwungen, des Königs Gesetze nun ohne inhaltliche Prüfung und ohne Änderungswünsche in die Gesetzbücher aufzunehmen und nach ihnen zu urteilen. Sieben große Gesetzgebungswerke wurden damit in souveräner Urheberschaft, also als königliche Erlasse, veröffentlicht. Die regionale Herrschaft, die bisher ebenfalls durch die Mitwirkung der regionalen Adligen erfolgt war, wurde nun 30 Intendanten übergeben, die vom König ernannt waren. Sie waren bürgerlicher Herkunft und deshalb vom König völlig abhängig und ihm ergeben. Ein linearer, pyramidenartiger Aufbau der Verwaltung, an deren Spitze die Ministerien standen, stärkte die Zentralgewalt. Das Bild vom „Staat als Maschine" entwickelte sich, und auch wenn dieses mehr Wunsch als Wirklichkeit war: Es hat lange gewirkt.[5] Noch Max Weber beschrieb den Staat vor allem in technizistischen Metaphern, als Maschine, Betrieb, Mechanik.[6] Das bedeutete noch

4 Zum Folgenden Burkhardt, Frühe Neuzeit, 187–189; Hinrichs, Fürsten und Mächte, v.a. 9–17.
5 Stollberg-Rilinger, Der Staat als Maschine.
6 Anter, Max Webers Theorie des modernen Staates, 215–236.

nicht eine auf Leistung und Qualifikation aufbauende Administration; Ämterkauf und Patronage waren nach wie vor funktionierende Modi der Loyalitätsbindung.

(2.) Vor allem aber beruhte die Herrschaft Ludwigs auf einem modernen und massiv ausgebauten Militärapparat, der im Dienst seiner aggressiven, immer kriegswilligen Außenpolitik stand.[7] Militärausgaben machten mehr als die Hälfte des gesamten Staatshaushaltes aus. Das stehende Heer wurde in der Regierungszeit Ludwigs fast verzehnfacht und umfasste zeitweilig die für damalige Verhältnisse ungeheure Zahl von 400.000 Menschen – bei etwa 20 Millionen Einwohnern. Das Aussehen des modernen Militärs ist in dieser Zeit geprägt worden: Uniformen, Kasernierung, Exerzieren, militärische Ränge (nicht zufällig sind die modernen militärischen Rangbezeichnungen fast alle französischen Ursprungs). Die Offiziersstellen blieben dem Adel vorbehalten, der im Militär Karriere machen konnte, so dass aus dem tendenziell monarchiefeindlichen Adelsstand ein dem König ergebener Militäradel wurde. Frankreich wurde in diesen Jahren zur stärksten Landmacht Europas und wäre auch gerne die stärkste Seemacht geworden – dagegen standen aber die Briten. Gestützt auf diese für damalige Verhältnisse ungeheure Macht führte Frankreich ständig Krieg mit seinen Nachbarn, was seine Fläche ausdehnte, mehr noch aber eine politische Hegemonie schaffen half; ohne Frankreichs Stimme wurde in Europa fast nichts entschieden, besonders in Erbfolgefragen.

(3.) Diese militärischen Bedürfnisse suchte Ludwig XIV. durch eine merkantilistische Wirtschaftspolitik zu erfüllen. Handel und Gewerbe, aber auch Erfindungen und Warenverkehr wurden befördert, Waren aus dem Ausland durch hohe Zölle an der Einfuhr gehindert, um die eigene ökonomische Leistungsfähigkeit zum Nutzen der militärischen Kapazitäten zu erhöhen. Wirtschaftspolitische Modernisierung und eine stärkere Ausbeutung der Steuerzahler leiteten sich also nicht aus dem Interesse an einer sozialpolitischen Umverteilung oder am Wohlstand für alle, sondern an militärischem Machtzuwachs her. Dennoch hatte diese Politik Anschubwirkungen und trug zur ökonomischen Entwicklung bei. Das konnte man schon „Strukturpolitik" nennen, wenngleich mit einem militärischen Endzweck.

(4.) Die Religionspolitik Ludwigs XIV. war widersprüchlich. Denn einerseits hatte der absolutistische Staat ein Interesse daran, sich in die Gewissensdinge seiner Untertanen nicht allzu sehr einzumischen, weil sie als Untertanen funktionieren sollten. Man erinnere sich: Die Forderung nach absoluter Herrschaft war aufgekommen, um die mörderischen konfessionellen Konflikte stillzustellen. Andererseits wollte der absolutistische Staat keine religiöse Parallelherrschaft dulden und die Kirche lieber zu einem Bestandteil des eigenen Herrschaftssystems machen. Absolutistische Staaten betrieben deshalb typischerweise eine Politik des Staatskirchentums, also der Unterordnung kirchlicher Strukturen unter staatliche. Abgesehen davon

7 Hierzu – auch mit der Perspektive auf die innerstaatlichen Machtbeziehungen – Bernhard R. Kroener, Législateur de ses armées. Verstaatlichungs- und Feudalisierungstendenzen in der militärischen Gesellschaft der Frühen Neuzeit am Beispiel der Französischen Armee im Zeitalter Ludwigs XIV., in: Asch/Duchhardt, Der Absolutismus – ein Mythos?, 311–328.

war Ludwig XIV. aber ein gläubiger Katholik. Die Kriege mit den calvinistischen Hugenotten waren soeben befriedet worden, die (sehr oft bürgerlichen und adligen) Hugenotten waren im Wesentlichen loyal, wollten sich aber dem Zwang zur Uniformität und Ausrichtung auf die Krone nicht ohne Weiteres unterordnen. Ludwig betrieb eine aggressive Religionspolitik, mit Nötigung zum Religionswechsel und, 1685, mit der Aufhebung des Edikts von Nantes von 1598, das den Protestanten die Religionsfreiheit zugesichert hatte. Die Folge aber war nicht, dass die Hugenotten katholisch wurden, sondern dass sie zu Hunderttausenden auswanderten – angelockt etwa durch die Peuplierungspolitik des Kurfürsten von Brandenburg, der sich sogleich beeilte, im Edikt von Potsdam (1685) auf Brandenburg als Einwanderungsland aufmerksam zu machen. Es kamen 20.000 reformierte *Refugiés*, vor allem Kaufleute, Handwerker, Künstler – nicht zum Vergnügen der (lutherischen) Einheimischen. Um 1700 war ein Viertel der Berliner französischer Herkunft; am Gendarmenmarkt erhielten sie ihre Zentralkirche. Dieser massenhafte *Brain Drain* bedeutete eine ökonomische Schwächung Frankreichs und förderte den Aufstieg Brandenburg-Preußens zur Großmacht.

Die Religionspolitik der absolutistischen Herrscher war durch eine Strategie gekennzeichnet, die sich mehr für die disziplinierende Macht der Kirchen als für Bekenntnisse interessierte. Im Mittelpunkt stand die Verehrung des Monarchen, weshalb der Sozialhistoriker Pierre Goubert von der „Religion der Monarchie" gesprochen hat. Ludwig XIV. nannte sich selbst „roi soleil" (Sonnenkönig) – so wie die Sonne der Mittelpunkt des Universums war, war er der Mittelpunkt Frankreichs. Dem diente die Inszenierung, wie sie sich etwa in den prunkvollen Schlössern wie Versailles und einer entrückenden Selbstdarstellung äußerte. Was übrigens alles Geld kostete.

(5.) Insgesamt haben wir es mit einer aktivistischen Politik zu tun, die Ressourcen vergrößern und ausbeuten wollte. Dafür bedurfte es der disziplinierten Untertanen, die solches Tun auch mitmachten. Der Historiker Gerhard Oestreich hat 1969 als Kennzeichen der spätmittelalterlichen und frühneuzeitlichen Mentalitätsgeschichte und insbesondere als Erklärungskategorie für den Absolutismus den Begriff der Sozialdisziplinierung eingeführt.[8] Es handelt sich um einen gesteuerten Verhaltenswandel „von oben", der auf kontinuierlicher Beobachtung, Disziplinierung, Bestrafung, Belehrung beruhte, und der auf größere Selbstkontrolle zielte im Interesse einer Haltung, die den Staat sozusagen verinnerlichte. Beamte besuchten jedes einzelne Dorf immer regelmäßiger, stellten die Verhältnisse dort fest, mahnten Verbesserung an und dokumentierten das. Geistliche hielten ihre Gläubigen zu einem geordneten Tagesablauf und Lebenswandel an und setzten Kirchenstrafen fest, wenn die Schäflein sich nicht daran hielten. Städte kontrollierten das Verhalten ihrer Bürger und Bürgerinnen – etwa in Kleiderordnungen, die zu viel Verzierung verboten – und sanktionierten die Armen durch Zwangsarbeit. Kontrolle sollte zu

8 Oestreich, Strukturprobleme des europäischen Absolutismus. Vgl. zu Einordnung und Kritik: Schulze, Oestreichs Begriff.

Selbstkontrolle werden; die Untertanen sollten sich auch dann an Gesetze halten, wenn keine Polizei da war. „Disziplin“ als ein umfassender Begriff betraf nicht nur das Militär – das allerdings besonders –, sondern jede und jeden einzelnen.

Diese Sicht allerdings betont nun die *Top-down*-Perspektive, die beim Absolutismus-Begriff so in der Kritik steht, doch ganz besonders. Gerade in Frankreich war vieles von dem, was da an Staatskontrolle beansprucht wurde, reines Stückwerk, wenn nicht gar Imagination.[9] Auch ein Selbstregent wie Ludwig XIV. konnte ohne den Königlichen Rat nicht regieren und hier setzten sich dann doch wieder adlige oder andere Interessen in Szene. Das Lebenselixier der großen absoluten Monarchien, und hier vor allem Frankreichs, war die Außenpolitik, war der außenpolitische Prestige- und Machtgewinn. Hieran erprobte sich die noch relativ junge konzentrierte Staatlichkeit, und im Dienste dessen gingen sie Kompromisse mit anderen Mächtigen im Inland ein. Absolutismus nach innen war eine abhängige Variable der Außenpolitik. Auch ein Ludwig XIV. wollte nicht zuerst einen Staat nach innen bilden, sondern Macht nach außen erlangen und Krieg führen, und dafür brauchte er einen Steuerstaat und ein stehendes Heer. Es ist kein Zufall, dass gerade die kleineren europäischen Staaten wie Dänemark einen ausgeprägteren Absolutismus nach innen entwickelten.[10] Denn sie waren weit weg vom Gerangel der Mächtigen und konnten so die organisierende Energie nach innen wenden.

Die absolutistische Politik war vorbildhaft, weil sie die Durchgriffsmöglichkeiten vergrößerte. Ein Beispiel für die Ausbildung einer am Absolutismus orientierten Politik der Staatsbildung ist das junge Brandenburg-Preußen, wo das Militär zum Kern einer Strategie wurde, in die erste Reihe der europäischen Mächte aufzusteigen. Friedrich Wilhelm, der Große Kurfürst, war schon mit einer solchen Politik vorangegangen. Sein Nachfolger Friedrich III. (1657–1713), der 1701 als Friedrich I. zum ersten König in Preußen wurde, häufte vor allem Schulden an und hinterließ einen bankrotten Staat. Sein Sohn Friedrich Wilhelm I. (1688–1740), der „Soldatenkönig“, verfolgte mit einer rigorosen Sparpolitik und einer an militärischen Bedürfnissen orientierten Strategie die Politik seines Großvaters weiter. Statt kostbarer Roben und Schlendrian hielten Uniformen und ein rigoroses Arbeitsethos Einzug; ein leistungsfähiges Beamtentum entstand (mit regelmäßigen Bürostunden!) und das gewerbliche Bürgertum wurde gefördert. Der ostelbische Gutsbesitzeradel wurde zum Militäradel modernisiert, allerdings ohne dass er seine Güter aufgegeben oder auf die damit verbundenen Rechte verzichtet hätte; bei allen Reformbemühungen wurde der Adel konsequent ausgespart, und das erleichterte die Reformfähigkeit bedeutend. Ein ostelbischer Adliger konnte fortan, um seine Spielschulden zu bezahlen, auf eine Militärkarriere ausweichen, und das diente überdies seinem Prestige. Allerdings ist die Förderung des lokalen Adels eine Eigenheit der preußischen Politik, die diese nicht einfach in ein Absolutismusschema passen lässt. Die preußische

9 Zur Differenz von Programm und Wirklichkeit vgl. Bonney, The Limits of Absolutism.

10 Kersten Krüger, Absolutismus in Dänemark – ein Modell für Begriffsbildung und Typologie (1979), in: Hinrichs (Hg.), Absolutismus, 65–96.

Monarchie war europaweit führend in der Ausbildung einer Militärmonarchie; sie hat die ökonomische Erfassung des Landes ebenso weit vorangetrieben wie die Ausbildung einer professionellen Verwaltungselite, die auf Leistung und Berufsethos anstatt auf Ämterkauf basierte. Aber sie hat die königliche Macht nicht auf Kosten der adligen Eliten ausgebaut, mehr noch: Sie hat in hohem Maß auf Kooperation und Integration der lokalen Adelsmacht gesetzt. So etwas tat ein absolutistischer Herrscher gewöhnlich nicht. Es zeigt sich hier besonders ausgeprägt, wie sehr der Absolutismus auch ein Kompromissgeschäft war.

Der Absolutismus modernisierte die Staatlichkeit der europäischen Gesellschaften; er forderte jene aber auch in kaum erträglichem Maß. Nicht nur die Kriege, sondern auch die enorme Steuerlast schlugen zu Buche. Dass Verwaltung und Rechtswesen noch keineswegs nach dem Muster des Rechtsstaates organisiert waren, dass Ämterkauf, Patronage und Korruption mit zunehmender Staatsbildung dysfunktional wurden: All das war auf der Negativliste des absolutistischen Systems zu notieren. Als Ludwig XIV. nach 72 Jahren auf dem Thron 1715 starb, war die Staatsschuld dreißigmal höher als die Steuereinnahmen. Dies war ein Strukturproblem des Absolutismus: dass er, gestützt auf seine Durchgriffsmöglichkeiten, die staatlichen Ressourcen systematisch überfischte und deshalb strukturelle Unzufriedenheit erzeugte. Und damit entstanden neue Abhängigkeiten: Absolutistische Staaten tendierten zur Verschuldung, und das begrenzte wiederum die absolute Herrschaft. Denn ein Herrscher, der auf Gläubiger angewiesen war, musste Vertrauen bilden und konnte sich nicht alles erlauben. Eine Verschuldungskrise, nämlich der drohende französische Staatsboykott nach dem Siebenjährigen Krieg und dem Krieg in Amerika, hat mit dem Zwang, die Generalstände einzuberufen und sie um Geld zu bitten, die Französische Revolution und damit das Ende der absoluten Monarchie eingeleitet. Denn die Generalstände – genauer: der Dritte Stand und seine Verbündeten – sahen, dass sie mit der Frage des Staatshaushalts gegenüber dem König einen Trumpf in der Hand hatten.

Ein weiteres Problem war dem Absolutismus eingebaut: die fehlende institutionelle Kontinuität. Ludwig XIV. wusste, dass die entscheidende Leistung darin liegen würde, das Herrschaftssystem über seinen Tod hinaus stabil zu machen. Mit dem Nachfolgeproblem stand und fiel alles. Nun hatte Ludwig XIV. das Pech, dass ihm 1711 und 1712 innerhalb weniger Monate drei mögliche Thronfolger weggestorben waren, darunter sein ältester und fähigster Sohn. Dies war ein altes Trauma der französischen Könige seit dem Hohen Mittelalter: Die Thronfolger starben vor der Zeit. Der fünfjährige Urenkel, der der nächste Thronfolger („dauphin“) war, war noch nicht fähig, selbst zu regieren, und dem als Regenten in Vertretung des Dauphins vorgesehenen ranghöchsten männlichen Verwandten, dem Herzog Philipp von Orléans, traute Ludwig nicht, weil dieser als Libertin und unzuverlässig galt. Deshalb ließ er zwei außereheliche Söhne für legitim erklären, um ihnen die Nachfolge und zumindest die Regentschaft für den jungen Dauphin zu ermöglichen. Doch nach seinem Tod waren die Verfügungen des Sonnenkönigs nicht mehr viel wert. Das Pariser Parlament und Philipp von Orléans spielten zusammen, um sie zu kassieren; Philipp modifizierte das „persönliche Regiment" und reinstallierte ein System von Räten, das dem Hochadel wieder Zugang zur Macht ermöglichte. Kurz: Der Absolutismus Ludwigs XIV. dauerte genau so lange, wie er selbst regierte. Dieses Grundproblem war dem Absolutismus inhärent: Er konnte keine institutionelle Stabilität und Kontinuität über die jeweiligen charismatischen Personen hinaus erreichen. Immer gab es nach deren Tod eine (meist aristokratische) Gegenreaktion, die ständische Institutionen wieder in ihr Recht setzte. Besonders virulent wurde das Problem mit dem kolonialen Ausgreifen auf Amerika und Asien. Reiche mit einer solchen geographischen Ausbreitung, etwa das spanische Kolonialimperium, ließen sich nicht absolutistisch regieren. Sie bedurften der Gouverneure und Vizekönige, also schwer kontrollierbarer, weil weit entfernter militärischer und Verwaltungseliten, die ihre eigenen Machtinteressen hatten. Allerdings kann man als gemeinsame Effekte modernisierte Regierungstechniken, insbesondere Verwaltung, Steuererhebung, den staatlichen Zugriff auf die Untertanen sowie eine nun zum ersten Mal staatlich organisierte Militärmacht vermerken.

3.3 Die aufgeklärte Kritik am Absolutismus und der Aufgeklärte Absolutismus

Seit dem Ende des 17. Jahrhunderts entstand in Westeuropa, vor allem in Frankreich und auf den Britischen Inseln, eine philosophische Bewegung, die davon ausging und dazu aufrief, sich seines eigenen Verstandes zu bedienen: Der Mensch war durch seine Geisteskräfte und durch wache Beobachtung seiner Umwelt, durch Bildung und Gespräch zumal, in der Lage, seine Wirklichkeit zu erkennen und zu beurteilen. Die Berufung auf die Vernunft richtete sich zunächst vor allem gegen die Geistesherrschaft der Kleriker; sie plädierte für Toleranz und für das Individuum. Sie ging aus von einem naturrechtlich verfassten Menschenbild und traute den Menschen zu, für ihr eigenes Wohl und Glück verantwortlich zu sein. Weil sie von einem selbstorganisierten Zuwachs an Wissen, Reflexivität, Produktivität ausging, enthielt sie von vornherein einen Glauben an den Fortschritt der Menschheit. Die Idee einer Emanzipation zur Freiheit, die sich etwa beim frühen Marx ganz emphatisch findet, war der Aufklärung von vorneherein eingeschrieben.

Wenngleich sie sehr heterogen war, war doch die Aufklärung im Kern von Anfang an auch Herrscherkritik – was nicht bedeutet, dass sie antimonarchisch war. Doch für sie war der Fürst nicht mehr Gottes Vertreter auf Erden, sondern sie verstand dessen Auftrag als einen Dienst gegenüber der Gesellschaft. Damit erhoben die Aufklärer nun einen anderen Anspruch an den Herrscher: Dieser sollte nicht mehr allein Frieden wahren und die Macht des Staates stärken, sondern er sollte sich dem Allgemeinwohl verpflichtet fühlen. Solche Positionen waren mit dem Selbstverständnis eines absoluten Monarchen nicht abgleichbar. Es gab ja doch die absolutistische Herrschaft über die Menschen nur deshalb, weil diese eben nicht zum Fortschritt und zur Selbsterkenntnis fähig waren, sondern diszipliniert werden mussten! Insbesondere die naturrechtliche Kategorie des Gemeinwohls delegitimierte die absolutistische Doktrin. Denn die Philosophen mochten wohl anerkennen, dass der absolutistische Staat die Gesellschaft befriedet hatte. Aber war er deshalb schon ein guter Staat, diente er also über diese negative Leistung der Abwesenheit von Krieg (im Inneren, wohlgemerkt!) hinaus auch dem Wohlergehen der Menschen? Beförderte er die Tugend, zu der die Menschen ja fähig waren? Das tat er nicht, und weil er das nicht tat, war der absolute Staat unmoralisch. Er war unmoralisch nicht nur in einem abgehoben politischen, sondern auch in einem ganz alltäglichen moralischen Sinne: in der allgegenwärtigen Korruption und Klientelwirtschaft, in seiner notorischen ehelichen Untreue, in seinem luxuriösen Verhalten, das sich nicht um Schulden kümmerte, oder in den Intrigen am Hof. Der absolute Staat, der angetreten war, eine friedlose Gesellschaft zu befrieden, indem er sich weitgehend aus den persönlichen Überzeugungen der Menschen heraushielt, wurde nun Zielscheibe der Kritik, eben weil er das tat.[11] In dieser Kritik wurde eine Erwartung an den Staat formuliert, dass er mehr sein müsse als ein Leviathan, der Sicherheit garantiert. Der Staat sollte vielmehr auch eine gute Gesellschaft schaffen, und insofern sollte er eigentlich: ein Dienstleister sein.

Diese Argumente wurden in neuen Formen des *socializing* und der Debatte erprobt. Es entwickelten sich Medien, in denen die aufgeklärten Bürger diskutierten: Zeitschriften und Buchformate wie vor allem die „Enzyklopädien", die das gesamte Wissen sammeln wollten. In Lesegesellschaften, gelehrten Gesellschaften, in Freimaurerlogen, in die man nach einem komplizierten Ritus aufgenommen werden musste, aber auch in den bürgerlichen Salons der wohlhabenden Bürger oder in Dichterbünden entwickelten die Gebildeten einen Diskurs der eigenen Urteilsbildung auf der Basis guter Gründe, der von der absoluten Herrschaft als tendenziell gefährlich angesehen wurde, und das zu Recht. Denn hier entstand eine neue Form von gesellschaftlicher Kommunikation, die sich „bürgerliche Gesellschaft" nannte und die beanspruchte, ohne staatliche Gängelung ihre eigenen Themen zu besprechen und ihre eigenen Urteilskriterien zu finden.[12] Die „bürgerliche Gesellschaft" – ein Begriff, der erst um diese Zeit entstand – stellte sich später der preußische Philosoph Georg Wilhelm Friedrich Hegel als eine intermediäre Sphäre zwischen Staat und Privatheit vor, in der weder die Privatinteressen der Familie noch die politischen Interessen des Staates gelten. Hier sei die Sphäre der Bedürfnisse. Das galt sowohl in ökonomischer Hinsicht – die bürgerliche Gesellschaft war für ihn auch der Ort des Wirtschaftens – als auch in Bezug auf Bereiche wie Bildung oder Unterhaltung. Die Aufklärung war also Kritik am Absolutismus in zweierlei Hinsicht: als Kritik an den politischen Maximen des Absolutismus und als Form der gesellschaftlichen Organisation, die sich gegen den Zugriff des Staates wehrte.

Es ist kein Zufall, dass die Aufklärung insbesondere in Westeuropa in einem Oppositionsstatus war und die absolutistischen Herrscher sich nicht mit ihr arran-

11 Diese Denkfigur ist ganz klassisch aufbereitet in Koselleck, Kritik und Krise.

12 Der *Locus classicus* für diesen Diskurs: Jürgen Habermas, Strukturwandel der Öffentlichkeit. Untersuchungen zu einer Kategorie der bürgerlichen Gesellschaft, Neuwied 1962.

gieren wollten. In Mittel- und Osteuropa hingegen stieß die Aufklärung auf mehr Gegenliebe, nicht zuletzt, weil hier der Absolutismus sich noch nicht in derselben Weise ausgebildet hatte wie vor allem in Frankreich. Im Gegenteil: In Preußen, Österreich und sogar in Russland entstand um die Mitte des 18. Jahrhunderts eine modernisierte Form von Absolutismus, die man im Gefolge Wilhelm Roschers „Aufgeklärten Absolutismus" nannte (ein häufiger Alternativbegriff ist „Reformabsolutismus"). Der Historiker und Ökonom Roscher, Begründer der „Älteren Historischen Schule der Ökonomie", hatte sich ganz speziell auf den Hauptvertreter, den preußischen König Friedrich II. bezogen; aber auch der österreichische Kaiser Joseph II. von Österreich wird dazu gezählt, ebenso wie die russische Zarin Katharina die Große. Und in den kleineren Staaten – Bayern, Baden, Toskana – war der Aufgeklärte Absolutismus zwar weniger spektakulär, aber umso erfolgreicher am Werk, und hinterließ in manchen Staaten ein langes Erbe. Auch hier also reden wir zwar über ein System, eine Regierungsform. Aber wir haben es ebenfalls mit einem Idealtypus zu tun, der sich nur an einzelnen Personen konkretisierte. Allerdings: wenn man wie manche dieser Fürsten ein halbes Jahrhundert oder länger regierte, kann man durchaus von einer ganzen Epoche sprechen.[13]

Die absoluten Herrscher, die sich selbst „aufgeklärt" nannten, waren am Ende nicht minder despotisch als ihre unaufgeklärten Vorgänger; sie führten auch unter Umständen nicht weniger Kriege als jene. Allerdings hatten sie eine andere Auffassung von ihrer Aufgabe: Sie sahen sich als Diener der Untertanen, sich um das Allgemeinwohl zu bekümmern, ein Gemeinwohl, das nun „Staat" hieß, und insofern verstanden sie sich als eine Art höchster Beamter. Der österreichische Kaiser Joseph II., wohl der drängendste Vertreter dieses Reformabsolutismus, veröffentlichte 1783 eine „Hirtenbrief" genannte öffentliche Erklärung, die sich an die Staatsdiener richtete und in der er – stark moralisch und religiös gefärbt – von den Beamten Hingabe und Pflichtgefühl gegenüber dem Staat verlangte: „Wer dem Staat dienen will und dient, muss sich gänzlich hintansetzen."[14] Deshalb auch führte Joseph ein Beurteilungssystem und Karriereprinzipien, aber auch – erstmals in Europa – ein Pensionssystem für Beamte ein: Wer dem Staat diente, sollte nicht auf andere Einkünfte angewiesen sein und vom Staat im Alter auch versorgt werden.[15] Ihm gleich tat es Friedrich II. (1712–1786), der nebenbei ein kultiviertes Hofleben schätzte, selbst sehr gut Flöte spielte und aufgeklärte Stars wie Voltaire an seinen Hof einlud. Er hat ein „Politisches Testament" hinterlassen (1752), in dem er allen Staatsbürgern – zu denen er nun auch den Herrscher zählte – Pflichten gegenüber diesem Staat aufgab. Dafür bedürfe der Prinz einer Erziehung, die ihn zu dieser verantwortungsvollen Position befähige.

13 Ein breit angelegter Überblick: Reinalter/Klueting, Der aufgeklärte Absolutismus.

14 Kaiser Joseph II., Anweisungen an alle Staatsbediensteten betreffend die Grundsätze zur Erfüllung ihrer Pflichten (13. Dezember 1783). https://ghdi.ghi-dc.org/pdf/deu/3_AustrianHabsburgEmpire_Doc.5_German.pdf, letzter Zugriff: 14.10.2021 (Schreibweise modernisiert).

15 Zum Josephinismus: Demel, Reich, Reformen und sozialer Wandel, 246–264.

Der staatsbürgerliche Grundton, den man hier schon spürt, wurde besonders deutlich in der vielleicht wichtigsten Sphäre von Friedrichs Reformen: dem Justizwesen. Bis dato hatte man noch nicht viel von einem Rechtsstaat gehört, der seine Kunden alle gleich behandelte. Berühmt geworden ist der Müller-Arnold-Fall, der sich in den 1770er Jahren zutrug (dessen ganze Wahrheit aber durchaus in Frage steht).[16] Der Müller Arnold war, so die Geschichte, von seinem Gutsherrn betrügerisch um seine Mühle gebracht worden und erwirkte in einem Schreiben an den König persönlich, dass er auf Schadenersatz klagen konnte. Die Richter urteilten aber gegen den Müller. Daraufhin ließ Friedrich die Richter einsperren, weil sie Unrecht gesprochen hätten. Da sich aber keiner von deren Kollegen bereitfand, ihrerseits über die Richter zu urteilen, sprach der König selbst als höchster Herrscher des Landes Recht und sprach dem Müller Schadenersatz zu. Er tat das als absoluter Herrscher, aber sein Urteil war durch aufgeklärte Maximen bedingt.

Viel einflussreicher aber wurde seine Vereinheitlichung des Rechts in Preußen, an dem seit 1745 gearbeitet wurde. Preußen war ein Flickenteppich, der soeben erst dabei war, zu einem integrierten Staat zu werden und in dem Hunderte von lokalen Rechten galten. Das Allgemeine Landrecht sollte also auch als ein gemeinsames Recht wirken und so einen Staat bilden helfen. Es war nach naturrechtlichen Prinzipien gebaut und fasste den Staat als eine Institution auf, die durch den Gesellschaftsvertrag, also auf Untertanenwunsch, zusammengekommen sei. Der Prozess der Erarbeitung dauerte Jahrzehnte; seine erste Publikation 1791 wurde unter dem Eindruck der Französischen Revolution wieder zurückgezogen, das Landrecht wieder traditionaler gefasst. Erst 1794 wurde es erlassen. In seinen zivilrechtlichen Abschnitten galt es bis zum Bürgerlichen Gesetzbuch von 1900.

Und schließlich setzte sich der Aufgeklärte Absolutismus – hier in der Person Friedrichs II. – auch in der Frage der religiösen Toleranz vom klassischen, „höfischen“ Absolutismus ab. Denn sofern die Politik nicht betroffen war, sollte dem König zufolge „jeder nach seiner Façon selig werden“. Friedrich, der selbst Freimaurer war, verbesserte die Rechtsstellung der Juden (obwohl von einer richtiggehenden Toleranz noch keine Rede sein konnte; erst das Allgemeine Landrecht hat die Glaubensfreiheit eingeführt), und er akzeptierte die katholische Konfession, was eine Zeiterfordernis war, denn nach dem Erwerb Schlesiens waren eine halbe Million Katholiken neue preußische Untertanen geworden. Für die aus Schlesien kommenden Neuberliner hat er in Berlin die St. Hedwigs-Kathedrale am Bebelplatz gebaut, und es ist kein Zufall, dass der Bau dem römischen Pantheon – also einem Tempel für alle Götter – nachempfunden ist. Und ebenso ist es kein Zufall, dass die Kirche den südöstlichen Abschluss des Forum Fridericianum bildet, eines von Friedrich selbst mitentworfenen Platzes bürgerlicher Vergesellschaftung: Die Oper und die Bibliothek (heute: Juristische Fakultät) waren die zentralen Gebäude. Hier also sollte der Platz des aufgeklärten Bürgertums sein und gleichzeitig ein Platz des Ruhms für den aufgeklärten König.

16 David M. Luebke, Frederick the Great and the Celebrated Case of the Miller Arnold (1770–1779). A Reappraisal, in: Central European History 32 (1999), 379–408.

Die reformabsolutistischen Herrscher nahmen sich häufig nichts weniger als eine Reform an Haupt und Gliedern ihres Reiches vor. Sie versuchten nicht nur, die Justiz zu reformieren, die Steuern zu vereinheitlichen, ihre Beamtenschaft auf Leistung und Staatsverantwortung zu trimmen, ständische Privilegien zu reduzieren und die Armee effizienter zu machen, sondern auch, Universitäten zu gründen, die Bekämpfung von Kinderarbeit und den Ausbau von Krankenhäusern in Angriff zu nehmen wie auch den staatlichen Einfluss auf die Kirchen im Sinne der Reformpolitik auszubauen. Das war sehr viel auf einmal – unter der Alleinherrschaft Josephs II. wurden etwa 700 Edikte pro Jahr erlassen; allein zum Religionswesen ergingen zwischen 1767 und 1797 etwa 6000 Verordnungen! Die Kehrseite dieses Verständnisses von obrigkeitlicher Allzuständigkeit war nicht nur, dass sich die staatliche Beobachtung sehr schnell zur Überwachung auswuchs – in den 1780er Jahren wurde in Wien ein Polizeiministerium aufgebaut, das nach dem Wiener Kongress seine Fortsetzung im Polizeistaat Metternichs finden sollte[17] –, sondern auch eine Selbstüberforderung des Reformstaates. Für den Reformabsolutismus gilt, was für den Absolutismus generell ins Spiel gebracht wird: Die Regelungen blieben punktuell und generierten wenig systemische Reformdynamik. Friedrich II. konnte zwar das Rechtswesen – partiell – umgestalten, aber nicht die Gutsbesitzerklasse, und auch die religiöse Toleranz brach sich an den alltäglichen Gegebenheiten. Joseph II. von Österreich scheiterte mit seinen weitreichend gedachten Reformpaketen an der Verschiedenheit der Länder, die er beherrschte. Ganz offensichtlich war der Absolutismus überhaupt nicht für heterogene Imperien geeignet, und eigentlich auch nicht besonders gut für große, schwer zu bereisende Länder, sondern eher für kleinere, in denen die Herrschaft auch leichter in die hintersten Ecken reichte. In Frankreich, wo trotz „Absolutismus" ein kaum entwirrbares Netz an Interessen, Verpflichtungen und Loyalitäten bestand, wurden bezeichnenderweise viele Elemente der Zentralverwaltung bis zur Revolution niemals reformiert.

Dennoch wird man für die Entwicklung von Staatlichkeit dem absolutistischen Herrschaftsprinzip weitreichende Bedeutung attestieren. Nicht nur in Bezug auf die Heeresverfassung und die Militärtechnik, die sich nur entwickeln konnte, weil die Monarchen so viel Geld mobilisieren konnten, sondern auch im Hinblick auf die Erfassung von Staat und Bürgern in Konskriptions- und Steuerlisten, für die statistische Landesbeschreibung, aber auch für die obrigkeitlich verfügte (und finanzierte) Förderung von Wissenschaft, Literatur und Kunst war die absolutistische Herrschaft zukunftsweisend. Man mag es vielleicht nicht zum ersten Besteck der Staatsbildung zählen: Aber unter Kardinal Richelieu wurde 1635 die Académie française gegründet, die sich fortan um die Pflege der französischen Sprache kümmern sollte, und zwar im Dienste eines Staates (und unter der persönlichen Schirmherrschaft des Monarchen und heute des Staatschefs), der die sprachliche Homogenität als zentral für die Innere Staatsbildung und die Integration seines Staatsvolks sah.

17 Siemann, Schutz von „Staat" und „Verfassung".

4. Moderne Revolutionen als Staatsbildungsprozesse

Jede Revolution verändert den Staat: Das ist ein Gemeinplatz, denn dazu sind Revolutionen da. Für unsere Zeit, also die Zeit vor und nach 1800, kann die Aussage noch zugespitzt werden: Diese „atlantischen Revolutionen" (unter denen man gemeinhin die englischen Revolutionen des 17., die Amerikanische Revolution des späten 18. Jahrhunderts und die Französische Revolution versteht) wirkten staatsbildend, in einem Fall, dem der USA, sogar staatsgründend. Sie stellten das politische Gemeinwesen auf eine neue Legitimationsbasis und veränderten deshalb nicht nur die Formen des politischen Handelns, sondern sie erweiterten auch den Kreis der politisch Aktiven und Berechtigten. Indem sie im Namen eines (wie auch immer verstandenen) „Volkes" zu handeln beanspruchten, demokratisierten sie den Staat. Nach den „atlantischen Revolutionen" konnte man nicht mehr ohne Weiteres von Untertanen, sondern man musste von *Staatsbürgern* sprechen.[1] Im revolutionären Begriff des *citoyen* kristallisierte sich ein neues Verhältnis von Bürger und Staat heraus, das nicht nur Zugehörigkeit, sondern auch Anspruch bedeutete. Staatsbürger sind nicht nur untereinander gleich, sondern sie erwarten vom Staat auch bestimmte Leistungen, ebenso wie sie sich ihm verpflichtet fühlen, denn ohne sie wäre der Staat nichts. Dieser Begriff ist natürlich ein normatives Ideal und beschreibt insbesondere die guten Seiten; aber er hat auch eine Korrektivfunktion, denn immer dann, wenn dem Staat eine Überspannung oder illegitime Handhabung seiner Staatsgewalt vorgeworden werden kann, muss er sich daran erinnern lassen, dass es sich immerhin um Staatsbürger und nicht um Untertanen handelt. Der Begriff hat also auch eine kritische Funktion gegenüber der Staatsgewalt, und er hatte eine Tendenz zur Ausweitung, weil sich mit Berufung auf Staatsbürgerlichkeit auch soziale Rechte beanspruchen ließen. Gleichzeitig schloss der Begriff auch aus: zum einen diejenigen, die zwar der eigenen Gesellschaft angehörten, aber nicht als vollwertige Bürgerinnen galten, nämlich die Frauen. Sie wurden in ganz Europa das 19. Jahrhundert hin-

1 Fahrmeir, Citizenship. Der klassische Ausgangstext für alle Diskussionen über den Staatsbürgerbegriff stammt von dem englischen Sozialwissenschaftler Marshall, Staatsbürgerrechte. Zur Theoriegeschichte: Gosewinkel, Staatsbürgerschaft und Staatsangehörigkeit.

durch in fast keiner Hinsicht und fast nirgends als Staatsbürgerinnen betrachtet.[2] Dann aber unterschied der Staatsbürgerbegriff diejenigen, die dazugehörten, von den „Anderen", den Fremden, die aus der Gemeinschaft der gleichberechtigten Bürger ausgeschlossen blieben. Das waren vor allem diejenigen, die nicht der Nation angehörten, Staatsbürgerschaft und Nationszugehörigkeit fielen zusehends in eins.

Diese Revolutionen bildeten den modernen Nationalstaat und den modernen Verfassungsstaat heraus, den monarchischen Konstitutionalismus und die Republik als die bedeutendsten Verfassungstypen. Sie entwickelten Institutionen wie das gewählte Parlament, die der Mitsprache und Mitentscheidung dienten; im revolutionären Krieg riefen sie „die Nation" zu den Waffen anstatt professioneller gemieteter Krieger oder zwangsverpflichteter Untertanen; sie erfanden die allgemeine Wehrpflicht als Ausdruck der Staatsbürgerschaft, die in dieser Hinsicht ganz selbstverständlich eine männliche war.

Jedoch: Ein Stück weit reflektieren diese Zeilen auch den westlichen Mythos vom modernen Staat, der aus der Volksrevolution entsteht und die wohltätige Botschaft der aus der Revolution geborenen Volksherrschaft über die Welt verbreitet. Seit Längerem aber wird an diesem Mythos gekratzt, in verschiedener Hinsicht: Erstens wird darauf verwiesen, dass auch die Revolutionen, die eine neue Welt und einen neuen Menschen zu schaffen beanspruchten, in vieler Hinsicht an Entwicklungen anschlossen, die schon vorher im Gange waren. Das gilt gerade für die Prozesse der Staatsbildung, die durch Revolutionen eher beschleunigt wurden, als dass sie ihre Richtung änderten. Zweitens wird auf die Unterschiedlichkeit der Revolutionen, der mit ihnen transportierten Gesellschaftsbilder und Utopien verwiesen. Und drittens wird der Zusammenhang von Revolution, Krieg und Imperialismus neu akzentuiert. In diesem Kontext wird anstatt der älteren dominanten Interpretation von der Revolution als Ausdruck des Klassenkampfs (die wir aus dem Marxschen Denkzusammenhang kennen) der Zusammenhang mit Nationsbildung stärker betont. Revolutionen ereignen sich – jedenfalls in dieser Zeit, aber noch weit darüber hinaus – als schubhafte Nationsbildung. Der Osteuropahistoriker Martin Malia war sogar der Ansicht, dass deshalb jedes Land nur eine einzige Revolution erleben könne.[3] „Revolution" also als Typikum der *Moderne,* und nicht, wie Marx und Engels meinten, als überzeitlich dampfende Lokomotive einer *Welt*geschichte. Da Malia allerdings für Deutschland dafür die Reformation ansetzte (quasi als „halbe Revolution"), ist diese Interpretation für uns wenig überzeugend.

Die beiden Revolutionen, die im Folgenden im Mittelpunkt stehen, weisen einerseits so deutliche Unterschiede auf, dass man durchaus die Frage stellen kann, ob es sich nicht um Ausschnitte von zwei verschiedenen großen Prozessen handelt: bei der Amerikanischen um einen nationalen Unabhängigkeitskampf, der in eine Staatsgründung mündete, und bei der Französischen Revolution um eine Abschaffung des Absolutismus, die in die bürgerliche Republik mündete. Letztere war für Marx

2 Ursula Vogel, Is Citizenship Gender-Specific?
3 Malia, History's Locomotives.

die eigentliche Revolution. In seiner Tradition tendiert die Mythengeschichte der Revolution dazu, den amerikanischen Fall weitgehend aus dem Blickfeld zu verlieren, weil zu viele Ingredienzien des Mythos fehlen. Dazu gehört vor allem die Terreur. Revolutionen haben den Ruf, höchst gewalttätig vorzugehen, vor allem gegen die eigenen Bürger. „Die Amerikanische Revolution war keine, denn die Guillotine fehlte", so resümierte der Amerikahistoriker Willi Paul Adams Diskussionen mit deutschen Studenten in den 1970er Jahren.[4]

Andererseits waren die Verbindungen und der Austausch zwischen beiden Bewegungen sehr eng, bis dahin, dass es eine Reihe von Aktivisten gab, die in beiden Revolutionen engagiert waren und zu Helden wurden. Der Marquis de Lafayette, der sowohl General im Amerikanischen Unabhängigkeitskrieg als auch Kommandant der Pariser Nationalgarde war, ist nur ein prominentes Beispiel. Auch zeitgenössisch wurden beide Revolutionen als Teil eines einzigen historischen Prozesses verstanden, der als Abschüttelung der Tyrannei gefasst wurde, und damit als Schaffung von politischen Verhältnissen, die Mitsprache in einem Staat garantierten, der nicht als Unterdrücker auftrat: Wenigstens das haben beide Revolutionen gemein.

4.1 Krieg – Schulden – Revolution

Die Revolutionen vom Ende des 18. Jahrhunderts waren nicht voraussetzungslos. Sie hatten allerdings wenig zu tun mit dem uns bekannten Mythos eines Aufstands bürgerlicher Kapitalisten gegen eine feudalistische Welt. Diese Erklärung, ein Erbe des Historischen Materialismus, geistert immer noch durch die Vorstellungen von der Moderne. Vor allem waren diese Revolutionen ein Effekt von Staatsbildung und damit zusammenhängender ruinöser Staatenkonkurrenz im 18. Jahrhundert, insbesondere zwischen Großbritannien und Frankreich. Das kostete durch Kriege und hohe Repräsentationskosten (für Bauten, Hofhaltung, Zeremonien), die ja auch mit Konkurrenz zu tun hatten, enorm viel Geld und führte zu einer ruinösen Verschuldung. Insofern könnte man sagen: Die teure Staatsbildung seit dem 16. Jahrhundert ging an Überschuldung zugrunde und wurde abgelöst durch einen neuen Typ von Staatsbildung (der aber mit der Zeit ganz ähnliche finanzielle Schwierigkeiten haben würde). Aber so einfach ist es natürlich nicht.

Die *Glorious Revolution* hatte ein neues monarchisches Staatskonzept in die Welt gesetzt: den König sozusagen als Staatsangestellten, der nicht mehr von Gottes Gnaden, sondern auf Grund einer Vereinbarung eingesetzt war und demgemäß auch in einen Katalog von Verpflichtungen und Bindungen einbezogen war. Diese Konstruktion, die die Machteliten systematisch einband, setzte ungeahnte Ressourcen für das Britische Reich frei und ermöglichte im 18. Jahrhundert eine Erweiterung des Empire über die ganze Welt. Die Konkurrenz zum absolutistischen Frankreich

4 Willi Paul Adams, Zur Amerikanischen Revolution, in: Michael Salewski (Hg.), Die Deutschen und die Revolution, Göttingen 1984, 55–69, hier 56.

war deshalb nicht nur eine Machtkonkurrenz; hier wetteiferten politische Systeme miteinander: ein parlamentarisch (aber eben keineswegs vom Bürgertum) und auf Vertragsbasis regiertes Großbritannien gegen ein absolutistisches (und später revolutionäres) Frankreich. Zwischen 1689 und 1815 fochten die beiden Staaten sieben große Kriege aus, die insgesamt 65 Jahre dauerten und nur gelegentlich von kurzen Spannen des Friedens unterbrochen waren. Ein Teil davon fand in Europa statt, ein anderer auf dem amerikanischen und asiatischen Kontinent. Es schien ein ungleicher Kampf: Großbritannien wies um 1780 (zusammen mit der Quasikolonie Irland) mit 13 Millionen nur knapp die Hälfte der Einwohner des flächenmäßig mehr als doppelt so großen Frankreich (28 Millionen) auf; allerdings konnte es sich auf seine Flotte verlassen, die gerade in Übersee Gold wert war. Am folgenreichsten war die Kriegsepoche zwischen 1754 und 1763. Diese Epoche wird aus deutscher Sicht durch den Siebenjährigen Krieg (1756–1763) bestimmt, die Auseinandersetzung zwischen dem Preußen Friedrichs II. und dem Österreich Maria Theresias, auf den ersten Blick um Schlesien, auf den zweiten Blick um die Macht im Reich und die Großmachtposition Preußens in Europa. Weitaus wichtiger als diese kontinentaleuropäische Auseinandersetzung war aber der koloniale Konflikt in Amerika, der von den amerikanischen Siedlern „French and Indian War“ genannt wurde (1754–1763), sowie die kriegerischen Auseinandersetzungen in Indien, wo Robert Clive seit 1755 den britischen Einfluss zuungunsten Frankreichs maßgeblich ausdehnte.[5]

Diese 1763 im Frieden von Paris und Hubertusburg beendete Auseinandersetzung, die man auch den ersten Weltkrieg genannt hat, etablierte Großbritannien als die maßgebliche überseeische Weltmacht, insbesondere in Amerika, wo Frankreich fast alle Besitzungen aufgeben musste. Sie führte aber auch zu einer tiefgehenden Zerrüttung der Staatsfinanzen auf beiden Seiten. Frankreich war bereits 1759 bankrott gegangen und suchte nach dem Krieg verzweifelt, seine finanzielle Situation zu verbessern. Das scheiterte immer wieder daran, dass Adel und Klerus, steuerlich bevorzugt, nicht bereit waren, sich stärker zur Kasse bitten zu lassen. Obwohl Frankreich im 18. Jahrhundert eine Reihe von Reformen angestrengt und namentlich die Finanzverwaltung schon vor der Revolution in eine moderne Bürokratie umgewandelt hatte (eine Struktur, die nach 1789 einfach übernommen wurde), konnte sich das *Ancien Régime* nicht zu einem gerechten Steuersystem durchringen; als der hauptsächliche Skandal wurde die Ungerechtigkeit der Besteuerung empfunden. Nicht die absolute Höhe war das Ärgernis, denn die Steuerbelastung war pro Kopf in Großbritannien mehr als doppelt so hoch. Insofern schufen die Finanzen ein grundlegendes Legitimitätsproblem.[6]

Umso mehr geriet Frankreich in finanzielle Strudel, als es aus Revanchismus die amerikanischen Unabhängigkeitsbestrebungen unterstützte: Der absolutistische Staat half, die republikanische Revolution in den britischen Kolonien zu finanzie-

5 Als konzise Einführung: Marian Füssel, Der Siebenjährige Krieg. Ein Weltkrieg im 18. Jahrhundert, München 2010.

6 Hartmann, Die Steuersysteme in England und Frankreich.

ren, und geriet damit an den Abgrund. Anfang der 1780er Jahre überstiegen die französischen Ausgaben die Einnahmen jedes Jahr um 20 Prozent, und die Hälfte aller Ausgaben ging in den Schuldendienst.[7] Um die Finanzierung auf neue Beine zu stellen, sah sich Ludwig XVI. gezwungen, die Generalstände, also die Vertretung von Adel, Klerus und Bürgern, einzuberufen.

Ähnlich stand es in Großbritannien, wo der Krieg ebenfalls zu einer massiven Staatsverschuldung geführt hatte; der Staatsbankrott drohte auch hier. Deshalb suchte das Mutterland die prosperierenden Kolonien, die um 1770 schon 2,4 Millionen Einwohner hatten, stärker heranzuziehen; insbesondere Zölle für begehrte Ein- und Ausfuhrprodukte (Zucker, Tee) und erhöhte Steuern kamen in Betracht. Die Zölle wurden auch beim Handel zwischen den Kolonien erhoben: Indischer Tee musste zuerst nach London verschifft und dort verzollt werden, und erst danach wurde er nach Amerika transportiert. Das führte dazu, dass sich ein schwunghafter Schmuggel mit niederländischem Tee entwickelte, an dem einheimische Unternehmer glänzend verdienten.

Die amerikanischen Bürger fuhren eigentlich nicht schlecht mit dem Mutterland: Die Zoll- und Steuereinnahmen sollten auch für den Unterhalt britischer Soldaten in Amerika verwendet werden, wo sie die Siedler vor Indianerüberfällen schützten. Die Belastung der Bürger der Kolonien lag nur bei einem Fünfzigstel der Belastung im Mutterland. Allerdings wurde den Bewohnern der Kolonien eine parlamentarische Interessenvertretung verwehrt. Der Satz „No taxation without representation", mit dem diese Unwucht kritisiert wurde, gewann seine Bedeutung nicht nur vor dem Hintergrund der britischen Verfassungstradition, sondern sollte für das 19. Jahrhundert weittragende Bedeutung haben, in dem Sinne: Wer zahlt, schafft (mit) an. Politisches Mitspracherecht ergibt sich aus dem wirtschaftlichen Beitrag.

4.2 Revolution und Staatsgründung: Die USA[8]

Schon seit 1763 hatte es immer wieder Konflikte zwischen dem britischen Mutterland und den 13 amerikanischen Kolonien gegeben, die sich im Wesentlichen um Zoll- und Steuerfragen, aber auch um Fragen von Gerichtsbarkeit und Mitbestimmung drehten. Denn eine Siedlerselbstverwaltung hatte sich etabliert, die auf der Basis von relativ weitgehenden Partizipationsrechten ganz gut selbst zurechtkam; von einer Loslösung vom Mutterland war aber noch nicht die Rede, vielmehr ging es um mehr Gerechtigkeit, man ist geneigt zu sagen: um *respect*.

---

7 Wolfgang Mager, Frankreich vom *Ancien Régime* zur Moderne 1630–1830, Stuttgart 1980, 114 f. Zur Debatte um die Finanzierungskrise des französischen Staates als Vorgeschichte der Revolution: Felix, The Financial Origins of the French Revolution.

8 Zur Amerikanischen Revolution und ihrer Vorgeschichte: Hochgeschwender, Die Amerikanische Revolution.

Als allerdings nach der Boston Tea Party 1773 (einer eigentlich symbolischen Aktion von Bostoner Bürgern gegen Teeimporte, die die britische Oberhoheit herausforderte) die Aggressionen zum bürgerkriegsartigen Konflikt eskalierten und die 13 Kolonien sich zu einem einheitlichen Militär zusammenfanden, sich außerdem im ersten Kontinentalkongress in Philadelphia (1774) provisorische politische Strukturen gaben, stand sehr schnell die Unabhängigkeit auf der Tagesordnung. Während des acht Jahre währenden Kriegs gaben die amerikanischen Eliten sich sehr überlegt und in langen Diskussionen eine normative Unterlage: die Virginia Bill of Rights (1776) und die Unabhängigkeitserklärung (1776), in der erstmals die Menschenrechte und Bürgerrechte festgeschrieben wurden, einschließlich des Rechts des Volkes, eine Regierungsform zu ändern oder abzuschaffen, wenn es mit der Regierung nicht einverstanden sei. Sprengkraft sollte erwachsen aus dem Bekenntnis, dass alle Menschen gleich seien und gleichermaßen das Recht auf Leben, Freiheit und das Streben nach Glück hätten. Bereits 1776 ernannte der Kongress eine diplomatische Kommission mit Sitz in Paris, die das Recht hatte, Bündnisverträge mit anderen Mächten auszuhandeln. Die 13 Kolonien gerierten sich also schnell wie ein unabhängiger Staat.

Allerdings waren es dem eigenen Selbstverständnis nach doch 13 unabhängige Staaten, die sich lediglich zu gemeinsamer Aktion zusammenfanden. Das war eine schwerfällige und schwer entscheidungsfähige Struktur, die unter Bürgerkriegsbedingungen vielen optimierbar schien. Es dauerte aber zehn Jahre, bis sich im Mai 1787 die *Philadelphia Convention* traf und bis September einen völlig neuen – und ursprünglich nicht vorgesehenen – Verfassungsentwurf verabschiedete, der staatliche Strukturen einziehen sollte: eine gemeinsame Exekutive mit einem Präsidenten an der Spitze. Wie dies genau aussehen sollte, war umstritten. Im Folgenden entwickelte sich über zwei Jahre eine öffentliche Diskussion zwischen Befürwortern eines solchen Staatsmodells und den Befürwortern eines Staatenbunds wie bisher, die als „Federalist Papers“ berühmt geworden ist.[9] Insbesondere ging es in dieser Diskussion um das Ausmaß an Macht, das man dem Zentralstaat zugestehen sollte, und um Pluralismus und Parteienwettbewerb als Basis einer legitimen Ordnung. Viele der Argumente, die sich im 19. und 20. Jahrhundert um Demokratie und Staatlichkeit drehen, tauchen in den Federalist Papers schon auf. Diese unterscheiden relativ scharf zwischen „Demokratie“ als eine Herrschaft der Mehrheit (= der Massen) und der „Republik“, einer vernünftigen repräsentativen Ordnung, die von Eliten gesteuert wird. Die *Checks and Balances* waren in der amerikanischen politischen Ordnung von vornherein angelegt. Obgleich die neuen Vereinigten Staaten von Amerika (so der Name, der sich schon seit 1777 eingebürgert hatte) ein relativ großzügiges Wahlrecht kannten, hatten sie eine Menge Bremsen eingebaut, um eine Herrschaft der ungebildeten Masse zu verhindern, und dabei konnten in den jungen USA zu dieser Zeit schon mehr Menschen lesen als in den meisten europäischen Ländern. Solche Bremsen waren die indirekte Wahl des Präsidenten oder

9 Hamilton/Madison/Jay, Die Federalist Papers.

ein ausgeprägt lokal orientiertes Wahlrecht, in dem einzelne Wahlkreise die Abgeordneten eines Wahlkreises entsenden und das kein Proportionalwahlrecht kennt.

Eine ganze Reihe an Institutionen war aber anfangs sehr schwach, so dass in der Forschung die Frage gestellt worden ist, ob wir es in dieser Anfangszeit überhaupt schon mit einem Staat zu tun haben.[10] Eine zentrale Administration, die diesen Namen verdienen würde, gab es noch auf Jahrzehnte hinaus nicht. So machte die gesamte Regierungsverwaltung in Washington inklusive Pförtner (aber ohne Kongress und Militär) zu Beginn des 19. Jahrhunderts ganze 153 Leute aus. 30 Jahre später waren es auch erst 352. Der Bundesstaat hatte kaum Durchgriffsrechte auf die Einzelstaaten, die noch lange agierten wie souveräne Staaten. Erst gegen Ende des 19. Jahrhunderts sollte sich eine Staatsadministration ausbilden, die in der Lage war, eine imperiale Großmacht zu regieren.[11] Die Einrichtung einer Zentralbank, die zur Staats- und Kriegsfinanzierung bitter nötig war, führte zum Bruch in der Gründergeneration. Denn einer ihrer maßgeblichen Vertreter, Thomas Jefferson, glaubte, dass damit der Staat grenzenlose Macht erhalten würde. Auch am (verglichen mit europäischen Maßstäben bescheidenen) zeremoniellen Glanz, den der erste Präsident George Washington entfaltete, um mit dem Präsidentenamt nationale Integration voranzutreiben, nahm er Anstoß.

Um einen Staat in dem entwickelten Sinn, wie wir dies in Frankreich oder auch in Großbritannien zu dieser Zeit vorfinden, handelte es sich sicher nicht. Aber Staatsbildung braucht Zeit, nicht nur, um Institutionen zu bilden, sondern auch, um Mentalitäten hervorzubringen. In dreierlei Hinsicht kann man in dieser frühen Phase die Entwicklung von Staatlichkeit beobachten:

Erstens haben die Protagonisten von vornherein strategisch die Entwicklung der Infrastrukturen vorangetrieben. Dazu gehören nicht nur Verwaltung und Zentralbank, sondern auch Häfen und Post – von Anfang an hat man in dem großen, wenig erschlossenen Land auf Poststationen und Postkutschen gesetzt; sehr überlegt wurde damit auch die mediale Kommunikation bedient, denn der Postverkehr wurde vor allem für die Verbreitung von Zeitungen benutzt. Im 19. Jahrhundert wurde dann die Eisenbahn zur legendenumwobenen Klammer, die politische Zusammengehörigkeit ermöglichte. Staatlichkeit etablierte sich als verdichtete Kommunikation.

Zweitens befanden sich die USA von vornherein und häufig in kriegerischen Auseinandersetzungen; auf längere Zeit noch mit der britischen Kolonialmacht, die sich im Norden, in Kanada, festgesetzt hatte. Nach der Unabhängigkeit der lateinamerikanischen Staaten waren die USA auch hier engagiert und hatten es mit der alternden Kolonialmacht Spanien zu tun. In den Barbareskenkriegen im Mittelmeer und im Atlantik waren sie gegen nordafrikanische Staaten aktiv, die die Piraterie

10 Zum Folgenden: Wolfgang Knöbl, Der neue Staat und die Revolution oder Schwierigkeiten bei der Analyse der Entstehung der frühen US-amerikanischen Republik, in: Ewald Frie/Ute Planert (Hg.), Revolution, Krieg und die Geburt von Staat und Nation, Tübingen 2016, 21–46.

11 Stephen Skowronek, Building a New American State. The Expansion of National Administrative Capacities, 1877–1920, Cambridge 1982.

unterstützten und amerikanische Schiffe kapern ließen. Schließlich, lange unterschlagen: der genozidale Krieg gegen die eigene indigene Bevölkerung. Wenn Krieg Staat macht, so hatten die USA dazu Gelegenheit.

Drittens war, durchaus ungewöhnlich, die Nationsbildung eine *Funktion* der Staatsbildung: In dem Maß, in dem sich aus den 13 (bis 1850 wurden es 31) Einzelstaaten ein gemeinsamer (Bundes-)Staat entwickelte, entstand auch ein geteiltes Gefühl von „Amerika" als der „nation under god", eines gelobten Landes, in das man nicht nur kam, um ökonomisch besser, sondern auch, um freier zu leben. Der sakrale Nationsbegriff, der am ehesten noch dem französischen vergleichbar ist, war von Anfang an politisch aufgeladen, so dass mit der nationalen Mission auch eine politische Mission einherging. Dass das einzelstaatliche Element trotzdem so betont wurde, irritiert Europäer nach wie vor nachhaltig; dass die Einzelstaaten weitgehend die gleiche politische Struktur aufweisen wie der Bundesstaat, passt wiederum in dieses Bild.

Als ein Aufklärungsbuch für die Europäer wirkte die einflussreichste Analyse der amerikanischen politischen Gesellschaft in Europa: Die zwei Bände, die der junge Alexis de Tocqueville „Über die Demokratie in Amerika" in den 1830er Jahren – als die Erinnerungspolitik an die Französische Revolution boomte – veröffentlichte, beschrieben die USA als eine Gesellschaft der Zukunft, weil die politische Gleichheit genauso verwirklicht sei wie die Beschränkung der demokratischen Allmacht, die Volkssouveränität ohne eine Herrschaft des Pöbels, das gesunde Verhältnis von Individualismus und Gemeinsinn.[12] Tocquevilles Analyse ist schon ganz selbstverständlich von einer Grundhaltung bestimmt, die im „Zeitalter der Revolution" breit geteilt werden sollte: dass nämlich staatliche Strukturen und staatliche Gewalt nicht mehr einfach „Obrigkeit" sein können, sondern im Dienste der Bürger stehen und von diesen in irgendeiner Weise kontrolliert werden können müssen.

4.3 Revolution und Utopie: Frankreich

Dass eine (nicht „die") französische Revolution bevorstehe, wurde von politischen Theoretikern schon seit Jahrzehnten vorhergesagt.[13] Welcher Art eine solche genau sein würde, war nicht klar. Aber dass die absolutistische Monarchie mit ihrer Korruption, ihrem Ämterkauf, ihrem Hang zum höfischen Prunk und zum permanenten Krieg ohne Rücksicht auf die Staatskasse in schweren Legitimationsschwierigkeiten steckte, war spätestens seit der Mitte des Jahrhunderts klar. Maßgeblich dazu beigetragen hat die aufklärerische Diskussion, die sich trotz aller Mühe nicht unterdrücken ließ. Sie hat nicht nur eine moralische Kritik am Absolutismus geliefert, sondern auch Gegenmodelle präsentiert. Am bekanntesten ist Montesquieus

12 Tocqueville, Über die Demokratie in Amerika.

13 So der Abbé de Mably (1758 – also im unmittelbaren Umfeld des französischen Staatsbankrotts): Armitage, Every Great Revolution is a Civil War, 63 f.

Modell der Einhegung der staatlichen Gewalt durch Gewaltenteilung in Anlehnung an John Locke geworden, das er schon 1748 veröffentlicht hatte, und zwar in Genf, wegen der Zensur.[14] Dem gegenüber stand ein weiterer Kronzeuge, der aus dem gleichen Grund ebenfalls im Ausland (in Amsterdam) veröffentlichen musste: Der Schweizer Philosoph Jean-Jacques Rousseau, der 1762 eine Vorstellung vom ungeteilten, in sich homogenen Staatsvolk propagierte, das durch vernünftigen Diskurs einen gemeinsamen Willen (die *volonté générale*) entwickeln könne, aus dem alle Gesetzgebung entstehen müsse.[15] Auch er geht aus von einem Gesellschaftsvertrag. Die Differenz zwischen beiden fällt ins Auge: Auf der einen Seite Montesquieu, dem es darum geht, Macht einzuhegen, der unterschiedliche Interessen am Werk sieht und diese in den Willensbildungsprozess einbinden möchte. Auf der anderen Seite Rousseau, der davon überzeugt ist, dass sich mit der Zeit, wenn man vernünftig miteinander über ein Problem redet, eine von allen geteilte beste Lösung herauskristallisiert – denn alle sind ja der Vernunft fähig, und unterschiedliche Antworten auf die gleiche Frage sind nicht gut denkbar. Seine Vorstellung ist die eines homogenen Staatsvolkes – eine Opposition ist bei ihm eigentlich nicht vorgesehen.

Es gab also schon seit Jahrzehnten eine grundlegende systematische Kritik an der absoluten Monarchie, die Alternativkonzepte vorlegte; und in den Salons der Gebildeten wurden solche Theorien auch offen diskutiert. Als 1789 der König die Generalstände einberief, um mit ihnen die Finanzierung des maroden Staatshaushaltes zu besprechen, zeigte sich schnell, wie selbstbewusst das gebildete und besitzende Bürgertum gegenüber Adel und Klerus inzwischen geworden war. Mit dem revolutionären Argument, dass er den allergrößten Teil des Landes vertrete, der Adel und der Klerus aber nur eine kleine Minderheit, forderte der Dritte Stand auch eine zahlenmäßige Vergrößerung. Revolutionär war das Argument deshalb, weil bis dato die Frage nach der Kopfzahl keine Rolle gespielt hatte. Der Abbé Emmanuel Joseph Sieyès – also ein Angehöriger des geistlichen Standes – hatte schon im Januar 1789 das revolutionäre Frage-Antwort-Spiel veröffentlicht: „Was ist der Dritte Stand? Alles. Was ist er bisher in der politischen Ordnung gewesen? Nichts. Was fordert er? Etwas zu sein (devenir quelque chose)." Unter Berufung darauf separierte sich der Dritte Stand kurz nach Eröffnung der Generalstände, erklärte sich zur Repräsentanz von mindestens 96 Prozent der Bevölkerung und gab sich den Namen „Nationalversammlung". Die Vertreter anderer Stände waren aufgerufen, sich dem anzuschließen.[16]

Damit war ein symbolischer Akt vollbracht, der ein ganz neues Prinzip in die politische Debatte einführte: die *Volkssouveränität*. Bisher war der Fürst der Souverän gewesen, jetzt war es das gesamte Volk. Gestützt darauf – und mit tätiger Unterstützung der Pariser Unterschichten, die mit militanten Aktionen den Druck

---

14 Montesquieu, Vom Geist der Gesetze.

15 Rousseau, Vom Gesellschaftsvertrag.

16 Aus der Überfülle an Literatur ein aspektreicher Überblick: Rolf E. Reichardt (Hg.), Ploetz: Die Französische Revolution, Köln 2003.

auf die alten Gewalten verstärkten – etablierte sich die Nationalversammlung als anerkannte Vertretung dieses Staatsvolks und Ausdruck der Volkssouveränität. Sie schaffte die Leibeigenschaft und die Gerichtsbarkeit des Adels, den Ämterkauf und kirchliche Rechte ab und verabschiedete – immer im Kontakt mit den Kollegen in Amerika – eine Erklärung der Menschen- und Bürgerrechte, die u.a. auch die Gewaltenteilung beinhaltete. Diese sogenannte konstitutionelle Phase der Revolution ähnelte in vielem den Vorgängen in Amerika. Sie führte eine konstitutionelle Monarchie ein und beschloss Reformen, etwa die Umwandlung der riesigen Kirchengüter in Nationalgüter. Eine neue staatliche Verwaltung nach Départements und Kantonen wurde aufgebaut, die sich nur begrenzt um Traditionen und Zugehörigkeiten kümmerte, sondern die nach dem Maßstab einer rationalen Organisation des Staatswesens operierte. So waren die Départements nicht mehr nach historischen Namen, sondern nach den geographischen Charakteristika wie Flüsse oder Gebirge benannt.[17]

Unter dem Druck gegenrevolutionärer Tendenzen vor allem des Adels und hoher Geistlicher (vom König tätig gefördert) aber radikalisierte sich die Revolution und tendierte immer stärker auf eine demokratische Republik. Aktivistische Zirkel bildeten sich, die politische Fragen diskutierten und konstanten Druck auf die Institutionen ausübten. Am bekanntesten wurde der Jakobinerklub (nach seinem Tagungsort, dem 1790 aufgelösten Jakobiner-, also Dominikanerkloster), der unter Führung des jungen Juristen Maximilien de Robespierre eine Republik mit allgemeinem Wahlrecht, eine durchgehende öffentliche Kontrolle von Politik und Verwaltung und eine öffentliche politische Kultur forderte, in der es zwischen einer pro- und einer konterrevolutionären Haltung keinen Mittelweg mehr geben durfte.

Die Jakobiner und andere Klubs haben die Radikalisierung der Revolution maßgeblich vorangetrieben – nicht zuletzt durch die Kriegsdrohung der europäischen Mächte, die als Folge von Fluchtversuch und Verhaftung des Königs im Raum stand. Den revolutionären Krieg hat jedoch Frankreich begonnen. Der radikale Abgeordnete Brissot plädierte für den revolutionären Krieg als Garanten der revolutionären Freiheit:

> Die Kraft der Überlegung und der Tatsachen hat mich davon überzeugt, dass ein Volk, das nach 10 Jahrhunderten der Sklaverei die Freiheit errungen hat, Krieg führen muß. Es muß Krieg führen, um die Freiheit auf unerschütterliche Grundlagen zu stellen; es muß Krieg führen, um die Freiheit von den Lastern des Despotismus rein zu waschen, und es muß schließlich Krieg führen, um aus seinem Schoß jene Männer zu entfernen, die die Freiheit verderben könnten.[18]

Das Verhältnis von Krieg und Staatlichkeit stellte sich auch in der Revolution.

---

17 Zur Verwaltungsneugestaltung im Gefolge der Revolution: Martin Kirsch u.a., Frankreich, in: Handbuch der europäischen Verfassungsgeschichte, Bd. 1, 214–335, 269–286.

18 In: Walter Markov (Hg.), Revolution im Zeugenstand, Frankreich 1789–1799, Bd. 1, Leipzig 1982, 198f.

In langen, verlustreichen Kriegen konnte sich Frankreich, das seit 1792 Republik war, gegen eine Allianz europäischer Mächte behaupten. Angetrieben wurde die Unterstützung dafür durch die Idee, dass es hier die Nation sei, die unter Waffen stehe, dass also im revolutionären Krieg um die höchsten Werte der großen Gemeinschaft gekämpft werde. Die Voraussetzung dafür war die allgemeine Wehrpflicht, die, das war ganz neu, auch den Unterschichten den militärischen Aufstieg in den Offiziersrang ermöglichte.

Quasi als Gegenfolie zur außenpolitischen Bedrohung inszenierte die nun von den Jakobinern angeführte revolutionäre Diktatur die Paranoia einer permanenten inneren Bedrohung. Die „Terreur", also die Terrorherrschaft im Inneren, suchte und fand Feinde der Revolution, und zwar sehr häufig auch unter verdienten Revolutionären selbst, die unter der Anklage des Verrats hingerichtet wurden. Der philosophische Hintergrund bestand in Rousseaus Vorstellung eines homogenen Staatsvolkes, das nur einen einzigen Willen kennt. In den Worten des radikalen Jakobiners Antoine de Saint-Just: „Jeder, der sich dem Volk entgegenstellt, zählt nicht mehr zum Souverän, und jeder, der nicht mehr zum Souverän gerechnet wird, ist ein Feind."[19] Zum Symbol des Terrors wurde die Guillotine, die von dem Arzt Joseph Guillotin eigentlich zur Humanisierung der Todesstrafe erfunden worden war, da sicher, sauber und weitgehend schmerzfrei tötend. Nach zehn Monaten Terreur, die je nach Schätzung 25.000–40.000 Opfer forderte (davon 70 Prozent Bauern und Arbeiter), erhob sich die Opposition im Konvent gegen Robespierre und seine Verbündeten, die umgehend selbst guillotiniert wurden.

Das prominenteste Opfer der Revolution war König Ludwig XVI., der nach einem Prozess vor dem Nationalkonvent zum Tode verurteilt und am 21. Januar 1793 exekutiert wurde. Das war ein Tabubruch nach dem Vorbild der Hinrichtung des englischen Königs Karl II. 1649. Denn mit Michael Walzer kann eine Monarchie tausend Morde überleben, aber keine Hinrichtung.[20] Mit diesem Akt wurde die französische Staatlichkeit unwiederbringlich säkularisiert – ein König von Gottes Gnaden war danach, genau wie in England, nicht mehr möglich.

Die Enthauptung Ludwigs XVI. war nur der augenfälligste Ausdruck einer Entsakralisierung des Staates; seine Säkularisierung wurde rapide vorangetrieben. Der Einfluss der Kirche wurde eliminiert, ihre Finanzquellen eingezogen; die Geistlichen wurden zu gewöhnlichen (Staats-)Bürgern erklärt und gezwungen, einen Eid auf die revolutionäre Verfassung abzulegen (was einen Loyalitätskonflikt zum Papst bedeutete). Doch die Säkularisierung des Lebens ging noch viel weiter. Entsprechend der Vorstellung, die Welt rational zu ordnen, wurde nicht nur das Dezimalsystem für Maße und Gewichte, sondern auch die „rationale" Zehntagewoche eingeführt; die christlichen Monatsnamen wurden durch naturbeschreibende Neuerfindun-

19 Zit. n. Rolf E. Reichardt, Das Blut der Freiheit. Französische Revolution und demokratische Kultur, Frankfurt 1998, 162.

20 Michael Walzer, Regicide and Revolution, in: ders. (Hg.), Regicide and Revolution. Speeches at the Trial of Louis XVI., London 1974, 5.

gen abgelöst. Die christliche Jahreszählung wurde durch eine revolutionäre Zeitrechnung abgelöst, am 22. September 1792 begann das Jahr 1 der Revolution. 1794 wurde im Zug der Entchristianisierungskampagne ein „Kult des Höchsten Wesens" eingeführt. Der Staat wurde mithin nicht indifferent gegenüber der Religion, wie dies Theoretiker des Absolutismus gefordert hatten; vielmehr etablierte er etwas, was man im 20. Jahrhundert eine „politische Religion" nennen sollte.

Staatsbildung äußerte sich also hier zunächst in, wenn man so will, ideologischen Momenten: Säkularisierung; der ideologischen Formierung der Nation nach der Maßgabe eines homogenen Staatsvolkes; dem Krieg als Anschub der revolutionären staatlichen Integration; aber auch die Elemente der terroristischen Staatlichkeit des 20. Jahrhunderts zeigen sich schon voll entwickelt, wenn auch weniger stabil und von den Opferzahlen her weniger mörderisch. Nicht zu vergessen sind aber auch die Verfassungs- und Menschenrechtserklärungen, die nicht folgenlos waren, sondern Selbstbindungen darstellten; das Wahlrecht wurde zunehmend erweitert. War es 1791 noch ein indirektes, auf Einkommen beruhendes Wahlrecht gewesen, so wurde es 1793 ein direktes und per Volksabstimmung bestätigtes Wahlrecht – das jedoch niemals in Kraft trat. Doch auch informell sollte man den Einfluss der städtischen Unterschichten (vor allem derer von Paris, notabene) nicht unterschätzen. Ganz neu war die Vorstellung, die u. a. Robespierre vertrat, dass die Souveränität des Konvents da ende, wo das Volk auf der Straße zusammenkomme: Das ist die Vorstellung einer direkten und ungebremsten Volkssouveränität, die in jedem Augenblick die Institutionen in Frage stellen kann; der direkten Demokratie also.

Nicht vergessen darf man aber die sozial- und wirtschaftspolitischen Bemühungen gerade der Jakobinerherrschaft. Nachdem die konstitutionelle Politik der ersten beiden Jahre auf eine Befreiung des Eigentums und auf eine liberale Wirtschaftsordnung gezielt hatte – Momente, die blieben –, verfolgte die Jakobinerpolitik unter dem Druck der städtischen Unterschichten und der innen- wie außenpolitischen Krise einen stärkeren staatlichen Dirigismus, insbesondere eine Kontrolle der Lebensmittelpreise. Hier zeigen sich Momente der Staatskontrolle, wie sie auch erst im 20. Jahrhundert wieder verwirklicht wurden – und da vor allem in Kriegen.

Diese kühnen Neuordnungen verdankten sich einem liberalen Bürgertum einerseits, (haupt-) städtischen Unterschichten andererseits, die sich ihrer Macht gerade in der Radikalisierung der revolutionären Herrschaft bewusst wurden. Auf massiven Widerstand stieß dagegen die Politik häufig in der Provinz, vor allem in den agrarischen Randregionen. Hier wurde nicht nur ein Ideal von Tradition und Herkommen – nicht zuletzt von Kirche, Priester und lokalen Honoratioren – verteidigt, sondern es wurde auch der Staat bekämpft, der sich mit der Revolution in die Provinz ausbreitete. Denn Revolution, das bedeutete ja nicht nur eine Zehntagewoche, was die Erholungstage deutlich reduzierte, eine Abschaffung der christlichen Feiertage, ungewohnte Maße, Gewichte und Monatsnamen, allem voran natürlich die Denunzierung christlicher Gläubigkeit. Sie bedeutete auch: einen mitleidlosen Steuereinnehmer, der in Begleitung einiger Soldaten die Kassen und Keller durchsuchte, um seine Steuern einzutreiben; das regelmäßige Einfangen der jungen Burschen zum Zwecke der Konskription für das Militär, von denen viele nicht zurückkommen würden; die Ersetzung von lokalen Respektspersonen wie dem Bürgermeister, dem Lehrer oder dem Geistlichen durch revolutionär gesinnte, in der Provinzhauptstadt ausgewählte Aktivisten, die oft im Dorf wenig Rückhalt hatten. Und es bedeutete auch, dass die Kinder in der Schule nicht mehr Katechismus und Kirchengeschichte lernten, sondern die Nation und ihre Tugendlehre. Mehrere Aufstände gegen die Zumutungen des neuen revolutionären Staates wurden blutig niedergeschlagen. Der Krieg in der Vendée (1793–1796), der ausgesprochen brutal geführt wurde und von manchen als Völkermord bezeichnet wird, hat ungefähr 300.000 Opfer gefordert.

4.4 Export der Revolution als Export von Staatlichkeit: Napoleon

Das Ende der revolutionären Diktatur führte zu einem Kurs der Konsolidierung. Regiert wurde das Land seit 1795 von einem fünfköpfigen Direktorium, das 1799 von dem Revolutionsgeneral Napoleon Bonaparte gestürzt wurde. Mit Napoleon setzen die meisten das Ende der Revolution an. In vieler Hinsicht aber führte er sie weiter und exportierte sie. Napoleon, der ein durch die Revolution begünstigter militärischer Aufsteiger aus der korsischen Provinz war, etablierte sich schnell als revolutionärer Diktator. In Hinsicht auf die Staatsbildung in Europa ist sein Einfluss kaum zu überschätzen. Dies geschah vor allem durch energische Rechts- und Verwaltungsreformen. Napoleon zentralisierte die Verwaltung und führte Schulen für die Verwaltungseliten ein, zu denen jeder Begabte zugelassen war. Der Staat sollte von den Kompetenten unabhängig von der Herkunft, nicht von den Ämterkäufern verwaltet werden. Er installierte eine Währungsreform zur Sanierung der zerrütteten Staatsfinanzen und gründete die Banque de France. Sein bedeutendstes Werk, das im Wesentlichen heute noch gilt, ist der *Code Napoleon* (eigentlich: *Code civil*), der erstmals für ganz Frankreich ein einziges Zivilrecht einführte, das die Gleichheit der Menschen vor dem Gesetz, den Schutz des Eigentums sowie den Staatsbürgerbegriff beschrieb. Allerdings bedeutete der *Code civil* in mancher Hinsicht auch einen Rückschritt, denn den Frauen, die in der Verfassung von 1793 schon erbrechtlich gleichgestellt waren und auch das Scheidungsrecht erhalten hatten, wurden diese Rechte wieder genommen – Napoleon hatte ein patriarchalisches Frauenbild. Viele der Reformen Napoleons sind bis heute in Frankreich sichtbar.

Und nicht nur da. Napoleon ist uns vor allem als ein Imperialist bekannt, der in endlosen Kriegen die französische Herrschaft über große Teile Europas ausdehnte und der neben Alexander dem Großen, Caesar und vielleicht noch ein paar anderen als einer der klassischen Machtmenschen der Geschichte gilt. Das stimmt sicher auch; aber in Zeiten der Revolution konnte auch ein Napoleon nicht mehr einfach mit „Macht“ argumentieren. Seine Begründung bestand darin, dass er die Freiheit über ganz Europa verbreiten wollte; und auch wenn kein Zweifel daran bestehen kann, dass er sich – in der Nachfolge Karls des Großen stehend – als den Vollender der französischen Hegemonie über Europa sah, die Ludwig XIV. auch schon versucht hatte: Die von ihm beherrschten europäischen Gesellschaften wurden gründlich modernisiert. In den Ländern, die er französischer Herrschaft unterwarf, installierte er Rechts- und Verwaltungsreformen nach französischem Vorbild.[21] In Deutschland wurden diese besonders intensiv in den sogenannten Rheinbundstaaten (einer Koalition von besetzten Mittelstaaten zur Unterstützung Napoleons) rezipiert.[22] Bayern wurde nach französischem Vorbild umgestaltet; im Rheinland galt der *Code Napoleon* als „Rheinisches Recht" fast unverändert und wurde, auch nachdem Preußen die Herrschaft übernommen hatte, das ganze 19. Jahrhundert hindurch von den Rheinländern verbissen verteidigt; in Baden und anderen Staaten wurde er angepasst. Auch Länder, die nicht von ihm besetzt wurden, nahmen die napoleonischen Reformen als Vorbild. Vor allem Preußen hat im Gefolge der Niederlage von 1807 die „Preußischen Reformen" installiert: Die Aufhebung der Leibeigenschaft, die Einführung der Gewerbefreiheit (die nun jedem im Prinzip freistellte, welches Gewerbe er ausüben wollte), die Modernisierung der Stadtverwaltung (die Stadt sollte nach der Vorstellung der preußischen Reformer zu einem Übungsfeld für Mitbestimmung werden), der Aufbau von modernen Universitäten in Berlin, Breslau und Bonn, schließlich auch Modernisierungen im Militärwesen: Das wäre ohne Napoleon nicht zu denken gewesen. Und dass König Friedrich Wilhelm III. die ursprünglich versprochene Verfassung dann doch nicht gewährte, war ein Menschenalter später ein Grund für die Revolution von 1848.

Die deutschen Geschichtsmythen haben in den „Befreiungskriegen" von 1813–1815 eine Art Geburtserzählung des deutschen Nationalismus verortet:[23] Indem sie gegen Napoleon kämpfte, habe die deutsche Nation zu sich selbst gefunden. Abgesehen von den Schwierigkeiten, eine deutsche Nation oder ein deutsches Nationalgefühl in dieser Zeit zwischen Preußen, Sachsen, Bayern und Österreich aufzufinden: Diese Mythen unterschlagen, in welchem Maß das napoleonische Frankreich ein (vielleicht durchaus gehasstes) Vorbild war, von dem man vor allem lernen wollte.

4.5 Außereuropäische Wirkungen: Lateinamerika

Die europäischen Revolutionen hatten aber nicht nur Auswirkungen auf die europäische oder die nordamerikanische Staatlichkeit. Die lateinamerikanischen Kolonien, seit dem 16. Jahrhundert unter spanischer und portugiesischer Herrschaft, hatten in dieser Zeit, ähnlich wie ihre nordamerikanischen Pendants, Selbstbewusstsein

21 Michael Broers, Napoleonic Imperialism and the Savoyard Monarchy 1773–1821. State Building in Piedmont, Lewiston 1997; Helmut Berding, Napoleonische Herrschafts- und Gesellschaftspolitik im Königreich Westfalen 1807–1813, Göttingen 1973.

22 Elisabeth Fehrenbach, Traditionale Gesellschaft und revolutionäres Recht. Die Einführung des Code Napoléon in den Rheinbundstaaten, Göttingen 1974.

23 Karen Hagemann, Umkämpftes Gedächtnis. Die Antinapoleonischen Kriege in der deutschen Erinnerung, Paderborn 2019.

sowie eine gewisse ökonomische Stabilität gewonnen.[24] Eine kreolische (also spanischer Herkunft, aber im Land geborene) Elite hatte sich in den meisten Ländern ausgebildet, und viele davon waren wie ihre nordamerikanischen Pendants klassisch und philosophisch gebildet, hatten längere Zeit in Europa verbracht und kannten die Diskussionen dort sehr gut. Die Unabhängigkeitsbewegungen, die im Gefolge der (näherliegenden) Amerikanischen und der (eindrucksvolleren) Französischen Revolution in Lateinamerika ausbrachen, angetrieben von einer sklerotischen Schwäche des spanischen und des portugiesischen Mutterlandes, waren zumeist von diesen Eliten angeführt. Sie zielten auf die Bildung einer postkolonialen Staatlichkeit, und ebenso wie im Norden des Kontinents gab es eine breit geteilte Vorstellung, dass zumindest das spanischsprachige Lateinamerika ein einziger Staat sein sollte. Das war die Vision des venezolanischen Generals Simón Bolívar, der in einem jahrzehntelangen Kampf versuchte, Lateinamerika zu einigen. Die Republik Großkolumbien existierte immerhin etwa zehn Jahre (bis 1830) und bestand aus dem heutigen Kolumbien, Ecuador, Panama, Venezuela sowie Teilen von Peru und Guyana. Hemmend waren hier nicht nationale oder protonationale Bewegungen, sondern regionale Caudillos, die ihre eigenen Machtinteressen verfolgten; bereits unmittelbar nach Bolívars Tod zerbrach das Konstrukt.

Staatlichkeit im europäisch-amerikanischen Sinne zeigte sich auch in der Verabschiedung von Verfassungen, die jedoch akzidentiell und nach den Maßgaben der jeweils Mächtigen erlassen wurden. Im 19. Jahrhundert traten in den 18 lateinamerikanischen Staaten 115 Verfassungen in Kraft. Darunter fand sich von Monarchien bis zu Republiken fast alles, was es an Staatsformen gab. Von 1808 bis 1821 haben sogar die portugiesischen Könige in Brasilien residiert, um Napoleon zu entkommen. „Republik" bedeutete aber in Ländern, wo die Literalität weit weniger entwickelt war als in Europa und wo die indigenen Völker zumeist ihrer Bürgerrechte beraubt waren, etwas anderes. Der Caudillismo, also die Herrschaft charismatischer, oft militärischer Führer basierte auf Gefolgschaft und war häufig kurzlebig. Stabile staatliche Institutionen zu gründen, war angesichts der vegetativen Staatsfeindlichkeit der Rancher und Grundbesitzer schwierig, die Konstruktion einer Nation kompliziert, wenn sich die Eliten nach wie vor als Kreolen, also am Ende als Spanier oder Portugiesen, begriffen und sich genau in dieser ethnischen Hinsicht von vielen Angehörigen der (indigenen) Unterschichten absetzten. Was das „Volk" dieser Staaten sein sollte, blieb demgemäß nebulös.

Ein Sonderfall ist die haitianische Revolution: In der französischen Kolonie Saint-Domingue, einem der Hauptsklavenmärkte Amerikas, kam es 1791 zu einem Sklavenaufstand und nachfolgend zur Errichtung eines Staates – des ersten, der von ehemaligen Sklaven gegründet wurde. Etwa eine halbe Million Sklaven wurde befreit. Der neue Staat stützte sich auf das Versprechen der Französischen Revolution, die Sklaverei abzuschaffen – ein Versprechen, das Napoleon wieder zurücknehmen würde. Unter der Führung des Generals Toussaint Louverture setzten sich die

24 Zum Folgenden: Rinke, Revolution in Lateinamerika.

Rebellen nicht nur im Bürgerkrieg durch, sondern vertrieben auch die Briten, die wiederholt versuchten, die Situation für sich auszunutzen und Fuß auf der Insel zu fassen. 1801 wurde ohne Absprache mit dem Mutterland eine Verfassung erlassen, woraufhin die Franzosen die Insel wieder eroberten und Louverture nach Frankreich verschifften, wo er im Gefängnis starb. Die Ankündigung jedoch, die Sklaverei wieder einzuführen, führte zu erneutem Bürgerkrieg, der mit einer Niederlage Frankreichs endete. 1804 wurde St. Domingue selbständig und in „Haiti" umbenannt. Die weitere Geschichte des Landes ist traurig, denn sie ist fast ausschließlich eine Geschichte von gewalttätigen Despoten, wirtschaftlicher Zerrüttung und Bürgerkrieg. Aber die haitianische Revolution hatte eine weite Ausstrahlung. Die erste Staatsgründung durch befreite Sklaven hat nicht nur zeitgenössisch in Europa großes Aufsehen erregt, sondern auch im Nordamerika des 19. Jahrhunderts große Resonanz gehabt. Und der in Trinidad geborene britische sozialistische Schriftsteller C. L. R. James hat der Bewegung um Louverture mit einem sprechenden Titel ein Denkmal gesetzt, das den Bezug zur Französischen Revolution herausstreicht: „Black Jacobins".[25]

4.6 Kontinuitäten und Brüche im „Zeitalter der Revolution"

Dieses Zeitalter wurde sehr bald, kanonisch von dem Schweizer Historiker Jacob Burckhardt, das „Zeitalter der Revolution" genannt. Das Kennzeichen war für Burckhardt, dass damit ein Moment des ständigen Wandels in die Welt gekommen war: Ab jetzt seien eigentlich alle Zeitalter Revolutionszeitalter. Das bedeutete allerdings nicht, dass nach 1789 nichts mehr war wie vorher. Schon Burckhardt verwies im Gefolge Tocquevilles auf einige Kontinuitäten: Bestimmte Argumente, die schon im 17. Jahrhundert entwickelt wurden, wurden nun, freilich in anderer Umgebung, weiter verwandt. Das war in den USA die Abwehr der Tyrannei mittels parlamentarischer und Bürgerrechte und dem, was man später *Checks and Balances* nennen sollte, also die Eindämmung der Macht durch gegenseitige Kontrolle verschiedener Institutionen, vor allem auch der Einzelstaaten. Ursprünglich war das im Umfeld der *Glorious Revolution* gegen den monarchischen Absolutismus gerichtet gewesen, jetzt wurde es ein antikoloniales Argument – und eines, das auch den demokratischen Staat in seiner Allmacht begrenzen sollte.

Ähnlich in Frankreich: Die Revolution hat in mancher Weise den inneren Staatsbildungsprozess, der im 18. Jahrhundert angestoßen war, fortgeführt. Der Anspruch des Absolutismus, das ganze Land zu beherrschen, zu homogenisieren und über alles informiert zu sein, prägte auch die Französische Revolution, die die Idee von einem homogenen Volk mit einer einheitlichen Willensbildung zum einen in Richtung auf die Gleichheit der *citoyen* radikalisierte. Zum anderen hatte sie eine klare

25 C. L. R. James, The Black Jacobins. Toussaint L'Ouverture and the San Domingo Revolution, London 1938.

Vorstellung von Inklusion und Exklusion. Abweichler gerieten sehr schnell in die antirevolutionäre Ecke. Pluralität war nicht die Staatsvolkvorstellung der Französischen Revolution. In mancher Hinsicht wollte die Revolution aber auch einfach effektiver herrschen als der absolute Monarch. Angesprochen wurde schon die Modernisierung der Finanzverwaltung unter Ludwig XVI., die erst in der Revolution ihre Auswirkungen zeitigen konnte. Bürgererfassung – sei es zum Zweck der Steuererhebung, der Aushebung von Soldaten oder der Überwachung – nahm in der Revolution ihren Fortgang, wurde allerdings nun auch an die Bürger delegiert, die in revolutionären Komitees manche staatlichen Aufgaben übernahmen. Und auch Napoleon steht allemal in einer Tradition des französischen expansiven Machtstaates, der die europäische Hegemonie anstrebte und der dies nicht erst nach 1789 mit dem Argument kultureller Superiorität tat. Dass sich mit Napoleon auch die Monarchie postrevolutionär neu erfand und im 19. Jahrhundert einen neuen Frühling erlebte, sei nur ergänzend erwähnt.

Andererseits stellen Revolutionen auch Gelegenheiten zu einer schubweisen Entwicklung von „neuer" Staatlichkeit dar. Neue Institutionen werden geschaffen, neue Eliten kommen an die Macht, die es besser machen wollen als die alten. Revolutionen mobilisieren und beteiligen in ungeahntem Ausmaß. Wann sonst melden sich junge Männer zuhauf freiwillig zum Kriegsdienst? Wann sonst existieren so viele Möglichkeiten von Meinungsbildung und Meinungsäußerung für so viele? Revolutionen sind Zeiten enormer Verbreiterung von Information und Öffentlichkeit; sie verleihen denen, die Macht ausüben, eine Legitimität, die institutionelle Verfahren (wie etwa Wahlen) nicht ohne Weiteres gewährleisten können. Die Kategorie des Volkes, die im 19. und im 20. Jahrhundert zu einer zentralen Referenz staatlicher Legitimation wurde, wurde ebenso in der Revolution geboren wie die des *citoyen*. Und da Revolutionen selten ohne Krieg abgehen, erzwingen sie auch die Konzentration von Staatsmacht, die nur im Krieg möglich ist. „Revolution" wurde nach den Ereignissen in Amerika und Frankreich zu einer Folie, vor deren Hintergrund man im 19. und 20. Jahrhundert die schubweise politische Innovation als einen kompletten Umbruch, eine neue Gesellschaft und einen neuen Staat dachte. Doch auch die Herrschenden lernten. In den Revolutionen, die zwischen 1847 und 1851 in Wellen über den europäischen Kontinent liefen, wurden neue Vorstellungen eines liberalen, konstitutionellen und vielleicht auch demokratischen (National-)Staates verfolgt. In den meisten Ländern aber waren die alten Gewalten beharrungsfähiger und flexibler als gedacht, so dass das Muster der staatlichen Entwicklung im 19. Jahrhundert nicht „Revolution", sondern auf Kompromissen, auf Fort- und Rückschritten beruhende „Reform" war. Allerdings waren zwei Momente nicht mehr aus der Welt zu schaffen: die Forderung auf Mitsprache und die Vorstellung, dass die Form, in der ein Staat die größte Kohäsion habe, der Nationalstaat sei.

5. Staatlichkeit zwischen Nation und Imperium

Der moderne Staat wird meist mit dem modernen Nationalstaat gleichgesetzt, als dessen Hochphase das 19. Jahrhundert gesehen, das deshalb klassischerweise „Zeitalter der Nationalstaaten" heißt. Das ist nicht ganz falsch, weil die Nationalstaaten (die eine europäische Erfindung sind) die Momente der modernen Staatlichkeit am konsequentesten und erfolgreichsten umgesetzt haben: die Integration, Erfassung und Mobilisierung der Bevölkerung (etwa durch Schule, Wehrpflicht, Verwaltung), die Gewaltfähigkeit nach außen (Krieg) und nach innen (Polizei), die Etablierung von Momenten der politischen und juristischen Steuerung und Partizipation, die eine hohe Kontinuität ermöglichen, wie z. B.: Parlamente, rechtliche Gleichheit, ein mehr oder weniger unabhängiges Rechtswesen, ein politischer Wettbewerb, der nach prinzipiell gewaltfreien Regeln funktioniert.

Das „Zeitalter der Nationalstaaten" war aber in vieler Hinsicht vor allem das Zeitalter des *Wunsches* nach Nationalstaaten, und es war das Zeitalter, in dem der Nationalstaat als ein Ziel der Geschichte erschien. Vor allem im Zuge der boomenden Globalgeschichte ist in den letzten Jahren betont worden, dass es im 19. Jahrhundert nicht nur Nationalstaaten gab, ja, dass diese nicht nur im globalen Maßstab, sondern auch in Europa vielleicht eher ein spezifischer Fall waren.[1] Es wurde darauf verwiesen, dass Imperien für weitaus mehr Menschen die alltägliche Herrschafts- und Zugehörigkeitserfahrung waren, und dabei waren nicht nur die Kolonialreiche gemeint, sondern auch, was man früher „Vielvölkerstaaten" nannte, die unter der Kuratel eines herrschenden Zentrums standen; in Europa also Russland, Österreich-Ungarn und das Osmanische Reich.

Es ist aber auch darauf hingewiesen worden, dass die Vorstellung eines homogenen Nationalstaates als Dach je einer homogen gedachten Nation auch bei den sogenannten Nationalstaaten die Realität nicht so recht traf.[2] Denn so wie es in Spanien die Basken und die Katalanen gab, gab es im Deutschen Reich die Polen im Osten, die Dänen im Norden und die Elsässer und Lothringer im Westen. Das

---

1 Osterhammel, Die Verwandlung der Welt, 565–673.

2 Steinmetz, Europa im 19. Jahrhundert, 343–356.

Vereinigte Königreich Großbritannien bestand vollends aus „four nations", eine davon eigentlich eine Kolonie: Irland. Insofern wird man „Nationalstaat" eher als ein Denkmodell und einen Idealtypus verstehen, während „Empire" die Lebensrealität vieler sehr viel genauer traf. Das eine fing an als Projekt, das andere war schon seit Langem da. Denn auch das Persische, das Chinesische oder das Römische Reich waren ja Imperien gewesen; die USA stellen den seltenen Fall dar, dass sie als Nationalstaat anfingen und zum Empire wurden. Das Europa des 19. Jahrhunderts war durch ein Nebeneinander von Empires und Nationalstaaten gekennzeichnet, und je später, desto mehr meldeten sich „kleine Nationen" zu Wort, die ebenso eine selbständige staatliche Form gewinnen wollten; so etwa die Tschechen, die Slowaken, die Kroaten, die Norweger oder die Griechen.

Die Staatsbildungsstrategien der beiden Herrschaftstypen unterschieden sich demgemäß; allerdings wird man auch einige Ähnlichkeiten finden, denn auch Empires wollten Staatsbürger, die man für den Militärdienst brauchen konnte; die (wenn auch vielleicht nicht notwendig alle) lesen und schreiben und (das allerdings möglichst alle) Steuern zahlen konnten. Sie waren interessiert an Verkehrs- und Kommunikationsverbindungen und an einer funktionierenden Verwaltung. Und fast alle hielten rechtsstaatliche Prinzipien für ein zentrales Kennzeichen einer gelingenden Staatlichkeit. Deshalb wird es im Folgenden um die beiden Typen „Nationalstaat" und „Empire" gehen und darum, welche Unterschiede und Ähnlichkeiten wir in Bezug auf Staatlichkeit feststellen können. Und es wird ein aus europäischer Sicht externer Fall behandelt: die koloniale Staatlichkeit.

5.1 Nationalismus und Nationalstaat

Das 19. Jahrhundert stellte sich die Nation als eine reale Gemeinschaft vor, die durch die Gründung eines Staates gewissermaßen zu sich selbst komme. Nicht umsonst wurde der Prozess der Nationalstaatsbildung in Italien schon zeitgenössisch „Risorgimento" (= Wiedergeburt) genannt. Den Deutschen oder den Franzosen sprach man also eine gewisse Form der Zusammengehörigkeit zu, die sich meist in einer gemeinsamen Sprache, in einer geteilten Geschichte und einer geteilten Kultur, also Lebensform äußerte. Nun waren das „weiche" Kriterien, die nicht leicht abzugrenzen waren. Das galt sogar für die Sprache, denn jedermann weiß, dass das Deutsch der Hamburger ein anderes ist als das Deutsch der Bayern (und sprechen nicht Österreicher und Schweizer so ähnlich wie jene?). Dasselbe gilt für Italien, den englischen Sprachraum oder auch für Frankreich, wo das, was wir heute als Französisch kennen, eine Regionalsprache war, die seit dem 17. Jahrhundert mehr oder minder aggressiv verbreitet wurde und die vielen anderen Regionalsprachen (die man in der Provinz auch heute noch mitunter hören kann) verdrängte. Die eine Nationalsprache war also eine zur Norm erhobene Regionalsprache, häufig dadurch, dass sie die Oberschichtssprache wurde. In Deutschland war es bekanntermaßen Martin Luther, der mit seiner Bibel eine Sprachnorm etablierte, und auch in Frankreich hat die Bibelübersetzung Calvins in diese Richtung gewirkt. Noch bis zum Ende des 19. Jahrhunderts waren aber die Nationalsprachen lange nicht so normiert, wie die Gebildeten sich das vorstellten. In der Schweiz, in Belgien oder Kanada kam man ganz ohne eine gemeinsame Sprache aus.

Gegenüber dieser essentialistischen Vorstellung von einer vorgängigen kulturellen Zusammengehörigkeit als Ausgangspunkt einer Nation hat die Nationalismusforschung, wie sie seit den 1980er Jahren einen regelrechten Boom erlebte, darauf bestanden, dass „Nation" zunächst eine Wunschvorstellung vor allem in den Köpfen von Gebildeten war, die sich historisch mit den Staatsbildungsprozessen in Westeuropa verband. Eine Nation ist eine „Erfindung", ein Konstrukt (was nichts an seiner Realität ändert!): eine Vorstellung von Gemeinsamkeit, die nach einem eigenen Staat strebt.[3] Von daher ist es nicht verwunderlich, dass in denjenigen politischen Gebilden, die auf dem Weg zur Staatsbildung am weitesten fortgeschritten waren, nämlich Großbritannien und Frankreich, sich nationale Zusammengehörigkeitsvorstellungen am ehesten zeigten. Ein britischer Nationalismus war bereits seit dem frühen 18. Jahrhundert bemerkbar, ein englischer und schottischer noch früher. In Frankreich hat gerade die Opposition gegen den Absolutismus und in deren Gefolge die Französische Revolution die Vorstellung von einer Nation, in der gleichberechtigte Franzosen zusammenleben, vorangetrieben.

Es war insbesondere die Französische Revolution, die auch die umgekehrte Zugehörigkeit erzeugen half: Der französische revolutionäre Staat konnte sich darauf berufen, im Namen der ganzen Nation zu handeln, und deshalb war er im Falle des revolutionären Kriegs (und das galt sogar noch für den imperialistischen Krieg Napoleons) zu einer enormen Mobilisierung in der Lage: Für die Nation zu sterben, erfüllte einen ganz anderen, „höheren" Sinn als „nur" für den Monarchen zu sterben. Die allgemeine Militärdienstpflicht wurde entsprechend nicht als eine Pflicht, sondern als eine Ehre verkauft, und tatsächlich wiesen die französischen revolutionären Armeen einen Kampfgeist auf, der von allen, Freund wie Feind, der Idee der mobilisierenden Nation zugeschrieben und bald nachgeahmt wurde.

Die Nation als eine politische Religion nahm hier ihren Anfang. Sie lebte aus ihrem Pathos von Gleichheit und Freiheit und war insofern gegen das Bild vom Untertanen gerichtet: Als Projekt begriff die Idee der Nation die des gleichberechtigten Staatsbürgers mit ein. Und damit trug sie eine Dynamik der Demokratisierung in sich. Auch hier waren es die atlantischen Revolutionen, die die Idee von einer nationalen Gemeinschaft der gleichen Staatsbürger befördert haben.

Eine Nation versteht sich als ein Kommunikationszusammenhang – weshalb die gemeinsame Sprache eine solch wichtige Funktion hat –, Medien und Literatur helfen dabei. Deshalb war die Académie française, die der Kardinal Richelieu 1635 gründete, so wichtig für die Ausbildung eines französischen Nationalgefühls. Die deutsche Nationalliteratur, die sich seit dem letzten Drittel des 18. Jahrhunderts aus-

3 Vgl. Jansen/Borggräfe, Nation; Langewiesche, Nationalismus. Im Weiteren folge ich den beiden Klassikern Anderson, Die Erfindung der Nation; Hobsbawm, Nationen und Nationalismus.

prägte und die nicht nur auf Heroen wie Goethe und Schiller verweisen kann, sondern die zu Generationen von dichtenden Jünglingen führte, verstand ihren Auftrag auch ganz intentional in dieser Weise: an der Bildung einer deutschen Nationalkultur mitzuarbeiten, wie man das neidisch beim französischen Nachbarn beobachtete.

Eine Nation bedarf weiterhin einer gemeinsam geglaubten Geschichtskonstruktion. Keine Nation ohne Nationalgeschichte. Königliche Abstammungslinien, Nationalhelden (wie Jeanne d'Arc, Martin Luther oder Giuseppe Garibaldi) bezeugen die Dauerhaftigkeit der Idee. Die Vorstellung eines gemeinsamen nationalen Befreiungskampfes (Arminius oder die Schweizer Eidgenossenschaft) oder einer tradierten gemeinsamen Rechts- und Sozialkultur (in diese Reihe würde die Vorstellung des deutschen Genossenschaftsrechts oder das angelsächsische *self-government* gehören) unterfütterten die Konzeption einer historischen Gemeinschaft, die – gleich, ob durch Abstammung oder kollektiven Willen – sich zusammengehörig fühlte und dies auch in einer politischen Form finden wollte.

Wie gesagt: Das war ein Projekt, und es war vielfach eine Projektion. Aber sie leitete im 19. Jahrhundert eine große Zahl politischer Visionen an, und viele davon sind auch Realität geworden. Immer ging es dabei um Territorium: Nationsbewegungen leben von der Idee, dass es einen geschlossenen Raum gibt, auf dem diejenigen, die sich als ähnlich verstehen, zusammenleben können, und häufig findet man die Vorstellung, dass es ein Anrecht auf dieses Territorium gebe, weil man „immer schon" dagewesen sei.

Der Historiker Theodor Schieder hat in einer klassischen Unterscheidung drei Typen von europäischen Nationalstaatsbildungen bezeichnet, die zeitlich aufeinander folgten, aber im Wesentlichen ins 19. Jahrhundert gehörten:[4]

(1.) Nationale Transformation schon bestehender, „alter" Staaten wie England und Frankreich. Aber auch Portugal, Dänemark oder Schweden gehören dazu. Hier erfolgte Nationsbildung weitgehend von oben, und vielfach führten die integrierenden Momente des Staates (z. B. Sprach- oder Rechtsvereinheitlichung) unintendiert zu nationalen Zusammengehörigkeitsvorstellungen: Diese alten Staaten bildeten Nationen, ohne dass sie dies beabsichtigt hätten. Auch Preußen im 18. Jahrhundert könnte man in diese Reihe stellen, oder Bayern im frühen 19. Jahrhundert: Erst ist da der Staat, dann die Nation. Mit der Französischen Revolution allerdings änderte sich das, denn sie beförderte ganz bewusst den Gedanken der Nation als Staatsbildungsmechanismus.

(2.) Unifizierende Nationalstaaten, mit den Paradefällen Deutschland und Italien im 19. Jahrhundert: Bestehende Gesellschaften bzw. Staaten schließen sich staatlich zusammen. In einem nationalrevolutionären Akt wird kein bestehender Staat umgestaltet, sondern von einer nationalen Einheitsbewegung und unter Führung einer hegemonialen Macht (Preußen bzw. Piemont-Sardinien) ein neuer geschaffen. Hier erscheint die Nation als ein vor dem Staat gegebenes historisches Phänomen, das durch die Staatsbildung erst real wird. Wie wirkmächtig diese Vision war,

4 Schieder, Typologie.

zeigt das polnische Beispiel: Das seit dem 16. Jahrhundert existierende Königreich Polen-Litauen wurde von Russland, Preußen und Österreich dreimal (1772, 1793, 1795) schrittweise geteilt; Polen war 123 Jahre lang, bis nach dem Ersten Weltkrieg, kein souveräner Staat. Die polnische Nationalbewegung (zunächst eine rein adlige Elitenbewegung, die sich als „die polnische Nation" verstand) kämpfte das ganze 19. und frühe 20. Jahrhundert dafür, wieder ein Nationalstaat zu werden –, im Gefolge des Ersten Weltkriegs schließlich mit Erfolg, und der polnische Nationalismus beruft sich auf diese lange Geschichte von Unterdrückung, Kampf und schlussendlichem „Zu-sich-selbst-Kommen". Dass auch bei dieser organischen Nationsvorstellung konstruktive Momente im Spiel waren, zeigt der berühmte, dem Schriftsteller Massimo d'Azeglio zugeschriebene Spruch nach der Staatsgründung: „Wir haben Italien geschaffen. Jetzt gilt es, Italiener zu schaffen." Denn „Italiener" gab es 1861 noch nicht, und es gab auch nur wenige, die „Italienisch" sprachen, nämlich die Florentiner. Was wir heute als Italienisch kennen, war deren Dialekt. Der Schriftsteller d'Azeglio wusste das.

(3.) Sezessionistische Nationalstaaten. Diese zielten darauf, sich aus bestehenden Staaten zu separieren und eigene Staaten auf der Basis von sprachlicher, ethnischer, kultureller Gemeinsamkeit zu bilden. Das waren vor allem Bewegungen des späten 19. Jahrhunderts, sie fanden überwiegend in den europäischen Imperien statt und ihre Ziele lieferten Kriegsgründe: Der Erste Weltkrieg wurde bekanntlich durch serbische Nationalisten ausgelöst, die den österreichischen Thronfolger ermordeten. Teilweise kamen diese Bewegungen erst nach dem Ersten Weltkrieg ans Ziel, auf der Basis von Woodrow Wilsons Prinzip des „Selbstbestimmungsrechts der Völker". Alle ostmitteleuropäischen und südosteuropäischen Staaten des 20. Jahrhunderts sind auf diese Weise entstanden: Bulgarien, Rumänien, die Tschechoslowakei, Jugoslawien, die baltischen Staaten, als Vorreiter Griechenland in den 1820er Jahren sind alle aus den europäischen Empires entstanden. Unter bestimmten Aspekten könnte man auch Polen dazuzählen, das aber eben vor den Teilungen schon ein Staat gewesen war. Aber auch Norwegen (1905), Finnland (1917) und Irland (1922) würden dazurechnen. In der Gegenwart wäre etwa die katalanische Nationalbewegung zu erwähnen. Die seit dem 19. Jahrhundert gegründeten Staaten behaupteten zwar, homogene Nationalstaaten zu sein, waren aber nichts weniger als das. Die Konstruktionsprinzipien waren genauso arbiträr wie die generelle Frage, wer sich nun als „Nation" verstand. Dass die „Tschechoslowakei" schon im Namen aus zwei „Nationen" (nämlich Tschechen und Slowaken) bestand, die sich 1992 auch tatsächlich trennten, wurde genauso geflissentlich übersehen wie der Umstand, dass ebendieser „Nationalstaat" 40 Prozent ethnische Minderheiten (Deutsche, Ungarn, Roma) zählte. Das 1918 gegründete „Jugoslawien" (= „Südslawien") vereinte nicht nur Kroaten, Serben, Slowenen, Bosnier, Montenegriner, Mazedonier und Albaner, sondern auch Türken, Ungarn oder Deutsche. Wie beim Tschechoslowakischen wurde auch hier mit dem Serbokroatischen eine Kunstsprache entwickelt, die sich aus den beiden Hauptsprachen Serbisch und Kroatisch zusammensetzte. Die Türkei wies als Nachfolgenation des Osmanischen Reichs nicht nur eine große Heterogenität auf, sondern sie versuchte auch in brutalen ethnischen Säuberungen, Vertreibungen und Genozid, die Homogenität einer (im Wesentlichen muslimischen) Nation zu erreichen. Im „griechisch-türkischen Bevölkerungsaustausch" von 1923 wurden ca. 500.000 Muslime aus Griechenland und ca. 1,5 Millionen Christen aus Kleinasien in das jeweils andere Land vertrieben.

Der Nationalstaat war mithin für viele Menschen des 19. Jahrhunderts keine Realität. Für viele allerdings schon. Gerade für die „neuen" Nationalstaaten muss es ein von vielen geteiltes, beglückendes Gefühl gewesen sein, nun in einem Staat zu leben und sich Menschen und Regionen zugehörig zu fühlen, auch wenn man sie persönlich nicht kannte. Zusammengehörigkeit trotz Unbekanntheit: Das ist das große Enigma des Nationalismus. Hier hatte man nun ein gemeinsames großes Projekt, und gerade die nationsbegeisterten deutschen Historiker gingen so weit, den Nationalstaat für das Ziel der Geschichte insgesamt zu halten.

Das galt insgesamt gesehen aber eher für die urbanen als für die ländlichen Lebenswelten. Denn der Nationalstaat griff weitaus konzentrierter in das alltägliche Leben ein als die politische Herrschaft davor, und auf dem Land wurde dies als Einmischung empfunden. Das betraf die ländlichen Grundbesitzer, die nun intensiver zur Kasse gebeten wurden als davor und denen die Verfügung über ihre Landarbeiter und abhängigen Bauern bestritten wurde, etwa in der Aufhebung der Leibeigenschaft. Das betraf aber auch die ländlichen Unterschichten, die zwar ihren Herren nicht mehr in derselben Weise ausgeliefert waren, die aber nun zur Steuerzahlung gezwungen wurden und ihre Kinder in die Schule schicken mussten. Und dass die Kirche ebenfalls in ihrem Einfluss beschnitten wurde, empfanden viele ländliche Unter- und Mittelschichten als Aufstörung ihrer Lebenswelt. Der Nationalstaat, den die aufgeklärten bürgerlichen Eliten als ein Reformprojekt vertraten, das das Leben der Menschen verbessern sollte, wurde in den ländlichen, staatsferneren Regionen ganz entgegengesetzt oft als Bedrohung verstanden. Besonders an den Südrändern Europas, vor allem in Süditalien, entstanden deshalb mit der Nationalstaatsgründung Bewegungen, die mit kriminellen Aktivitäten und Geheimbundstrukturen die Durchgriffsmöglichkeiten des schwachen Staates bekämpften. Die Mafia hat hier einen Ursprung.

Und das Glücksgefühl galt nicht für die ethnischen Minderheiten, die sich in den neuen Nationalstaaten nach wie vor fanden und die häufig Staatsbürger zweiter Klasse waren.[5] Sehr gut ist das zu zeigen an der polnischen Minderheit im Deutschen Kaiserreich. Aus der dritten polnischen Teilung waren seit 1795 die Polen an Preußen gekommen und hier mit etwa zehn Prozent Bevölkerungsanteil die weitaus größte ethnische Minderheit. 1871/72 lebten etwa 2,5 Millionen preußische Polen im neuen Reich, als – und das ist wichtig – *preußische* Staatsbürger (eine *deutsche* Staatsbürgerschaft gab es erst ab 1913). Sie hatten also das Wahlrecht, konnten Organisationen gründen und genossen Freizügigkeit. Es waren preußische Polen, die als Bergleute ins Ruhrgebiet gingen (ca. 500.000) – keine „Gastarbeiter". Aber

5 Zum Folgenden: Gosewinkel, Einbürgern und Ausschließen, 211 f., 263 f.

der Staat misstraute dem polnischen Nationalismus und schikanierte nicht nur die polnischen Organisationen, sondern betrieb auch eine Politik der Zwangsgermanisierung und verfolgte die polnischen katholischen Priester, die so zu einer Art nationalistischen Elite wurden. Das Interesse des Nationalstaats an einer homogenen Bevölkerung – sprachlich, rechtlich, religiös – konnte nicht gut mit ethnischen Minderheiten leben, die – oft erst im Zuge der Verfolgung – ein eigenes Nationalbewusstsein entwickelten.

5.2 Europäische Empires

Galt der Nationalstaat im Europa des 19. Jahrhunderts als die politische Organisationsform der Zukunft, so sprach man den europäischen Imperien die Überlebensfähigkeit ab. Das Paradigma hierfür war das Osmanische Reich, das seit dem 18. Jahrhundert sein Gebiet immer schwerer kontrollieren konnte. „Der kranke Mann am Bosporus" war ein geflügeltes Wort des 19. Jahrhunderts, und kaum einer zweifelte, dass die Jahre des Osmanischen Reiches gezählt seien. Doch auch die Habsburgermonarchie war ein solches Großreich, ebenso wie das Zarenreich. Räumliche Größe, ethnische und religiöse Vielfalt, supranationale Herrschaft, Gebiete mit unterschiedlichem Rechtsstatus, unterschiedlicher religiöser oder politischer Verfassung und ungleichem ökonomischen und kulturellen Stand: Das machte Imperien aus. In dieser Unterschiedlichkeit lagen viele Spaltpilze. Andererseits ließen die Empires ihre Bürger auch mehr in Ruhe. Sie zielten nicht so sehr auf Homogenität wie die Nationalstaaten; die lokalen Gesellschaften, ethnischen und religiösen Gemeinschaften konnten ihr Leben ungestörter weiterleben. Der Kaiser, der Zar oder der Sultan waren weit und vor Ort störten sie die lokalen Klientelbeziehungen, traditionale Machtstrukturen und besonders die Macht der religiösen Institutionen wenig. Auch der Ausschluss der „Anderen" war in einer Gesellschaft der Heterogenität viel weniger ein Problem, weil ja im Grunde alle „Andere" waren.[6]

Das soll nicht heißen, dass die imperialen Zentren die Peripherien sich selbst überließen. Ganz im Gegenteil: Die Bemühungen gingen dahin, das ganze Reich zu integrieren, und dabei wendeten sie Strategien an, die man auch in Nationalstaaten findet, allerdings mit einem charakteristischen Pragmatismus, denn der Respekt vor den lokalen Verschiedenheiten war eine Lebensbedingung für Imperien, wenn sie ihre Herrschaft nicht ständig sabotiert sehen und nicht ständig Gewalt ausüben wollten.[7] Am aktivsten waren hier die Habsburger, vor allem mit einem Rechtssystem, das die Gleichheit der Untertanen/Staatsbürger hoch schätzte (unbeschadet des Umstands, dass die Deutschen im Habsburgerreich die tonangebende Mehrheit

6 Gammerl, Staatsbürger, Untertanen und Andere.

7 Zu Russland: Kappeler, Russland als Vielvölkerreich. Osmanisches Reich: Kreiser, Der osmanische Staat; Reinkowski, Die Dinge der Ordnung. Zum Habsburgerreich v.a.: Judson, Habsburg; Calic, Südosteuropa.

waren). Nach der Revolution von 1848/49 wurde eine zentralisierte und effiziente Verwaltung durchgesetzt, die der Alltagsvorstellung vom österreichisch-ungarischen Schlendrian keineswegs entsprach. Auch Ungarn mit seiner selbstbewussten Adelselite schenkte man in Wien besondere Beachtung, bis hin zur Gründung einer Doppelmonarchie 1867, die die ungarische Stephanskrone neben die österreichische Kaiserkrone stellte. Mit Verspätung, dann aber konsequent, wurde die Leibeigenschaft abgeschafft. Die den Grundbesitzern ursprünglich zugesprochene großzügige Entschädigung wurde vom Staat übernommen; die Bauern konnten nun auch zu Besitzern des Landes werden, das sie bewirtschafteten. Der imperiale Staat konnte also gerade bei den ländlichen Unterschichten und den Bauern durchaus auf einige Sympathie rechnen.

Die wichtigste symbolische Integrationsfunktion kam dem Monarchen zu. Seine Rolle und Repräsentation sorgte gerade in den weithin agrarischen Empire-Gesellschaften für eine symbolische Verklammerung, die auch von den religiösen Zuschreibungen und den Vorstellungen von einem „guten Kaiser" (oder König oder Zar) profitierte. Mit Überlegung wurde deshalb nicht nur in Großbritannien (wo Königin Victoria in ihrer über 60 Jahre dauernden Regierungszeit für eine ganz neue Bedeutung der Monarchie für das Empire stand), sondern auch in der Habsburgermonarchie und im Zarenreich der Monarch als das einheitsverbürgende Symbol etabliert.[8] Diese Integration durch die Monarchie war umso wichtiger, als parallel auch in den Nationalstaaten eine Nationalisierung der Monarchie stattfand. Besonders im Kaiserreich Napoleons III., dann aber vorbildhaft im Deutschen Kaiserreich der preußischen Hohenzollern wurde der Monarch nun nicht mehr als Haupt seiner Dynastie, sondern als ein Vertreter des Nationalstaats symbolisiert. Insgesamt sollte man auch für die Nationalstaaten die integrative Bedeutung der Monarchie nicht unterschätzen.

Wenn auch nicht an einer Nationalsprache, so waren auch die Imperien an einer gemeinsamen Amtssprache interessiert, die das Verwalten und das Verhandeln erleichterte. Diese Sprache war zumeist die der im Empire herrschenden Eliten, und so ist das Russische für das Zarenreich, das Deutsche für Österreich-Ungarn und das Englische für das Britische Reich Amtssprache gewesen. Dies allerdings erregte häufig den Widerstand derjenigen Gruppen, die sprachlich damit ausgeschlossen waren, und besonders in Österreich-Ungarn war der Kampf um die Amtssprache ein politischer Kampf um die Position der verschiedenen Nationalitäten.[9]

Ein anderes wichtiges Instrument für die Integration der Imperien war die Einbindung von Eliten. Das konnten lokale und regionale Eliten sein, die in ihrer Herrschaftsposition davon profitierten, dass sie quasi Stellvertreterpositionen vor Ort einnahmen, besonders in der Verwaltung. Das konnten militärische Eliten sein, die in der Armee aufstiegen. Das konnten aber auch kulturelle Eliten sein: Schriftsteller, Wissenschaftler, Musiker, die – oft gestützt auf eine stupende Vielsprachigkeit – im

8 Leonhard/Hirschhausen, Empires und Nationalstaaten, 19–50.
9 Steinmetz, Europa im 19. Jahrhundert, 204–212.

ganzen Reich ausgesprochen mobil waren und hier so etwas wie eine supranationale kulturelle Gemeinsamkeit herstellten –, in dieser Hinsicht das gerade Gegenteil zu den parochialen agrarischen Gesellschaften, aus denen die Imperien vor allem an den Rändern bestanden. Gerade in Österreich-Ungarn ist die kulturelle Fruchtbarkeit der multiethnischen Gesellschaft frappierend. Der österreichische Schriftsteller Ödön von Horváth antwortete 1929 auf die rhetorische Frage nach seiner Heimat: „Ich wurde in Fiume geboren, bin in Belgrad, Budapest, Preßburg, Wien und München aufgewachsen und habe einen ungarischen Paß – aber: ‚Heimat'? Kenn ich nicht. [...] Ich spreche weitaus am besten Deutsch, schreibe nunmehr nur Deutsch, gehöre also dem deutschen Kulturkreis an, dem deutschen Volke. Allerdings der Begriff ‚Vaterland', nationalistisch gefälscht, ist mir fremd."[10] Diese Art von Hybridität war ein Gegenentwurf zur homogenisierenden Generaltendenz der Nationalstaaten.

5.3 Kolonialreiche und kolonialer Staat

Die obigen Bemerkungen bezogen sich nur auf die europäischen multiethnischen Imperien. Etwas anderes war es mit den Kolonialreichen, die ihre Schwerpunkte außerhalb Europas hatten. Im 19. Jahrhundert breitete sich der europäische Kolonialismus über die ganze Welt aus, gestützt auf eine überlegene Militärtechnologie und -organisation. Ob nun vorgeschoben oder wirklich geglaubt: Die Europäer verstanden ihr Tun nicht einfach als eine Eroberung der Welt. Sie verstanden ihre Aufgabe als eine Zivilisierungsmission, die den als zurückgeblieben gedachten indigenen Gesellschaften europäische Modernität beibringen und insofern die Welt in ihrem Sinne besser machen wollten. Das erfolgreichste Beispiel und Vorbild ist das britische Empire.[11] Doch gerade im Blick auf Staatlichkeit ist es vielleicht eher ein Sonderfall. Denn im Empire herrschte insgesamt eine Technik der Herrschaft, die – bei aller in den letzten Jahren wieder stärker betonten Gewaltsamkeit – die indirekte Herrschaft durch die Eliten vor Ort einer auf unmittelbaren und direkten Zwang gestützten Gewaltherrschaft vorzog. Bis zum Beginn des 19. Jahrhunderts stützte die Herrschaft sich auf parastaatliche Organisationen wie die *East India Company* (die formell eine Handelsgesellschaft war, aber auch das Recht zum Bau von Festungen und die Aushebung von Soldaten hatte, selbständig Kriege führte und mancherorts wie ein Staat, das heißt auch: gewalttätig agierte). Im 19. Jahrhundert wurde die Herrschaft „indirekter". London herrschte eher mit Eisenbahnen und Telegraphie, mit Warenaustausch und Freihandel, Handels- und Herrschaftsprivilegien, indigenen Herrschaftsträgern, auch mit Aufstiegsmöglichkeiten und Bildungszugängen als mit der Nilpferdpeitsche und dem Gewehr. Königin Victoria

10 Ödön von Horvath, Gesammelte Werke 11, hg. v. Traugott Krischke, Frankfurt 1988, 184.

11 Wegweisend hierzu: John Darwin, Das unvollendete Weltreich. Aufstieg und Niedergang des britischen Empire 1600–1997, Frankfurt 2013.

ließ sich 1876 zur Kaiserin von Indien krönen, um so der Bedeutung der Kolonien neues Gewicht beizumessen und zu dokumentieren, dass Indien eine Hauptstütze des Empire war: ein globales Medienereignis.

Das Britische Empire ist das einzige europäische Überseeimperium, das in seinen Grundstrukturen schon vor der Französischen Revolution entstand und die Napoleonischen Kriege unbeschadet überlebte. Alle anderen Reiche verloren entweder den Großteil ihrer schon gewonnenen Gebiete, so wie Spanien, dessen lateinamerikanische Kolonien samt und sonders unabhängig wurden und das fortan aus dem Konzert der Großen ausschied; oder auch Frankreich, das sein Kolonialreich erst ab 1830 wieder neu aufbaute. Die anderen erwarben sie neu, so wie Deutschland oder Italien, die nach der Nationalstaatsgründung den Gewinn von Kolonien für den nächsten logischen Schritt hielten. Aber auch das erst 1830 gegründete Belgien, dessen Ambitionen indes durch das Fehlen einer handlungsfähigen Flotte gehindert waren, wollte Kolonien. Fast überall verlief es nach dem gleichen Muster: Private Unternehmungen und Besitzungen wurden mit einem staatlichen Monopol und einer Schutzgarantie ausgestattet und früher oder später in staatliche Herrschaft übernommen. Für diese neuen Kolonien, die vor allem im „Scramble for Africa“ seit den frühen 1880er Jahren (als innerhalb weniger Jahre ganz Afrika aufgeteilt wurde) erworben wurden, gilt eine ungleich direktere, konsequentere (und brutalere) Strategie der Durchstaatlichung als im British Empire.

Dieser direkte Zugriff hatte viel mit neuen Kommunikationsmitteln zu tun: schnellere Schiffe, die Telegraphie (das „Victorian Internet“), die seit den 1870er Jahren zeitnah auch entfernte Weltgegenden verbinden konnte; der Entstehung einer neuen massenmedialen Öffentlichkeit, die die kolonialen „Errungenschaften“ mit Spannung beobachtete und gerne Bilder aus Afrika oder Asien sah; und natürlich muss man auf waffentechnische Neuentwicklungen verweisen. Nicht zuletzt hatte der direkte Zugriff aber auch damit zu tun, dass sich im 19. Jahrhundert die Vorstellung von einem Staat veränderte und man diesem nun den Auftrag für ein unmittelbares Eingreifen in das Leben der Menschen zusprach. Demgemäß war die Strategie, nun auch in den kolonialen Besitzungen den europäischen Staat zu etablieren. Frankreich besetzte 1830 Algerien (was von den Einheimischen schon damals als ein Angriff des Christentums gegen den Islam empfunden wurde) und versuchte, es zunächst als Siedlerkolonie, also zur Ansiedlung von Franzosen zu nutzen. 1881 wurde Algerien zu einem Teil des Mutterlandes erklärt: Es handelte sich formell nicht mehr um eine Kolonie, sondern um einen Teil des französischen Staates, mit allen Rechten und Pflichten. Algerische Kinder lernten im Geschichtsunterricht nach französischen Schulbüchern: „Unsere Vorfahren, die Gallier“.

Was in den Kolonien entstand, hat man den „kolonialen Staat“ genannt:[12] eine Erscheinung eigener Art, die dadurch gekennzeichnet war, dass nicht Bürokratien und Regeln herrschten, sondern Bürokraten mit ihren je eigenen Regeln: Politische Herrschaft war hier in hohem Maß personenzentriert. Deshalb musste sie sich doch

12 Osterhammel, Kolonialismus, 55–77.

dazu bequemen, Momente des *indirect rule* zu berücksichtigen, wie etwa die lokalen Eliten in die Herrschaft einzubinden. Das galt in den Städten und an der Küste weniger als im Binnenland, wo der koloniale Staat ein schwacher Staat mit geringer Durchsetzungsfähigkeit war. Dennoch war es für die Deutschen selbstverständlich, auch in Deutsch-Südwest-Afrika die preußische Aktenführung einzuführen.

Der koloniale Staat war alles andere als harmlos. Gerade weil es ihm an Legitimität mangelte und er von den Einheimischen nicht ohne Weiteres anerkannt wurde, musste er sich in hohem Maße auf unmittelbare Gewalt stützen. Nicht nur Strafexpeditionen, sondern auch die theatralische Inszenierung von Gewalt als Bestrafung, mit Prügeln, Kettenhaft und der Ausstellung von Hingerichteten sollten eher Schrecken erzeugen als freiwillige Loyalität. Am grauenhaftesten geschah dies im Kongo, seit 1885 persönlicher Privatbesitz des belgischen Königs Leopolds II. und von diesem systematisch ausgeplündert (vor allem dem boomenden Grundstoff Kautschuk galt die Gier). Die Grausamkeit, mit der hier geherrscht wurde, hat geschätzt etwa acht Millionen Menschen das Leben gekostet – nicht gerechnet die ungezählten Verstümmelungen. Auf internationalen Protest hin musste der König 1908 den Kongo an den belgischen Staat übergeben.

Man wird aber dennoch nicht davon sprechen wollen, dass der koloniale Staat rundum ein gescheitertes Projekt war. Die Verwaltung war in Britisch-Indien in vieler Hinsicht rationaler organisiert als im Mutterland, und manche Bestandteile sind in Großbritannien übernommen worden.[13] Osterhammel verweist auf zwei zentrale Punkte (die freilich für den Sonderfall des British Empire mehr gelten als für die meisten anderen): erstens auf die Verrechtlichung der Sozialbeziehungen, die sich über den Kolonialismus hinaus als irreversibel erweisen sollte. Das galt indes nur, wenn genügend Vertrauen in das Rechtssystem vorhanden war. Dem kam entgegen, dass immer mehr einheimische Eliten den Advokatenberuf für sich entdeckten, nicht nur als sozialen Aufsteigerberuf, sondern auch als Anwalt für ihr eigenes Volk. Mahatma Gandhi ist nur das prominenteste Beispiel.

Zum Zweiten verweist Osterhammel auf den Aufbau einer indigenen kompetenten Verwaltung, die frühere Aristokraten ebenso wie Aufsteiger aufnahm und enge Beziehungen sowohl zu den alten Eliten als auch zur Kolonialmacht unterhielt. Verbunden mit der Praxis, begabte junge Söhne einheimischer Oberschichtsfamilien zum Studium nach England zu schicken und sie hier mit Herrschaftswissen auszustatten, wurde dadurch – von England sehr absichtlich, von anderen weniger – eine indigene staatliche Elite gebildet, die tatsächlich nach der Unabhängigkeit Spitzenfunktionen übernehmen konnte. Fast alle ersten Präsidenten der postkolonialen Staaten im ehemals britischen Afrika haben in England studiert (und sich dort oftmals auch kennengelernt). Dass diese dann auf die Dauer keine ausgewiesenen Demokraten westlichen Musters geblieben sind, steht auf einem anderen Blatt.

13 Bayly, Die Geburt der modernen Welt, 314 f.

Aber diese Prozesse waren Ausdruck dessen, was Wolfgang Reinhard „Dialektik des Kolonialismus“ genannt hat:[14] Indem die Kolonialmacht indigene Eliten heranbildete, die sie bei einer aufgeklärten Kolonialherrschaft im Sinne einer Zivilisationsmission unterstützen sollten, indem sie Rechtlichkeitsprinzipien einzog, trug sie zur Heranbildung einer antikolonialen Elite bei, die die Dekolonisierung energisch vorantrieb und auch im Land genügend Glaubwürdigkeit besaß, um als legitime Vertreter der Kolonisierten sprechen zu können. Und sie hatten in Europa noch etwas anderes gelernt: den europäischen Nationalismus, den sie nun in ihre eigenen Länder übertrugen, weil er so erfolgreich schien, um ein Volk zu integrieren.

Der Nationalstaat schien demzufolge das zukunftsträchtigere Modell, weil er „staatlicher“ war als die Imperien. Er zielte mehr auf Homogenität und Integration, griff aber auch stärker auf das Leben des Einzelnen durch. Vermutlich wurde – bei aller Begeisterung für die Nation – dieser Durchgriff des Staates von vielen als lästig empfunden. Aber dass die Idee der Zugehörigkeit zu einem großen Ganzen, zu Deutschland oder Frankreich, wirkmächtig war, zeigte sich spätestens mit dem Ersten Weltkrieg, als junge Nationalisten freudig dem heldenhaften Tod fürs Vaterland ins Auge sahen.

14 Wolfgang Reinhard, Dialektik des Kolonialismus. Europa und die Anderen, in: Klaus Bade/Dieter Brötel, Europa und die Dritte Welt. Kolonialismus, Gegenwartsprobleme, Zukunftsperspektiven, Hannover 1992, 5–25.

6. Staat nach innen, Staat nach außen. Internationale Beziehungen und Innere Staatsbildung

Zwischen 1500 und 1900 reduzierte sich die Zahl der Staaten und staatenähnlichen Gebilde in Europa von über 500 auf etwa 20. Staatsbildung bedeutete Konzentration. Nach den Napoleonischen Kriegen war eine gewisse Stabilität erreicht und man musste davon ausgehen, dass die Staaten, die heute da waren, morgen so oder in ähnlicher Form auch noch da sein würden. Das galt mit einer wichtigen Ausnahme: den Staaten auf dem Gebiet des Deutschen Bundes. Hier gingen die meisten Erwartungen dahin, dass sie jedenfalls nicht mehr allzu lange selbständig sein würden.

Vor allem hatte sich eine gewisse Stabilität in den Machtbeziehungen eingespielt: Wer die wichtigen Mächte waren, wer weniger wichtig war, das war nach dem Wiener Kongress, der 1815 die Beziehungen in Europa nach Napoleon regelte, einigermaßen klar. Damit mussten die Beziehungen zwischen den Staaten auf neue Beine gestellt werden. Das 19. Jahrhundert ist die Epoche, in der sich ein neues Gleichgewicht der internationalen Beziehungen, auch ein neuer Stil in diesen Beziehungen einspielte. Dies war möglich auf der Basis einer insgesamt langen Friedenszeit. Nach der Frühen Neuzeit als einer Epoche der Bellizität war das 19. Jahrhundert innerhalb Europas eine Zeit der relativen (!) Friedlichkeit – bevor das 20. Jahrhundert zumindest in Teilen ein Zeitalter der Massenkriege wurde.

Diese neue Stabilität nach außen stand in einem engen Zusammenhang mit der zunehmenden inneren Konsolidierung der entstehenden Staaten. Der Prozess der Inneren Staatsbildung hatte bereits in der Frühen Neuzeit begonnen. Damals waren es vor allem die äußeren Kriege, die die staatlichen Ressourcen und die Effizienz staatlicher Steuerung erhöhen ließen. Nun, im 19. Jahrhundert, war es umgekehrt die lange Friedenszeit, die dazu führte, dass innerstaatliche Elemente (weiter-)entwickelt wurden, die die Stabilität des Staates erhöhten. Das bezog sich einerseits auf die benevolenten Momente: die Gewährung von Sicherheit und Rechtlichkeit, die Ermöglichung von Ausbildung und Fürsorge; aber andererseits eben auch auf die rigiden Momente: die Kontrolle und Beobachtung der Bürger, die Heranziehung zu Diensten und Leistungen (etwa dem Wehrdienst), die Disziplinierung und Zurichtung (etwa im Strafvollzug oder in der staatlich normierten Schulerziehung). Die

Form der Staatlichkeit, die wir heute als normal erleben (und deren Niedergang wir vielleicht soeben beobachten), konstituierte sich im 19. Jahrhundert.

Innen und außen gehörten also zusammen. Dies ist ein klassisches Paradigma der Politikgeschichte, das allerdings sehr unterschiedlich ausgelegt werden konnte. Der Begriff der Inneren Staatsbildung geht zurück auf den Berliner Historiker Otto Hintze, der diese eher als eine Funktion der äußeren Staatsbildung denn umgekehrt begriff.[1] Ein Staat, der mächtig sein will, muss demnach im Inneren bestimmte Strukturen und Institutionen haben, die ihm die Machtentfaltung ermöglichen. Das Interesse an einem großen Heer führt also etwa zu einer Erfassung der Bürger in der Wehrpflicht. Mit dieser Theorie war Hintze ein Ausläufer der im 19. Jahrhundert hegemonialen Vorstellung eines „Primats der Außenpolitik", die der Ansicht war, dass die innere Politik von Staaten im Dienste ihrer außenpolitischen Interessen stehe. Diese These (wenn auch nicht der Begriff), die entstanden war in einer Zeit der ausgeprägten, allerdings friedlichen Konkurrenz, geht auf Leopold von Ranke zurück, der 1833 in seinem berühmten Essay „Die großen Mächte" die europäische Staatenbildung seit dem 17. Jahrhundert als einen Effekt der Staatenkonkurrenz analysiert hat (und weniger, wie das hier geschieht, vornehmlich als einen Effekt der Herrschaftsbildung nach innen).[2] Bis in die 1960er Jahre ist der Primat der Außenpolitik das Dogma nicht nur der deutschen Politikgeschichte geblieben. Er führte zu Aussagen wie: dass sich Demokratie nur in geographisch geschützten Lagen ausbilden könne (womit die parlamentarische Entwicklung Großbritanniens und der USA erklärt wurde und gleichzeitig ein guter Grund geliefert wurde, warum Deutschland keine Demokratie sein könne). Oder: dass eine effiziente Verwaltung eine Konsequenz des Kriegs sei (womit die berühmte preußische Bürokratie als ein Nebeneffekt der Expansionspolitik der Hohenzollern erklärt wurde).[3]

Diese Theorie wurde seit den 1960er Jahren geradewegs durch ihr Gegenteil ersetzt: den Primat der Innenpolitik. Er geht zurück auf den früh verstorbenen und erst in den 1960er Jahren durch die Sozialgeschichte wiederentdeckten Eckart Kehr, der in seiner 1930 publizierten Dissertation den Imperialismus des Wilhelminischen Reiches, insbesondere die Rüstungspolitik, mit innenpolitischen Motiven erklärt hatte. Das Reich bzw. seine Eliten wollten ihm zufolge damit von inneren Konflikten, insbesondere dem Aufstieg der Sozialdemokratie ablenken und die Aggressionen auf imperialistische und nationalistische Sentimente umleiten. Dahinter ortete Kehr die Rücksicht auf die Geschäftsinteressen der deutschen Rüstungsindustrie und auf die Versorgung des Adels in militärischen und Kolonialverwaltungspositionen.[4] Erst recht, so das Argument der Sozialhistoriker der 1960er Jahre, gewinne die Innenpolitik dann Priorität, wenn es in der Demokratie um Wählerstimmen

1 Otto Hintze, Wesen und Wandlung des modernen Staates, in: ders., Staat und Verfassung, 470–496.

2 Leopold von Ranke, Die großen Mächte, hg. v. Friedrich Meinecke, Leipzig 1916.

3 Vgl. als eine „politische" Deutung zu einem Zeitpunkt, als die These schon schwer unter Beschuss stand: Czempiel, Der Primat der auswärtigen Politik.

4 Vgl. Eckart Kehr, Der Primat der Innenpolitik, hg. u. eingeleitet von Hans-Ulrich Wehler, Frankfurt 1970[2].

gehe. Dieses Argument: dass die Außenpolitik innenpolitischen Machtinteressen folge und deshalb jedes außenpolitische Manöver eigentlich immer auch Wahlkampf sei, gilt heute wiederum fast kanonisch, jedenfalls in den westlichen Demokratien.

Dieser Wandel in der Vorstellung davon, welche Ziele für die Politik primär seien, hat aber nicht nur, wie das lange Zeit verstanden wurde, mit einer Geringschätzung der konservativen Historiker des 19. Jahrhunderts für die Demokratie und die Bürger zu tun. Er hat schlicht auch mit dem Wandel von Staat und Politik und damit einer Änderung der zentralen Themen zu tun. Denn die Historiker, die dem Primat der Außenpolitik anhingen, beforschten eben vorrangig die Frühe Neuzeit, in der – Stichwort Bellizität – die Außenpolitik tatsächlich die *conditio sine qua non* dieser gerade erst entstehenden Staaten gewesen war. Die Historiker seit den 1960er Jahren, die einen Primat der Innenpolitik vertraten, interessierten sich dagegen hauptsächlich für das 19. Jahrhundert, als die Existenz der Staaten nicht mehr auf dem Spiel stand und die Innere Staatsbildung Priorität hatte. Wenn auch beide Thesen sehr grundsätzliche Ansprüche erheben, müssen sie doch relativiert werden: Sie beziehen ihre Überzeugungskraft aus dem Fokus auf unterschiedlichen Epochen.

6.1 Diplomatie und Staatensystem

Die klassische Politikgeschichte seit dem 19. Jahrhundert schloss aus dem „Primat der Außenpolitik", dass die internationalen Beziehungen das Kernstück jeder Politikgeschichte seien, weil hier Staaten aufeinanderträfen, die sich durch kein höheres Recht gebunden sähen, so dass hier nur die Macht, das Recht des Stärkeren, aber auch das diplomatische Geschick zählten, sich die richtigen Freunde zu machen. Die historische, erst seit wenigen Menschenaltern geltende Konstellation des *Westphalian System* mit seinen gleichberechtigten souveränen Staaten wurde also zu einer quasi überhistorischen Konstante gemacht. Doch so viel ist in der Tat richtig: In einer Zeit wie dieser, als Staatenbeziehungen vor allem als bilaterale Beziehungen bestanden, als es keine Vertragssysteme gab, die mehrere Staaten zusammen- und einbinden konnten, hing es sehr davon ab, wie man seinem jeweiligen staatlichen Gegenüber entgegentrat und wie man die Beziehungen zum einen mit denen zum anderen austarierte und so fragile, aber ausbalancierte Konstruktionen von Verbindung und Verpflichtung schuf.

Zwischen 1792 und 1814 war in Europa die meiste Zeit Krieg, ein Krieg Frankreichs gegen den Rest des Kontinents. Etwa 15 Jahre davon, seit 1799, war Napoleon derjenige, der Krieg gegen Europa führte und dieser Epoche seinen Namen gab. Man kann die Napoleonischen Kriege auch als den letzten Ausläufer der Bellizität der Frühen Neuzeit verstehen. Sie endeten in einer großen Erschöpfung. Danach spielten sich Beziehungen zwischen den Staaten ein, die von wechselseitiger Anerkennung und von einem Mächtesystem geprägt waren, das auf lange Zeit Stabilität zu ermöglichen schien. Der Wiener Kongress 1814/15 ordnete nicht nur die Landkarte neu und zog allgemein akzeptierte Staatsgrenzen, sondern er ordnete auch das Verhältnis der Staaten untereinander neu und schuf die Bedingungen für eine langandauernde Friedensordnung, die vor allem durch die Abwehr der Revolution und die Legitimität der existierenden Herrschaften geprägt sein sollte.[5] War seit dem Ende des Mittelalters das Verhältnis zwischen den neu entstehenden Staaten immer von der naheliegenden Möglichkeit kriegerischer Auseinandersetzungen geprägt gewesen, so bildete sich nun ein neues Ethos heraus, das die Bewahrung des Friedens als ein höchstes Ziel in den Beziehungen zwischen Staaten ansah. Es mag auch mit den traumatischen Erfahrungen der über zwanzigjährigen Kriegszeit der Französischen Revolution zusammenhängen, dass nun die Friedenswahrung zu einem Ziel nicht nur der innerstaatlichen, sondern auch der internationalen Beziehungen wurde. Im 19. Jahrhundert erlebte Europa, gestützt auf stabile Bündnis- und Vertragssysteme, insgesamt eine bisher nicht gekannte lange Friedensepoche.

Das heißt nicht, dass es keine Kriege mehr gab. Um die Mitte des Jahrhunderts kam es zu einer kriegerischen Verdichtung, deren zeitgenössisch am stärksten wahrgenommene der Krimkrieg (1853–1856) war; an diesem Krieg, den das Zarenreich gegen das Osmanische Reich eröffnete, um sich einen Zugang zum Mittelmeer zu verschaffen, waren die meisten größeren europäischen Mächte beteiligt. Der Krimkrieg war von Massentod begleitet, aber die meisten der Hunderttausenden Opfer (verlässliche Zahlen existieren nicht) starben nicht in der Schlacht, sondern an Hunger oder Seuchen. Die drei Kriege, die Preußen um ein Deutsches Reich führte (1864 gegen Dänemark, 1866 gegen den Deutschen Bund, 1870/71 gegen Frankreich), waren bilaterale Kriege, die in mancher Hinsicht noch in die ältere Kategorie der Kabinettskriege, also der begrenzten militärischen Auseinandersetzungen, gehörten. Auch die italienischen Einigungskriege waren bilaterale, kurze, allerdings blutige Konflikte. Bis zum Ersten Weltkrieg war der Frieden zwar häufig prekär, aber er hielt.

Die relative Ruhe war auch eine Folge der konsolidierten Staatenbeziehungen, die nach dem Ende der napoleonischen Ära entstanden. Die alten Monarchien Mittel- und Osteuropas (Russland, Habsburg, Preußen) hatten ein Interesse daran, die Verhältnisse zu beruhigen und spielten als „Heilige Allianz“ eine Rolle, die zwar die gesellschaftliche Bewegung aufhielt, aber eben auch kriegsvermeidend wirkte. Erleichternd wirkte, dass die europäischen Monarchen alle miteinander verwandt waren und sich generell in einer Position der Solidarität sahen. Nach den Verwerfungen des Vierteljahrhunderts Krieg bestand die Leistung des Wiener Kongresses in der Herstellung eines „Gleichgewichts der Mächte“. Die fünf Beteiligten an diesem System waren Frankreich, Österreich, Großbritannien, Russland und Preußen. Sie spielten so zusammen, dass man zeitgenössisch die Metapher des „Europäischen Konzerts“ dafür fand. Das konnte auch bedeuten, dass eine der Mächte im Interesse der Nachbarn intervenierte, wenn in Europa irgendwo der Herd brannte, so etwa bei der Niederschlagung der Revolution in Ungarn durch Russland 1849, nachdem die Habsburger

5 Zur Sicherheitsarchitektur des Wiener Kongresses: Steinmetz, Europa im 19. Jahrhundert, 255–271.

nicht mehr handlungsfähig waren. Das „Europäische Konzert" war demzufolge ein Zusammenwirken der fünf Großmächte zur Aufrechterhaltung stabiler Zustände.

Johannes Paulmann argumentiert dagegen, dass es sich vielmehr um eine Doppelhegemonie Russlands und Großbritanniens gehandelt habe.[6] Beide Staaten verfügten, anders als die anderen, über gewaltige ökonomische und personelle Ressourcen; sie waren geographisch vor Angriffen weitgehend geschützt und stützten sich in hohem Maß auf außereuropäische Machtmittel, auf die die europäischen Rivalen keinen Zugriff hatten. Trotz der politischen Systemunterschiede verstanden sich beide nicht als feindliche Gegner wie im Kalten Krieg die USA und die UdSSR. Lediglich im Krimkrieg wurde diese „gutartige, geteilte Hegemonie" (Paul W. Schroeder) kurzzeitig auf die Probe gestellt.

Dieses System von im Prinzip gleichrangigen Staaten, die sich allerdings nach Machtressourcen unterschieden, war erst im 18. Jahrhundert entstanden und gewann im 19. Jahrhundert an Stabilität. Es bedurfte der Aushandlungsformen, und dafür entstand die moderne Diplomatie.[7] Vor dem Ende des 18. Jahrhunderts kannte man den Begriff kaum. Erst jetzt bedurfte man auch des Personals, die schwierigen Geschäfte von Staaten (und nicht mehr von Herrschern!), die miteinander auskommen mussten, sich aber nicht ohne Weiteres vertrauten, zu besorgen. Zunächst waren es ausnahmslos Adlige, die ja europaweit Verwandtschafts- und andere Bindungen hatten, die alle Französisch, die *Lingua franca* des frühneuzeitlichen Europa sprachen, und die auch über das Benehmen verfügten, sich anderen Regierungen und Monarchen gegenüber im persönlichen Umgang in Szene zu setzen. Diese Diplomaten waren noch lange nicht unbedingt an einen Staat gebunden, sondern konnten ihre Arbeitgeber durchaus wechseln. Sie bildeten mit der Zeit eine eigene Klasse, die gut vernetzt war, vorzugsweise über nichtöffentliche Kanäle kommunizierte und in der Lage war, die Interessen des jeweils anderen nachzuvollziehen und den eigenen Regierungen begreifbar zu machen. Das höfische Zeremoniell der Frühen Neuzeit findet sich in Überresten heute noch in der gewundenen Höflichkeit der Diplomaten untereinander. Wenn revolutionäre Regime ohne diesen Traditionsbestand an die Macht kamen, hatten sie häufig das Problem, die Verhaltensweisen und Höflichkeitsformen nicht zu beherrschen (oder nicht praktizieren zu wollen). Deshalb waren die diplomatischen Vertreter der französischen III. Republik oder später des bolschewistischen Russland anfangs Parias auf dem internationalen Parkett.[8]

Dieses System des Gleichgewichts funktionierte ein wenig wie ein Mobile, das leicht in Unwucht geraten und wieder neu austariert werden musste; und es machte das Problem des Deutschen Kaiserreichs aus, dass es sich in einem Krieg 1870/71 gegen ein Frankreich durchgesetzt (und ihm Elsass und Lothringen abgenommen) hatte, das sich dauerhaft bedroht fühlte und das deshalb – obwohl Republik! – mit

---

6 Zum Folgenden: Paulmann, Globale Vorherrschaft, 355–395.

7 Paulmann, Diplomatie.

8 Vgl. Verena Steller, Diplomatie von Angesicht zu Angesicht. Diplomatische Handlungsformen in den deutsch-französischen Beziehungen 1870–1919, Paderborn 2011.

dem autokratischen Russland gemeinsame Interessen entdeckte.[9] Für das Deutsche Reich entstand damit der Albtraum eines Zweifrontenkriegs, und deshalb musste es nicht nur Bündnispartner suchen, sondern auch Rückversicherungsverträge mit diesen potentiellen Gegnern. Bismarck schloss zur Absicherung seines neuen Reichs mit allen anderen Staaten Verträge, und manche widersprachen einander. Dieses System war weniger strategisch und durchdacht, als der Bismarck-Mythos lange behauptet hat. Bismarck befand sich jedoch durchaus im Einklang mit dem Verhalten der anderen Staaten; Bündnisse sicherten in einem tendenziell überkomplexen System Frieden insofern, als sie bestimmte Feindkonstellationen ausschlossen oder erschwerten. Zu multilateralen Abkommen, wie sie nach 1945 üblich geworden sind, kam es allerdings nicht, weil die Staaten dadurch ihre Handlungsfähigkeit beschränkt glaubten. Im 19. Jahrhundert kooperierten oder konfligierten nämlich in der Tat Staaten miteinander, und das jeweilige politische System, ob Monarchie oder Republik, spielte dabei eine untergeordnete Rolle. Die Vorstellung, dass Demokratien auf der einen Seite und die autoritären Systeme auf der anderen stünden, ist eine Erfindung des 20. Jahrhunderts.

Das Eigengewicht der Staaten überwucherte allmählich die Solidarität der miteinander verwandten Monarchen, die noch die Architektur des Wiener Kongresses bestimmt hatte. Die Vorstellung, dass diese Staaten miteinander in Konkurrenz stünden, dass nicht die Bewahrung des Friedens im Interesse aller, sondern die Durchsetzung eigener Interessen auf Kosten anderer im Mittelpunkt des politischen Handelns steht: Das war ein Denkstil, der sich auch im Konkurrenzkapitalismus fand und auch in den Wissenschaften. In der zweiten Hälfte des 19. Jahrhunderts gewann er sichtlich an Einfluss. Die Formulierung vom „Survival of the Fittest", die Charles Darwin als Formel für die genetische Selektion in der Natur geprägt hatte, fand Eingang in die Politik, die immer mehr als ein ewiger Kampf ums Dasein erschien. Dass Staaten miteinander um einen „Platz an der Sonne" konkurrierten und dass man entweder überlebe oder untergehe, war ein Gedanke, der um die Mitte des 19. Jahrhunderts noch keinen Platz gehabt hatte, aber gegen Ende des Jahrhunderts immer wichtiger wurde – nicht zuletzt die Folge eines überall erfolgreichen Nationalismus. Der Gedanke tobte sich aus im Wettrennen um Kolonien, er führte aber auch zu einem immer aggressiveren Auftreten der Staaten gegeneinander. Hatte es im Gefolge des Wiener Kongresses erste zarte Ansätze für ein internationales, verbindendes Recht gegeben, spielte nun immer mehr die Annahme eine Rolle, dass Macht über Recht gehe, dass wirklich sicher nur der Staat sei, der mit dem Schwert in der Hand seine Interessen durchsetzen könne. Das führte nicht nur zu einer Geringschätzung von Abkommen, sondern auch zu einer abnehmenden Beachtung der Sicherheitsinteressen des Anderen. Staaten, so die neue Vorstellung, könnten nicht gut miteinander leben und ihre Interessen austarieren, sondern müssten einander permanent bekämpfen. Das bereitete den Weg

9 Klaus Hildebrand, Das vergangene Reich. Deutsche Außenpolitik von Bismarck bis Hitler (1994), München 2008 (Bismarcks Außenpolitik: 13–146).

in die Bellizität des 20. Jahrhunderts. Allerdings zeigt sich die anhaltende Bedeutung von Diplomatie, Absprachen und Bündnissen in einer Reihe vermiedener Kriege in der zweiten Hälfte des 19. Jahrhundert: Auch wenn das System fragil war, es funktionierte doch über weite Strecken.[10]

Ein Faktor beim gewandelten Umgang mit Außenpolitik war die zunehmende Bedeutung der Massenmedien, vor allem der Zeitungen.[11] Weil die Außenpolitik ein Vorbehalt des Monarchen (und seiner Regierung) war, blieb sie lange ein Arkanbereich politischen Handelns. In den meisten europäischen Parlamenten durfte die Außenpolitik nicht verhandelt werden, und Diplomaten betrachteten ihr Geschäft sowieso als eines, das hinter den Kulissen vor sich ging. Das änderte sich mit dem zunehmenden Einfluss der Medien und der Öffentlichkeit, die seit dem letzten Drittel des 19. Jahrhunderts auf die Politik einzuwirken begannen. Außenpolitische Nachrichten waren wichtige Informationen, die Zeitungen waren begierig, davon zu berichten, und sie fanden ihre Quellen. Seit der Mitte des 19. Jahrhunderts wurde die Zensur, die staatlicherseits über die Medien ausgeübt wurde, immer brüchiger. Außenpolitik wurde deshalb immer mehr ein öffentliches Thema, und die interessierte Öffentlichkeit entfaltete einen immer stärkeren Druck auf dieses lange Zeit so geheime Geschäft. Aber nun lernten umgekehrt die Politiker (und auch die Monarchen), mit dieser Öffentlichkeit zu spielen. Eine aktive Pressepolitik der Regierung operierte nicht mehr über Verbot und Zensur, sondern sie belohnte positive Berichterstattung. Politiker lernten, die Presse mit Geld oder der Aussicht auf Spezialinformationen zu lenken, „über Bande zu spielen", Nachrichten in den Medien zu lancieren und so ihrerseits Druck auf politische Gegner oder das Ausland auszuüben. Pionier dieser heute ganz üblichen Strategie war der preußische Ministerpräsident und Kanzler des Norddeutschen Bundes Otto von Bismarck, der 1870 in seiner „Emser Depesche" (eigentlich einer Pressemitteilung über ein regierungsinternes Telegramm) Konflikte mit der französischen Regierung so überscharf darstellte, dass die nationalistische französische Presse empört Krieg forderte und ihre Regierung zur Kriegserklärung bewog – was genau die Absicht Bismarcks war.[12]

Die Transformation der Außenpolitik durch die Massenmedien war allerdings ein zweischneidiges Schwert. Denn unter Umständen konnten Kampagnen, die vielleicht auch von der Presse selbst losgetreten wurden, die Politik unter Druck setzen. Typischerweise tendierten die Massenmedien zu einer Verschärfung der Konflikte, eine Zuspitzung der Gegensätze brachte nämlich Nachrichten und Leser. Die Medialisierung der Außenpolitik führte nicht dazu, dass diese konzilianter und mehr auf Frieden bedacht war. Im Gegenteil, sie trieb die Politiker, auch im Dienste ihrer Popularität, dazu, das „berechtigte Interesse" ihres Staates laut zu betonen, mit „Konsequenzen" zu drohen oder auf die eigenen Machtmittel zu verweisen.

10 Dülffer u.a., Vermiedene Kriege.

11 Bösch/Hoeres, Außenpolitik im Medienzeitalter.

12 Eberhard Kolb, Der Kriegsausbruch 1870. Politische Entscheidungsprozesse und Verantwortlichkeiten in der Julikrise 1870, Göttingen 1970.

6.2 Momente der Inneren Staatsbildung

Dass Staaten nach außen so agieren konnten, war nur möglich auf der Basis einer inneren Konsolidierung der Staatlichkeit, die sich seit dem 18. Jahrhundert vollzog und im 19. Jahrhundert das hauptsächliche Feld staatlicher Tätigkeit ausmachte. Sie ging überall in die gleiche Richtung – einer zunehmenden Formung der Gesellschaft durch stabile Institutionen –, aber sie ging unterschiedlich weit, und man kann unterschiedliche Entwicklungspfade entdecken. Der Staat nahm nicht immer den gleichen Weg und die Ausmaße von Innerer Staatsbildung unterschieden sich. Man kann in Europa einen zentralisierten Typ, wie er vor allem in Frankreich, Italien, Spanien und einigen deutschen Staaten wie Bayern existierte und vorbildhaft für Kontinentaleuropa war, von einem dezentralisierten bzw. föderalen Typ unterscheiden; dieser letztere war für das Deutsche Reich und mit Abstrichen in Preußen, in mancher Hinsicht Großbritannien, aber auch für die britischen Dominions und besonders für die USA charakteristisch. Im heterogenen Habsburgerreich war zentralisierte Staatlichkeit ebenfalls nur schwer durchzusetzen. In den (süd-)osteuropäischen Empires ging die innere Staatsbildung vielfach schleppend vor sich, nicht zuletzt deshalb, weil auf viele regionale, ethnische und religiöse Traditionen Rücksicht zu nehmen war.[13] In diesen Staaten bildete sich sehr viel weniger eine zentrale bürokratische Herrschaft heraus, vieles blieb lokal oder regional, in den USA von den Einzelstaaten verwaltet. Dennoch waren auch diese Staaten in der Lage, erhebliche Ressourcen, sei es finanzieller oder militärischer, sei es ideologischer Art, zu mobilisieren.[14] Auch die infrastrukturelle Erschließung der Gesellschaft, die maßgeblich die ökonomische Modernisierung ermöglichte und auf ihr aufruhte, konnte staatlich, halbstaatlich oder ganz privat sein: Eisenbahn, Post, Telegraphie und Telefon, Straßen- und Kanalbau, schließlich im 20. Jahrhundert die elektronischen Medien: All dies konnte der Staat zu seiner Aufgabe erklären und häufig tat er das auch, noch häufiger schob er ihre Entwicklung an; aber das war keineswegs vorgegeben. Staatsbildung funktionierte auch, wenn die Eisenbahn oder die Post privat waren.

Typischerweise erfolgten viele Maßnahmen der Inneren Staatsbildung schubweise und gewissermaßen „im Paket", oftmals im Umfeld von Staatszusammenbruch, Niederlage oder Neuanfang, aber auch als Reformvorhaben ehrgeiziger Monarchen, die dies gern bald nach Amtsantritt unternahmen. Und vielfach lernten die Unterlegenen von den Siegern, der Reformprozess in den europäischen Staaten ging in steter Konkurrenz vor sich. So gehörten die Preußischen Reformen in den Verarbeitungsprozess der Niederlagen gegen Napoleon; die Reformen der III. Französischen Republik waren umgekehrt eine Folge der Niederlage gegen das Deutsche

13 Calic, Südosteuropa, 291–295.

14 Bayly, Die Geburt der modernen Welt, 315–321.

Reich.[15] Dessen Reformperiode der 1870er Jahre erwuchs aus der Reichsgründung, die einen ganz neuen institutionellen Apparat erforderte.[16] Sie hat allerdings schon im Norddeutschen Bund begonnen, der als großpreußische Gründung bereits einen deutschen Nationalstaat in nuce darstellte und nicht nur durch die Schaffung einer Verfassung, die fast unverändert auch im Kaiserreich gelten sollte, sondern besonders in Hinsicht auf die Wirtschafts- und Sozialverfassung wichtige Weichen stellte.[17]

Die Tanzimat-Reformen im Osmanischen Reich erfolgten ebenfalls in Wellen und auf Druck der westlichen Mächte: 1839 nach dem Amtsantritt des neuen Sultans Abdülmecid I.; 1856, um nach der Niederlage im Krimkrieg bessere Friedensbedingungen zu erhalten; 1876, als die Aufstände in den europäischen Provinzen sich häuften. Die liberalen Eliten des Zarenreichs verstanden sich insbesondere in Beziehung auf Verfassung und Rechtsinstitutionen ganz explizit als „Schüler", und das Rechtssystem, das als Teil der Rechtsreformen Alexanders II. in den 1860er Jahren eingerichtet wurde, basierte auf einer intensiven Kenntnis und Übernahme deutscher, französischer und italienischer Institutionen, etwa der Geschworenengerichte. Man kann am russischen Beispiel aber auch die Grenzen der Ausdehnung von Staatlichkeit in Europa sehen, denn in Russland trafen die liberalen Rechtsformen außerhalb der Zentren auf die Eigengesetzlichkeit einer weithin analphabetischen Bauerngesellschaft (Recht braucht Sprache und Schrift!), die mit traditionellen Regeln der Rechtsfindung und einem erheblichen Maß an Gewalt ihre Normen und ihr Eigentum schützen wollte.[18]

a. Verfassung und Recht

Alle Staaten, die auf Dauer gestellt sein und deshalb mit irgendeiner Form von kollektiver Zustimmung und nicht nur durch permanente Gewalt und Gewaltandrohung funktionieren wollen, bilden fundamentale Gesetze aus, an die sie sich (im Prinzip) halten und ohne die sie andere Staaten wären. Das moderne Begriffsverständnis von „Verfassung" im Sinne von geschriebenen Staatsgrundgesetzen formte sich aber erst in der zweiten Hälfte des 18. Jahrhundert; es ersetzte das ältere Verständnis im Sinne der „Verfasstheit" eines politischen Gemeinwesens: Die „constitutio rei publicae" war eigentlich ein anderes Wort für den „status [Zustand] rei publicae", aus dem sich das moderne Wort „Staat" entwickelt hat.[19] Die franzö-

15 Wolfgang Schivelbusch, Die Kultur der Niederlage. Der amerikanische Süden 1865 – Frankreich 1871 – Deutschland 1918, Berlin 2001, 123–224; Allan Mitchell, The German Influence in France after 1870. The Formation of the French Republic, Chapel Hill NC 1979.

16 Zur staatlichen Integration im Kaiserreich wegweisend: Weichlein, Nation und Region.

17 Christian Jansen, Der Norddeutsche Bund, in: Handbuch der Europäischen Verfassungsgeschichte im 19. Jh., Bd. 3, 731–764, bes. 763 f.

18 Zu dieser Frage des Transfers von staatlicher Modernität: Beyrau u. a., Reformen im Russland des 19. und 20. Jahrhunderts.

19 Vgl. Peter Brandt u. a., Einleitung, in: Handbuch der europäischen Verfassungsgeschichte im 19. Jahrhundert, Bd. 1: Um 1800, Bonn 2006, 7–18.

sische Erklärung der Menschen- und Bürgerrechte vom 26. August 1789 stellte einen unmittelbaren Konnex zwischen beiden her: „Eine Gesellschaft, deren Rechte nicht sicher verbürgt sind und bei der die Teilung der Gewalten nicht durchgeführt ist, hat keine Verfassung." Das 19. Jahrhundert war eine Hochzeit von Verfassungen im modernen Sinne von Gesetzestexten. Seit der Amerikanischen und der Französischen Revolution, in denen Verfassungen als Staatsgrundgesetze ausformuliert wurden, wurden in ganz Europa (und darüber hinaus) vor allem in der Revolution von 1848/49 solche Texte als Garantien erlassen. Das galt sowohl für monarchische wie auch für revolutionäre Systeme – Revolutionäre wollten mit einer Konstitution die neuen Errungenschaften stabilisieren und Monarchien stifteten Verfassungen, um ihre Herrschaft zu retten. Die absolutistischen Herrscher haben versucht, sich diesem Druck zu entziehen, weil eine solchermaßen kodifizierte Verfassung ihre Herrschaft band und ja im Grunde nicht den Herrscher, sondern das Volk als Souverän setzte. Mit einer solchen Verfassung wurde aus einer absoluten eine konstitutionelle Monarchie. Der monarchische Konstitutionalismus war die Normalform einer politischen Verfassung im 19. Jahrhundert.[20] Auch die neu gegründeten Nationalstaaten des 19. Jahrhunderts waren Monarchien, selbst dort, wo es keine monarchische Tradition gab, wie in Griechenland, Rumänien oder Bulgarien.

Die französische Verfassung von 1791 war die erste ihrer Art, und seither standen europäische Monarchen vor der Herausforderung, sich mit Verfassungen als dem textlichen Ausdruck eines Gesellschaftsvertrags zu arrangieren oder eine solche gar aktiv zu versprechen. Dass der preußische König Friedrich Wilhelm III. die Verfassung, die er seit 1810 für die Zeit nach der Befreiung von der französischen Herrschaft mindestens sechsmal in Aussicht gestellt hatte, nicht erließ, ist ihm nachhaltig übelgenommen worden. Sein Sohn und Nachfolger Friedrich Wilhelm IV. verweigerte sich beim Ersten Vereinigten Landtag 1848 ebenfalls. Es gab dann im Dezember doch eine Verfassung, allerdings eine vom König eigenmächtig erlassene („oktroyierte"). Wenn schon, dann wollte ein absolutistischer Herrscher eine Verfassung aus eigener Machtvollkommenheit und nicht als Vereinbarung mit seinen Bürgern verkünden.

Dass Verfassungen geschriebene Dokumente sein mussten, galt nicht überall. Großbritannien hat bis heute keine solche Verfassung. „The English Constitution" meinte, wie der englische Journalist Walter Bagehot in seinem epochalen Buch vertrat, die „Verfasstheit" des Königreichs im obigen Sinn.[21] „English" (oder „British") Constitution meinte konkret eine Reihe von Rechtssätzen, die im Sinne von Präzedenzentscheidungen oder als über die Dauer herausgebildetes Gewohnheitsrecht funktionieren. Entscheidend ist auch in diesem Fall, dass sie als geltendes Recht akzeptiert werden. Die Voraussetzung für die Geltungskraft von Verfassungen ist mithin ein geteilter Glaube an die Gültigkeit des Rechts; er ist auch dann wirkungsmächtig, wenn Gewalt dieses Recht knebelt – denn nun ist es eine illegitime Gewalt.

20 Kirsch, Monarch und Parlament.
21 Bagehot, Die englische Verfassung.

Der Ruf nach Verfassungen stand im 19. Jahrhundert also für die Anerkennung des Rechts anstelle der reinen Gewalt – unbeschadet des Umstandes, dass die Aushandlung einer solchen Rechtsgrundlage natürlich auch eine Machtfrage war. Abgesehen von Russland (hier erst 1905) erhielten alle europäischen Staaten spätestens in der zweiten Hälfte des 19. Jahrhunderts Verfassungen. Auch das Osmanische Reich führte 1876 eine (allerdings oktroyierte) Verfassung ein, mit einem parlamentarischen Zweikammersystem. Jedoch wurde dieses Parlament schon zwei Jahre später wieder geschlossen und der Sultan herrschte bis 1908 als absolutistischer Monarch.

Verfassungen setzen einen Rahmen, der alle weiteren rechtlichen Festlegungen bindet; so etwa die Rechte von Staatsbürgern gegenüber den politischen Institutionen oder dem staatlichen Zwangsapparat. Das muss aber nicht notwendig mehr Demokratie bedeuten und auch nicht eine Relativierung der staatlichen Macht. Die moderne Staatlichkeit ging einher mit einer zunehmenden Monopolisierung des Rechts durch den Staat.[22] Davor gab es eine Vielzahl besonderer Rechtsräume: Die Kirche setzte ihr eigenes Recht; die einzelnen Stände unterlagen eigenen Rechten; auch die Universitäten waren ein gesonderter Rechtsraum. Insbesondere auf dem Land fand „Recht" noch lange als private, herrschaftliche Findung (und polizeiliche Durchsetzung) von Regeln statt; im ostelbischen Preußen war die niedere Gerichtsbarkeit bis zur Jahrhundertmitte in den Händen der Gutsbesitzer.[23] Dies wurde sukzessive und unter schweren Konflikten ersetzt durch ein Recht, das vom Staat gesetzt war und das nun zunehmend auch das häufig nur mündlich überlieferte lokale oder regionale Gewohnheitsrecht ablöste. So ist das 19. Jahrhundert eine Zeit, in der in riesenhaftem Umfang basale Gesetze und Ausführungsgesetze erlassen wurden, die die Verhältnisse zwischen den Bürgern untereinander und zwischen Bürgern und Staat regelten: die beiden Hauptbereiche des Öffentlichen (Bürger und Staat) und des Zivilrechts (Bürger untereinander) mit seinen Konkretisierungen, z. B., Verfassungsrecht, Strafrecht Privatrecht, Arbeitsrecht usw.: Im 19. Jahrhundert wurden weite Teile des Verhältnisses zwischen Bürgern und Staat und der Bürger untereinander kodifiziert. Rechtsbücher wie der vorbildhafte *Code Napoleon* wurden nun nicht mehr als Sammlung vorhandener Rechtssätze, sondern ganz neu als in sich harmonische Rechtssysteme konzipiert (dies galt nicht in Großbritannien, wo das *Common Law* als Sammlung von Gewohnheitsrechten und an einzelnen Fällen orientiert blieb). Die Position von Juristen wurde definiert, hierarchische Rechtsebenen wurden ebenso wie die Rollen von (unabsetzbarem) Richter, Staats- und Rechtsanwalt beschrieben. Hoch umstritten war die Öffentlichkeit des Verfahrens: eine Errungenschaft der Französischen Revolution, die die Rechtsfindung von einer im Geheimen betriebenen Sache zu einer Angelegenheit der gesamten Öffentlichkeit, also: Gesellschaft machte.[24] Die Idee, Geschworenengerichte, also juristische Laien mit der Rechtsfindung zu beauftragen, verdankte sich

22 Zum 19. Jahrhundert: Wesel, Geschichte des Rechts in Europa, 425–534.
23 Wienfort, Ländliche Rechtsverfassung und bürgerliche Gesellschaft.
24 Reinhard, Staatsgewalt, 297 f.

der naturrechtlichen Auffassung, dass jeder in sich ein Rechtsbewusstsein trage, das zur Rechtsentscheidung befähige. Doch nur im angelsächsischen Rechtskreis hat es sich als entscheidende Instanz erhalten. Überall sonst vertraute man professionellen Richtern mehr.

Diese Entwicklung hin zu einer durch Recht regulierten Staatlichkeit ging keineswegs im Gleichschritt vor sich, und gerade in den Empires in Ost- und Südosteuropa, am ausgeprägtesten im zarischen Russland, lassen sich langanhaltende Ungleichzeitigkeiten, aber auch Überlagerungen von alten – kommunalen, genossenschaftlichen, herrschaftlichen – und neuen staatlichen Formen beobachten.[25] Umgekehrt galt es zeitgenössischen Beobachtern als ein Lackmustest für Modernität, wie weit die Entwicklung rechtsstaatlicher Prinzipien und Verfahren gelungen war. Liberale Reformer in den Zentren verfolgten diese Richtung, stießen dabei aber oft auf erhebliche Widerstände vor Ort. „Rechtsstaat" war kein Konzept, das analphabetischen Bauern in der russischen Provinz einleuchten mochte, die einen Pferdedieb gestellt hatten und den Staatsanwalt weit weg wussten. Gerade in den Imperien Ost- und Südosteuropas brach sich die Durchsetzung des Rechtsstaates an den Peripherien. Das Gleichheitsversprechen des Nationalstaates, so scheint es, generierte auch ein stärkeres Bewusstsein für den Rechtsstaat, der ja ebenfalls ein Gleichheitsversprechen bedeutete, weil die Staatsbürger als einander auf Augenhöhe imaginiert wurden.

b. Verwaltung

Ein zentrales Moment von Staatlichkeit ist Verwaltung – also alle alltäglichen Ordnungstätigkeiten, die weder Regieren im Sinne der Verfolgung von strategischen Zielen noch Legislative im Sinne des Erlasses von Rechtsnormen sind.[26] Die Ausbildung von Verwaltungsprinzipien und Verwaltungspersonal gehörte zu den großen Aufgaben der Inneren Staatsbildung. Denn Verwaltung braucht Loyalität und Kontinuität. Sie kann nicht nach Gutdünken erfolgen, sondern muss verlässlich sein, und das gilt sowohl für die Prinzipien als auch für das Personal. Verwaltung muss im hintersten Flecken des Staates ebenso funktionieren wie in der Hauptstadt, und sie muss für alle gleich gelten. So jedenfalls der Grundsatz.

In Hinsicht auf die Organisation der staatlichen Verwaltung besteht ein grundsätzlicher Unterschied zwischen der frühneuzeitlichen Staatlichkeit und der, die sich im 19. Jahrhundert entwickelte. Während bis zum Ende des 18. Jahrhunderts Verwaltungsstrukturen abhängig von den spezifischen Herrschaftsbeziehungen und demgemäß heterogen waren, suchte der Staat seither, eine eindeutige, geschichtete und hierarchische Verwaltung aufzubauen, die überall nach ähnlichen Prinzipien

25 Baberowski, Das Justizwesen im späten Zarenreich.

26 Hier zentral: Raphael, Recht und Ordnung. Eine wegweisende Untersuchung der Verwaltung als Implementationsprozess am Beispiel der Umsetzung der preußischen Reformen: Haas, Die Kultur der Verwaltung.

strukturiert war. Fast überall etablierte sich ein Modell mit drei oder mehr territorial verfassten, hierarchisch geschichteten Verwaltungsebenen, in denen von oben nach unten und von unten nach oben nach dem Prinzip von Anweisung und Folge kommuniziert wurde. Überall waren die oberen und zumeist auch die mittleren Ebenen mit geschulten Kräften (immer mehr mit für diesen Zweck ausgebildeten Juristen) besetzt, die grundsätzlich nach dem Prinzip von Qualifikation und Leistung ausgewählt wurden, feste Gehälter und zunehmend auch Ruhestandspensionen bezogen und die versetzt werden konnten. Auf der untersten, der lokalen Ebene aber basierte die Verwaltung noch teilweise bis weit ins 20. Jahrhundert fast überall auf der (häufig ehrenamtlichen) Wahrnehmung durch lokale Honoratioren oder Herrschaftsträger. Außer in Frankreich waren das überall Adlige. Sobald der Verwaltungsstaat lokal wurde, lebte er also von der Wahrnehmung und Repräsentation durch traditionelle Eliten, die meist weit mehr waren als reine Verwaltungsleute, sondern auch andere Formen von Herrschaft – als Gerichtsbarkeit, Polizei, aber auch als Arbeitgeber – wahrnahmen. Insofern hörte nicht nur in Preußen der Staat beim Landrat auf, wie dies Otto Hintze formuliert hat.

Diese Prinzipien kannten ihrerseits eine große Spannbreite. In Kontinentaleuropa waren zwei Modelle vorbildhaft: die napoleonische und die preußische Verwaltung. Das napoleonische Modell war ausgesprochen zentralistisch, und in dieser Hinsicht führte es Tendenzen des Absolutismus fort. Ministerien wurden als Fachverwaltungen eingerichtet, die nach dem Ressortprinzip funktionierten und dafür ausgebildete Spezialisten beschäftigten: Finanzen, Inneres, Justiz, Äußeres, Militär, dazu Spezialverwaltungen wie der Bergbau. Napoleon gründete Fachschulen, die *Écoles polytechniques,* an denen diese Leute (die als Studenten übrigens Uniform trugen) ausgebildet wurden. Sie trugen einen Geist der Fachlichkeit und der Verwaltungsdisziplin ins Land. Schon vor Napoleon hatte die Revolution eine hierarchische Schichtung in rationale Verwaltungsbezirke (Départements, Mairies) eingeführt, die in ihrem Zuschnitt Neuschöpfungen waren, sich nicht viel um Traditionen regionaler Zusammengehörigkeit kümmerten und in denen die Vertreter des Staates von oben nach unten ernannt wurden: So hatte der Staat einen Durchgriff bis in die kleinen Städte und Dörfer, und der vom Kaiser ernannte Präfekt (der Chef eines Départements) kannte die Verhältnisse auch vor Ort bis ins Kleinste. Dieser Zentralismus war sowohl Vor- als auch Nachteil des französischen Verwaltungsmodells: Einerseits konnten Verwaltungsmaßnahmen relativ ungebremst bis nach unten durchgesetzt werden; andererseits tendierte das System zur Langsamkeit und zur zentralistischen Bevormundung. Alle kommunale Demokratie und Selbstverwaltung von unten wurde erstickt – bis ins letzte Viertel des 19. Jahrhunderts war in den Städten von Demokratie nicht die Rede und die Bürgermeister wurden von oben ernannt. In der Hauptstadt Paris durften die Bürger ihren Bürgermeister sogar erst 1977 wieder selbst wählen! Die napoleonische Verwaltungsreform wurde in vielen Teilen Europas durchgesetzt oder nachgeahmt: in vielen deutschen und italienischen Staaten, in Belgien und den Niederlanden, sogar in Spanien. Wo danach wieder andere Verhältnisse herrschten, wurden französische

Rechts- und Verwaltungsprinzipien weitgehend beibehalten, sogar im nunmehr preußischen Rheinland.

Auch die preußische Verwaltung, die im Gefolge der Niederlage gegen Napoleon reformiert wurde, führte Entwicklungslinien der absolutistischen Ära fort. Ihre Prinzipien waren ähnlich: Fachverwaltungen, regionale Gliederung, hierarchischer mehrstufiger Aufbau, von der Provinz (mit einem Oberpräsidenten an der Spitze) über die Regierungsbezirke (Regierungspräsident) hin zu den Landkreisen und den Städten (mit Landrat bzw. [Ober-]Bürgermeister). Im Unterschied zu Frankreich nahm die preußische Verwaltungsorganisation mehr Rücksicht auf territoriale Besonderheiten und Traditionen, vor allem aber beließ sie auf der unteren Ebene, insbesondere in den altpreußischen Landkreisen, dem lokalen Adel die zentrale Verwaltungsmacht. Adlige Gutsbesitzer waren bis in die zweite Hälfte des 19. Jahrhunderts Polizei, Richter, Landräte (und also Verwaltungschefs) in einem, und sie waren von Steuern befreit. Dies gab dem Staat vor Ort nicht nur ein ungleich autoritäreres Gesicht; es war auch weniger „Staat“ und mehr traditionelle Herrschaft. In den zentralen Verwaltungen (Oberpräsidium, Regierungspräsidium) saßen dagegen schon früh ausgebildete Juristen, die eine lange Ausbildung durchlaufen hatten und spezifische Verwaltungsprüfungen hinter sich bringen mussten. Hier entwickelte sich die (höhere) Bürokratie zu einer sozialen Gruppe mit starkem Korpsgeist, in der weniger auf Herkunft und mehr auf Qualifikation geachtet wurde, einer Gruppe, die sich mitunter gar als eine Art von Repräsentation des Gesamtstaates verstand –, denn wer wusste besser als sie, wie die Lage war im Land und was not tat? Dass die Beamten sich als „der Staat“ verstanden, war in Frankreich und Preußen ähnlich. Ähnlich war auch, und nicht nur in diesen beiden Ländern, dass die unteren Ebenen der Verwaltung häufig ein recht militärisches Gepräge annahmen. Sie waren ein bevorzugter Ort, ehemalige Soldaten einzusetzen, und auf den Dörfern saßen deshalb häufig Invalide und Ausgediente, die des Schreibens nur mühsam mächtig waren, den Kasernenhofton jedoch nicht vergessen hatten. Dass man die Verwaltung eher fürchten als lieben mochte, sie eher als Obrigkeit denn als Dienstleisterin betrachtete, hatte auch damit zu tun.

Ein zweiter Unterschied zu Frankreich war die kommunale Selbstverwaltung, auch sie eine Überlassung von Herrschaftsfunktionen an die untere Verwaltungsebene.[27] Die Städte genossen eine gewisse Selbständigkeit; so durfte etwa der [Ober-]Bürgermeister gewählt werden, musste allerdings vom König bestätigt werden, so dass auch hier staatlicher Durchgriff möglich war. Die Städte wurden aber vom Freiherrn vom Stein als Übungsfelder einer zunehmenden politischen Partizipation verstanden. Erst sollten die Bürger vor Ort ihre Angelegenheiten regeln lernen und sich erst danach an das gesamte Staatswesen wagen. Und in der Tat wurden die Städte schnell zu einem Ort staatsbürgerlicher Betätigung, der Parteibildung und

27 Als europäischen Überblick zur kommunalen Selbstverwaltung: Friedrich Lenger, Metropolen der Moderne. Eine europäische Stadtgeschichte seit 1850, München 2013, 151–162; für Deutschland: Wolfgang R. Krabbe, Die deutsche Stadt im 19. und 20. Jahrhundert, Göttingen 1989.

des politischen Selbstbewusstseins des Bürgertums, und zwar keineswegs nur der höheren Schichten.[28]

Hier lag eine Ähnlichkeit zum englischen *self-government*, das in gewisser Weise einen Sonderweg darstellte, der von den klugen Zeitgenossen außerhalb des Königreichs aufmerksam beobachtet wurde; die Wissenschaftler und Politiker dieser Zeit haben interessiert beobachtet, wie die Nachbarn es machten.[29] Denn auch wenn Großbritannien ein Pionier der staatlichen Zentralisierung war, führte die relative Schwächung der Monarchie seit den Bürgerkriegen des 17. Jahrhunderts zu einer Hemmung des Zentralstaats. Gewiss, es gab die Londoner Zentralbehörden für Krieg, Steuern und Zölle, die Ministerien wurden zu Verwaltungsinstitutionen, vor allem das Innenministerium, das auch für Armenwesen, Gesundheit und Schule zuständig war; für die Kolonien bildete sich ein eigener Zweig der Verwaltung aus. Aber unterhalb dieser zentralen Ebenen, die sich schon früh entwickelt hatten, lag ein Großteil der Verwaltung wie auch der Rechtsprechung in den Händen des lokalen landbesitzenden Adels, mit denen die Zentralverwaltung kooperieren musste, wollte sie erfolgreich durchregieren. Sie amtierten als Friedensrichter und als Kontrolleure des wichtigen Armenrechts; sie wachten über die Besteuerung und beaufsichtigten die lokalen Verwaltungen. All dies geschah zum großen Teil ehrenamtlich, so dass sich – zeitgenössisch bewundert – die britische Verwaltung durch geringe Ausgaben auszeichnete. Dass lokale Patronsherrschaft die Kehrseite war, steht auf einem anderen Blatt. Dieser Entwicklungspfad musste allerdings keineswegs weniger Effizienz bedeuten; die staatliche Verwaltung im England des 18. Jahrhunderts war trotzdem nicht minder ausgebildet als in Preußen.[30]

Diese Selbstverwaltung funktionierte in den Dörfern und kleinen Städten besser als in den rapide wachsenden Industriezentren, die sich seit dem Ende des 18. Jahrhunderts in England ausbreiteten.[31] Die Städte waren die Achillesferse des *self-government*, weil sie zu schnell wuchsen, um ehrenamtlich administriert zu werden. Es entwickelte sich eine große Vielfalt – man könnte auch sagen: Wildwuchs – an Behörden und lokalen Sonderregelungen. Allerdings waren bürgerliche Reformer und Parlamentarier seit dem Ende des 18. Jahrhunderts damit beschäftigt, Reformlinien einzuziehen und gemeinsame Grundsätze festzulegen, auch wenn die lokalen Behörden weiterhin das Heft in der Hand behielten. In den 1830er Jahren wurden die Stadtverwaltungen dahingehend reformiert, dass die Haus- und Grundbesitzer entscheidenden Einfluss erhielten – ein Vorbild für kommunale Verwaltung auch

28 Brigitte Meier, Politisierung des Bürgers auf dem Wege der städtischen Selbstregierung, in: dies./Helga Schultz (Hg.), Die Wiederkehr des Stadtbürgers. Städtereformen im europäischen Vergleich 1750–1850, Berlin 1994, 21–67.

29 Klassisch z. B. der österreichische Verfassungsrechtler und Politiker Josef Redlich, Englische Lokalverwaltung, Leipzig 1901. Zur englischen Verwaltung zusammenfassend: Gottfried Niedhart, Großbritannien, in: Handbuch der europäischen Verfassungsgeschichte, Bd. 1, 189–195.

30 Hellmuth, Der Staat des 18. Jahrhunderts.

31 Vgl. zum Folgenden: Philip J. Waller, Town, City and Nation. England 1850–1914, Oxford 1983, 240–280.

auf dem Kontinent.[32] Das im Zusammenhang mit der Industrialisierung wichtigste Gesetz war die Reform des *Poor Law* 1834, das einen drakonischen, auf Abschreckung bedachten Umgang mit den Armen, aber eben auch eine einheitliche lokale Behördenorganisation schuf. Erst 1871 kam es zu einer staatlichen Ordnung der lokalen Behörden und Aufgaben. Das britische *self-government* ähnelte in vieler Hinsicht mehr dem amerikanischen System der lokalen Selbstverwaltung (wo es allerdings keine Adligen gab) als den kontinentaleuropäischen Systemen, die von oben her dachten und den Staat auch in die Provinz zu bringen suchten.

Insgesamt kann man also auch in den durchstaatlichten Gesellschaften Europas feststellen, dass vor Ort weniger Staat war als „oben". Neben dem französischen und dem preußischen Modell und dem englischen Eigenweg gab es einen weiteren Sonderfall, der gerade in Hinsicht auf die geringe Durchstaatlichung vor Ort noch ausgeprägter war: das autokratische Modell einer durch keine Verfassung und kein Parlament kontrollierten Bürokratie mit allerdings geringer Eindringtiefe, das im zaristischen Russland praktiziert wurde. Diese Art von Verwaltung, die ursprünglich auf den reformabsolutistischen Ambitionen Katharinas der Großen basiert hatte, aber im Gefolge nicht weitergekommen war, delegierte die Verwaltung, sobald sie vor Ort kam, an die adligen Grundbesitzer, kontrollierte sie allerdings nicht. Auf der Zwischenebene der Gouvernements und Bezirke verlief sich die zaristische Verwaltung häufig, was nicht zuletzt daran lag, dass es kaum ausgebildete Juristen gab und selbst auf mittlerer Verwaltungsebene Analphabeten um 1850 noch häufig waren. Der Staat, so autoritär er in St. Peterburg seinen Ausgang nahm, zerfledderte in der Weite und gegenüber der Unempfindlichkeit des Provinzadels; es blieb nur die temporäre Gewalt von Soldaten und Steuereinnehmern. Die ambitionierten, am westlichen Modell orientierten Reformen des Zaren Alexander, der in den 1860er Jahren die Leibeigenschaft aufhob, eine gleiche Justiz für alle, Selbstverwaltungsorgane in Stadt und Land mit beträchtlichen Aufgaben einführte, dünnten in der Fläche aus, wurden uminterpretiert oder nicht beachtet.[33] Gleichzeitig aber hat die Selbstverwaltung („Zemstvo"), die einen bürokratischen Apparat mit am Ende Hunderttausenden von Beschäftigen herausbildete, auch Professionalisierungs- und Politisierungsprozesse angestoßen, die doch so etwas wie gebildete bürgerliche Eliten produzierten, ohne die die radikalen Umbrüche des 20. Jahrhundert wohl nur schwer erklärbar wären.

Diese Form eines nur schwach und höchstens punktuell ausgeprägten Staates in der Weite ist auch im habsburgischen Imperium und im Osmanischen Reich zu beobachten, ebenso wie an der Peripherie Italiens. Hier war der Staat der Beamten und des geschriebenen Rechts, der Akten und der geregelten Verfahren weit weg; es dominierten die Patronagegrundsätze und das Klientelwesen; die lokal mächtigen kleinen Adligen, Honoratioren und großen Bauern, zwischenzeitlich auch die Räuberbanden und kleinen Kriegsunternehmer: Sie waren in der russischen Provinz,

32 Vgl. Raphael, Recht und Ordnung, 61–67.
33 Geyer, Das russische Imperium, 183–200.

in Albanien oder Kalabrien viel mehr „Staat" als St. Petersburg, Wien oder Rom. Dieses Fehlen des Staates in den lokalen Gesellschaften gerade an der Peripherie war doch noch sehr viel ausgeprägter als in Preußen, England oder Frankreich, wo der Staat zwar nur in Verbindung mit lokaler Herrschaft funktionierte, aber doch als Staat immer spürbar war.

Verwaltungen ersetzten die mündliche Kommunikation durchweg durch schriftliche. Sie kommunizierten mit den Bürgern auf diesem Weg und sie kommunizierten untereinander ebenso. Die Korrespondenz ist die eine typische Form; die andere ist die des Berichts an die vorgesetzte Stelle. Diese peinlich genau beobachteten Kommunikationsformen wurden zeitgenössisch als „Vielschreiberei" gehasst, aber sie ermöglichten eine präzise Kontrolle der Verwaltungsarbeit, und allein dadurch verbesserten sie diese. Die Vorgänge wurden genau dokumentiert.[34] Verwaltungen zeichnen sich also dadurch aus, dass sie Akten anlegen, die sie gewissenhaft führen und die von allen Beteiligten auf gleiche Weise geführt werden – denn Verwalten heißt auch, dass im Prinzip jeder das Geschäft seines Kollegen übernehmen kann. In diesem Sinne hat die preußische Verwaltung schon seit dem späten 18. Jahrhundert eine Aktenführung entwickelt, die weithin vorbildhaft geworden ist. Angefangen damit, dass für jeden „Vorgang" eine eigene Akte angelegt wird (und nicht einfach jedes Schriftstück hintereinander einsortiert wird), über die gleiche Form, die alle Schriftstücke annehmen (damit man sich schnell orientieren kann), bis hin zu hierarchisch unterschiedlichen Farben für Unterschriften und Paraphen hat sich eine große Einheitlichkeit eingespielt, die heute das Arbeiten in ehemals preußischen Archiven zu einer Lust für Historiker macht, weil sie immer sofort wissen, wo sie hingreifen müssen. Die preußische Verwaltung hatte eine nach Sachgebietspunkten geordnete Registratur (als ein übersichtliches Verzeichnis aller Akten), sie kannte Zuständigkeiten von Bearbeitern (so dass man wusste, wenn jemand einen Fehler gemacht hatte); sie behielt die Konzepte ihrer Aktenstücke (also der Entwürfe, damit man wusste, was früher und was später hineingekommen war) und etablierte früh ein Vier-Augen-Prinzip. Im Prinzip hatte man immer zwei Ausgaben: ein Konzept beim Absender und das endgültige Schreiben beim Empfänger. Diese Prinzipien ermöglichten eine große Transparenz und Kontrolle der Vorgänge, auch über große Zeiträume.

Diese Akten müssen zur Verfügung stehen, wenn man wieder auf sie zugreifen muss (etwa bei Rechtsgeschäften, die schon lange zurückliegen), sie müssen also archiviert werden. In dieser Hinsicht ging mit der Entwicklung der Staatlichkeit auch die Entwicklung der Dokumentation der Verwaltungstätigkeit einher; in dem Maß, in dem eine institutionelle Staatlichkeit an die Stelle einer personalen Herrschaft trat, wurden Familien-, Haus- und Hofarchive zu Staatsarchiven. Damit waren sie aber mit der Zeit auch nicht mehr als „Geheime" Archive (wie sie aber noch länger

34 Zum Folgenden Haas, Die Kultur der Verwaltung 421–432. Vgl. auch, mit mikrohistorischem Blick: Philipp Müller, Geschichte machen. Historisches Forschen und die Politik der Archive, Göttingen 2019, v. a. 47–103.

hießen) zu führen, sondern sie wurden öffentlich zugängliche Informationsorte, an denen sich staatliches Handeln, der Umgang mit dem Bürger nachvollziehen ließ. Das Maß der Legitimität, dem das staatliche Handeln sich verpflichtet sieht, lässt sich zeigen an dem Maß, in dem dieses Handeln sich selbst dokumentiert und überprüfbar macht. Dass in Preußen und Frankreich das Verwaltungshandeln so genau dokumentiert wurde, dass umgekehrt in Diktaturen vieles ungeschrieben bzw. unregistriert bleibt und mündliche Übereinkünfte oder Befehle die schriftliche und archivierte Anweisung ersetzen; dass Regime (oder auch nur Regierungen), wenn sie abgelöst werden, Akten verschwinden lassen: Das ist ein Hinweis auf den selbst gefühlten Mangel an Legitimität.

Die Staatsverwaltungen waren als dienende Institutionen gedacht. Aber auch hier gilt das Prinzip: Herrschaft durch Wissen. Weil die Verwaltungen so viel Kenntnis vom Land hatten, beanspruchten sie, besser zu wissen, was notwendig war, als etwa der Monarch oder die gewählten politischen Vertreter. Bereits Max Weber hat auf die Gefahr hingewiesen, dass die Bürokratien die heimlichen Herrscher im Staate seien, und das gelte vor allem für die moderne Massendemokratie.[35] „Denn Herrschaft ist im Alltag primär: Verwaltung."[36] Denn anders als in Monarchien wechsle hier das Politikerpersonal häufig, und deshalb seien diese nicht in der Lage, sich so schnell einzuarbeiten, dass sie die Bürokratien effektiv kontrollieren könnten. Deshalb müssten Parteien und Parteipolitiker entschiedene Gegner einer „Herrschaft der Bürokratie" sein. Die Alternative sei, dass die Parteien versuchten, ihre Leute in den Administrationen unterzubringen, nicht nur, um die Verwaltungen zu kontrollieren, sondern auch, um ihre Anhänger zu versorgen. So im „spoils system" der USA: Wenn ein Machtwechsel erfolgte, erfolgte auch ein Austausch des administrativen Personals.

Diese Perspektive auf eine Herrschaft der Bürokratie galt lange Zeit auch für die Bürokraten selbst, die der Ansicht waren, es sei egal, wer unter ihnen Kanzler oder Präsident sei. In der Weimarer Republik glaubten sich die hohen Beamten einem abstrakten Staat und nicht der konkreten Republik verpflichtet. Dahinter stand meist einfach eine Ablehnung der Demokratie und ihrer vermeintlich inkompetenten Vertreter. In Frankreich sind viele Mitglieder der politischen Elite ursprünglich als Verwaltungsspezialisten ausgebildet und aus der Bürokratie in die Sphären der politischen Herrschaft gewechselt. Wie leicht Bürokratien aber auszuhebeln sind, haben die totalitären Regime des 20. Jahrhunderts gezeigt: Die Bolschewiki kümmerten sich nicht viel um die fachliche Expertise, sondern tauschten die Verwaltungen einfach aus. Und auch wenn damit vorerst ein massiver Kompetenz- und Leistungsabfall einherging, so gewannen sie doch loyale Eliten, die ihren Schöpfern ihren Aufstieg verdankten und zu treuen Dienern des Systems wurden. Die Nationalsozialisten dagegen spannten die etablierte Bürokratie für ihre Ziele ein, die sie als Ziele des Volksstaates deklarierten; die leitenden Verwalter auszutauschen, reichte

35 Weber, Politik als Beruf.
36 Weber, Wirtschaft und Gesellschaft, 126.

zumeist, und die deutsche Verwaltung hat willfährig an Krieg wie an Vernichtung mitgewirkt. Dazu diente auch eine zweite Strategie der Nationalsozialisten: Sie bauten über die Partei und parteinahe Organisationen parallele Verwaltungsstäbe auf. Neue Institutionen entstanden, die – meist gegen heftige Konkurrenz zu den etablierten Ämtern – Kompetenzen an sich zogen und durch ihr weitaus radikaleres Vorgehen Tatsachen schufen. Gerade die repressivsten und mörderischsten Organisationen – etwa die Gestapo und der Sicherheitsdienst sowie das daraus entstandene Reichssicherheitshauptamt – waren Neugründungen an der etablierten staatlichen Verwaltung vorbei. Insofern gilt Max Webers These, dass Bürokratien zu den beharrungsfähigsten Institutionen gehören, nur unter dem Vorbehalt, dass die repressivsten und terroristischsten Regime des 20. Jahrhunderts sich davon nicht beeindrucken ließen – Regime gleichzeitig, die sich als revolutionär verstanden.

c. Steuern und Schulden[37]

Der moderne Staat braucht viel Geld; zunächst und vor allem, um Krieg zu führen, und damit wurde auch mehr Staat geschaffen. Das Kriegführen in der Frühen Neuzeit erzeugte den Zwang, Gesellschaften immer mehr staatlich zu durchdringen, um sie finanziell abzuschöpfen. Die Hälfte ihrer Ausgaben wandten die Monarchien im 17. Jahrhundert für Krieg und Militär auf! Staaten benötigen, so jedenfalls der historische Befund, auf die Dauer immer mehr Geld. Denn auch jenseits des Kriegs war zunehmend Geld nötig, um ordnungspolitische, infrastrukturelle und später sozialstaatliche Maßnahmen durchführen zu können, die der Legitimität des Staates dienten. Im 19. Jahrhundert standen vor allem infrastrukturelle Maßnahmen im Mittelpunkt: Investitionen, die für die industrielle Entwicklung notwendig waren, von den einzelnen Unternehmen aber nicht zu stemmen waren: Straßenbau, Eisenbahn, Kanäle. Aber auch Versorgungsnetze (Gas, Wasser, Strom) zählten dazu, viele davon kommunal betrieben. Die Beschaffung von Finanzmitteln gehört deshalb seit Anbeginn zu den hauptsächlichen Aufgaben derer, die Staaten führen. Damit waren exekutive Institutionen notwendig, die wiederum Geld kosteten und nach neuen finanziellen Ressourcen verlangten: Dieser *extraction-coercion-cycle* (Samuel E. Finer) war ein hauptsächlicher Faktor der Staatsbildung, der eine hohe Eigendynamik der Ausdehnung entwickelte.[38]

Die Art der Einkommen veränderte sich aber im Laufe der Neuzeit. Finanzwissenschaftler haben um 1900 eine wichtige Unterscheidung eingeführt.[39] Am Anfang der modernen Staatsbildung steht die Finanzierung aus den Einnahmen der staatlichen Güter, der Domänen. Weil diese Einnahmen die immer höher werdenden

37 Als ein differenzierter Überblick: Reinhard, Geschichte der Staatsgewalt, 306–343. Zu Staatseinnahmen und -ausgaben weitaus umfassender die klassische Gesamtdarstellung: Webber/Wildavsky, History of Taxation and Expenditure.

38 Samuel E. Finer, State- and Nation-Building in Europe. The Role of the Military, in: Tilly, Formation of National States, 84–163.

39 Zum Folgenden: Ullmann, Der deutsche Steuerstaat. Daunton, Trusting Leviathan.

Ausgaben nicht deckten oder weil auch diese Einnahmen wegbrachen, wenn nämlich diese Domänen verpfändet oder verkauft wurden (was ein Normalfall war), entwickelte sich dieser „Domänenstaat" seit dem 16. Jahrhundert zum modernen „Steuerstaat", der den Großteil seiner Einnahmen aus Steuern gewinnt und auf diese Ressource so viel Wert legt, dass die Steuerhoheit geradezu als Bestandteil der staatlichen Souveränität gelten kann. Diese Unterscheidung zwischen Domänen- und Steuerstaat ist wie die meisten anderen typologisch. Denn schon vor der Entwicklung des modernen Staates und auch in der Frühen Neuzeit wurden Steuern erhoben. Umgekehrt ist der moderne Steuerstaat ja nicht ganz ohne Einkünfte aus Eigentum; Staatsunternehmen, die es auch in kapitalistischen Staaten gibt, können ebenfalls Einkünfte schaffen.

Besteuerung war in der Frühen Neuzeit aber ungleichmäßig. Zum Ersten waren Steuern zunächst keine regelmäßigen Abgaben, sondern wurden zu bestimmten Anlässen (z. B. für Feldzüge) erhoben. Allerdings setzte sich immer mehr eine regelmäßige, nicht von außergewöhnlichen Bedingungen abhängige Besteuerung durch, denn der Staat brauchte für seine zunehmenden Aufgaben eine verlässliche Finanzgrundlage. Für die Erhebung von Steuern musste fast überall die Zustimmung der Stände eingeholt werden, die auf dieses Recht großen Wert legten, so dass das Recht der Steuerbewilligung zu einem mächtigen Hebel für die zunehmende Mitsprache und für den Aufstieg des modernen Parlamentarismus geworden ist. Zum Zweiten galt die Steuerpflicht nicht gleichmäßig. Während bestimmte Gruppen, vor allem der Adel und die Geistlichkeit, vielfach von der Steuerpflicht ausgenommen waren, wurden andere Gruppen, etwa die Juden oder im Osmanischen Reich die Nichtmuslime, oft in besonderem Maß zur Steuerzahlung herangezogen. Und schließlich beruht ein Steuerwesen auf einer zumindest teilweise monetarisierten Gesellschaft. Eine agrarische Subsistenzwirtschaft kommt aber unter Umständen fast ohne Geld aus. Mittelalterliche „Besteuerung" beruhte deshalb zu großen Teilen auf Naturalabgaben. Eine Ausnahme waren Steuern auf bestimmte Konsumprodukte wie Zucker, Salz, Kaffee oder Tabak, und: Städte oder städtische Gruppen mussten in Geld bezahlen. Denn hier gab es Geld.

Die Französische Revolution führte zu einer Neuordnung der Staatsfinanzen und der Steuersysteme. Auch hier ging es um das Verhältnis von Rechten und Pflichten: Die amerikanischen Revolutionäre hatten unter der Parole „No taxation without representation" dagegen gekämpft, zwar Steuern zahlen zu müssen, nicht aber wahlberechtigt zu sein. Umgekehrt wurde aber auch ein Schuh daraus: Wer sich finanziell nicht am Gemeinwesen beteiligte, warum sollte der politisch anspruchsberechtigt sein? Demokratisierung und Besteuerung hingen zusammen.

Erstens wurde deshalb die regelmäßige Steuerpflicht auf (fast) alle Gruppen ausgedehnt. Der Adel und der Klerus mussten jetzt Steuern bezahlen und auch die Ärmeren wurden im Lauf der Jahrzehnte immer weitergehend in die Steuerpflicht eingegliedert. Die Verallgemeinerung der Besteuerung führte zu einer Ausweitung der Geldwirtschaft und umgekehrt. Wo die Geldwirtschaft verbreiteter war, hatte der Staat es leichter, Ressourcen abzuschöpfen. Umgekehrt führte der Zwang, Steuern zu zahlen, nicht nur in Europa dazu, dass Menschen sich um Lohnarbeitstätigkeit bemühten, statt in der Subsistenzwirtschaft zu verbleiben. Auch in den Kolonien zwang die Erhebung von Steuern die Menschen dazu, auf den Plantagen und in den Minen der Kolonialherren für Geld zu arbeiten: wiederum also der enge Zusammenhang von Kapitalismus und Staatsentwicklung.

Zweitens wurde die Steuerhebung auf regelmäßige Wirtschaftsaktivitäten nun zum Normalfall: auf Gewinne und Einnahmen (plus deren Basis: Grund und Boden, Unternehmen) (= direkte Steuern) und auf Konsum (= indirekte Steuern). Beide waren elastisch und ließen sich erhöhen oder senken. Die direkten Steuern trafen eher die Wohlhabenden, die indirekten vor allem die Armen, weil deren Budget einen viel höheren Anteil an Konsumausgaben aufwies. Steuern auf Brot, Bier oder Tabak wirkten sich im Haushalt der Armen viel stärker aus. Die indirekten Steuern erwiesen sich aber eben auch als weitaus flexibler und vor allem ertragreicher, und so ist ihr Anteil kontinuierlich gestiegen. Die direkten Steuern verschonten große Teile der Armen, weil sie doch ein gewisses Existenzminimum unbesteuert ließen. Zu Beginn des Kaiserreiches zahlten nur 40 Prozent der Erwerbstätigen in Köln überhaupt Steuern; die anderen lagen unter einem nicht besteuerten Minimum oder blieben unterhalb des staatlichen Radars. Diese Quote ließ sich bis zum Ersten Weltkrieg auf 70 Prozent steigern. Das lag vor allem an einer solch deutlichen Steigerung der Arbeitslöhne, dass diese besteuerbar wurden, aber auch an einer genaueren Kontrolle der Einkommen durch die städtischen Steuerkommissionen. Allerdings war die Steuerlast sehr niedrig. Auch Gutverdiener zahlten nur wenige Prozent ihres Einkommens an Steuern.[40]

Mit der Industrialisierung tauchte die Frage auf, wie mit den riesigen Gewinnen, die hier zu machen waren, umzugehen sei. Die europäischen Staaten, die insgesamt der liberalen Idee frönten, dass der Staat sich aus der Wirtschaft herauszuhalten habe, haben insgesamt unternehmensfreundlich agiert und diese Gewinne nur schonend abgeschöpft. Das führte einerseits zur Entstehung einer reichen Schicht von neuen Industrieunternehmern; andererseits aber förderte die zurückhaltende Besteuerung die Kapitalbildung, die notwendig war, um die sehr teuren neuen Technologien und Unternehmensformen einzuführen und so die Industrialisierung voranzubringen.[41]

Die Industrialisierung verstärkte wie alle technologischen und industriellen Revolutionen zunächst die soziale Ungleichheit. Steuern konnten dazu dienen, diese Ungleichheit abzumildern. Nachdem sie seit der Mitte des 19. Jahrhunderts immer wieder gefordert wurde, um die Lasten gerechter zu verteilen, wurde seit dem Ende des 19. Jahrhunderts in immer mehr Staaten eine progressive Einkommenssteuer erhoben, also eine Steuer, deren Anteil mit steigendem Einkommen stieg.[42] Mit

40 Ullmann, Der Bürger als Steuerzahler.

41 Eckart Schremmer, Steuern und Staatsfinanzen während der Industrialisierung Europas. England, Frankreich, Preußen und das Deutsche Reich 1800 bis 1914, Berlin 1994.

42 Buggeln, Das Versprechen der Gleichheit. Den Begriff „progressive Besteuerung“ gibt es aber schon seit 1767 – die Idee ist also alt!

den Weltkriegen und deren ungeheurem Finanzbedarf stiegen die Spitzensteuersätze ausgerechnet in den liberalen Ländern USA und Großbritannien steil an. In den USA lag er im Ersten Weltkrieg bei 77 Prozent und am Ende des Zweiten Weltkriegs in beiden Ländern bei 90 Prozent. Weder im Ersten noch im Zweiten Weltkrieg wurden in Deutschland auch nur annähernd ähnliche Steuersätze von den Besserverdienenden erhoben.

Mit der progressiven Einkommenssteuer kam ein weiterer Aspekt verstärkt ins Spiel, der auch schon vorher eine Rolle gespielt hatte und nun, im 20. Jahrhundert, immer wichtiger wurde: Umverteilung. Diese Funktion war im 20. Jahrhundert neu. Aus Steuern finanzierte der Staat sozialstaatliche Leistungen, wie etwa nach dem Zweiten Weltkrieg das britische Gesundheitssystem, den *National Health Service,* der bei seiner Gründung (und auch heute noch teilweise) für alle Bürger kostenfrei war. Die Staatskasse dient also als eine Art Umschlagplatz, um aus den Steuern der Vielen (bei stärkerer Belastung der Besserverdienenden) kollektive Leistungen zu generieren und damit auch immer Umverteilungswirkungen zu erzielen. Damit wird der Umgang mit den Geldern, mit denen der Staat hantieren kann, nicht mehr nach der Maßgabe diskutiert, ob sie – wie bei Kriegsausgaben – einer staatlichen Gesamtheit dienen, sondern sie geraten in die Diskussion interessierter Gruppen innerhalb des Staates, die ihren Anteil am Kuchen haben wollen.

Mithilfe von Steuern kann der Staat aber auch Verhalten lenken: Hohe Steuern auf bestimmte Konsum- oder Genussgüter oder auf als gesundheitsschädlich angesehene Güter (Tabak, Alkohol) sollen Verhalten regulieren. Mittels der Besteuerung wird der Staat also als Erzieher tätig. Zölle – die man als Einfuhrsteuern verstehen muss – sollen bestimmte Güter verteuern und vielleicht heimische Erzeugnisse entsprechend billiger machen (und der Schmuggel war demzufolge eine Art von Steuerhinterziehung, die den legalen Handel mitunter übertreffen konnte). Die Art der Besteuerung, die Höher- oder Minderbelastung bestimmter Produkte soll bestimmte Wirtschaftsaktivitäten anregen – aktuell etwa bei der E-Mobilität.

Die Erhebung von Steuern wurde regelmäßig von Protesten und Widerstand begleitet.[43] Vor allem auf dem Land war ihre Eintreibung lange Zeit eine gefährliche Sache für den Staat; den Menschen mochte nicht recht einleuchten, dass sie Geld herzugeben gezwungen wurden, das in dunklen Kanälen verschwinden mochte. Die „rats de cave" („Kellerratten") der französischen Steuerbehörden, die die Keller der Wirtshäuser nach unversteuertem Wein durchsuchten, waren verhasst, und besonders aus den staatsfernen Gebieten Frankreichs, Italiens und Osteuropas sind immer wieder Steuerrevolten überliefert. Vor allem die Einführung neuer Steuern führte regelmäßig zu Aufruhr. Seit der Mitte des 19. Jahrhunderts nahm der kollektive Widerstand ab; das lag daran, dass das politische System nun mit seinen Parteien und Verbänden mehr organisierte Einflussnahme zuließ, auch am steigenden Lebensstandard. Mit der Ausbreitung des Sozialstaates gewann die Steuereinziehung auch eine Legitimität, gegen die sich nicht mehr so leicht protestieren ließ.

43 Burg, A World History of Tax Rebellions.

Daneben war es lange Zeit Sache des Steuerzahlers, wie viele Steuern er zahlte – er veranlagte sich nämlich selbst. Der Staat wusste im 19. Jahrhundert einfach zu wenig über die Einkünfte seiner Bürger, als dass er deren Angaben hätte überprüfen können. Schätzungen für Preußen und die Schweiz sagten im letzten Drittel des 19. Jahrhunderts, dass für höhere Einkommen bis zu 50 Prozent der Steuern nicht deklariert würden.[44] Erst 1919 wurde die Steuerhinterziehung in Deutschland zum Straftatbestand.

Die zunehmende soziale Differenzierung der Steuern machte eine genauere Kenntnis der Einkommen notwendig. Für die Besteuerung von Land- und Hausbesitz wurde deshalb zuerst in Frankreich im 19. Jahrhundert das Kataster entwickelt: das vollständige Verzeichnis allen Grundbesitzes. Schwieriger war die Kenntnis der Geldeinkommen. Während Selbständige noch lange schwer erfassbar blieben, spielte die Ausweitung der Lohnarbeit der staatlichen Erfassung in die Hände, weil sich hier die Möglichkeit ergab, die Steuer gleich an der Quelle abzuschöpfen: Die Lohnabhängigen sahen dieses Geld schon gar nicht mehr, weil der Arbeitgeber es direkt abführte. Einen solchen direkten Lohnsteuerabzug gab es weltweit erstmals 1920 in Deutschland. Übrigens unterstützte die Arbeiterbewegung dieses Verfahren. Denn bisher musste man das Geld für die nachträgliche Besteuerung zurücklegen, und das gelang häufig nicht, so dass viele Arbeiterhaushalte in die Steuerschuldenfalle gerieten.

Von Steuern allein kann ein moderner Staat nicht leben; aber sie dienen ihm als Sicherheiten für weitere Einnahmen. Schon der frühmoderne Staat und seine Monarchen hatten Schulden aufgenommen, meist für Kriegszwecke, und zwar bei privaten Finanzunternehmern, die sich ihrerseits oft zu Syndikaten zusammenschlossen, um die enormen Summen aufzubringen. Das Risiko war groß, denn nicht selten endete das Geschäft im Bankrott. Es verwundert nicht, dass das kriegerische 17. Jahrhundert ein Anschwellen der Staatsschulden und Staatspleiten zu verzeichnen hatte. Als eine Lehre daraus wurde die Gründung von Zentralbanken unternommen, die erste davon die Schwedische Reichsbank (1656); ihr Zweck bestand in der Finanzierung der Staatsschulden im Gegenzug zu Privilegien im Geldverkehr. Das meinte insbesondere die Prägung und Ausgabe von Geld. Dass der Staat Herr über die Währung ist und die dafür nötigen Geldmittel in Umlauf bringt (und sonst niemand!), ist ohne Zentralbanken nicht zu denken.

Die Wirtschaftskonjunktur, die nach den Napoleonischen Kriegen anhob – bedingt durch die Industrialisierung, aber auch durch die Globalisierung der Wirtschaftskreisläufe – und die lange relative Friedenszeit führten zu einer deutlichen Konsolidierung der Staatsfinanzen. Und auch die Konsolidierung der Staaten selbst stabilisierte die Refinanzierung. In dem Maß also, in dem das Haushaltsgebaren eines Staates berechenbarer wurde, konnte dieser höhere Schulden aufnehmen. Das hatte den paradoxen Effekt, dass die Verschuldung in Friedenszeiten zunahm, aber kein Staatsbankrott eintrat. So stieg der Anteil der Schulden am Staatshaushalt

44 Buggeln, Das Versprechen der Gleichheit, 133 f., 157 f.

in Frankreich von zwölf Prozent in der napoleonischen Ära auf ein Viertel in der Mitte des 19. Jahrhunderts und auf 40 Prozent gegen Ende des Jahrhunderts. Das wurde damals als bedrohlich empfunden. Wie relativ solche Zahlen sind, lässt sich daran erkennen, dass 2015 die französischen Staatsschulden bei ca. 170 Prozent des Haushaltes lagen. Solche Ausmaße wurden mit einer neuen Funktion der Schulden gerechtfertigt, die im 19. Jahrhundert langsam Profil annahm und im 20. Jahrhundert zu einer Zentralaufgabe staatlichen Handelns wurde: dass der Staat wie jedes Unternehmen mit diesem geliehenen Geld Investitionen tätigt, in Unternehmen oder in Infrastruktur. Schulden sollen also Stabilität und Zukunftsfähigkeit herstellen. Im Unterschied zum privaten Häuslebauer geht es aber nicht darum, diese Schulden zurückzuzahlen, sondern sie zu bedienen. Und freilich lassen sich mit Schulden auch trefflich sozialstaatliche Leistungen erbringen, die Zustimmung beim Wähler sichern, die allerdings auf lange Sicht von den nächsten Generationen zu bezahlen sind. Von vielen Ökonomen und Wirtschaftshistorikern wird der „Gang in den Schuldenstaat" nach dem Zweiten Weltkrieg beklagt, als trotz einer jahrzehntelang laufenden Wirtschaftskonjunktur die Verschuldung der Staaten immer mehr zunahm.[45] Andererseits ist nicht zu verkennen, dass die systematische Aufnahme von Schulden die Manövrierfähigkeit des Staates gerade in Krisenzeiten deutlich erhöht hat. Damit geht freilich einher, dass der Staat immer mehr als Akteur in das Wirtschaftsleben eingreift und ein immer höherer Anteil der Wirtschaftsleistung vom Staat erbracht wird. Diese Verstaatlichung des Wirtschaftslebens wird von linken Ökonomen gerne gefeiert und noch mehr gefordert, weil sie sich davon mehr Gerechtigkeit versprechen. Liberale Ökonomen argumentieren dagegen, dass der Staat seiner Funktionen wegen nicht wie ein wirtschaftlicher Akteur – also gewinnorientiert – handeln könne und insofern ein schlechter Unternehmer sei.

d. Polizei

Staatliche Bestimmungen müssen durchgesetzt werden. So war der Aufbau von Polizei ein Kernbereich der inneren Staatsbildung.[46] Allerdings wurde damit auch etwas gewährt, für das der Staat einstand und das historisch in dieser Weise neu war: Sicherheit. Mit dieser Funktion hat der Polizeibegriff sich im Zuge der Herausbildung des modernen Staates verengt. Es ist ein wichtiger begriffsgeschichtlicher Hinweis, dass „Polizei" in der Frühen Neuzeit weit mehr bedeutete als die Verhinderung und Aufklärung von Verbrechen und die Herstellung der Ordnung im öffentlichen Raum. „(Gute) Policey" (frz. bonne police) bedeutete die Sorge für einen guten Zustand des Gemeinwesens in einem umfassenden Sinne; dabei ging es auch um allgemeine Wohlfahrt (etwa Armenfürsorge), Friedens- und Rechtswahrung ebenso wie die Moral der Bürger – also im Grunde um eine sorgende

45 Hansmann, Wege in den Schuldenstaat.

46 Vgl. zum Folgenden auch Raphael, Recht und Ordnung, 130–144.

(und auch disziplinierende) Politik.[47] Begriffsgeschichtlich führt ein Weg von der antiken *politeia* zur modernen Polizei.[48] Sicherheit und Wohlfahrt: das waren ihre beiden Säulen.[49] Erst im 19. Jahrhundert ist die Polizei in unserem Sinn aus diesem semantischen Paket herausgelöst worden. Aber noch lange war die Polizei auch eine generalistische Institution vor Ort, die solche wohlfahrtspflegerischen Aufgaben übernahm und insofern ein Teil der Stadtverwaltung war.

Eine Polizei im modernen Sinn existierte im frühneuzeitlichen Staat noch so gut wie gar nicht – mit dem Ausreißer Frankreich, wo bereits um 1700 hauptberufliche Polizeiagenten unter einer Zentraldirektion arbeiteten, Ausfluss des hier besonders entwickelten Absolutismus.[50] Sonst leisteten sich lediglich die Kommunen solche Formationen, in allerdings höchst rudimentärer Form, schlecht bezahlt und Ordnungshüter oft nur im Nebenberuf. Auf der Landstraße oder nachts in der Stadt konnte man von allerlei finsteren Elementen angegriffen werden, ohne auf institutionelle Hilfe hoffen zu dürfen. Umgekehrt war die Folge einer unterausgestatteten Polizei aber, dass man bei größeren Protestaktionen in Ermangelung anderer Ordnungskräfte immer sogleich das Militär zu Hilfe rufen musste, das wesentlich weniger Zurückhaltung kannte und schnell von Schuss- oder Stichwaffe Gebrauch machte. Der Aufbau von Polizeien erhöhte also nicht nur den Durchgriff des Staates und seiner Gewalt. Er gewährte auch alltägliche Sicherheit und entmilitarisierte gesellschaftliche Konflikte, und insofern traf er auch auf Bedürfnisse der Bevölkerung. Und das Handeln der Polizei wurde zunehmend rechtsförmig gestaltet: Sie war nicht einfach ein Gewaltmittel, sondern beanspruchte, auf Rechtlichkeit gegründet zu sein; die exekutive Macht des Staates wurde damit durch das Recht domestiziert – jedenfalls im Prinzip und als nur langsam und ungleichmäßig umgesetzter (wenn überhaupt) Anspruch.[51]

Die Entwicklung der Polizeien in Europa wies gewisse Ähnlichkeiten auf.[52] Überall waren die großen Städte der Ort, wo das Problem am drängendsten wurde; hier entstanden die neuen Polizeiformationen zuerst. Insofern ist es vor allem – zugespitzt – das Verhältnis des Staates zu den industriellen Unterschichten, das die Entwicklung der modernen Polizei bestimmte.[53] In Zeiten und/oder Regimen, wo die Furcht vor Umsturz besonders groß war – im Vormärz, während der Sozialistengesetze im Deutschen Reich, im zaristischen Russland –, entwickelte sich der Sonderfall von politischen, meist Geheimpolizeien, die, wie schon im Aufgeklärten

47 Vgl. Iseli, Gute Policey.

48 Peter Nitschke, Von der Politeia zur Polizei. Ein Beitrag zur Entwicklungsgeschichte des Polizei-Begriffs und seiner herrschaftspolitischen Dimensionen von der Antike bis ins 19. Jahrhundert, in: Zeitschrift für Historische Forschung 19 (1992), 1–27.

49 Vgl. Alf Lüdtke, Einleitung: ‚Sicherheit' und ‚Wohlfahrt'. Aspekte der Polizeigeschichte, in: ders. (Hg.), ‚Sicherheit' und ‚Wohlfahrt', 7–33.

50 Ein zeitlich langgestreckter Überblick seit dem *Ancien Régime:* Stead, The Police of France.

51 Funk, Polizei und Rechtsstaat.

52 Zum Folgenden vgl. neben den Arbeiten von Stead und Funk auch Knöbl, Polizei und Herrschaft.

53 Hierzu v. a.: Jessen, Polizei im Industrierevier.

Absolutismus, hinter den Kulissen eine politische Verfolgung und Justiz etablierten und rechtsstaatlich nicht kontrollierbar waren.[54]

Auch in Bezug auf die Polizeientwicklung fallen die kontinentaleuropäischen Gemeinsamkeiten und die englischen Besonderheiten auf. Auf dem Kontinent war eine zentralstaatliche Organisation typisch. Die ministeriell gelenkte, häufig auch militärisch organisierte – also z. B. kasernierte – Polizei sorgte für den Durchgriff des Staates auch auf die ländlichen Regionen (wo etwa die Bekämpfung von Räuberbanden ein flagrantes Problem des 19. Jahrhunderts war). Dieses Gendarmeriemodell wurde in Frankreich entwickelt und von vielen anderen europäischen Staaten übernommen. In Italien waren es seit 1814 die Carabinieri, die seither wie das französische Vorbild dem Verteidigungsministerium unterstehen und wie dieses Teil der Streitkräfte sind. Die häufige Ortsfremdheit dieser zentralen Ordnungskräfte minderte zwar die Empathie mit den lokalen Nöten, schützte aber auch in Maßen vor Korrumpierbarkeit. Beliebt wurde man als Gendarm jedoch nicht und in peripheren Regionen wie in Sizilien oder in Ostpreußen stieß eine staatliche Gendarmerie nicht nur auf den Widerstand der Bevölkerung, sondern auch der örtlichen Großgrundbesitzer, die häufig ihre eigenen Ordnungskräfte hatten und durch den Staat ihre Macht eingeschränkt sahen.

In den Städten dagegen entstanden Stadtpolizeien, die im staatlichen Auftrag eingerichtet waren, vor Ort präsent und häufig auch nicht ortsfremd waren. Neben den Ordnungs- übernahmen sie auch andere Aufgaben: Steuerbescheide und Wahlbenachrichtigungen überbringen, die Melderegister führen, Bauaufsicht, Marktbeschau und Wohnungsinspektionen durchführen.[55] Hier zeigten sich noch Ausflüsse der frühneuzeitlichen „Guten Policey". Diese munizipalen Polizeien waren schlecht ausgebildet, wenig professionalisiert, hatten häufig keinen guten Ruf, wenn es um Sicherheit und Ordnung ging, aber daneben waren sie auch so etwas wie die Mädchen für alles der Stadtverwaltung. In vielen preußischen Großstädten gab es (wegen des gefährlichen Proletariats) eine originär staatliche Königliche Schutzmannschaft. Hier war der Königliche Polizeipräsident die wichtigste staatliche Ordnungsfigur, dem Oberbürgermeister übergeordnet.

Der staatliche Durchgriff, der sich auf diese beiden Säulen der „Guten Policey" stützte, führte zu einer häufig pedantischen Kontrolle (wenngleich man den Erfolg nicht überschätzen sollte). Die Polizei hielt sich für die Generalgarantin einer „guten Stadt" und dieser Anspruch wurde nur langsam eingeschränkt. 1882 klagte in Berlin ein Eigentümer gegen eine Verordnung des Berliner Polizeipräsidiums, die um den Kreuzberg herum die Errichtung von Gebäuden verbot, die den Blick auf das auf dessen Spitze 1821 errichtete Nationaldenkmal behinderten. Das Oberverwaltungsgericht gab im sogenannten Kreuzbergerkenntnis dem Kläger recht: Die Baupolizei habe Aufgaben der Gefahrenabwehr, aber keine so weitgehenden stadtplanerischen

54 Zum Deutschen Bund: Siemann, Deutschlands Ruhe.

55 Ralph Jessen, Polizei, Wohlfahrt und die Anfänge des modernen Sozialstaats in Preußen während des Kaiserreichs, in: Geschichte und Gesellschaft 20 (1994), 157–180.

Befugnisse. Das Urteil war wegweisend (und ist heute noch ein Standardbeispiel in der juristischen Ausbildung), weil es eine Trennung von Stadtverwaltung (in diesem Fall: Bauaufsicht) und Polizei als Sicherheitsorgan einleitete.

In Großbritannien hingegen war die Polizei im Wesentlichen lokal, Ausfluss eines verbreiteten Misstrauens gegen einen kontrollierenden Staat und der starken Bedeutung des aristokratisch dominierten *self-government.* Der Nachteil war mangelnde Koordination, gerade in den rapide wachsenden städtischen Regionen. In London gab es um 1800 mehrere Dutzend verschiedene Polizeien, unterschiedlich ausgebildet und bewaffnet und nach unterschiedlichen Rechtsgrundsätzen operierend. Der Innenminister Robert Peel schuf 1829 erstmals eine zentrale Polizeieinheit (die auch zunächst nur in einem begrenzten Radius um die Innenstadt Verbrechen verhindern und aufklären sollte). Diese „Metropolitan Police", deren Mitglieder nur mit einem Schlagstock bewaffnet waren und die in Anlehnung an ihren Schöpfer „Bobbies" hießen, hatten ihr Hauptquartier in einem Gebäude in Westminster namens Scotland Yard. Mit dieser staatlich kontrollierten und hauptstädtisch operierenden Polizei wurde ein Vorbild für ganz England geschaffen, das sich – langsam – ausbreitete.

Man muss sich die Polizisten nicht sofort im heutigen Sinn als disziplinierte und auch nicht als große Formationen vorstellen. Das schnell wachsende proletarische Dortmund verfügte 1870 bei ca. 40.000 Einwohnern über ganze zwölf Polizisten. In Köln wurde die Polizei erst 1869 uniformiert und erst 1892 wurden die (staatliche) Sicherheitspolizei und die (städtische) Wohlfahrtspolizei getrennt. Damit ging auch das Nachtwächterwesen auf die staatliche Polizei über, und das war gut so, denn bis dahin waren die Nachtwächter oftmals zwielichtige Zeitgenossen, denen man nicht gern im Dunkeln begegnen mochte und die häufig durch Brutalität, Alkoholismus und Willkür auffielen. Mit dem rapiden Städtewachstum und den damit einhergehenden sozialen Konflikten und Sicherheitsproblemen wurden vor allem die großstädtischen Polizeien aber rapide ausgebaut, und unter Umständen konnten sie als „Freund und Helfer" (auch dieser Begriff ist ein Überrest der „Guten Policey"!) durchaus populär werden. Kriminalfälle wurden um 1900 ein Thema der öffentlichen Unterhaltung, und der Krimi (sowie seine Zentralfigur, der Detektiv oder Kommissar) wurde ein wichtiges Unterhaltungsmedium: Sherlock Holmes und Scotland Yard sind Ende des 19. Jahrhunderts berühmt geworden. Dass sich hier das Recht auf die Dauer durchsetzte, war kein geringes Propagandainstrument für den Staat. Dabei war die Polizei durchaus nicht immer unparteiisch. Sie vor allem war um 1900 das Gegenüber der Arbeiterbewegung, die als staatsfeindlich wahrgenommen wurde, und sie war ein zentrales Instrument für die oft gewaltsame Einhegung der sozialistischen Bewegung.[56] Aber dass der Klassenkampf im Europa des späten 20. Jahrhunderts insgesamt weniger gewalttätig verlief als in den USA, lag auch an der Eigenart der Polizei als staatliches Organ.

56 Thomas Lindenberger, Straßenpolitik. Zur Sozialgeschichte der öffentlichen Ordnung in Berlin 1900 bis 1914, Bonn 1995.

Die USA sind in dieser Hinsicht ein Gegenmodell zu den europäischen Entwicklungspfaden. Hier wurde der Staat eher „von unten", also von den Kommunen und den Bürgern her gedacht; die Abwehr jeder Art von „Tyrannei" lag im Genom der amerikanischen Staatsbürgergesellschaft. Der Sheriff, also die lokale Polizei(-führung), wurde hier in lokalen Wahlen gewählt, ebenso wie der Staatsanwalt. Der Sheriff war ebenfalls für weit mehr als reine Polizeiaufgaben zuständig; er kümmerte sich auch um Steuereinzug, Volkszählung oder Fragen der Bodenverteilung; die eigentliche Vollzugsgewalt lag beim ebenfalls lokal bestellten Town Marshal. Die Bundespolizei, der 1789 gegründete U. S. Marshals Service, war lange Zeit nur ein personell schlecht ausgestatteter und weitestgehend von der Durchsetzungsfähigkeit der Einzelnen abhängiger Dienst.

Die Wahl durch die Mitbürger hatte ambivalente Folgen. Sie sicherte der Ortspolizei zwar mehr Akzeptanz in der lokalen Gesellschaft, zwang aber auch zu mehr Rücksichten. Wenn man die Nachbarn kennt und ihnen verpflichtet ist, verhaftet man sie nicht gern. Eher schon wendet man sich im Auftrag der Bürgergemeinde gegen Störenfriede, die von außen kommen. In den größeren Städten der USA war die Polizei deshalb den lokalen Honoratioren bzw. den Parteiorganisationen oder auch den wichtigen Unternehmen verpflichtet, die die Stadt beherrschten. Diese Konstruktion führte zu einer starken Korruptionsanfälligkeit der lokalen Gewalt (das galt nicht nur für die Polizei, sondern auch für das Rechtswesen oder für die Feuerwehr). Weshalb die Polizei häufig Partei war in den lokalen Auseinandersetzungen, vor allem mit der Arbeiterbewegung, so dass solche Konflikte die städtische Gesellschaft schnell vor eine Zerreißprobe stellten. Das musste nicht nur heißen, dass sie die streikenden Arbeiter im Dienst der Unternehmer bekämpfte. Es konnte auch umgekehrt passieren, dass sie sich auf die Seite der Arbeiter stellte und sie als lokale Bürger, Nachbarn und unter Umständen Verwandte gegen „fremde" Unternehmer verteidigte.[57] Im Süden wurde die Lynchpraxis gegen Schwarze nach dem Bürgerkrieg von den lokalen Ordnungshütern im Allgemeinen gedeckt. Dass Unternehmer oder im Westen große Rancher sich private Ordnungstruppen anheuerten, behinderte die staatliche Rechtsdurchsetzung zusätzlich.

Die Entwicklung der Polizei war also in den europäischen Staaten einerseits Ausfluss und Faktor eines staatlichen Durchgriffs nach unten, der, häufig höchst gewaltsam, bis in den letzten Hinterhof zu reichen versuchte, auch wenn hier wie überall der Anspruch höher als der Erfolg war. Sie war aber gleichermaßen, eben durch ihre Verstaatlichung, auch das Instrument einer Entmilitarisierung der öffentlichen Ordnung, die die frühneuzeitliche Konnotation der umfassenden Wohlfahrtsbehörde noch lange mit sich herumtrug.

57 Clive Emsley, Polizei und Arbeitskonflikte – England und USA im Vergleich (1890–1939), in: Lüdtke, ‚Sicherheit' und ‚Wohlfahrt', 187–215, 204 f.

e. Militär und Wehrpflicht

Die Kriegsepoche des 17. Jahrhunderts war zunächst ein Moment der Staatsbildung nach außen. Sie hat die stehenden Heere hervorgebracht, die auch in Bezug auf die Innere Staatsbildung von großer Fernwirkung waren, denn ein stehendes Heer existierte auch im Frieden. Militär lag permanent in Kasernen, die es vorher nicht gegeben hatte und die nun neu zu bauen waren; es wurde ausgebildet, ausgerüstet und bezahlt. Das bedeutete nicht nur eine Steigerung der professionellen Qualität, sondern auch eine zunehmende Bedeutung als Repressionselement nach innen. Denn Militär ließ sich nicht nur gegen äußere Feinde, sondern trefflich auch gegen die eigene Bevölkerung einsetzen und funktionierte als ständige Einschüchterung gegen die städtischen Unterschichten, besonders in revolutionären Zeiten. 1848 zeigte sich das preußische Militär ganz besonders aggressiv gegen die städtischen Revolutionäre, nicht zuletzt deshalb, weil es sich bei den Revolutionären vor allem um städtische Handwerker und Arbeiter, bei den Soldaten dagegen hauptsächlich um brandenburgische Bauernsöhne handelte. Soldaten und städtische Unterschichten sind auch in Friedenszeiten häufig aneinandergeraten, auch weil es in beiden Fällen junge Männer waren. Bis die Urbanisierung und die gewandelten militärischen Notwendigkeiten, etwa das Bedürfnis nach mehr Raum für Geländeübungen, die Kasernen aus der Innenstadt vertrieben, galt es als eine gute Vorsichtsmaßnahme, die Soldatenunterkünfte in der Nähe von proletarischen Vierteln anzusiedeln, um damit ein Drohpotential zu haben.

Mit der Bildung von Nationalstaaten kam ein neues Moment ins Spiel: die allgemeine Wehrpflicht, die den Kriegsdienst nun anstatt einer entlohnten oder erzwungenen Tätigkeit zu einer staatsbürgerlichen Pflicht machte.[58] Erst jetzt konnte es als eine Ehre betrachtet werden, für das Vaterland zu kämpfen und zu sterben. Das revolutionäre Frankreich war höchst erfolgreich mit dieser 1793 eingeführten Institution gewesen. Seit dem Anfang des 19. Jahrhunderts wurde es zum Vorbild für ganz Europa und darüber hinaus. Bis ins letzte Drittel des Jahrhunderts führten fast alle Staaten eine allgemeine Wehrpflicht ein. Eine Ausnahme war das Vereinigte Königreich, das erst im 20. Jahrhundert und nur im Krieg eine Wehrpflicht einführte, ähnlich wie die USA, wo während des Bürgerkriegs (1861–1865) bei beiden Kriegsparteien erstmals eine Wehrpflicht galt.

Lange Zeit handelte es sich noch nicht wirklich um eine allgemeine Wehrpflicht. Wohlhabende Bürger konnten in Frankreich bis 1872 Stellvertreter bestimmen; in vielen anderen Ländern war das nicht anders. Erst das Deutsche Kaiserreich hat nach 1871 eine tatsächliche Wehrpflicht für alle eingeführt, und erst damit wurde das Militär zu einer Sozialisationsinstanz für alle jungen Männer, zur „Schule der

58 Zur Wehrpflicht in Europa: Christian Jansen (Hg), Der Bürger als Soldat. Die Militarisierung europäischer Gesellschaften im langen 19. Jahrhundert. Ein internationaler Vergleich, Essen 2004. Für Deutschland: Ute Frevert, Die kasernierte Nation. Militärdienst und Zivilgesellschaft in Deutschland, München 2001.

Nation" – auch hier allerdings mit Klassenunterschieden. Denn während die Proletarier eine Dienstzeit von drei (ab 1893 von zwei) Jahren hatten, durften junge Männer, die eine höhere Schule besucht hatten, sich zum „Einjährig-Freiwilligen Dienst" melden: Sie leisteten ein Jahr Grundwehrdienst (auf eigene Kosten und meist ohne den lästigen Kontakt zu proletarischen Altersgenossen) und wurden danach sofort Reserveoffiziere. Solche Bevorzugung oder gar völlige Verschonung der oberen Schichten gab es in vielen Ländern. In Frankreich wurden bestimmte Berufe wie Ärzte oder Rechtsanwälte von vornherein ausgenommen, und überall waren bürgerliche Söhne im Unterschied zu Proletariern prädestiniert für Offizierslaufbahnen, allerdings hier immer im Nachteil gegenüber den Adligen.

Die allgemeine Wehrpflicht führte, sobald sie tatsächlich durchgesetzt war, zu einer gemeinsamen politischen Sozialisation, die nationalisierend wirkte, nicht notwendig, indem sie Nationalisten aus den jungen Männern machte (was allerdings auch der Fall war), sondern indem sie diese mit vielen anderen jungen Männern zusammenführte, mit denen sie sonst nicht zusammengekommen wären. Nicht nur durch die Schule, sondern auch durch die Armee entwickelten sich „Peasants into Frenchmen" (Eugen Weber). Allerdings lernten die jungen Proletarier hier auch andere Proletarier kennen, was ihr Klassenbewusstsein steigern mochte. Und der allgemein übliche Drill, das herabwürdigende und häufig gewalttätige Verhalten der Offiziere gegenüber den gemeinen Soldaten ließen die meisten wohl ihre Militärzeit nicht als die schönste Zeit ihres jungen Lebens erinnern. Der staatsbürgerbildende Effekt der Wehrpflicht stellte sich also nicht von vornherein, nicht überall und nicht bei allen ein. Das galt vor allem nicht für die Wehrpflicht in den Empires, wo sie als brutalster Ausdruck einer fernen Herrschaft verstanden wurde, der man sich zu entziehen suchte, soweit es eben ging.

Auch die Totalen Kriege des 20. Jahrhunderts, die wie im 19. Jahrhundert mit nationalistischen Argumenten propagiert wurden, wurden zu einem großen Teil mit Wehrpflichtigen bestritten. Dass damit gleichzeitig die Armee der Staatsbürger zu einem Ort von Zwang und Erniedrigung wurde, war schon im Ersten Weltkrieg offenbar geworden, wo besonders in der deutschen und der russischen Armee die Kampfbereitschaft darunter litt. Doch bis zum Ende des Kalten Krieges schien die Wehrpflicht hüben wie drüben unverzichtbar, nicht nur aus ideologischen Motiven, sondern auch, weil die Militärstrategie nach wie vor auf Massenarmeen setzte. 1973, nach dem verlorenen Vietnamkrieg, der ebenfalls zu einem großen Teil mit Wehrpflichtigen geführt worden war, setzten die USA die Wehrpflicht aus und bauten ihre Streitkräfte zu einer Berufsarmee um. Damit waren sie ein Pionier. Nach dem Ende des Kalten Kriegs geriet die Wehrpflicht immer mehr in die Kritik, nicht zuletzt auch deshalb, weil vielerorts nur ein kleiner Teil der Wehrpflichtigen überhaupt eingezogen wurde und deshalb die Wehrgerechtigkeit erneut zum Thema wurde. Ohnehin gab es die Wehrpflicht fast überall ausschließlich für junge Männer, was die Frage der Geschlechtergerechtigkeit aufwarf.

Nachdem einige skandinavische Länder in der Zwischenkriegszeit vorangegangen waren, wurde nach dem Zweiten Weltkrieg in den meisten westlichen Ländern ein Recht auf Wehrdienstverweigerung etabliert; in der Bundesrepublik hat sie Verfassungsrang. Damit ging die Pflicht zu einem zivilen Ersatzdienst einher, was unterstreicht, wie sehr die Wehrpflicht als eine staatsbürgerliche Angelegenheit verstanden wurde. Seit dem Ende des Kalten Krieges, nicht zuletzt durch die Veränderung des Kriegs („asymmetrische Kriege"), ist die Wehrpflicht zunehmend im Rückzug. Im Europa der EU gibt es heute kaum mehr einen Staat mit einer Wehrpflicht. Die staatsbürgerliche Botschaft des „Dienstes für das Vaterland" ist damit zurückgetreten.

f. Staat und Kirche

Nachdem der Absolutismus eine weitgehende Kontrolle der kirchlichen Organisationen erreicht hatte, auf der Basis von deren relativer Autonomie, ist die Durchsetzung von Staatlichkeit nach innen fast überall in Europa gegen die Konkurrenz der kirchlichen Macht vor sich gegangen, und das war gleichzeitig ein Kampf um die Steuerung und die Homogenisierung der Gesellschaft in zentralen Bereichen.[59] Das meint ausdrücklich nicht, dass Religion keine Rolle bei der politischen Legitimation spielte; nur wenige Staaten verstanden sich, wie das revolutionäre Frankreich, als grundlegend religionsfrei, und vielfach gilt das bis heute.

Es ging vielmehr um eine klare Zuteilung von staatlichen Kompetenzen. Nach dem Vorbild der Französischen Revolution haben im 19. Jahrhundert die meisten europäischen Staaten mit den Kirchen harte Auseinandersetzungen um deren Rolle bei der Ordnung der Gesellschaft geführt. Verwaltungshandlungen wie die Standesregister (Geburt und Tod, Eheschließung) wurden nämlich bis dato von den Geistlichen in den Pfarreien geleistet. In dem Maß, in dem der Staat über seine Untertanen Bescheid wissen wollte, musste er diese Funktionen übernehmen – und das entmachtete die Kirchen. Und nicht zuletzt ging es um die Hoheit des Staates, wenn die Bildung der Untertanen im Spiel war. Denn vor allem die Elementarbildung lag weitestgehend in den Händen der Kirchen, wenig oder gar nicht kontrolliert vom Staat.

Der Großteil dieser Auseinandersetzungen fand in der zweiten Hälfte des 19. Jahrhunderts statt.[60] In Deutschland ist er unter dem Namen „Kulturkampf" bekannt, weil er zeitgenössisch von den Liberalen als eine Auseinandersetzung der modernen Kultur mit der traditionalen kirchlichen (besonders der katholischen) Kultur und somit als ein Kampf um den Fortschritt empfunden wurde. Diese Kulturkämpfe fanden in anglikanischen und lutherischen Ländern (England, Schweden) kaum statt, weil hier die Kirche ungleich mehr staatlich eingehegt war; hier hatte der Landesherr als Summepiscopus („oberster Bischof") gleichzeitig die Kirchenleitung inne. Umso stärker tobte die Auseinandersetzung in katholischen Ländern, vor allem in Italien und Spanien. Hier kämpfte der liberale Laizismus, der häufig

59 Zum Folgenden als Überblick: Steinmetz, Europa im 19. Jahrhundert, 204–229, 536–546.
60 Clark/Kaiser, Culture Wars.

als aggressiver Antiklerikalismus auftrat, gegen den Klerikalismus.[61] Im gemischtkonfessionellen Deutschland, das insofern ein Sonderfall ist, nahm dieser Kampf des liberalen Staates gegen die Kirchen dagegen den Charakter einer konfessionellen Auseinandersetzung an, weil zeitgenössisch die (meist protestantischen) Intellektuellen im Protestantismus einen Bürgen für Modernität, im Katholizismus hingegen ein Resistenzmoment dagegen sahen.

In den komplexen, ungleichzeitig und unterschiedlich verlaufenden Konflikten kann man drei hauptsächliche Felder erkennen:

(1.) Bisher kirchlich kontrollierte Rechts- und Verwaltungsformen wurden staatlich: Die Einführung der Zivilstandesregister bedeutete, dass die administrative Erfassung und Begleitung jedes einzelnen Lebens in die Hände des Staates überging: Geburt, Eheschließung, Tod. Vorher hatten das die Pfarrer erledigt und so ihre Schäfchen im Blick gehabt. Jetzt hatte sie der Staat im Blick. Das bedeutete z. B. die Verwandlung der Ehe in ein staatlich dokumentiertes Rechtsverhältnis. Eine nur kirchlich geschlossene Ehe war nicht gültig. Eine Folge war die staatliche Regelung auch der Ehescheidung, die unter Katholiken bis dahin nicht möglich gewesen war. Ebenso wurde die Konfessionszugehörigkeit staatlich kontrolliert, was zur Folge hatte, dass man aus einer Kirche nun auch austreten konnte, ohne einer neuen Kirche beizutreten: Konfessionelle Zugehörigkeit wurde zu einer bürgerlich-freiwilligen Veranstaltung.

(2.) Die Aufsicht über die (Elementar-)Schulen wurde den Geistlichen entzogen. Bis dato war in den Volksschulen der lokale Geistliche nicht nur der Schulinspektor, sondern meist auch der wichtigste Lehrer; er wählte die anderen Lehrer aus und er setzte fest, was unterrichtet werden sollte. Im Prinzip geschah das im staatlichen Auftrag, davon war aber im Alltag nicht viel zu spüren. Mit der Verstaatlichung der Schulaufsicht wurde die Elementarbildung und damit die kindliche Sozialisation staatlich kontrolliert. Den Lehrplan entwarfen jetzt staatliche Stellen. So wurden damit nicht nur der klerikale Einfluss eingedämmt und die konfessionelle Prägung der Schule zurückgedrängt, sondern es entstand auch eine Schicht von professionell ausgebildeten Elementarlehrern. Damit erwuchsen aber ganz neue Möglichkeiten, Staatsbürger zu erziehen. Der staatlich vorgegebene Lehrplan, das Lernen der jeweiligen Landessprache, der Geschichte und der nationalen Mythen erwiesen sich als höchst effiziente Mittel der inneren Nationsbildung. „Die Schule der Nation ist die Schule" – dieser von Willy Brandt 1969 polemisch gegen den militaristischen Satz von der Armee als der Schule der Nation vorgebrachte Satz hat schon hier seine Richtigkeit. Mit der Schule (und der Schulpflicht, die unter staatlicher Ägide ungleich konsequenter durchgesetzt wurde als von der Kirche) erreichte der Staat auch alle seine Untertanen, sogar die Bauern, für die die Schule nur in Zeiten angängig war, da die Kinder nicht auf dem Hof helfen mussten. Mit der Durchsetzung der Schulpflicht wurde also auch ein Schonraum für das Aufwachsen erreicht.

61 Dittrich, Europäischer Antiklerikalismus.

(3.) Die Trennung von Staat und Kirche, die sich in diesen Feldern zeigt, fand unterschiedliche Ausprägungen. In Frankreich (1905) oder in den USA von Anfang an traten beide Sphären völlig auseinander. Die Kirchen erhielten keinerlei Zuwendungen vom Staat, an Schulen gab es keinen Religionsunterricht, u. U. wurden auch religiöse Gemeinschaften wie Orden und Kongregationen verboten. So weit ging es nicht überall. In vielen europäischen Ländern wurden die Kirchen und die Geistlichen vom Staat alimentiert. Das hatte damit zu tun, dass im Umfeld der Französischen Revolution und der Napoleonischen Kriege ein großer Teil des Kircheneigentums eingezogen worden war, aber meist nicht entschädigungslos, wie das in Frankreich der Fall gewesen war; der Staat übernahm dann im Gegenzug die Versorgung der Kirchen und der Geistlichen. Gegen Ende des 19. Jahrhunderts wurde in manchen Staaten, darunter auch in Deutschland, eine Kirchensteuer eingeführt, die zunächst von den Gemeinden selbst, mit der Weimarer Reichsverfassung aber durch den Staat erhoben wurde.

Mit dieser Alimentierung waren die Geistlichen aber auch so etwas wie Staatsangestellte, und der Staat beanspruchte durchaus, auf ihre Ausbildung und Auswahl Einfluss zu haben – schließlich studierten viele an staatlichen Universitäten, sie waren nach wie vor als Lehrer an Schulen tätig und wurden am Ende vom Staat bezahlt. Den Zugriff auf die Geistlichen exerzierte Preußen besonders rigide. So mussten die preußischen Geistlichen im Zuge ihres Studiums ein staatliches „Kulturexamen" machen, um ihre bürgerliche Bildung nachzuweisen.

Diese Maßnahmen führten zu massiven Konflikten, vor allem auch mit einer ländlichen und kleinstädtischen Bevölkerung, die damit traditionale Lebensformen in Gefahr sah.[62] Die Kulturkämpfe wurden auch aus der Perspektive des Staates nicht überall erfolgreich durchgeführt; so wurden in Spanien nach einer kurzlebigen laizistischen Phase ab 1875 die Maßnahmen antiklerikaler Liberaler gegen die Allmacht der katholischen Kirche wieder zurückgenommen, es entstand hier sogar eine besonders große Nähe zwischen dem konservativen Staat und einer katholischen Kirche, die den antiliberalen und antisozialistischen Nationalismus tatkräftig unterstützte. Wenngleich diese symbiotische Beziehung eine Ausnahme ist: Der moderne Staat verzichtete nur ungern auf die Stabilisierungsleistungen der Religion. In Großbritannien war der König weiterhin das weltliche Oberhaupt der anglikanischen Kirche und Queen Elizabeth ist es bis heute. Ihre Krönung am 2. Juni 1953 war ein kirchlicher Akt in der Westminster Abbey. In den Imperien bot es sich nicht an, die verschiedenen Religionsgemeinschaften zu sehr aufzustören und so Widerstandspotential zu wecken. Der Monarch wurde in Österreich-Ungarn, in Russland ebenso wie im Britischen Reich mit einer quasireligiösen Aura umgeben, die seine Legitimität stützte.[63] In den Nationalstaaten dagegen fungierte die Religion häufig als ein unterliegendes Bindemittel – man erinnere sich: Die meisten europäischen

62 Eine Hochburg des Widerstands waren die katholischen Regionen Rheinland und Westfalen: Jonathan Sperber, Popular Catholicism in 19th Century Germany, Princeton 1984.

63 Leonhard/von Hirschhausen, Empires und Nationalstaaten, 19–50.

Staaten waren nicht bikonfessionell wie Deutschland, sondern wurden von einer hegemonialen Religion beherrscht. Nationalismus verband sich deshalb häufig mit bestimmten religiösen Bekenntnissen. Keineswegs war er so säkular, wie das lange behauptet wurde. Der Berliner Historiker Max Lenz beklagte im Jahre 1907 die religiöse Spaltung der Deutschen und meinte: „Die nationale Einheit ist nicht fertig, so lange unsere Gottesverehrung noch nicht auf gemeinsamem Boden ruht."[64]

Die Religion als Schmiermittel staatlicher Legitimität ist im 20. Jahrhundert zurückgetreten; die großen Ideologien haben teilweise diese Rolle übernommen, man könnte auch die Wohlstandsgarantie der Wirtschaftswundergesellschaften in dieser Rolle sehen, staatliche Herrschaft akzeptabel zu machen. Ob dies ähnlich wirksam ist, ist bezweifelt worden. Der Staatsrechtler Ernst-Wolfgang Böckenförde hat in den 1960er Jahren das Dilemma gesehen, dass ein demokratischer Staat ein weithin säkularisierter Staat sein muss.[65] Damit aber muss er auf die Stabilisierungsleistungen verzichten, die religiöse Zugehörigkeit und religiöser Glaube für ihn selbst besorgen – sei es, dass das Gottesgnadentum die Herrscher mit einer religiösen Aura ausstattet, sei es, dass es eine religiös begründete Gehorsamspflicht gegenüber der weltlichen Obrigkeit gibt; sei es vielleicht auch, dass religiös gebundene Menschen dem Staat nicht ohne Weiteres die Allmacht zugestehen wollen, weil sie an ein „mächtiges Anderes" glauben, das fordert „Man muss Gott mehr gehorchen als den Menschen". Nicht umsonst kamen bedeutende Potentiale des Widerstands gegen die modernen Diktaturen aus religiösen Gemeinschaften. „Der freiheitliche, säkularisierte Staat lebt von Voraussetzungen, die er selbst nicht garantieren kann." Dieses ‚Böckenförde-Diktum' fragte skeptisch, ob es ein übergreifendes Ethos des Gemeinsinns geben könne, das der Staat aus sich selbst entwickeln könne.[66] Daran hat sich eine lange Diskussion angeschlossen, in der einerseits die gemeinschaftsbildenden Effekte der Bürgergesellschaft angesprochen wurden. Andererseits hat Jürgen Habermas, indem er auf die verbindenden Funktionen eines Verfassungspatriotismus verwies, dem demokratischen Staat selbst eine solche Gemeinschaftsfunktion zugestanden.[67] Des ungeachtet gilt es aber zu betonen, dass auch heute die Religion noch nicht aus dem Staat verschwunden ist. Ob der Staat für die Kirchen die Kirchensteuer einzieht (wie in Deutschland), der Religionsunterricht an Grundschulen verpflichtend ist (wie in Irland bis 2016) oder ob es in der staatlichen Armee Militärgeistliche gibt und, wie in Kriegszeiten überall üblich, Gott als Parteigänger angerufen wird: So sehr ist auch heute noch der moderne Staat doch kein Heide, dass er auf die Religion als Legitimationsreservoir verzichten würde.

64 Zit. n. Thomas Mergel, Dauernde Zugehörigkeiten. Überlegungen zum Verhältnis zwischen Nation und Religion im 19. und frühen 20. Jahrhundert, in: Gisela Fleckenstein u. a. (Hg.), Kirchengeschichte. Alte und neue Wege, FS Christoph Weber, Frankfurt 2008, 867–885, 877.

65 Böckenförde, Die Entstehung des Staates.

66 Zur Diskussion darum: Dreier, Staat ohne Gott, 189–214.

67 Jürgen Habermas, Vorpolitische Grundlagen des demokratischen Rechtsstaates, in: ders./Joseph Ratzinger, Dialektik der Säkularisierung. Über Vernunft und Religion, Freiburg 2007, 15–38.

g. Bildung

Dass die Ausbreitung der Elementar- wie Sekundarbildung der Konsolidierung des modernen Staates seit dem 18. Jahrhundert parallel ging, ist kein Zufall. Noch im 18. Jahrhundert war in weiten Teilen Europas der Analphabetismus der Normalfall jedenfalls der städtischen und vor allem der ländlichen Unterschichten.[68] Hier schien es lange Zeit auszureichen, wenn die Kinder eine gewisse religiöse Grundbildung erhielten, und Schulbesuch war in Erntezeiten ebenso nachgeordnet wie bei einer Tätigkeit in der Fabrik. Lediglich in manchen konfessionell integrierten Staaten wie Schweden, wo kirchliche und staatliche Bemühungen zusammentrafen, ist schon zu dieser Zeit eine hohe Alphabetisierungsrate festzustellen. Die Primarschulausbildung wurde von kirchlichen, kommunalen oder auch privaten Trägern geleistet, im Allgemeinen privat, also von den Eltern finanziert. Im 19. Jahrhundert wurde die staatliche Aufsicht zunächst verstärkt, bis schließlich die Elementarschule sehr weitgehend dem Staat unterworfen wurde, meist auf kommunaler Ebene, was nicht heißt, dass es keine privaten oder kirchlichen Bildungsanbieter mehr gab. Zum Ende des 19. Jahrhunderts sank die Analphabetenrate in den west- und mitteleuropäischen Ländern gegen null. In Osteuropa, besonders im Habsburgerreich und in Russland, aber auch in Spanien, waren die Analphabetenraten jedoch auch um diese Zeit mancherorts noch flagrant höher und lagen zwischen 40 und 60 Prozent.

Die Verbreitung der elementaren Bildung bedurfte der Verstaatlichung, auch gegen den Widerstand von vor allem bäuerlicher Bevölkerung und der Kirche.[69] Das Problembewusstsein ist schon früh festzustellen: Bereits 1772 wurde von der portugiesischen Regierung die Einrichtung von Primarschulen im ganzen Land verfügt. Bis eine flächendeckende Unterrichtspflicht durchgesetzt wurde, dauerte es freilich noch viele Jahrzehnte, in den meisten Staaten bis zum Ende des 19. Jahrhunderts. Und Unterrichtspflicht war nicht gleich Schulpflicht. Bis zum Ersten Weltkrieg war das Recht, sich von einem Hauslehrer unterrichten zu lassen und über externe Prüfungen die entsprechenden Zeugnisse zu erlangen, weitverbreitet; das betraf natürlich nur die Oberschichten. Die Elementarschule war deshalb überwiegend eine Schule für die Unter- und unteren Mittelschichten. Und sie war lange Zeit vor allem eine Schule für die Jungen. Die Mädchenbildung hinkte lange nach und wurde erst im Zusammenhang mit den Kulturkämpfen, also erst im letzten Jahrhundertdrittel zum Standard. Auch dann erst wurden eine staatliche Lehrerbildung und Schulaufsicht durchgesetzt; erst dann wurden Lehrpläne entwickelt und ihre Umsetzung kontrolliert.

In der Elementarschule lernte man neben elementaren Kulturtechniken wie Rechnen und der Ehrfurcht vor der Obrigkeit vor allem eines: Lesen und Schreiben, und damit die hegemoniale Sprache – mit Einschränkungen, denn in den nach wie vor von Regionalsprachen durchsetzten Ländern, auch den Nationalstaaten, waren die

68 David Vincent, The Rise of Mass Literacy. Reading and Writing in Modern Europe, Cambridge 2000.
69 Als Überblick: Steinmetz, Europa im 19. Jahrhundert, 212–220.

Lehrer häufig selbst der Hochsprache nur bedingt mächtig. Für sehr viele der Schüler dürfte trotzdem eine Grunderfahrung gewesen sein, dass die alltäglich gesprochene, lokale Verständigung herstellende Sprache sich von der geschriebenen unterschied, die wiederum staatliche und nationale Verständigung ermöglichte. Mit der geschriebenen (Hoch-)Sprache konnte man Verlautbarungen, Wahlzettel und Zeitung lesen; durch die Alphabetisierung der Provinz also wurden auch deren politische Durchdringung und die nationale Inklusion ermöglicht.[70]

Eine ähnliche Entwicklung nahm die höhere Bildung. Schon in der Frühen Neuzeit hatte sich die Sekundarbildung – etwa in Gymnasien oder englischen *grammar schools* – ausgebreitet, aber meist privat, gemeindlich oder kirchlich organisiert, für eine kleine adlige und bürgerliche Minderheit; es sei denn, man ergatterte eines der Stipendien, die vor allem dem kirchlichen Dienst Begabte zuführen sollten. Bis ins 19. Jahrhundert blieben kirchliche Träger wegweisend bei der höheren Schulbildung; in katholischen Regionen waren das maßgeblich die Jesuiten, die einen kaum zu überschätzenden Einfluss auf die Entwicklung der höheren Schulen in Europa hatten. In England waren die *public schools* von historischer Bedeutung: ständeübergreifende Internate, staatlich kaum kontrolliert, in die der Adel und die wohlhabenden bürgerlichen Klassen ihren männlichen Nachwuchs schickten, mit viel Drill und klassenbewusster Erziehung einerseits, viel Freiräumen andererseits – Vorbereitung auf eine Führungsrolle im Empire.[71] Wegweisend und in anderen Ländern kopiert wurde das preußische Gymnasium, das im Zuge der Preußischen Reformen konzipiert wurde. Als eine staatlich gesteuerte und von wissenschaftlich ausgebildeten Lehrern geleitete, dabei aber sozial offene Institution bot sie für Jungen ab zehn (erst Anfang des 20. Jahrhundert durften die ersten Mädchen aufs Gymnasium gehen) eine wissenschaftliche Bildung an, d. h. eine, die nicht nur auf das Lernen von Wissen, sondern auf das transferorientierte, die geistige Selbständigkeit fördernde „Selbstlernen" ausgerichtet war und standardmäßig die Voraussetzung für ein Studium bot. Damit schuf der preußische Staat die Bedingungen für das Entstehen einer sozialen Klasse, die im 19. und frühen 20. Jahrhundert maßgeblich für das deutsche Selbstverständnis geworden ist: das Bildungsbürgertum.[72]

Früh zeigte der frühneuzeitliche Staat ein lebhaftes Interesse an der Ausbildung von Verwaltung- und Rechtseliten ebenso wie von technischen Eliten für Straßen- oder Kanalbau oder natürlich militärischen Spezialisten. Überall in Europa wuchs deshalb im Staatsbildungsprozess auch das staatliche Interesse an akademischer Bildung. Universitäten existierten seit dem Mittelalter als kirchliche oder städtische Institutionen, aber der frühneuzeitliche Staat ging engagiert daran, sie seiner

70 Klassisch hierzu: Weber, Peasants into Frenchmen, 303–338.

71 Roy Lowe, Schooling and Social Change since 1760. Creating Inequalities through Education, London 2021, 60–74.

72 Margret Kraul, Das deutsche Gymnasium 1780–1980, Frankfurt 1984.

Kontrolle zu unterwerfen.[73] Doch es dauerte bis ins 19. Jahrhundert, bis die Universität eine staatlich administrierte und kontrollierte Veranstaltung war. In dieser Hinsicht ist der europäische Fall anders gelagert als in den USA, wo bis heute das private Universitätssystem vor allem für die gesellschaftlichen Spitzenpositionen eine wichtige Rolle spielt.

Insbesondere vor dem Hintergrund der konfessionellen Trennung arbeiteten nicht nur päpstliche oder spanische Universitäten auf eine ideologische Zurichtung ihres qualifizierten Nachwuchses hin. Auch der frühneuzeitliche Territorialstaat im Deutschen Reich setzte auf eigene Landesuniversitäten zur Rekrutierung seines Personals, das auch konfessionell loyal war. Deshalb kam es gerade in den deutschen Territorien zur Gründung von zahlreichen Universitäten wie etwa Gießen (1607), Halle (1694) oder Göttingen (1737). Die Landesuniversitäten waren Symbole und Instrumente der territorialstaatlichen Etablierung.[74] In England dienten alte – ursprünglich kirchliche – Universitäten einem ähnlichen Zweck, allerdings weniger speziell auf Recht und Verwaltung ausgerichtet, sondern stärker einem klassischen Ideal der universalen Bildung verpflichtet.

Die Französische Revolution strukturierte auch das französische Universitätssystem grundlegend um. Die Universitäten wurden als Bastionen des *Ancien Régime* geschlossen. Erst Napoleon hat die höhere Bildung neu organisiert, und zwar streng zentralistisch. 1808 wurden zwölf Universitäten wiedergegründet, die als ein Teil des Herrschaftsaufbaus loyale Lehrer und Wissenschaftler heranziehen sollte. Unter Napoleon hatte Frankreich aber auch mit dem Aufbau von staatlichen Fachschulen für technische Berufe und – wichtiger – für das Spitzenpersonal der Verwaltung begonnen. Diese *grandes écoles* waren nicht nur prestigiös, gut ausgestattet und höchst kompetitiv, sondern sie bildeten auch Generationen von Spitzenverwaltern und -technikern aus, die eng miteinander verbunden waren und effiziente Karrierenetzwerke bildeten. Bis heute ist es eine Ausnahme, wenn ein Spitzenpolitiker nicht aus einer der *grandes écoles* kommt.

Die staatsnahe französische Universität war für die romanischen Länder vorbildhaft, wo die Staatsbildung weniger weit gediehen und qualifiziertes Staatspersonal noch Mangelware war. Einen anderen Weg beschritt Preußen. Die 1810 gegründete Berliner Universität war weit weniger an der staatlichen Kandare als das französische Pendant und sehr viel mehr der Wissenschaft als Ziel verpflichtet als auch die englischen Universitäten. Dass die „humboldtsche Universitätsidee" einem Masterplan des Bildungsreformers Wilhelm von Humboldt entsprang, ist inzwischen zwar widerlegt.[75] Vielmehr knüpfte sie an aufklärerische Universitätsideen an, wie diese

73 Walter Rüegg (Hg.), Geschichte der Universität in Europa, Bd. 2: Von der Reformation bis zur Französischen Revolution, 1500–1800, München 1996, Bd. 3: Vom 19. Jahrhundert zum Zweiten Weltkrieg (1800–1945), München 2004.

74 Stichweh, Der frühneuzeitliche Staat und die Universität.

75 Sylvia Paletschek, Die Erfindung der Humboldtschen Universität. Die Konstruktion der deutschen Universitätsidee in der ersten Hälfte des 20. Jahrhunderts, in: Historische Anthropologie 10 (2002), 183–205.

in Halle oder Göttingen vertreten wurden. Im weiteren Verlauf des 19. Jahrhunderts entfaltete aber die Idee einer trotz staatlicher Aufsicht weitgehend autonomen, der Einheit von Forschung und Lehre (und damit nicht allein der Vermittlung, sondern vornehmlich der Schaffung von Wissen) verpflichteten Institution ihre Wirkung in Europa und darüber hinaus. Die Idee der Freiheit und der Einheit von Forschung und Lehre, die auch außerhalb Deutschlands vorbildhaft wurde, war Ausdruck des Umstands, dass die Universität im Großen und Ganzen weitaus weniger verstaatlicht war als die übrigen Bereiche der Bildung.

h. Beobachtung der Gesellschaft

All diese Aufgaben bedingten und ermöglichten eine ganz neue Beobachtung der Gesellschaft. Der moderne Staat, wie er seit dem 18. Jahrhundert entstand, wollte nicht nur sein Staatsgebiet kennen und unternahm deshalb große Anstrengungen der Kartierung und Landvermessung.[76] Er wollte vor allem auch seine Bürger kennen. Er suchte ihr Leben beobachtend zu begleiten, beginnend mit der Geburtsurkunde, endend mit der Sterbeurkunde, nein, mit der Erbschaft (und der dabei anfallenden Steuer). Er wollte wissen, welche Wirtschaftsleistung erreicht wurde, wer wie viele Steuern zahlen konnte, welche Männer für den Wehrdienst in Frage kamen und wie viele Ausländer sich auf seinem Gebiet befanden. Er wollte Bevölkerungsbewegungen erkennen und den damit verbundenen Handlungsbedarf (etwa in Sachen Versorgung oder Wohnungsbedarf) ermitteln – dafür wurden in manchen Staaten (in vielen aber auch nicht) Meldepflicht und Melderegister eingeführt. So ist Verwaltung auch immer Beobachtung. Die moderne Statistik kommt in ihrem Begriff nicht umsonst von „Staat".[77] Als Staatsbeschreibung wurde sie vom Staat tatkräftig vorangetrieben, vor allem in Bezug auf das Militär (und hier wurden auch der körperliche Zustand und der Bildungsgrad registriert[78]). Doch auch in ökonomischer Hinsicht wollte der Staat es möglichst genau wissen. Dieses Interesse führte in allen Staaten seit der Mitte des 19. Jahrhunderts (bei manchen auch schon davor) zur Einrichtung staatlicher statistischer Büros, die die Beobachtung der Gesellschaft als Daueraufgabe begriffen. Private statistische Gesellschaften drängten auf eine Verbesserung der Methoden, mit der zweiten Hälfte des 19. Jahrhunderts richteten auch die Städte statistische Ämter ein, die die rapide Urbanisierung begleiteten.

Volkszählungen zur Ermittlung der Militär- oder Steuerkraft sind keine europäische Spezifität; es gab sie nicht nur im Römischen Reich, sondern auch außerhalb Europas. Im 18. Jahrhundert waren die aufgeklärt-absolutistischen Monarchien Schwedens (1755) und Spaniens (1787) die Pioniere großangelegter demographischer Erhebungen. Der moderne Staat suchte aber kontinuierliche Beobachtung: Volks- und Berufszählungen wurden nun regelmäßig durchgeführt und in ihren

76 Bayly, Die Geburt der modernen Welt, 356–358.
77 Als global orientierten Überblick: Osterhammel, Die Verwandlung der Welt, 57–62.
78 Hartmann, Der Volkskörper bei der Musterung.

Methoden und Ergebnissen öffentlich diskutiert. Vorreiter waren auch hier Frankreich und Preußen, aber auch Großbritannien, wo Volkszählungen schon seit dem Anfang des 19. Jahrhunderts regelmäßig vorgenommen wurden.[79] Gerade Großbritannien hat sich auch sehr dafür interessiert, die Bevölkerung seiner Kolonien zu erfassen, und so wurde erstmals 1820 Indien bevölkerungsstatistisch verzeichnet.

Die statistische Beobachtung war in Hinsicht auf Zuordnung in den Imperien von besonderer Bedeutung. Denn der Staat konnte damit auch sehr genau sagen, wer Muslim war und wer Katholik, wer zu der einen ethnischen Gruppe gehörte und wer zu einer anderen. Hier wurden aus oft ambivalenten und fluiden Zuordnungen klare Kategorien gemacht, die das Regieren erleichterten; die aber auch Eindeutigkeiten und Abgrenzungen schufen, die alltäglich so nicht gegeben waren, denn die religiöse Zugehörigkeit mochte sich mit ethnischen oder mit der Muttersprache überschneiden.[80]

Wer ein Arbeiter war oder ein Angestellter, wer dem Land zuzurechnen war oder der Stadt, wer Staatsangehöriger war und wer nicht: In der statistischen Beschreibung gab es keine Uneindeutigkeiten. Das hatte nicht nur Kontrolle zur Folge, sondern schuf auch politisierbare Tatbestände. Die Beschreibung von sanitären Verhältnissen in Unterschichtenquartieren führte zur Frage nach der Grenze zwischen zumutbaren und unzumutbaren Wohnverhältnissen; die Ermittlung von Einkommensunterschieden ließ nach Mindeststandards fragen und erzeugte eindeutige Werte für eine abstrakte Kategorie wie „Armut“, was wiederum politischen Regelungsbedarf anzeigte und zu moralischem Engagement motivierte. Die Einteilung in soziale Klassen oder Schichten, die zunächst nur der Notwendigkeit einer mathematisch bedingten Differenzierung entsprang, gewann durch die Zahlen eine Realität, mit der man auch politisch argumentieren konnte. Dadurch ermöglichten etwa die veröffentlichten Daten auch sozialen Gruppen, hier Argumente für die Vertretung ihrer Interessen zu finden. Die statistische Beobachtung stellte also nicht nur Wissen, sondern auch eine diskursive Ebene zur Aushandlung von Interessen zur Verfügung. Sie wurde eine „Redeweise politischer Rhetorik“ (Jürgen Osterhammel).

Gerade wenn man Armut und Reichtum, Lebensstandard und Wohnverhältnisse zu ermitteln suchte, stellte sich aber auch die Frage nach dem Durchschnitt, dem statistischen Mittelwert, und damit wurde eine neue Vorstellung von Normalität entwickelt. Der französische Mathematiker Lambert Adolphe Quetelet war für diese Vorstellung vom Durchschnittsbürger als Ausdruck einer (zunächst nur statistisch gemeinten) Normalität wegweisend. Von einer solchen Normalität der Vielen wusste man bis dato nichts: Dass die Reichen anders lebten als die Armen, war selbstverständlich gewesen; nun wurden sie Ausschläge nach oben und nach unten, in Entfernung von einer Mittelwertnormalität. Diese Idee von einer Norma-

79 Hierzu wegweisend: Desrosières, Die Politik der großen Zahlen. Levitan, A Cultural History of the British Census. Tooze, Statistics and the German State.

80 Hierzu: Leonhard/von Hirschhausen, Empires und Nationalstaaten, 53–76.

lität der Vielen, die aus dem Durchschnitt erwuchs, hatte mithin nicht nur den Effekt, standardisierend zu wirken; sie wirkte auch, könnte man sagen, demokratisierend.

Abgesehen von diesem „neuen" Mittel, das sich im 20. Jahrhundert zu einer umfassenden Methode gesellschaftlicher Selbstbeobachtung und zu politischer Handlungsanleitung entwickelt hat (eine moderne interventionistische Wirtschaftspolitik wie in Zeiten von Corona wäre ohne eine genaue Beobachtung dieser Art überhaupt nicht möglich), entwickelten die Staaten seit dem Ende des 18. Jahrhunderts eine ältere Form der Beobachtung fort, nämlich eine kontinuierliche, in einer regelmäßigen Berichtskultur dokumentierten Beobachtung durch die Verwaltung. Verwaltungen wissen viel über die Gesellschaft, die sie ordnen, und sie systematisieren das. Ein Paradebeispiel sind die „Zeitungsberichte" (zeitig = schnell) der preußischen Regierungspräsidenten, die in ihrer ursprünglichen Form in die 1720er Jahre zurückgehen und seit dem Ende des 18. Jahrhunderts zur standardisierten Form der Verwaltungsberichterstattung wurden.[81] Es handelte sich um zunächst monatliche, seit den 1860er Jahren vierteljährliche Immediatberichte direkt an den Innenminister, den Zustand des Regierungsbezirks betreffend. Von Wetterbedingungen und Ernteziffern über Bevölkerungsbewegungen, wirtschaftliche Zahlen bis hin zu politischen Konflikten und Bewegungen sind hier auf 20–40 Seiten alle wichtigen Begebenheiten und Prozesse beschrieben, quasi als schnelle und verlässliche Information aus den über 40 Regierungsbezirken. Solche Verwaltungsbeobachtung lieferte in Berlin nicht nur ein Bild von der Region, sondern auch ein Bild von den Leistungen der Verwaltung: was sie sah und was sie übersah, was sie tat und unterließ. Insofern dienten diese Berichte auch der Verwaltungskontrolle. Allerdings führte diese Papierflut, die häufig eher routiniert denn engagiert, gern aber weitschweifig ausgeführt wurde, bereits in den 1840er Jahren zu einer systematischen Informationsüberflutung der zentralen Behörden, die nicht mehr gut unterscheiden konnten, was wichtig und was weniger wichtig, was dringlich war und was Zeit hatte.

i. Wohlfahrt

Der moderne Wohlfahrtsstaat gehört nicht mehr unbedingt in diese Epoche von Staatsbildung; im 19. Jahrhundert ist noch kein Staat als Umverteilungsstaat zu bezeichnen.[82] Dieser Typ von Staat entfaltete sich erst im 20. Jahrhundert, vor allem nach 1945. Systematisch gehört er aber in das Kapitel „Innere Staatsbildung", weil er eine der wichtigsten Institutionen darstellt, die Staatlichkeit herstellen und stabilisieren; seine Anfänge liegen am Ende des 19. Jahrhunderts.[83] Dass es vom Staat

81 Dirk Mellies, Die amtlichen Zeitungsberichte der preußischen Regierungen als Quelle einer Mentalitätsgeschichte der Verwaltung des 19. Jahrhunderts, in: Forschungen zur Brandenburgischen und Preußischen Geschichte 18 (2008), 1–18.

82 Osterhammel, Die Verwandlung der Welt, 881.

83 Zu den Anfängen bis zum Zweiten Weltkrieg in umfassender Perspektive: Stein Kuhnle/Anne Sander, The Emergence of the Western Welfare State, in: The Oxford Handbook of the Welfare State, 63–82.

erwartet wird, wohlfahrtsstaatliche Fürsorge zu organisieren – wenn er sie auch nicht notwendig selbst bezahlt – und eine gerechte Gesellschaft zu organisieren, gehört ganz zentral zu diesem Thema. Damit wurde die traditionale umfassende Konzeption der „Guten Policey“ fortgeführt, die eine sehr weitgehende, bis in Fürsorge und Moral reichende Ordnungsfunktion der Gesellschaft bezeichnete. Und dennoch ist die Wohlfahrtsstaatlichkeit historisch neu; traditionell waren es die überschaubaren Zugehörigkeiten, vor allem Kommunen und religiöse Gemeinschaften, die für eine zumindest rudimentäre Abfederung von Lebensrisiken zuständig waren. Allerdings verdrängte der Staat die alten Fürsorgeinstitutionen nicht einfach, sondern richtete sich bis ins 20. Jahrhundert und teilweise bis heute auf eine Koexistenz ein; gerade im Bereich der Wohlfahrtsstaatlichkeit haben wir keine komplette Übernahme durch den Staat wie etwa im Rechtswesen, sondern vielfach lediglich den Staat als einen Rahmen, der bestimmte Rechte und Ansprüche garantiert.

Der moderne Staat zeichnet sich aber nun nicht nur durch ein Versprechen auf innergesellschaftlichen Frieden aus, sondern auch durch eine historisch neue Macht, das Leben seiner Untertanen/Bürger zu regeln. Nicht zufällig sind die ersten sozialstaatlichen Aktivitäten im Umfeld von zwei Phänomenen beobachtbar, die zum staatlichen Risikofeld gehören: Kriege und innerstaatliche Ordnung. Einen Schub erlebte der Sozialstaat immer in der Versorgung von Kriegsopfern jeglicher Art – Veteranen, Witwen, Invalide, aber auch derer, die durch den Krieg die Existenz verloren hatten.[84] Und der Aufstieg der Arbeiterbewegung hat – zunächst in Deutschland – eine neue Politik der Integration der Unterschichten bewirkt. Der moderne Wohlfahrtsstaat war von Anfang an ein Instrument, um die Revolution zu verhindern.

Doch dazu später.

6.3 *Top-down* oder *Bottom-up?*

Die bisherige Diskussion der Geschichte von Staatlichkeit lässt sich nach dem Muster lesen, dass die Entstehung des modernen Staates von oben nach unten, durch Mächtige in ihrem Interesse, tendenziell gegen die Interessen der Menschen erfolgt sei. Viele Beiträge zur Geschichte des Staates, namentlich von Wolfgang Reinhard, bekennen sich auch ganz offen zu diesem *Top-down*-Prinzip: Der Staat ist als ein Gewalt- und Herrschaftsmittel gegen die Vielen durchgesetzt worden, und diesen Charakter als Gewaltorganisation kann er nicht abstreifen.

Daran ist sicher vieles richtig. Unterstützt wird eine solche Interpretation durch die lange Geschichte des Widerstands gegen die Durchstaatlichung der Gesellschaft und die (und teilweise bis heute anhaltende) Antistaatlichkeit vor allem in den peripheren, agrarischen Regionen im Besonderen in Süd- und Südosteuropa.

84 Geyer, Ein Vorbote des Wohlfahrtstaates. Theda Skocpol, Protecting Soldiers and Mothers. The Political Origins of Social Policy in the United States, Cambridge MA 1992.

Hier wurde der Staat erstmals dann erfahren, wenn er (häufig in Gestalt arroganter liberaler Beamter) anrückte, die jungen Männer zum Militärdienst einzog, Steuereinnehmer von Haus zu Haus schickte, die Kinder in die Schule zwang und die religiösen Selbstverständlichkeiten in Frage stellte. Der Staat störte nicht nur lokale und traditionale Lebenswelten auf, sondern er konkurrierte auch mit den hergebrachten Mächten vor Ort: den Grundbesitzern, dem Pfarrer oder auch regionalen Kriegsunternehmern.

Widerstand gegen die staatliche Durchdringung der Gesellschaft gehörte deshalb organisch zur Geschichte des Staats in der Moderne dazu. Vielerorts verteidigten die Untertanen ein – angeblich – gutes altes Herkommen, das der neue Staat hinwegfegen wollte. Warum auf Polizei und Gerichte hoffen, die wahrscheinlich korrupt waren, wenn man das Recht auch wie seit ehedem auf eigene Faust verfolgen konnte? Warum Steuern zahlen, wenn diese offensichtlich in den Taschen der Verwalter und Beamten versickerten, denn man sah ja davon nichts wieder? Häufig wurde der Monarch, der „gute König" oder der „gute Zar", davon ausgenommen, er wusste vermutlich nichts von der Misswirtschaft.

Hier griff gewöhnlich Zwang ein, häufiger aber noch Verregelung und Regelmäßigkeit: Die Steuereinnehmer kamen auch nächstes Jahr wieder, ebenso wie die Militärkonskriptoren. Aber auch die Lehrer und die Polizisten waren ständig da. Vielleicht wurde ein Sohn Polizist oder gar Lehrer; häufig brachten die jungen Soldaten aus dem Militärdienst einen gewissen Nationalismus mit nach Hause. Die Demokratisierung, die im 19. Jahrhundert zu einer mächtigen Welle wurde, erhöhte die Identifikation mit dem Gemeinwesen allein schon dadurch, dass ein Abgeordneter aus der eigenen Gegend in der fernen Hauptstadt weilte. Verbände und Parteien konnten sich als Vertreter der eigenen Interessen etablieren. Und die Idee des Nationalismus vermochte auch diejenigen zu faszinieren, die niemals aus ihrer engeren Heimat hinausgekommen waren. Natürlich suchte man, so wenig Steuern wie möglich zu bezahlen, natürlich misstraute man den Beamten. Aber von vielen Menschen wurde es dann doch sehr begrüßt, dass eine Polizei nachts die Straßen schützte und einen des Zwangs enthob, eine Waffe mitzuführen, was unter Umständen einen zweifelhaften Ausgang haben mochte. Die Wehrpflicht war zwar lästig und für viele auch eine Erfahrung der Demütigung und des Drills; aber sie führte auch zu einer Erfahrung der nationalen (und generationalen) Zusammengehörigkeit, auch vielleicht zu einer Erfahrung von der Bedeutung des Einzelnen, die die Nostalgie auch vieler Unterschichtenangehöriger in Bezug auf ihre Militärzeit erklären kann. Auch wenn viele Bauern ihre Kinder nicht gern zur Schule schickten, so wurde es doch allgemein für richtig gehalten, dass jeder eine gewisse Grundbildung erhielt – und mit der Zeit auch: jede. Dass Bildung ein Aufstiegsmotor sein mochte, war auch zeitgenössisch vielen klar. Wer die Briefe von Handwerksgesellen und Arbeitern aus der Arbeiterbewegung liest, dem wird außerdem deutlich, dass Bildung auch ein Moment der Politisierung darstellte: Sich derart äußern zu können, über Wissen von der Welt zu verfügen, nützte der Arbeiterbewegung (und genau deshalb gab es auch konservative Hardliner, die überhaupt nichts von einer

Schulbildung für alle hielten). Dass nicht mehr der Pfarrer, sondern der Polizeidiener die Geburtsregister führte, mochte vielen Leuten zunächst egal sein; aber wenn sie heiraten wollten und keiner kümmerte sich groß darum, ob sie schon ein Kind zusammen hatten, erst recht, wenn sie sich wieder scheiden lassen wollten, dann waren sie vielleicht doch ganz froh, dies nicht vor dem Pfarrer rechtfertigen zu müssen. Und wenn der regionale Abgeordnete es mit seinen Beziehungen in der Hauptstadt erreichte, dass am Ort eine Straße gebaut wurde, dann wusste man auch, was mit den Steuern geschah. Dass der Staat zwar viel regelte und viel kontrollierte, damit aber auch – oft unintendiert – vieles ermöglichte, ist am Beispiel der Statistik schon diskutiert worden. Und schließlich darf der Stolz auf den eigenen Staat, ob Nation oder Imperium oder den Monarchen, nicht unterschätzt werden, der sich einstellte, wenn man auf die auswärtigen Beziehungen blickte. Insofern verwundert es nicht, dass jedenfalls in Gesellschaften, die seit Langem mit Staatlichkeit zu tun hatten, vor allem also die eher städtischen und west-/nordwesteuropäischen Gesellschaften, die Ausbreitung von Staatlichkeit, wie sie sich im 19. Jahrhundert vollzog, durchaus in vieler Hinsicht begrüßt wurde.

Die Diskussion der Inneren Staatsbildung macht insofern deutlich, dass wir es nicht mit einem einseitigen gewalthaften Verhältnis zu tun haben. Man wird vermuten dürfen, dass die innere Gewalttätigkeit der europäischen Gesellschaften durch den Staat insgesamt abgenommen hat. Staatliche Institutionen boten ein gewisses (wenn auch niemals vollständiges) Maß an Sicherheit, und das hieß auch: Systemvertrauen. Auf eine Verwaltung, die nach nachvollziehbaren Maßstäben operierte und von kundigen Leuten betrieben wurde, konnte man sich verlassen. Rechtsgeschäfte konnten im Vertrauen auf ein zumindest halbwegs funktionierendes Rechtssystem abgeschlossen werden; aber man kann auch mit weniger Herzklopfen über eine große Straße gehen, wenn man davon ausgehen kann, dass die Autofahrer bei Rot stehenbleiben – sogar dann, wenn nicht gerade ein Polizist in der Nähe ist. Dies – bei Rot stehenbleiben, auch wenn kein Polizist in der Nähe ist – allerdings müssen sie auch aus eigener Veranlassung tun. Das Finanzamt könnte niemals hinterherkommen, wenn alle Bürger ihre Steuern hinterziehen würden. Dass viele freiwillig richtige Angaben machen (und vielleicht nur ein bisschen mogeln), ist die Voraussetzung für das Funktionieren von Institutionen wie Finanzamt und Polizei. Staatlichkeit bedarf auch des Mitmachens der Vielen, die Gewaltdrohung allein reicht nicht. Diese Art von Selbstregierung basiert darauf, dass die staatlichen Zumutungen und Leistungen von den meisten als mehr oder minder legitim angesehen werden. Insofern wird man dem Phänomen der Staatsbildung nicht gerecht, wenn man es nur als einen Prozess von oben versteht.

Allerdings ist frühzeitig argumentiert worden, dass auch dieses Mitmachen von oben angeleitet ist. Der Begriff der Gouvernementalität versucht, diese Ambivalenz zu fassen. Der französische Philosoph Michel Foucault hat ihn nicht erfunden, aber in seinen Vorlesungen am College de France systematisch entfaltet.[85] Er interes-

85 Foucault, Geschichte der Gouvernementalität. Vgl. die Debatte in: Zeithistorische Forschungen/Studies in Contemporary History 3 (2006), 273–296.

sierte sich für die Fähigkeit des modernen Staates, unterhalb der Schwelle von permanenter Gewalt zu regieren und seine Subjekte zu einem Verhalten anzuleiten, das sie selbst und freiwillig mitmachen lässt. Dazu gehört auch, dass der Staat sich kümmert, auf seine Menschen achtgibt. „Gouvernementalität" hat Ähnlichkeiten zu dem, was Gerhard Oestreich in der Frühen Neuzeit als „Sozialdisziplinierung" bezeichnet hat, meint also staatliche Techniken, den Menschen eine gewisse Haltung „einverleiben". Foucaults Begriff interessiert sich aber stärker für die Eigentätigkeit der Untertanen: Herrschaftstechniken „von oben" treffen auf Selbsttechniken. Die Subjektivierung erweist sich in Formen der Selbststeuerung, die der Staat zwar anleitet, die aber die Subjekte selbst vollziehen – wenn wir versuchen, gesund zu leben, obwohl die Prognose des Kardiologen doch sehr abstrakt ist, oder wenn wir wählen gehen, obwohl wir wissen, dass es ohne unsere Stimme (fast) ganz genauso ausgehen würde. Diese Haltung ist tief verankert – „Gouvernementalität" hat nicht umsonst auch „Mentalität" im Wort.

Aber es bleibt doppelbödig. Gut: Der Staat erzieht uns, und das tut er mit jeder Informationsbroschüre, mit jeder Aufklärungskampagne und allen Strategien, die Menschen zu vernünftigem Verhalten zu bewegen, weil sie selbst einsehen sollen, dass es vernünftig ist. Doch man kann die Sache auch anders auffassen: Die Bürger erziehen ja auch den Staat, der sich mit bestimmten Vorstellungen einer guten Regierung konfrontiert sieht, etwa wenn sie nicht zum Mitmachen zu bewegen sind oder ihren Unmut so vernehmlich äußern, dass sich grundsätzlich etwas ändert (etwa in Revolutionen). Sie sind keine Schafe, die sich beliebig manipulieren lassen, und der Staat ist kein so unverrückbarer Monolith, wie er in Begriffen wie „Sozialdisziplinierung" und „Gouvernementalität" erscheint.

7. Staat und politische Partizipation

Die Frage nach *Top-down* und *Bottom-up* erhält eine ganz andere Schlagseite, wenn die Frage der politischen Mitbestimmung ins Visier genommen wird. Denn so sehr man sich einen Staat als eine direktive Struktur vorstellen mag, die „von oben" auf die Menschen einwirkt: Wenn viele daran teilnehmen, wenn aus Untertanen Staatsbürger werden, wenn sie streiten um die Staatsverfassung und diese auch – je nach Machtverhältnissen – wechselt, dann ist es schwer, den Prozess als einfach nur in eine Richtung verlaufend zu verstehen. Denn es ist ja evident, dass politische Partizipation seit dem 19. Jahrhundert den Staat und die Staatlichkeit erheblich verändert hat. Die Hoffnungen vieler Zeitgenossen richteten sich darauf, dass über die Beteiligung der Vielen ein ganz anderer Staat realisierbar sein würde; spiegelverkehrt fürchteten viele andere eben das. Doch jenseits von grundlegenden Systemwechseln übte auch die zunehmende Teilnahme der Menschen einen konstanten Druck aus, die staatlichen Institutionen im Sinne ihrer Erwartungen zu gestalten. Die Entwicklung des Sozialstaates ist nur das hervorstechendste Moment. Deshalb ist die Staatlichkeit, wie sie im 19. Jahrhundert in Europa entstand, nicht zu denken ohne die Kämpfe und die Institutionen der politischen Partizipation.

7.1 Staatsformen und politische Partizipation

Irgendwer konnte immer mitsprechen. Auch der Absolutismus war, wie wir gesehen haben, kein Regierungsmodell, das die Entscheidungsgewalt allein dem absoluten Herrscher überließ. Im Allgemeinen konnten adlige Eliten institutionelle Mitsprache in Anspruch nehmen sowie häufig informelle, auch bürgerliche Berater, Verwandte, Finanziers, Militärs, Geistliche. Es waren wiederum die atlantischen Revolutionen, die die Frage nach der Reichweite der politischen Partizipation neu stellten. Denn jetzt beanspruchten auch die Nichtadligen und Nichtkleriker teilzunehmen. In dem Maß also, da die Staatsbildung zunehmend alle betraf, tauchte die Frage auf, wie es denn mit der Mitsprache derer stehe, die zwar zu Leistungen für den Staat herangezogen, aber sonst nicht weiter groß gefragt wurden. Ansprüche auf Demokratisierung wurden zunächst von den Vertretern der bürgerlichen Schichten angemeldet, die auf ihre Leistungen – etwa Steuerzahlung – und auf Bildung oder Besitz als stabilitätsverbürgende Kriterien verwiesen. Der Zusammenhang mit ökonomischem Status ist nicht zufällig und war auch den Zeitgenossen bewusst: Die Forderungen nach einer Demokratisierung der Gesellschaft wurden in dem Moment immer lauter, da der Kapitalismus immer weitere Bereiche des Lebens erfasste, die Kapitalisten immer wichtiger wurden und Mitsprache beanspruchten.

Das 19. Jahrhundert ist eine Zeit der – höchst konflikthaften – Experimente mit unterschiedlichen Modellen von Partizipation. Manche Länder wie Frankreich oder Spanien machten Erfahrungen mit fast allen Staatsformen; allein Großbritannien, die Schweiz und in mancher Hinsicht Russland sind mehr oder weniger bei einem System geblieben. Seit dem Ersten Weltkrieg haben sich die Varianzen auf wenige Grundformen reduziert. Dabei muss man hervorheben, dass die Monarchie in verschiedenen Spielarten *die* Form der politischen Verfassung im 19. Jahrhundert war.[1] Auf der einen Seite des Spektrums war die absolute Monarchie mit dem Anspruch auf Gottesgnadentum und ohne relevante Mitsprache von unten. Diese Staatsform war ein Überrest aus der Frühen Neuzeit und in Europa auf Dauer nur noch in Russland vorhanden, wo erst ab 1905 mehr Partizipation möglich wurde.[2] Bis zur Revolution 1848/49 und in der Reaktionsperiode danach bis etwa 1860 wiesen einige Monarchien einen neoabsolutistischen Zuschnitt auf; aber auch in Preußen oder Österreich war der politische Modernisierungsschub, der durch die Französische Revolution und Napoleon, schließlich auch durch die Revolutionen um die Mitte des Jahrhunderts ausgelöst worden war, nicht mehr umkehrbar. Die Leibeigenschaft blieb abgeschafft, Bodenreformen blieben bestehen, Mitspracherechte gab es in unterschiedlichem Ausmaß, zivilgesellschaftliche Debatten waren nicht mehr zu überhören und wurden durch keine systematische Zensur mehr unterdrückt. Absolutistische Regierungsformen waren im 19. Jahrhundert nicht mehr auf Dauer stabil.

Die häufigste Regierungsform des 19. Jahrhunderts, geradezu der Normalfall, war der monarchische Konstitutionalismus: Monarchien, die durch eine Verfassung und parlamentarische Verfahren beschränkt waren, so dass auch der Monarch nicht mehr über der Verfassung stand, sondern ein Teil von ihr war.[3] Allerdings hatte auch in konstitutionellen Monarchien der Kaiser oder König noch ein weitgehendes Mitspracherecht, etwa dahingehend, dass er das politische Spitzenpersonal bestellen und entlassen konnte. Innerhalb des monarchischen Konstitutionalismus waren erhebliche Varianten möglich. Mitunter, so in Preußen 1850, war es der Monarch, der eine Verfassung oktroyierte (also ohne Verhandlungen vorschrieb); aber auch er musste sich daran halten (was er tatsächlich tat).

1 Paulmann, Globale Vorherrschaft, 298–304.

2 Vgl. Kroll, Zwischen Autokratie und Konstitutionalismus.

3 Kirsch, Monarch und Parlament.

Der Typ der parlamentarischen Monarchie, wie er sich in Großbritannien ausgeprägt hat, ist dabei eigentlich eine Ausnahme (in Italien, Norwegen und Schweden gab es noch ähnliche Regierungsformen), denn hier spielte es sich schon seit etwa der Mitte des 19. Jahrhunderts so ein, dass die Königin gehalten war, den Führer der stärksten Fraktion als Premierminister zu bestellen. Die Begründung dafür war eine, die im Grunde den Gedanken der Volkssouveränität vorwegnahm: Da die Königin immer bestrebt ist, mit ihrem Volk im Einklang zu stehen, muss sie auch den Vertrauensmann des Volkes (also den Führer der stärksten Partei) bestellen. Würde sie das nicht tun, würde das zeigen, dass Monarchie und Volk entzweit sind, und das kann ja wohl nicht sein. Diese Argumentationsfigur hält sich im Grunde bis heute und ist ein Grund dafür, warum die britische Königin sich in politischen Äußerungen zurückhält, obwohl sie gehört würde. Dass es im Vereinigten Königreich keine geschriebene Verfassung gibt, hat die große Stabilität dieser Konstruktion nicht gehindert.

Sieht man vom Sonderfall Russland ab, spielte sich also überall in Europa eine Form des Monarchismus ein, die mehr oder weniger in Abstimmung mit anderen politischen Institutionen – vor allem dem Parlament – und gebunden durch rechtliche Grundsatzbestimmungen eine Art Gesamtrepräsentation der politischen Gemeinschaft darstellte. Auf dieser Basis schaffte die Monarchie, der man mit der Französischen Revolution (die immerhin ihren König hingerichtet hatte!) schon europaweit das Totenglöcklein geläutet hatte, im 19. Jahrhundert einen erstaunlichen Wiederaufstieg. Einerseits gelang es den Monarchen, sich als Inkarnation der Nation zu inszenieren und so zwei ganz gegensätzliche Formen des politischen Gemeinwesens: die Alleinherrschaft und den Nationalstaat, in eins zu bringen. Zum anderen entfalteten die Monarchen eine ganz neue Art der Repräsentation, von Pomp und Zeremoniell, die auf den ersten Blick überhaupt nicht in das bürgerliche, fortschrittsgläubige 19. Jahrhundert zu passen scheinen, die aber das Bedürfnis nach glanzvoller Selbstdarstellung befriedigten. In dem Maß, in dem die Monarchen populär wurden, wurden sie auch zu Stars, und die beginnende Mediengesellschaft seit dem Ende des 19. Jahrhunderts hat die Monarchie ebenso inszeniert.[4]

Die Französische Revolution hatte erstmals für einen Großstaat die Volkssouveränität festgeschrieben und als deren Ausdruck die Republik benannt. Dieser Begriff hat eine lange Rezeption erfahren, und auch die moderne Verwendung hat die Assoziation mit „Gemeinwohl“, die dem lateinischen „res publica“ anhaftet, niemals abgestreift.[5] Bis zur Französischen Revolution war „Republik“ in der aristotelischen Tradition ein Oberbegriff für die „guten“ Regierungsformen der

4 David Cannadine, The Context, Performance and Meaning of Ritual. The British *Monarchy* and the ‚invention of tradition‘, c. 1820–1977, in: Eric Hobsbawm/Terence Ranger (Hg.), The Invention of Tradition, Cambridge 1992, 101–164. Martin Kohlrausch, Monarchische Repräsentation in der entstehenden Mediengesellschaft. Das deutsche und das englische Beispiel, in: Jan Andres u. a. (Hg.), Die Sinnlichkeit der Macht. Herrschaft und Repräsentation seit der Frühen Neuzeit, Frankfurt 2005, 93–122.

5 Vgl. Mager, Republik.

Aristokratie, der Monarchie und der Demokratie, die Frage nach dem Gemeinwohl mithin wichtiger als die Frage der Organisation von Willensbildung und Entscheidung. Mit Jean-Jacques Rousseau meinte „Republik" eine Regierungsform, die an den Bürgerwillen geknüpft ist, und häufig sind „Demokratie" und „Republik" annähernd deckungsgleich verwendet worden (manchmal meinte „Demokratie" aber auch nur die unmittelbare oder direkte Demokratie, die Republik das Repräsentationsprinzip). Im Sprachgebrauch des 19. Jahrhunderts bezeichnete „Republik" eine direkt vom Volk bestellte und, meist in festen Zeitabständen, auch wieder abwählbare Staatsleitung – die allerdings durchaus sehr große Macht auf sich versammeln konnte; der Staatspräsident der Zweiten Französischen Republik von 1848 war ähnlich mächtig wie der Präsident der Vereinigten Staaten, die ja auch eine Republik sind. Republiken gab es in Europa vor dem Ersten Weltkrieg nur wenige. Außer Frankreich und der Schweizerischen Eidgenossenschaft (die, streng genommen, ein Bund von Republiken war) sowie kurzlebigen Versuchen wie in Spanien 1873/74 oder Portugal 1910–1926 gab es nur einige Stadtstaaten, die allerdings eine lange Tradition aufweisen konnten. Hier existierten seit der Frühen Neuzeit republikanische Regierungsformen; Städte galten als das Urbild der Republik. Venedig, Florenz oder Genf kannten aber keineswegs eine umfassende Mitsprache. Sie wurden als aristokratische Republiken regiert, in denen die Regierungen abwechselten. „Res publica" meinte hier nicht die Volkssouveränität, sondern die politische Gleichberechtigung der Eliten, die sich gegenseitig als regierungsfähig anerkannten und gemeinsam das Regiment führten.

Die generelle Meinung der politischen Theoretiker war, dass Republiken nur möglich seien in solch kleinen Gemeinwesen, wo die Menschen einander kannten und ihre Solidarität auf *face-to-face*-Beziehungen stützen konnten. Größere Gesellschaften bedürften der Monarchie, die den symbolischen Zusammenhalt der Gesellschaft ermögliche und erzwinge. Aus seiner Theorie der Inneren Staatsbildung heraus postulierte Otto Hintze, dass bestimmte Staatsformen spezifische innere Strukturen bedingten.[6] So seien Weltreiche (in einem traditionalen Sinne – also nicht die modernen Kolonialreiche, sondern Universalreiche wie das Römische Reich) typischerweise als „orientalische Despotismen" organisiert, weil nur eine Herrschaft, die nicht in Frage gestellt werde, solch große Räume zu kontrollieren vermöge. Stadtstaaten seien dagegen gewöhnlich Republiken. Wo es eine ausgeprägte Staatenkonkurrenz gebe (wie in Europa), seien die Grundlagen für ständische und am Ende repräsentative Verfassungen (also: demokratische Formen) angelegt, weil sich hier kein Herrscher auf Dauer durchsetzen könne. In solchen Kulturen gebe es auch häufig einen Gegensatz verschiedener innerer Herrschaftsinstitutionen (wie etwa „Staat" und „Kirche"), und auch hier münde die Konkurrenz häufig in solche „demokratischen" Strukturen.

6 Otto Hintze, Staatenbildung und Verfassungsentwicklung. Eine historisch-politische Studie, in: ders., Staat und Verfassung, 34–51.

Dies waren zeitgebundene Beobachtungen. Der moderne Nationalismus mit seiner Imagination einer kollektiven Solidarität über die persönlichen Beziehungen hinaus hat es möglich gemacht, dass auch eine anonyme Großgruppe sich dergestalt als eine politische Gemeinschaft verstehen kann, dass sie sich eine gemeinsame Führung wählt; damit war die Republik nicht mehr an städtische *face-to-face*-Gemeinschaften gebunden. Vor allem der Erste Weltkrieg trug dazu bei, dass die Monarchie als politisches Modell weitgehend desavouiert wurde, denn schließlich waren die Verlierer des Kriegs allesamt Monarchien gewesen: Russland, Österreich-Ungarn, das Osmanische und das Deutsche Reich. Die neuen Nationalstaaten, im Wesentlichen die Überreste der alten Reiche, wurden nun als Republiken gegründet. Dazu wären nicht nur Österreich und Deutschland, Polen, die Tschechoslowakei, Ungarn oder die baltischen Staaten zu zählen, sondern auch die neugegründete Republik Irland oder die Türkei. Dennoch ist darauf hinzuweisen, dass es in Europa auch nach dem Ersten Weltkrieg noch eine ganze Reihe von Monarchien gab, die meisten von ihnen aber mit einer eher repräsentativen Ausgestaltung: neben Großbritannien die skandinavischen Länder, die Niederlande, Belgien, Spanien und Portugal (beide mit republikanischen Intermezzi und schließlich einer Diktatur), Italien, Jugoslawien und Rumänien (wo die Monarchie nach der Staatsgründung neu eingeführt wurde), Griechenland (wo die Bürger 1924 die Monarchie abwählten) und Bulgarien. Die nordwesteuropäischen Monarchien unterschieden sich dabei nur noch in der identifikatorischen Rolle des Monarchen von Republiken. Anders war das in Süd- und Südosteuropa, denn hier war der Monarch meist Platzhalter für eine Diktatur oder er agierte (wie in Jugoslawien oder Rumänien) selbst als Diktator: die sogenannten Königsdiktaturen.

Damit wäre das Stichwort der nächsten Regierungsform gegeben: die Diktatur. Sie hatte nach dem Ersten Weltkrieg ihre Hochzeit, aber auch sie ist im Grunde eine Erfindung des 19. Jahrhunderts. Zwar kannte man aus der Römischen Geschichte die Figur des temporären und nur zur Überwindung von Krisen eingesetzten – also verfassungsgemäßen – Dictator; zwar hatte auch Oliver Cromwell nach der Englischen Revolution eine Militärdiktatur eingeführt, die sich aber bezeichnenderweise als Republik, d. h. als im Sinne des Gemeinwesens agierend, verstand. In der Französischen Revolution erhielt der Begriff seine negative Konnotation im Sinne von „Tyrannei", die er auch heute noch hat.[7] Allerdings formulierten Karl Marx und Friedrich Engels 1852 mit dem Begriff der „Diktatur des Proletariats" etwas ganz Neues: nämlich die Diktatur einer überwältigenden Mehrheit des Volkes und also eine viel substanziellere Demokratie als jede bürgerliche Demokratie es sein konnte.[8] Damit flossen die Begriffe ineinander, und das fußte auf zeitgenössischen Erfahrungen. Denn Marx und Engels bezogen sich in ihrer Polemik auf aktuelle Vorgänge: Die demokratische Legitimierung der Diktatur durch Napoleon III. Der

7 Nolte, Diktatur, 907 ff.

8 Vgl. Wilfried Nippel, Diktatur des Proletariats – Versuch einer Historisierung, in: Zyklos 5 (2019), 71–130.

Neffe des großen Napoleon wurde 1848 mit großer Mehrheit (etwa drei Viertel der Stimmen) zum Staatspräsidenten der Zweiten Französischen Republik gewählt. Gestützt auf diese überwältigende Zustimmung unternahm er 1851 – als amtierender Staatspräsident! – einen Staatsstreich und errichtete eine Diktatur. Ein Jahr später rief er eine Volksabstimmung zur Wiedererrichtung des Kaisertums aus, ließ sich also sozusagen von seinem Volk zum Kaiser wählen – und erreichte die überwältigende Zustimmung von 90 Prozent. Marx und Engels haben eine solche, sich durch das Volk legitimierende Monarchie-Diktatur „Bonapartismus" genannt.

Die Legitimation durch das Volk wurde in der Zwischenkriegszeit stilprägend für Diktatoren wie den polnischen General Piłsudski, dann aber vor allem für die faschistischen Diktaturen, aber auch für den Stalinismus (und alle anderen autoritären Herrschaftsformen mit Personenkult). Wie brutal sie dabei agierten oder wie sehr sie sich gegen das eigene Volk wendeten, steht hier nicht zur Debatte; entscheidend ist, wie sie sich legitimierten: Die moderne Diktatur, selbst ein Franco oder eine griechische Militärjunta, musste sich auf einen kollektiven Willen berufen (und sei es, wie bei Franco, auf die Imagination eines „wahren Spanien", das er zu vertreten beanspruchte). Nicht nur in der Rechtfertigung der Republik, sondern auch in der der modernen Diktatur oder der Monarchie Napoleons III. zeigt sich damit etwas grundlegend Neues. Der deutsche Staatstheoretiker Carl Schmitt hat diese Legitimationsfigur zur Kritik an der Weimarer Demokratie genutzt: Wenn der Wille des Volkes ausschlaggebend ist, warum muss das Volk dann – sagen wir – 500 Vertreter (für ein Parlament) erwählen, die sich fortwährend streiten? Warum kann es nicht nur einen einzigen erwählen? Der dann jedenfalls nicht im Dissens mit sich selbst wäre.[9]

Von „Demokratie" im heutigen Sinne wird man dagegen für das 19. Jahrhundert noch kaum sprechen können (wohl aber von dieser Zeit als Schauplatz von Kämpfen um Demokratisierung). Der Begriff hat eine lange und ziemlich normative Geschichte.[10] Mit der Revolutionswelle um 1800 wurde „Demokratie" zu einem Erwartungsbegriff, der gleichzeitig einen erheblichen utopischen Überschuss in sich trug: ob negativ oder positiv besetzt, sie sei nicht zu verwirklichen. In der Revolution von 1848 stand der Begriff des „Demokraten" für „Republikaner", aber auch für „Sozialist" oder (im angelsächsischen und französischen Sprachgebrauch) für „Radikaler". Als nach dem Ersten Weltkrieg die meisten europäischen Staaten jedenfalls zunächst einmal zu parlamentarischen Demokratien wurden, gab es intensive theoretische Diskussionen darum, was Demokratie eigentlich bedeutete – bis hin zur oben erwähnten Äußerung von Carl Schmitt. Denn auch autoritäre Modelle beanspruchten nun, „demokratisch" im Sinne von „Volksherrschaft" zu sein. Die kommunistischen Regime in Osteuropa nannten sich nach dem Zweiten Weltkrieg „Volksdemokratien" (mit der ganzen Ambivalenz des Begriffs, wonach „Volk" sowohl „die Vielen" als auch „Unterschichten" als auch so etwas wie „Nation"

9 Schmitt, Parlamentarismus, 42.
10 Vgl. Nolte, Was ist Demokratie?; Meier u. a., Demokratie.

bedeuten kann). Im Sinne der liberalen parlamentarischen Demokratie ist der Begriff erst nach dem Zweiten Weltkrieg dominant geworden, und damit hat er sich im Zeichen des Kalten Krieges zu einem Signalwort für die westlichen pluralistischen politischen Systeme entwickelt. Wer „Demokratie“ sagt, meint heute eine bestimmte Staatsform, die allen Rückschlägen zum Trotz eine ausgesprochene globale Erfolgsgeschichte aufweist, die sich aber auch selbst immer befragen lassen muss, wie „demokratisch“ im Sinne der Herrschaft „des Volkes“ sie denn eigentlich ist und was das bedeuten kann.

7.2 Parlamente: Partizipation als Repräsentation

Was bedeutet „politische Partizipation“? Im 19. Jahrhundert meinte es (fast) immer: Vertretung. Die Regierten hatten in diesem Verständnis das Recht, sich Vertreter (Vertreter*innen* bis auf wenige Ausnahmen erst nach dem Ersten Weltkrieg) zu erwählen, die an der Entscheidungsfindung mitbeteiligt waren. Davon zu unterscheiden sind Vorstellungen von direkter Demokratie, die aber immer randständig waren, etwa im Anarchismus. „Politische Partizipation“ bedeutete also immer zunächst: Parlamente und Wahlen. Von den Ständeversammlungen der Frühen Neuzeit unterschieden sich die modernen Parlamente dadurch, dass alle Abgeordneten untereinander gleich waren und ihr Votum gleich viel zählte. Darüber hinaus waren sie im Sinne des Wortes „abgeordnet“ – also beauftragt und zu dieser Vertretungsaufgabe abgestellt. In den Ständeversammlungen vertraten die Adligen und Kleriker zunächst nur sich selbst (und ihr Haus) und auch die Städte (also die Bürger) sprachen zunächst nicht für alle Städte, sondern nur für sich.

Wen aber konnte man repräsentieren? Die erste Antwort könnte sein: diejenigen, die den Betreffenden gewählt haben: die Wählerschaft, der Wahlkreis. Dies hatte für das englische *House of Commons* bereits in der Frühen Neuzeit gegolten. Vielleicht stand man auch für eine bestimmte Region, die sich als zusammengehörig verstand. 1848 verstanden sich die meisten Abgeordneten des Paulskirchenparlaments sehr dezidiert als Bayern oder Preußen. Sehr viel später kam die Vorstellung auf, dass man auch für bestimmte politische oder berufliche Interessen stehen, also als Arzt die Ärzteschaft oder als Arbeiter die Arbeiterbewegung vertreten konnte. Seit der Französischen Revolution bildeten sich politische Parteien heraus, als deren Vertreter man sich fühlen mochte. Man wurde also als Parteigänger einer bestimmten politischen Idee gewählt.

Sehr früh aber – in England bereits in den 1770er Jahren – entwickelte sich eine Idee, die eigentlich theoretisch unwahrscheinlich ist: dass die versammelten Abgeordneten gewissermaßen das gesamte Volk im Kleinen darstellten und dass demzufolge jeder Abgeordnete Vertreter des ganzen Volkes sei.[11] Als Volk im Kleinen ermittelten sie die beste Entscheidung in der Diskussion untereinander.

11 Ritter, Das britische Parlament.

Damit musste man nicht nur den Abgeordneten zugestehen, nach bestem Wissen und Gewissen (und nicht entsprechend einem Auftrag) abzustimmen. Sondern: Der parlamentarische Entscheidungsprozess wurde zu einem öffentlichen Verfahren. Was im Parlament an Entscheidungen anstand, musste gleichzeitig Teil einer öffentlichen Debatte sein, die den Resonanzboden für die Entscheidungsfindung im Parlament abgab. Aus einer Angelegenheit, die hinter den Kulissen, womöglich geheim vor sich ging, wurde Politik zu einer eminent öffentlichen Angelegenheit. Die Forderung nach Öffentlichkeit gehörte deshalb zu den grundlegenden politischen Anliegen, die sich mit der Demokratisierung seit der Französischen Revolution verbanden. Die Öffentlichkeit wurde zu einer kritischen, reflexiven Instanz gegenüber der Politik, und damit wandelte sich auch der imaginäre Ansprechpartner für die parlamentarische Debatte: Man sprach nicht nur die anderen Abgeordneten und die politischen Gegner an, sondern gleichzeitig das Publikum außerhalb des Parlaments. Die Parlamente der Französischen Revolution verstanden sich ganz emphatisch als solche öffentlichen Orte, an denen die Nation ihre großen Themen verhandelte. Die Reden vor dem Parlament waren gleichzeitig Reden an die gesamte französische Nation, waren performative und meist pathetische rhetorische Ereignisse, die wenig mit der nüchternen Besprechung von Paragraphen zu tun hatten. Auch die Frankfurter Paulskirche 1848 orientierte sich zunächst an diesem Vorbild. Die Auftritte einzelner Abgeordnetenstars wie Robert Blum waren großes Kino mit schmachtenden Zuschauerinnen auf der Tribüne, und die Karikaturisten erregten viel Heiterkeit mit Bildern von Abgeordneten, die zuhause vor dem Spiegel die großen Posen übten, mit denen sie dann im Parlament Eindruck machen konnten.

Dies aber erregte wiederum Widerspruch bei denen, die hier nur performative Eitelkeit und weniger politische Handlungsentschlossenheit vermuteten. „Im Parla-Parla-Parlament/Das Reden nimmt kein End" dichtete Georg Herwegh 1848 auf die Paulskirche. Carl Schmitt bezeichnete das Parlament – abschätzig – als den Ort des „ewigen Gesprächs". In solchen Verdikten zeigt sich zum einen ein Missverständnis. Denn das Parlament ist ja tatsächlich ein Parla-ment (parlare = sprechen). Es ist ein Ort der Herstellung von Politik mit sprachlichen Mitteln, und das heißt auch: ohne Gewalt.[12] Statt der Durchsetzung von Positionen regiert die Verhandlung. Die Vorbehalte eines Carl Schmitt rührten daher, dass er unter dem, was er „das Politische" nannte, keine Kompromisskultur, sondern eine klare Bestimmung von Freund und Feind verstand. Aushandeln und Kompromiss schienen ihm diese klare Abgrenzung zu verwässern. Die moderne Staatlichkeit, die Schmitt aus dem Leviathan eines Thomas Hobbes heraus verstand, war ihm durch die Aushandlungskultur des Liberalismus (damit verband er den Parlamentarismus) in Gefahr. Und in der Tat wird man sagen können, dass eine Staatlichkeit, die sich solchermaßen versteht, eine andere Gestalt aufweist als ein allmächtiger Staat. Insofern haben die Ausweitung der poli-

12 Vgl. Schulz/Wirsching (Hg.), Parlamentarische Kulturen in Europa; Feuchter/Helmrath (Hg.), Parlamentarische Kulturen vom Mittelalter bis in die Moderne.

tischen Partizipation und die zunehmende Öffentlichkeit der Entscheidungsfindung den Begriff des Staates gewissermaßen von innen her verändert.

Am Verhältnis von Regierung und Parlament lässt sich diese Entwicklung deutlich zeigen. Unter der konstitutionellen Monarchie hatte man gelernt, dass die Regierung vom Monarchen ernannt wurde und deshalb die Obrigkeit verkörperte, gewissermaßen den Staat „über" der Gesellschaft. Das gewählte Parlament repräsentierte dagegen das Volk – also die Gesellschaft, wenn man so will. Volk versus Obrigkeit: Daraus erwuchs die Vorstellung, dass das Parlament als solches und als Ganzes gewissermaßen eine natürliche Opposition sei, gegen die monarchische Obrigkeit. Die Idee, dass die Opposition ein legitimer Teil politischer Willensbildung sei, hat sich in England schon im 18. Jahrhundert herausgebildet, und das spiegelt sich in der Sitzordnung des britischen Parlaments, wo die (als zwei gedachten) Parteien einander gegenübersitzen – die Baubestimmung lautete: mehr als eine Schwertlänge voneinander entfernt, damit sie sich nicht gegenseitig den Hals abschneiden konnten (der Palace of Westminster wurde 1840–1870 gebaut). Diese Sitzordnung war in Europa eine Ausnahme und reflektiert die Besonderheit des britischen Parlamentarismus. Überall sonst saßen wie in einem Amphitheater die Abgeordneten der bühnenhaft erhöhten Regierungsbank gegenüber und symbolisierten so den Antagonismus von Volk und Regierung, die gleichzeitig, wie Zuschauerraum und Bühne, einander bedürfen und eine Einheit bilden.[13]

Dass das Parlament (= Volk) den Gegenpol zur Regierung (= Obrigkeit) bilden soll: Das lernt man mitunter noch in der Schule, ist aber lediglich ein konstitutionelles Überbleibsel, das in den republikanischen Parlamenten noch lange weiterwucherte, hier jedoch alles andere als funktional war. Denn nun erwuchs die Regierung ja aus dem Parlament und war ein Ausdruck der Mehrheitsverhältnisse dort. Es regierte die Mehrheit und die Regierungsmitglieder waren zumeist selbst Abgeordnete; die Minderheit stellte die Opposition dar. Beide, Regierung und Opposition, waren also Ausdruck des Wählerwillens. Manchen Zeitgenossen erschien dies als eine Bedrohung des Staates. Denn „der Staat" war im Parlamentarismus nicht mehr eine „über der Gesellschaft" schwebende und diese steuernde Struktur, sondern im Gegenteil deren Abbild: ein heterogenes Gemisch von verschiedenen Interessen und Zugehörigkeiten. Mit seinem spezifischen Verfahren von Willensbildung und Entscheidung, beruhend auf Mehrheiten, Koalitionen und Widerspruch, trug der Parlamentarismus darüber hinaus zu einer neuen Form der Legitimation bei: Es war nicht mehr eine religiöse oder naturrechtliche „Wahrheit", die bestimmte Entscheidungen oder Handlungen rechtfertigte. Es war vielmehr der geordnete, rechtmäßige Ablauf, der legitimierend wirkte. Die „Legitimation durch Verfahren" (Niklas Luhmann) ist für moderne politische und rechtliche Systeme generell kennzeichnend.

Dieses Moment: Staat als Mitwirkungskultur, die es mit verschiedenartigen Interessen zu tun hat, stellte sich besonders klar dar, als Parteien entstanden, die sich als

13 Vgl. Philip Manow, Im Schatten des Königs. Die politische Anatomie demokratischer Repräsentation, Frankfurt 2008, 16–56.

politische Gesinnungsgemeinschaften verstanden. Denn sie mussten für ihre Ziele werben und also an die Öffentlichkeit gehen. In England kann man die Anfänge solcher modernen Parteien schon im 17. Jahrhundert entdecken: Die Whigs vertraten die Rechte des Parlaments und der protestantischen Thronfolge, die Tories wähnten sich auf der Seite des Königs und hatten Sympathien für die katholischen Stuarts. Beide Namen waren ursprünglich Schimpfwörter: „Whiggamore" bezeichnet in Schottland einen Viehdieb, „Tories" waren irische Straßenräuber.[14] Die Einstellung zur Staatsverfassung blieb als kennzeichnendes Moment von Parteien (Konstitutionelle, Liberale, Republikaner). Mit der Französischen Revolution und der damit aufbrechenden Macht der Unterschichten traten aber auch Parteien auf den Plan, die sich als Vertretung bestimmter sozialer Gruppen oder Klassen sahen. Sie ließen sich eben genau deshalb ins Parlament wählen, weil sie nichts von einer Vertretung des „ganzen Volkes" hielten, oder auch, weil sie ihre soziale Gruppe (etwa das Proletariat) für das „eigentliche" Volk hielten. Mit einem solchen Parteienbegriff wurde der Widerspruch zum Parlament als Repräsentation des ganzen Volkes, wobei jeder Abgeordnete das gesamte Volk vertreten sollte, offenbar. Was soll ein Proletarier auch im Klassenkampf mit den Vertretern der Bourgeoisie gemeinsam haben? Mit der Entstehung von Parteien war mithin immer fragwürdig, ob der Staat nun für alle stand oder nur Ausdruck bestimmter Interessen von Klassen oder Ideologien war.

Die Parlamentarisierung des Staates als politische Mitwirkungskultur und demzufolge die Öffentlichkeit von Politik wurde begleitet von einem Gestalt- und Funktionswandel des Parlaments selbst. Denn die Kultur der öffentlichen pathetischen Rede an die Nation, die in der französischen Nationalversammlung der 1790er Jahre praktiziert wurde, hat ein romantisches Bild vom Parlamentarismus geprägt, wonach man mit überzeugender Rhetorik und Argumentation für seine Position werben und die anderen überzeugen wollte. Diese Romantik wurde spätestens dann obsolet, als mit der Inneren Staatsbildung in den Parlamenten gründliche Gesetzesarbeit vonnöten wurde. Aus den Rede- wurden im Verlauf des 19. Jahrhunderts Arbeitsparlamente. Die Gesetze (und deren Umsetzungen, also Verordnungen und Ausführungsbestimmungen) wurden komplexer und detaillierter, Abgeordnete mussten zu Spezialisten werden, vor der großen Debatte im Plenum musste in Ausschüssen, Kommissionen und Fraktionen mühsame Detailarbeit geleistet werden. Hier wurden die Entscheidungen vorberaten, so dass die Plenardebatte am Ende nicht mehr den Zweck verfolgen konnte, die anderen Abgeordneten zu überzeugen. Vielmehr ging es darum, der Öffentlichkeit den Gang der Arbeit, die hinter den Kulissen vor sich gegangen war, noch einmal darzulegen, so dass einsichtig wurde, welche Kriterien leitend waren und inwiefern die öffentliche Debatte ihren Niederschlag gefunden

14 Jörn Leonhard, „True English Guelphs and Gibelines". Zum historischen Bedeutungs- und Funktionswandel von *whig* und *tory* im englischen Politikdiskurs seit dem 17. Jahrhundert, in: Archiv für Kulturgeschichte 84 (2002), 175–213.

hatte.[15] Im Reichstag der Weimarer Republik wurde nur ein einziges Mal eine Entscheidung, die hinter den Kulissen vorbereitet war, im Plenum noch einmal umgeworfen: Es ging um die Mineralwassersteuer, und der geschworene Abstinenzler Wilhelm Sollmann (SPD) hatte sich in den Kopf gesetzt, diese Verteuerung nichtalkoholischer Getränke zu verhindern.[16]

Die zunehmende Partizipation veränderte also nicht nur das Regierungshandeln, das parlamentarisiert wurde. Es veränderte auch die parlamentarische Politik, die damit gewissermaßen „verstaatlicht" wurde. Alle Parteien und Politiker müssen sich darauf befragen lassen, ob und inwieweit sie Gemeinwohlinteressen vertreten. Insofern ist die Fiktion, dass die Abgeordneten die Vertreter des gesamten Staatsvolks seien, doch nicht so ganz aus der Luft gegriffen.

Historisch sind aber Parlamente so erfolgreich gewesen, dass sogar politische Regime, die nicht viel auf Demokratie geben, sich solche Institute leisten. Eigentlich nirgendwo auf der Welt kommt staatliche Herrschaft ohne Parlamente aus. Deren Funktion ist aber in autoritären Systemen und Diktaturen eine andere. Sie bilden eine repräsentative Öffentlichkeit, dienen nicht der Willensbildung, sondern haben Akklamationsfunktion, sollen also das Regime öffentlich legitimieren – ob nun der chinesische Volkskongress oder der Oberste Sowjet, wo „sozialistische Abstimmungsergebnisse" die Möglichkeit an Dissens eindrucksvoll illustrierten. Selbst im nationalsozialistischen Deutschland existierte der Reichstag weiter. Im Volksmund allerdings wurde er als „teuerster Gesangsverein Deutschlands" verlacht, weil er überhaupt keine politischen Befugnisse hatte, sondern hauptsächlich durch das Absingen von Nationalhymne und Horst-Wessel-Lied von sich reden machte.[17]

Zu Parlamenten als Vertretungsinstitutionen gab es nur wenige Alternativen. Die wichtigste ist die Räteverfassung, wie die sozialistische Bewegung sie im späten 19. Jahrhundert aus lokalen Versuchen (zunächst der Pariser Kommune) entwickelte. In der Russischen Revolution von 1905 etablierten sich Fabrikräte als eine basisdemokratische Institution in Zeiten, da andere Institutionen ausfielen, und hier dienten sie auch der Aufrechterhaltung von Produktion und Versorgung vor Ort. Am Ende des Ersten Weltkriegs wurde die Räteverfassung als eine proletarische Alternative zum „bürgerlichen" Parlamentarismus gehandelt. In der Russischen Revolution von 1917 und der deutschen Revolution 1918/19, in Ungarn 1919 ebenso wie in den revolutionären Auseinandersetzungen in Italien 1919/20 spielten Räte eine wichtige Rolle als revolutionäre Institutionen, aber nur für eine Übergangszeit.[18]

15 Thomas Mergel, Funktionen und Modi des Sprechens in modernen Parlamenten. Historische und systematische Überlegungen, in: Schulz/Wirsching, Parlamentarische Kulturen in Europa, 229–246.

16 Mergel, Parlamentarische Kultur, 297.

17 Peter Hubert, Uniformierter Reichstag. Die Geschichte der Pseudo-Volksvertretung 1933–1945, Düsseldorf 1992.

18 Zu den russischen Sowjets in der Revolution und danach: Hildermeier, Geschichte der Sowjetunion, v. a. 105–135; zu den Räten in der deutschen Revolution: Mario Wenzel, Die Arbeiter und Soldatenräte in der Revolution von 1918/19, in: Zeitschrift für Geschichtswissenschaft 66 (2018), 799–812.

Die Räteidee ging von einem doppelten Prinzip aus: Erstens – dies war ein Erbe des Anarchisten Proudhon – der Vorstellung, dass Diskussionen und Entscheidungen in möglichst kleinen autonomen Gruppen passieren sollten, damit der Einzelne seine Meinung frei äußern konnte. Nach oben hin galt das imperative Mandat: Was vor Ort beschlossen war, das galt es für die Vertreter zu vertreten. Und zweitens lehnte das Räteprinzip die Idee der Gleichheit aller Staatsbürger und Staatsbürgerinnen ab. Vielmehr basierte es auf der Vorstellung von Produktion als Legitimation: dass nur diejenigen entscheiden sollten, die auch etwas für diese Gesellschaft leisteten, also in der Produktion tätig waren. Das hatte aber Folgen für die Beteiligungsrechte, denn es schloss nicht nur die bürgerlichen Schichten aus, die nach der sowjetischen Vorstellung vom Staatsbürger eben keine solchen waren. Es schloss auch die Hausfrauen, die Rentner, die Kranken aus, alle diejenigen also, die nicht „produzierten": Die Rätedemokratie basierte auf der kurzschlüssigen Vorstellung, nur das, was in den Fabriken oder auf den Äckern geschah, sei gesellschaftlich nützlich; und selbst wenn man die Lehrer als produktive Mitglieder der Gesellschaft ansah und ihnen auf dieser Basis Beteiligungsrechte zugestand: Es blieb immer noch die Unterscheidung von nützlichen und unnützen Bürgern.

In Russland wurde das Rätesystem von den Bolschewiki relativ schnell ins Abseits gestellt und durch den Monopolanspruch der Kommunistischen Partei ersetzt, weil diese Räte nicht vorrangig von den Erfordernissen der kommunistischen Parteiarbeit her dachten, sondern von den Zwängen der Produktion und der Versorgung her, und die deshalb einen grundlegenden Pragmatismus aufwiesen, – und weil sie sich dem „demokratischen Zentralismus" der KP nicht unterwerfen wollten. Die Fabrikräte dachten vor allem an ihre Branche und an ihren Ort, und sie hatten es schwer, professionelle Politik dauerhaft zu betreiben, weil das auch und vor allem in der revolutionären Gesellschaft kein Feierabendjob war. Insofern war die Selbstbezeichnung der Sowjetunion (Sowjet = Rat) reine Camouflage, denn wenn es auch ein System von Räten von der lokalen Basis bis zum Obersten Sowjet gab, so war dieser Strang an Vertretung völlig einflusslos und stand gänzlich unter dem Einfluss der Kommunistischen Partei. Das Rätesystem war mithin eine Übergangserscheinung, die dann ihre Funktion hatte, wenn wichtige gesamtstaatliche und gesamtgesellschaftliche Strukturen nicht mehr funktionierten. Für kontinuierliche staatliche Funktionen erwies sich das Konzept als unterkomplex.

7.3 Wählen

Zur Idee der Vertretung gehört die des Wählens im Sinne des Auswählens unter Alternativen. Seit der Französischen Revolution wurde das Wahlrecht in ganz Europa in Schüben ausgeweitet. Keineswegs war das immer nur ein Anliegen derer, die noch nicht wählen durften; als Instrument der Erziehung zur politischen Verantwortlichkeit, als Mittel zur Vergrößerung der eigenen Klientel oder als Symbol, dass man auf der Seite des Fortschritts stand, konnte man auch auf Seiten der Eliten für eine Ausweitung des Wahlrechts sein. Der Kampf um das Wahlrecht hat das 19. Jahrhundert bestimmt; es dauerte aber bis weit ins 20. Jahrhundert, bis es für alle Erwachsenen durchgesetzt war.[19] Wo das Wahlrecht erweitert wurde, führte es zu einem Aufblühen der politischen Kultur, der Beteiligungsinteressen derer, die bislang ausgeschlossen waren.

Das Wählen beruhte aber auf einer neuen und für die meisten fremden Vorstellung von einem politischen Gemeinwesen und stieß deshalb zunächst keineswegs bei allen auf Gegenliebe. Denn die lokalen Gesellschaften verstanden sich selbst als konsensuell: Sie wurden als Gemeinschaft gedacht und Opposition oder Widerstreit war, jedenfalls in politischer Hinsicht, nicht vorstellbar. Die lokalen *Big Men* – der Gutsbesitzer, der Lehrer, der Pfarrer usw. – entschieden vor, wer der richtige Kandidat des Dorfes oder Wahlkreises war, und ihn zu wählen, war eine Sache der lokalen Ehre. Nun wurde das anders. 1882 schrieb ein schlesischer Schulmeister an Bismarck mit dem Vorschlag, doch die Wahlen durch eine Lotterie zu ersetzen. Denn, so meinte er: Als es noch keine Wahlen gab, sei sein Dorf von ethnischen und religiösen Streitigkeiten unbehelligt gewesen. Jetzt werde all das zum Gegenstand von Wahlauseinandersetzungen. Bei einer Lotterie würde man zwar auch gewinnen oder verlieren. Aber seine Dorfgenossen würden sich gegenseitig nicht mehr wegen des Ausgangs hassen.[20] (Man erinnere sich: In der antiken Polis wurden viele politische Positionen auch durch Los ermittelt.) Wahlen, so eine zeitgenössische Wahrnehmung, zerstörten den lokalen Konsens. Und sie brachten Autoritätsverhältnisse ins Wanken, weil Kandidaten gewinnen konnten, auch wenn sie nicht so angesehen und respektiert waren wie ihre Konkurrenten.

Das war in Großbritannien schon im 18. Jahrhundert teilweise anders gewesen, weil sich hier viel früher politische Konkurrenz entwickelt hatte.[21] Aber hier traten gewöhnlich zwei Cliquen aus der Elite gegeneinander an – politische Programme im modernen Sinn waren relativ unwichtig; es ging sehr viel mehr um lokales Prestige und Macht. Wählen war hier weniger eine Sache der politischen Auseinandersetzung als vielmehr eine unterhaltsame Veranstaltung, bei der die örtlichen Kandidaten die Menge mit Getränken freihielten und es munter herging, was häufig auch in Schlägereien ausartete, wenn zu viel Alkohol im Spiel war. In Großbritannien wurde mithin die Wahl in die symbolische Feststellung und Befestigung der lokalen Rangordnungen eingebaut. Wo sie später eingeführt wurde, also auf dem Kontinent, da wurde die Konkurrenz, die damit einherging, als Spaltung der lokalen Gesellschaft empfunden.

Mit dem Auftauchen politischer Alternativen – Monarchismus vs. Republik, Arbeiterbewegung gegen liberales Bürgertum – wurden diese Fragen wichtig. Dabei

---

19 Ein europäisches Kompendium: Sternberger/Vogel, Die Wahl der Parlamente. Eine Langzeitstudie zu Deutschland seit dem frühen 19. Jahrhundert: Thomas Mergel, Wahlkämpfe und Wahlen, in: Parlamentarismus in Deutschland, 111–141.

20 Anderson, Practicing Democracy, 3.

21 Frank O'Gorman, Voters, Patrons and Parties. The Unreformed Electoral System of Hanoverian England, 1734–1832, Oxford 1989.

ging es insbesondere um das Wahlrecht. Dem liberalen Bürgertum lag daran, die Unterschichten möglichst im Zaum zu halten, denn wer nicht lesen und schreiben konnte, wer kein Geld hatte und folglich auch keine Steuern zahlte: Wie sollte der entscheiden, wer im Parlament sitzen sollte? Und das waren ja viele! Die Angst vor einer Herrschaft des Pöbels teilten die liberalen Bürger mit den Konservativen und den Adligen. Ein erstes Mittel lag darin, einen Teil der Entscheidungsinstitutionen dem Urteil der Unterschichten generell zu entziehen. Dass die meisten europäischen Parlamente zwei Kammern kennen, von denen eine nicht vom Volk gewählt wird, liegt daran. Unbeschadet ihrer Herkunft aus ständischen Institutionen (wo es ja meist drei Kammern oder „Bänke" gegeben hatte) etablierten sich mit der Einführung des Parlamentarismus die Ersten Kammern als Institutionen, in denen nichtgewählte Abgeordnete saßen, deren Aufgabe weniger die Initiative als vielmehr die Kontrolle der Zweiten Kammer war. Das *House of Lords,* der deutsche Bundesrat oder der französische Senat wurden unterschiedlich bestückt, aber immer waren ihre Mitglieder unabhängig von der Gunst der Massen, weil sie nicht gewählt waren. Weil überall die Zustimmung beider Häuser für ein Gesetz notwendig war, konnten die Ersten Kammern hier eine mäßigende oder auch bremsende oder gar blockierende Funktion ausüben. Das Zweikammersystem galt bezeichnenderweise nicht für die revolutionären französischen Nationalversammlungen (1791–1795). Denn da die Französische Revolution die Vorstellung hatte, dass das französische Volk einig und ungeteilt war, schien die Idee, dass dieses eine Volk durch zwei – einander möglicherweise widersprechende – Kammern repräsentiert sein sollte, absurd. Ab 1795 wurde allerdings auch in Frankreich wieder ein Zweikammersystem eingeführt, um Exzessen wie zur Zeit der Jakobinerherrschaft vorzubeugen: Die jakobinische Terreur hatte offenbar erwiesen, dass man dem Volk nicht allzu viel Mitsprache zumuten sollte.

Ein probates Mittel, die Unterschichten einzuhegen, lag im indirekten Wahlrecht: Die Wähler wählten nicht einen Abgeordneten, sondern einen Wahlmann, der seinerseits dann den Abgeordneten wählte. Dieses Modell, das noch heute bei der amerikanischen Präsidentenwahl gilt (kein Amerikaner wählt also seinen Präsidenten direkt!), unterstellte, dass die Wähler jemanden wählten, den sie für vernünftig genug hielten, danach eine gute Wahl zu treffen. Faktisch wählten sie jemanden, der das Geld, die rhetorischen Fähigkeiten und die Netzwerke hatte, sich ihnen als guter Wahlmann zu präsentieren – zumeist ein bürgerlicher Honoratior. In vielen europäischen Ländern wurde das ganze 19. Jahrhundert über heftig gestritten, ob Wahlen direkt oder indirekt sein sollten, und ein großer Teil der Wahlen wurde indirekt abgehalten. Bis zur Mitte des Jahrhunderts (also auch zu den Parlamenten der Revolution von 1848/49) waren die Wahlen in den meisten deutschen Staaten indirekt. In Preußen galt das sogar bis 1918. Dagegen waren die Wahlen zum Reichstag des Kaiserreichs direkt. In Frankreich hat sich die politische Tradition der Revolution und die Idee der staatsbürgerlichen Gleichheit auch dahingehend erhalten, dass hier zumeist direkt gewählt wurde.

Das am weitesten verbreitete Instrument, den Einfluss der Unterschichten zu begrenzen, band die politische Mitsprache an bestimmte Qualitäten: meist an die

Steuerzahlung, aber auch an Vermögen und Grundbesitz, mitunter auch an die Fähigkeit, lesen und schreiben zu können. Insbesondere die Abhängigkeit von den finanziellen Möglichkeiten und/oder Leistungen wurde prägend für die Epoche. Diese sogenannten Zensuswahlrechte waren unterschiedlich ausgelegt, immer aber argumentierten sie ganz unverhohlen mit dem Argument, dass nur derjenige, der etwas zum Gemeinwesen beitrage, dieses auch regieren könne; wer das Geld einzahle, müsse auch Kontrolle über die Ausgaben haben.[22] Denn wenn die Unterschichten alle wählen könnten, dann wählten sie doch nur – so die Vermutung – Abgeordnete, die Geld für sie ausgeben würden. Das Zensuswahlrecht war jedoch insofern modern, als es nicht mehr ständische oder traditionale Vorrechte gelten ließ, sondern schnöde finanzielle Möglichkeiten berücksichtigte: Es war ein Ausdruck für den Siegeszug des Kapitalismus und die damit verbundene Monetarisierung der Gesellschaft.

Das preußische Dreiklassenwahlrecht, das 1850 nach der Revolution von 1848/49 eingeführt wurde, kombinierte diese beiden Elemente: Es war ein indirektes Wahlrecht und es vergab die Einflusschancen nach der Steuerleistung.[23] Es war überdies öffentlich, so dass auch auf diese Weise soziale Kontrolle ausgeübt werden konnte. Allerdings war es auch allgemein, so dass jeder erwachsene Mann wahlberechtigt war – dahinter konnten auch die preußischen Reaktionäre nicht zurückgehen. Das Modell war so einfach wie infam: In einem Wahlkreis wurden alle gezahlten Steuern zu einer Gesamtsumme zusammengerechnet. Dann wurden, angefangen von den größten Steuerzahlern nach unten zählend, diejenigen notiert, die das erste Drittel der Steuern zahlten: Diese sehr wenigen Reichen, Fabrikbesitzer, Kaufleute usw., wählten das erste Drittel der Wahlmänner. Auf dieselbe Weise wurden diejenigen zusammengerechnet, die das zweite Drittel der Steuern bezahlten: Sie – in der Mehrheit Anwälte, Ärzte, nicht ganz so reiche Kaufleute – wählten das zweite Drittel der Wahlmänner. Auf die restlichen Wähler entfiel das dritte Drittel. Die so ermittelten Wahlmänner wählten dann den Abgeordneten und es wird niemanden verwundern, dass dieser fast immer der Kandidat der ersten beiden Wählerklassen war. Das Wahlsystem des Preußischen Abgeordnetenhauses war mithin politisch extrem ungerecht, und nach der Gründung des Deutschen Kaiserreichs 1871 wurde dies auch allen bewusst. Denn das Wahlrecht zum Deutschen Reichstag, zu dem all diese Wähler ja auch wahlberechtigt waren, war ein direktes, es war (jedenfalls theoretisch) geheim und es war ein gleiches Männerwahlrecht (ab 25 Jahren). Wenngleich auch dieses Wahlrecht flagrante Ungerechtigkeiten, etwa im Zuschnitt der Wahlkreise, aufwies, die insbesondere die SPD benachteiligten, war doch jedem Wähler, der gleichzeitig nach dem Dreiklassenwahlrecht wählte, die Differenz präsent. Jeder wusste, woran es lag, dass kurz vor dem Ersten Weltkrieg die Sozialdemokraten, die im Reichstag (bei 35 Prozent der Stimmen) knapp 28 Prozent der Sitze erreicht hatten und somit die stärkste Partei waren, im Preußischen Abgeord-

22 Strelitz-Risse, Zensuswahlrecht.
23 Kühne, Dreiklassenwahlrecht und Wahlkultur.

netenhaus, das gleich nebenan tagte, ganze 10 von 443 Abgeordneten (also zwei Prozent) stellten. Erst nach dem Ersten Weltkrieg wurde das ungleiche Wahlrecht in Preußen abgeschafft.

Ein allgemeines und gleiches Männerwahlrecht wurde erstmals 1792 in Frankreich von den Jakobinern eingeführt, aber bald wieder durch ein Zensuswahlrecht abgelöst. Dass aber alle (Männer) gleiches Wahlrecht haben sollten, war seither eine Forderung der politischen Linken, insbesondere der Arbeiterbewegung. In revolutionären Zeiten wurde das Wirklichkeit. 1848 galt das gleiche und allgemeine Wahlrecht in verschiedenen Staaten, so für die Wahlen zur Paulskirche und in Frankreich, wurde danach aber wieder eingeschränkt. Dass ein allgemeines Wahlrecht nicht notwendig „Demokratie" bedeuten musste, exerzierte Napoleon III. vor, der 1852, nach seiner Wahl zum Präsidenten, ein allgemeines Wahlrecht einführte, das aber so sehr gelenkt war, dass es vollkommen unter seiner Kontrolle stand.[24] Es war ein politischer Coup Bismarcks, dass er bei der Gründung des Norddeutschen Bundes 1867, der die Verfassung des Deutschen Kaiserreichs vorwegnahm, ein allgemeines, gleiches und direktes Wahlrecht für Männer ab 25 einführte. Das Deutsche Kaiserreich hatte damit das bei Weitem modernste Wahlrecht in ganz Europa. Frankreich folgte 1871 nach, aber in den meisten anderen Staaten ließ es auf sich warten. Großbritannien erweiterte sein Wahlrecht stufenweise, aber ein allgemeines Wahlrecht für Männer gab es für die Briten erst nach dem Ersten Weltkrieg – wie in vielen anderen europäischen Staaten. 1914 waren in Deutschland 21 Prozent der gesamten Bevölkerung wahlberechtigt, in Frankreich 29 Prozent, in Großbritannien dagegen nur 16 Prozent, in Ungarn lediglich 6 Prozent. Aber in Finnland – damals noch ein russisches Großfürstentum – waren es 45 Prozent![25] Warum?

Der Grund dafür lag im Frauenwahlrecht.[26] Schon 1848 hatte es Stimmen gegeben, die ein allgemeines Wahlrecht auch für Frauen forderten. Doch erst mit der Organisierung der Frauenbewegung in Europa wurde das Thema auf die Tagesordnung gesetzt. Während einzelne US-amerikanische Bundesstaaten, Australien und Neuseeland bereits Ende des 19. Jahrhunderts das (häufig zunächst nur aktive) Frauenwahlrecht eingeführt hatten, wurden in Europa lediglich die finnischen und norwegischen Frauen noch vor dem Ersten Weltkrieg wahlberechtigt. Die Reformen kamen also von den Rändern Europas (wenn man Australien als ehemalige britische Kolonie dazu zählen möchte). In den großen europäischen Staaten biss jedoch die Frauenbewegung auf Granit. Insbesondere die englische Bewegung der Suffragetten erregte um 1900 großes Aufsehen mit öffentlichen Protestaktionen, zu denen nicht nur der absichtliche Tabubruch (vom Rauchen in der Öffentlichkeit bis

24 Vgl. Axel Dröber u. a., Frankreich, in: Handbuch der Europäischen Verfassungsgeschichte im 19. Jahrhundert, Bd. 3: 1848–1870, 213–283, 224–228.

25 Diese Zahlen nach: Jörg Fisch, Europa zwischen Wachstum und Gleichheit 1850–1914, Stuttgart 2002, 276.

26 Als internationalen Überblick: Birgitta Bader-Zaar, Zur Geschichte des Frauenwahlrechts im langen 19. Jahrhundert. Eine international vergleichende Perspektive, in: Ariadne 40 (2001), 6–13. Trotz des anderslautenden Titels hauptsächlich auf Deutschland bezogen: Richter/Wolff, Frauenwahlrecht.

hin zu Gewaltanwendung) gehörte, sondern auch eine überlegene Medienarbeit, die die Aktionen der Suffragetten mit Bild in alle Welt lieferte.[27] Aber erst nach dem Ersten Weltkrieg wurde das Frauenwahlrecht fast überall eingeführt (in Frankreich erst 1944!), und in Großbritannien auch jetzt zunächst nur stufenweise: Bis 1929 durften Frauen erst wählen, wenn sie mindestens 30 Jahre alt waren.

Das Wahlalter wurde nach 1918 stufenweise herabgesetzt. Am üblichsten war zunächst ein Mindestalter von 24 oder 25 Jahren. Nach dem Ersten Weltkrieg wurde es zumeist auf 20 oder 21 Jahre abgesenkt – denn man konnte den jungen Männern, die im Krieg ihr Leben für dieses Land riskiert hatten und vielleicht als Invaliden zurückgekommen waren, ja nicht das Wahlrecht vorenthalten. Erst in den 1970er Jahren wurde das Alter auf (meist) 18 Jahre festgesetzt; vereinzelt (etwa bei Kommunalwahlen) dürfen heute auch 16-Jährige wählen. Wir haben also nach wie vor kein allgemeines Wahlrecht, sondern ein allgemeines Erwachsenenwahlrecht. Die Vorstellung, dass man darunter die Dinge nicht beurteilen könne, darüber aber schon, hat sich dahingehend tief eingeprägt, dass das Alter, ab dem man wahlberechtigt und also „Staatsbürger" ist, auch als die allgemeine Grenze zum Erwachsenenstatus gilt; auch die Wehrpflicht, wo es sie gibt, orientiert sich daran, und häufig auch andere Rechte wie Auto fahren oder Alkohol trinken. Staatsbürgerlichkeit macht sich also am Wahlrecht fest. Und es ist im Prinzip ein Recht für Erwachsene.

Eine weitere Differenz des Wahlrechts liegt zwischen Mehrheits- und Verhältniswahlrecht. Am Anfang des Wahlrechts für moderne Parlamente schien es selbstverständlich, dass der Abgeordnete von einem Wahlkreis, also von einer lokalen Gesellschaft, gewählt wurde. Dass dabei immer eine Menge Verliererstimmen nicht weiter beachtet wurden, wurde schon in der Amerikanischen und der Französischen Revolution als Problem wahrgenommen. 1859 entwickelte der englische Anwalt Thomas Hare ein System, diese unterlegenen Stimmen zu übertragen. Doch erst mit der Entwicklung von überregionalen Parteiorganisationen wurde die Frage zum Politikum, denn diese forderten Parlamentssitze entsprechend ihrer Stimmenzahl. Das Verhältniswahlrecht, das nach dem Ersten Weltkrieg in einer Reihe von Ländern, darunter auch im Deutschen Reich, eingeführt wurde, beruhte auf einem Gerechtigkeitsargument: darauf, dass möglichst keine Stimme verloren gehen soll. Im Parlament sollten die Parteien entsprechend ihrer landesweiten Wahlergebnisse sitzen. Dahinter steht eine Vorstellung von einem Gesamtvolk, das einen Gesamtwillen ausdrückt – eine lange Wirkungsgeschichte von Rousseaus *volonté générale*. Während also im Mehrheitswahlrecht der gesamtstaatliche Wille ein Emergenzphänomen der lokalen Willensbildung ist, wird er im Verhältniswahlrecht verstanden als ein von vornherein gesamtstaatliches Phänomen, das sich in nationalen Parteien manifestiert.

27 Jana Günther, Die politische Inszenierung der Suffragetten in Großbritannien. Formen des Protests, der Gewalt und symbolische Politik einer Frauenbewegung, Freiburg 2006.

Einer der meistdiskutierten Fälle des Verhältniswahlrechts war die Weimarer Republik. Denn diese wies ein extrem gerechtes Wahlrecht auf, das keine Stimme verloren gehen lassen wollte. Und sie kannte noch keine Fünf-Prozent-Hürde, die Splitterparteien den Einzug in den Reichstag verwehrte. In den 1960er Jahren war dieses Wahlrecht eine populäre Erklärung für den Erfolg der Nationalsozialisten. Diese These wird heute kaum mehr vertreten, denn inzwischen wissen wir, wie unterschiedlich die Wählergruppen waren, die von der NSDAP, der „Volkspartei des Protests“[28], angesprochen wurden. Die These übersieht aber auch die politischen Mentalitäten in der Weimarer Republik, die das Beharren auf Grundsatzpositionen dem Kompromiss vorzogen. Und sie übersieht, dass nach den Erfahrungen des Kaiserreichs, als viele Wähler sich nicht repräsentiert sahen, die Verhältniswahl die politische Integration in den neuen Staat erleichterte.

Ob Verhältnis- oder Mehrheitswahlrecht: Das ist bis heute in vielen Ländern umstritten. Das einzige europäische Land, in dem die Frage seit langer Zeit niemals ernsthaft diskutiert wurde, ist Großbritannien. Die englischen Premierminister haben (ähnlich wie die amerikanischen Präsidenten) nur selten die absolute Mehrheit der Wählerstimmen hinter sich. Dafür wird ins Feld geführt, dass das Mehrheitswahlrecht zu klareren Mehrheiten im Parlament führt, ebenso, dass der Abgeordnete eine engere Verbindung zu seinem Wahlkreis haben muss. Die Wahl zum Europäischen Parlament wird jedoch nach dem Verhältniswahlrecht vorgenommen, und das galt auch in Großbritannien.

Die politische Partizipation, wie sie sich in Wahl und Parlament äußerte, setzte sich mithin in Europa seit der Französischen Revolution langsam und ungleichgewichtig durch. Die Leitfrage, wie sich Staatlichkeit durch die Mitsprache der Vielen veränderte, ob – so die Vermutung – die Herrschaft der Massen nicht am Ende zu einer Abschaffung oder gründlichen Umformung des Staates führen würde, war ja nicht aus der Luft gegriffen: In der Sozialdemokratie des Kaiserreichs glaubten viele, dass sie allein aufgrund ihrer großen Überzahl früher oder später den Staat durch Mehrheiten bei Wahlen in die Hand bekämen (was eine gewaltsame Revolution entbehrlich machen würde). Dem entgegen stand die Frage nach der Gleichheit der Staatsbürger und ihrer Chancen, die den Staat auch stabilisieren mochte. Denn politische Mitsprache hatte ja auch Integrationseffekte, und man kann mit guten Gründen argumentieren, dass die – freilich zögerliche – Integration der proletarischen Unterschichten in die durch das Wahlrecht bestimmte Staatsbürgerlichkeit deren Entfremdung vom Staat abgemildert hat. Andererseits haben die politischen Vorgänge und Instrumente, die man heute zweifellos viel unmittelbarer und offener als früher beobachten kann, womöglich auch den Effekt, dass der oder die einzelne Staatsbürger/in sich machtlos fühlt, weil der Diskurs über gesellschaftliche Ziele und beabsichtigte Effekte wegen der Komplexität der verhandelten Gegenstände so schwierig ist. Das liegt aber nicht an den Formen der Mitsprache, sondern daran, dass der Staat ein so kompliziertes Gebilde geworden ist. Als die Regeln der Mit-

28 Jürgen W. Falter, Hitlers Wähler, München 1991, 364.

sprache verhandelt wurden, war die Erwartung, was man als Staatsbürger verstehen musste, um mitreden zu können, viel geringer – obwohl den Vielen auch das nicht zugetraut wurde, wie man an der Praxis des Wählens sieht.

7.4 Soziale Bewegungen: außerinstitutionelle politische Partizipation

Die Bewegung für das Frauenwahlrecht war eine der sichtbarsten und auch erfolgreichsten Bewegungen, die seit dem Anfang des „langen 19. Jahrhunderts" einen neuen Typ von politischer Willensbildung einführten. Der Sammelbegriff „Soziale Bewegungen" steht für eine Form der Partizipation, die zu einer ähnlichen Zeit entstand wie die modernen demokratischen Institutionen, deren Legitimität aber sehr viel mehr und sehr viel länger in Frage stand. Mit der Aufklärung war, wie oben dargelegt, eine neue, selbstorganisierte Öffentlichkeit entstanden, in der zunächst die Gebildeten über eine gute Gesellschaft und einen guten Staat nachdachten und debattierten. In den Revolutionen am Ende des 18. Jahrhunderts traf diese bürgerliche und deshalb sozial beschränkte, hauptsächlich auf Lesen, Schreiben und Reden bedachte Öffentlichkeit auf eine revolutionäre Öffentlichkeit der Straße, die mit Militanz, symbolischem Handeln und der Mobilisierung der Unterschichten Einfluss auf die institutionelle Politik zu nehmen suchten. Im meist recht konflikthaften Zusammenspiel beider Typen von Öffentlichkeit entstand ein neuer politischer Raum, in dem politische Willensbildung stattfand. Seine typische Organisationsform im frühen 19. Jahrhundert war der Verein: eine selbstorganisierte Form des Zusammenkommens, die sich ihre eigene Agenda gab, oftmals eine oppositionelle oder systemkritische. Diese Vereine wurden häufig zur Wiege politischer Parteien. Die deutsche Nationalbewegung nach dem Deutschen Bund organisierte sich in Vereinen, Zusammenkünften und Festen wie dem Hambacher Fest, aber auch in den Burschenschaften, die nach ihrem Verbot in den Karlsbader Beschlüssen 1819 zu geheimen und als staatsfeindlich betrachteten Organisationen wurden. In Großbritannien traten in der ersten Jahrhunderthälfte soziale Bewegungen auf die Bühne, die ausgesprochen mobilisierungsfähig waren:[29] Die Bewegung für eine staatsbürgerliche Gleichstellung der Katholiken im traditionell antikatholischen Großbritannien wurde geführt von dem irischen Politiker Daniel O'Connell, der in der Lage war, zu Massenversammlungen mehrere hunderttausend Menschen auf die Beine zu bringen. 1829 wurde als Ergebnis einer jahrelangen Massenkampagne der *Catholic Emancipation Act* erlassen, der es nun auch Katholiken möglich machte, öffentliche Ämter zu bekleiden und ins Unterhaus gewählt zu werden. Wenig später, 1831, gründete sich die Anti-Corn-League, eine von industriellen Mittelschichten dominierte Bürgerinitiative (oder auch: Interessenverband), die sich zum Ziel setzte, die Kornzölle, die den Landbesitz zuungunsten der Industrie bevorteilten

29 Als Überblick: Gottfried Niedhart, Geschichte Englands im 19. und 20. Jahrhundert, München 2004³, 55–77.

und die das tägliche Brot verteuerten, abzuschaffen, was ihnen 1846 auch gelang. Auch sie agierte mit großen Versammlungen, massenweise verbreiteten Flugblättern und also größtmöglicher Öffentlichkeit des Protests.

Die wichtigste Akteurin in diesem Raum der sozialen Bewegungen war aber die Arbeiterbewegung, die sich mit der Industrialisierung in den Städten bildete und die nirgendwo eine politische Stimme hatte. Auch sie entwickelte sich zunächst in Großbritannien, wo sich bereits seit dem späten 18. Jahrhundert Arbeitervereine bildeten, die nicht nur Massenversammlungen und Petitionen für ihre politischen Rechte und die staatliche Reglementierung des Wildwestkapitalismus durchführten, sondern die auch Unterstützungskassen für Krankheit und Unfall ins Leben riefen und die Arbeitskämpfe organisierten. Diese Formen des Protests wurden als staatsfeindlich wahrgenommen, und die Auseinandersetzungen mit der britischen Obrigkeit waren unter Umständen ausgesprochen gewaltsam. 1819 wurde eine Massenversammlung mit 60.000 Menschen auf dem St. Peter's Field in Manchester vom Militär gesprengt, elf Menschen starben und 400 wurden verletzt. Die radikale Presse nannte den Ort und das Ereignis „Peterloo", in Anspielung auf die Schlacht bei Waterloo. Die Bewegung des Chartismus, die in den 1830er Jahren entstand und eine riesige Breitenwirkung hatte, wollte gleiche politische Rechte für die Arbeiter, vor allem das Wahlrecht: niedergelegt in der *People's Charter*, im Anklang an die Magna Charta 1215, die die Verhältnisse zwischen König und Adel geregelt hatte. Die Breite der Aktionsformen erstaunt noch heute: nicht nur Massendemonstrationen und Petitionen, sondern auch Amateurtheater, Tänze, chartistische Schulen, Kooperativen und Nachbarschaftsversammlungen. Die chartistische Presse, allen voran der *Northern Star* (für den auch Karl Marx und Friedrich Engels schrieben), erreichte eine Massenverbreitung, die jener der bürgerlichen Zeitungen in nichts nachstand.[30]

Der Chartismus erstrebte Beteiligung und Gleichberechtigung. Die deutsche Arbeiterbewegung, die sich nach der Revolution von 1848/49 formierte, wollte zumindest in Teilen und am Anfang Revolution. Jedenfalls sah sie eine ganz andere Gesellschaft am Horizont. Es ist aber ein Hinweis auf den begrenzten Einfluss von Marx und Engels auf die deutsche Arbeiterbewegung, dass von einem „Absterben" des Staates, wie dies von den beiden vertreten war, wenig die Rede war, dass vielmehr über die Eigenart eines sozialistischen Staats nachgedacht wurde, den das Eisenacher Programm von 1869 als einen „freien Volksstaat" betitelte.[31] Die Debatte darum kulminierte seit den 1870er Jahren in einer Debatte um das Wesen eines sozialistischen „Zukunftsstaates", die ausgesprochen utopische Akzente trug und eher ein Ausmalen einer rosigen Zukunft als die pragmatische Arbeit am Weg dorthin war. Damit wich man der unangenehmen Frage nach dem Anstaltscharakter des Staates aus: Auch der sozialistische Staat war eben nicht als ein genossenschaftliches

30 Malcolm Chase, Chartism. A New History, Manchester 2007.

31 Zum Folgenden: Lucian Hölscher, Weltgericht oder Revolution. Protestantische und sozialistische Zukunftsvorstellungen im deutschen Kaiserreich, Stuttgart 1989, bes. 380–435.

Miteinander zu denken, sondern konnte wohl nicht ohne Rechtsdurchsetzung und Verwaltung auskommen, musste also in gewisser Weise Zwangscharakter haben.[32] Gleichzeitig aber formulierte der Parteiführer August Bebel Vorstellungen, die den Staat nicht mehr allein als Objekt der Umgestaltung und vielleicht der Abschaffung, sondern immer mehr auch als ein Subjekt des Wandels thematisierten: Den Staat galt es zu erobern, um ihn als Instrument für die Herstellung des Sozialismus nutzen zu können. Der Staatssozialismus, der sich in Bebels quasi-utopischer Schrift „Die Frau und der Sozialismus" äußerte, sollte im 20. Jahrhundert in abgeschwächter Form zum Credo der meisten sozialistischen Bewegungen in Europa werden: den Staat als Reformstaat für soziale Gerechtigkeit nutzen.

Dieser Wandel von der utopischen Reform gegen den und außerhalb des Staates hin zur pragmatischen Reform des Staates und durch den Staat, verbunden mit einer immer stärkeren Integration in die politischen Strukturen und Institutionen, gilt wohl für alle sozialen Bewegungen des 20. Jahrhunderts. Er gilt namentlich für die außerparlamentarische, vor allem von jungen Menschen getragene internationale soziale Bewegung, die unter den Begriffen „Studentenbewegung" oder „1968" gefasst wird. Mit den Achtundsechzigern begann eine neue Epoche von „neuen" sozialen Bewegungen, die nicht mehr primär eine Kritik an den ökonomischen Bedingungen übten und die Produktionsverhältnisse umgestalten wollten, sondern die stärker an Lebensformen und Lebensstil, an Werthaltungen und Einstellungen ansetzten; die nicht primär einen revolutionären Wandel anstrebten, sondern eher eine Demokratisierung von Entscheidungsprozessen.[33] – Das gilt unbeschadet des revolutionären Gestus mancher in der Studentenbewegung. Dauerhafter als die Pläne einer ganz grundlegenden Umgestaltung blieb Rudi Dutschkes Parole vom „Marsch durch die Institutionen", den viele Achtundsechziger als Sozialpädagogen, Lehrer, Professoren, Anwälte oder Politiker antraten und der eben nicht nur die Institutionen, sondern auch die Marschierenden veränderte.

Stärker als die „alten" blieben diese Neuen Sozialen Bewegungen nur lose organisiert, eher in Form von Netzwerken als von klar strukturierten Organisationen, eher durch einzelne Projekte (wie Kernkraftwerke oder Aufrüstungspläne) zu mobilisieren denn durch die Zugehörigkeit zu einem Verband. Die neue Frauenbewegung, die Friedens- und Ökologiebewegung, auf der anderen Seite des politischen Spektrums auch Phänomene wie die Gelbwesten in Frankreich oder Pegida würden dazu zählen. Die meisten dieser Bewegungen sind zunächst oder für lange Zeit institutionenfeindlich geblieben, und selbst da, wo sie sich eine Partei als „parlamentarischen Arm" zulegten, wie dies vor allem für die Grünen als Ausdruck der Friedens-, Ökologie- und Frauenbewegung der 1970er und 1980er Jahre der Fall war, beharrten sie lange Zeit darauf, Bewegung und nicht Partei zu sein. Aber eben

32 Thomas Welskopp, Das Banner der Brüderlichkeit. Die deutsche Sozialdemokratie vom Vormärz bis zum Sozialistengesetz, Bonn 2000, 726.

33 Roland Roth, Demokratie von unten. Neue soziale Bewegungen auf dem Wege zur politischen Institution, Köln 1994.

nicht auf ewig: Wo sie nicht selbst Partei wurden, wurden sie zu wichtigen Stichwortgebern und Wählerreservoirs für bestimmte Parteien.

Soziale Bewegungen haben sich als systemverändernde Player vor allem in Staaten erwiesen, die sich nicht durch eine demokratische Willensbildung auszeichneten. Das Ende des Ostblocks wurde durch Bürgerbewegungen herbeigeführt, die in den staatlichen Institutionen nicht zu Hause waren und nicht gehört wurden. Ähnliches gilt für die Bürgerbewegungen im Arabischen Frühling und auf dem Gebiet der früheren Sowjetunion, in Georgien, der Ukraine und selbst in Weißrussland, wo es schwach organisierte Gruppen, sehr häufig Frauen sind, die unter hohem persönlichen Einsatz auf einen Wandel des Systems von außen dringen. Unabhängig davon, wie erfolgreich diese Bewegungen waren: Mit ihnen kam ein neuer Typ von politischer Willensbildung ins Spiel, der nicht durch politische Institutionen abgesichert war, der sich nicht auf etablierte Verfahren stützte und auch nicht auf Sprecher, die allen bekannt sind.[34] Boykotte, Verbandsklagen und Kampagnen in den sozialen Medien gehören nicht zum hergebrachten Werkzeugkasten der politischen Institutionen. Soziale Bewegungen sind weniger kalkulierbar als Parteien und Wahlen, und ihre Programme sind oft weniger kohärent; aber sie sind unter Umständen in der Lage, enorme Mengen von oft sehr engagierten Menschen zu mobilisieren. Ein Instrument, um diese Unkalkulierbarkeit abzufedern, besteht in Gremien der Mitbeteiligung, die gewissermaßen im Vorfeld der Entscheidungsfindung liegen und die es ermöglichen, Konflikte zu moderieren und Kompromisse zu finden, ohne das Scheitern in Entscheidungsinstitutionen zu riskieren. Die Beteiligung sachkundiger Bürger an Entscheidungsverfahren und Mediationsverfahren, etwa in Bürgerräten, verlangsamt zwar die politischen Prozesse, und unter Umständen entmutigt sie auch bei der Durchsetzung von Entscheidungen, die zwar als notwendig erkannt werden, die aber nur unter hohem Risiko durchgepeitscht werden können. Andererseits haben diese Formen von Beteiligung auch zu neuen Formen der Legitimation geführt, wenn man will: zu Demokratisierung.

34 Dieter Rucht, Neue Konflikte und neue soziale Bewegungen in Deutschland, in: Brigitte Grande u. a. (Hg.), Zivilgesellschaft in der Bundesrepublik Deutschland. Aufbrüche, Umbrüche, Ausblicke, Bielefeld 2021, 61–77.

8. Staat, Volk und Krieg im 20. Jahrhundert: Erster Weltkrieg, Bolschewismus und Nationalsozialismus

Bis zum Ersten Weltkrieg hatten die Zeichen eigentlich auf mehr Mitbestimmung, auf mehr gesellschaftlicher Integration und, wenn man den modernen Begriff dafür benutzen möchte, auf mehr Pluralität gestanden. Ausweitung des Wahlrechts, Parlamentarisierung der politischen Entscheidungsprozesse, entstehender Sozialstaat, aber auch Nationalismus: Das hatte ja alles eine inklusive Dynamik. Die Arbeiterbewegung, die Befriedung der konfessionellen Streitfragen, wachsender Wohlstand auch bei den Unterschichten: All das deutete auf mehr Pluralität. Mit dem Krieg aber veränderte sich die Staatlichkeit. Die umfassende staatliche Steuerung, die sich im Krieg überall einbürgerte, erfuhr eine Fortsetzung in gewissermaßen intensivierten Formen von Staatlichkeit, deren radikalste und brutalste der Bolschewismus und der Nationalsozialismus waren. Der Begriff des Totalen Staates, der nicht zufällig eine semantische Nähe zum „Totalen Krieg" aufweist, ist dafür nicht unbedingt eingebürgert, aber vielfach benutzt und passender als der Begriff „Totalitarismus", der im Kalten Krieg zu einer ideologischen Parole geworden ist und zu einem der wissenschaftlich umstrittensten Begriffe der Zeitgeschichte gehört.[1]

„Total" und „totalitär" sind zeitgenössische Begriffe, die ursprünglich austauschbar gebraucht wurden. „Totalitär" wurde, ursprünglich als Feindbezeichnung („sistema totalitario") durch den italienischen Liberalen Giovanni Amendola für Mussolinis Faschismus geprägt, von jenem indes affirmativ aufgegriffen. Aber Mussolini benutzte auch den Begriff des Totalen Staates, den er wie folgt definierte: „Alles im Staat, nichts außerhalb des Staates, nichts gegen den Staat." Carl Schmitt verstand ihn 1931 ebenso positiv und beschrieb ihn 1937 als eine Folge des Totalen Kriegs.[2] Der deutsche Staatsrechtler Ernst Forsthoff, wie Carl Schmitt ein rechtskonservativer Gegner der liberalen Demokratie, veröffentlichte 1933 eine Monographie mit diesem

1 Klaus-Dietmar Henke (Hg.), Totalitarismus. Sechs Vorträge über Gehalt und Reichweite eines klassischen Konzepts der Diktaturforschung, Dresden 1999. Zum Folgenden auch: Reinhard, Geschichte der Staatsgewalt, 467–475.

2 Hierzu zeitgenössisch, mit vielen Belegen zur Begriffsentwicklung (und einer impliziten Distanzierung von einer Überspannung des Begriffs): Georg D. Daskalakis, Der totale Staat als Moment des Staates, in: Archiv für Rechts- und Sozialphilosophie 31 (1937/38), 194–201.

Titel. „Totaler Staat“ meint in dieser Diktion eine Unbegrenztheit der Zuständigkeit und Macht sowie – implizit – eine Form der politischen Auseinandersetzung, die tendenziell keine Grenzen kennt, genau wie der Totale Krieg; ein höchstes Ziel, auf das sich alle Tätigkeit richtet, mithin ein utopisches Moment, sowie die uneingeschränkte Mitwirkung des „totalen Volkes“. Der Totale Staat sucht also seine Herrschaft auf möglichst alle Bereiche der Gesellschaft wie auch des individuellen Lebens auszudehnen und tut das unter Verweis auf ein höchstes Ziel.

Zweifellos finden sich in diesen Diskussionen Wandlungen im Staatsverständnis, wie es sich seit dem 18. Jahrhundert eingebürgert hatte, insbesondere die Tendenz zum staatlichen Durchgriff auf den Einzelnen und zur Ausweitung der staatlichen, namentlich auch der Zwangsfunktionen. Noch stärker aber wird man die Erfahrungen des „Europäischen Bürgerkriegs“ betonen müssen, wie man die Zeit zwischen 1914 und 1945 genannt hat, der die europäischen Gesellschaften in unerhörter Weise gefordert und gezwungen hat. Dieses neue Zeitalter des Bellizismus hat, ebenso wie die Erfahrungen des 17. Jahrhunderts, die Staatlichkeit tiefgreifend geprägt. Staatsgewalt nach außen und Staatsgewalt nach innen bildeten im 20. Jahrhundert eine Entsprechung zum Zeitalter der Staatsbildung in der Frühen Neuzeit. Hier trat ein neuer Typ von Leviathan auf, allerdings ohne das Sicherheitsversprechen für alle seine Bürger.

8.1 Wandlungen des Staates im und durch den Ersten Weltkrieg

Der Krieg änderte zunächst alles. Er bedeutete in allen europäischen Staaten, auch in den parlamentarisch regierten, eine autoritäre und meist (quasi-)diktatorische Wendung sowie, verbunden damit, eine Militarisierung der Staatlichkeit.[3] Der Krieg ist wie jede gesamtgesellschaftliche Krise die Stunde der Exekutive, zum einen, weil die Geschwindigkeit, in der Entscheidungen getroffen werden müssen, lange Meinungsbildungsprozesse nicht zulässt. Zum anderen aber auch, weil im äußeren Konflikt die innere Geschlossenheit als ein Wert an sich erscheint: Zerstrittene Gesellschaften können sich weniger gut gegen einen äußeren Feind wehren als geeinigte (selbst wenn diese Einigkeit diktatorisch und vielleicht gewaltsam herbeigeführt ist). Der Erste Weltkrieg war nach allgemeinem Dafürhalten der erste Totale Krieg. Der Begriff, der älter ist und an den Begriff des „Absoluten Krieges“ des preußischen Militärtheoretikers Carl von Clausewitz anschließt – der also nicht von Goebbels erfunden ist, wie manche glauben! –, meint die Indienstnahme aller gesellschaftlichen Kräfte für den Krieg; eine Trennung von kriegführenden und nichtkriegführenden Kräften in einer Gesellschaft gibt es nicht mehr; insbesondere meint „Totaler Krieg“ einen umfassenden Einbezug der sogenannten Heimatfront

3 Leonhard, Die Büchse der Pandora, 205–221.

(der Begriff ist aussagekräftig; es gibt ihn in vielen europäischen Sprachen) für den Krieg.[4] Für unsere Fragestellung gewendet bedeutete „Totaler Krieg":

(1.) Einen absoluten Primat kriegerischer Bedürfnisse. In dessen Dienst standen die Aufhebung von Grundrechten wie Versammlungs- und Vereinsfreiheit; die Zensur von öffentlichen und privaten Medien; ein bedingungsloser Vorrang für Militär und militärische Belange bei der Güterversorgung, bei Verkehr und Dienstleistungen. Alle Männer (je nach Ländern bis zum Alter von 16 hinab) konnten einberufen werden, ganz egal, wie wichtig ihre heimatliche Tätigkeit (etwa für die Versorgung der Familie) war; Frauen wurden für die Kriegsindustrie und für Tätigkeiten dienstverpflichtet, die vorher Männer ausgeführt hatten. Fahrzeuge und Pferde wurden enteignet und in den Besitz des Militärs gestellt, bis weit in den Alltag hinein. Zum Beispiel wurden vielerorts die kupfernen Kessel und Töpfe der Privathaushalte konfisziert und für Waffenproduktion verwendet. Aus dem gleichen Grunde wurden 1918 in Deutschland viele Denkmäler (so sie aus Metall waren) eingezogen; sogar die große Glocke des Kölner Doms musste daran glauben. Da diese aber sowieso aus Geschützen gefertigt war, die im Deutsch-Französischen Krieg erbeutet worden waren, wurde das Metall hier seinem ursprünglichen Zweck wieder zugeführt.

(2.) Eine bisher nie gekannte Kontrolle durch den Staat. Gestützt auf exekutive Sondervollmachten und den Primat des Krieges entzog er bei allen beteiligten Staaten, aber in unterschiedlichem Maß die Produktion weitgehend dem Markt und organisierte sie für Kriegszwecke um. Fabriken wurden also zu Rüstungsfabriken auf staatliche Anweisung und unter staatlicher Kontrolle – allerdings weiterhin mit privater Wertschöpfung. Die Unternehmen verkauften ihre zwangsproduzierten Produkte dem Staat als dem einzigen Kunden, und der entlohnte sie mit horrenden Preisen. Der Staat kontrollierte in ähnlicher Weise die Infrastruktur, etwa das Verkehrswesen: Er konfiszierte Privatfahrzeuge und stellte Eisenbahnfahrpläne um. Er griff rabiat in die Versorgung der Bevölkerung ein und verteilte die Güter; Rationierungen, Preiskontrollen, Bezugsscheine und Zuteilungen an bedürftige Bevölkerungsgruppen (etwa: Extrarationen Milch für Kinder) wurden zunehmend staatlich organisiert. Das ging nicht ohne Widerstände und Widersprüche vor sich. Natürlich versuchten die Bauern und Händler, die Nahrungsmittel, die sie produzierten oder distribuierten, der Rationierung zu entziehen, so dass sich ein Schwarzmarkt entwickelte, wie immer dann, wenn der Staat marktliche Prozesse gänzlich zu kontrollieren sucht. Deshalb gingen Kontrolleure durch die Läden und die Bauernhöfe, um gehortete Waren oder schwarz geschlachtete Schweine zu ermitteln. Um den Heißhunger auf frisches Brot einzudämmen, durfte vielerorts Brot erst zwei Tage nach dem Backen verkauft werden. In Deutschland wurde mit dem Hindenburg-Programm (1916), das die ganze Gesellschaft auf den Krieg ausrichten sollte, erstmals ein zentrales System von Produktionskontrolle und Organisation etabliert. Dieses funktionierte allerdings schlecht. Wenn aus Ostpreußen Kartoffeln ins Rheinland

4 Zur Theorietradition vgl. Hans-Ulrich Wehler, „Absoluter" und „totaler" Krieg. Von Clausewitz zu Ludendorff, in: Politische Vierteljahresschrift 10 (1969), 220–248.

geliefert werden sollten, bei einem Transportsystem, das maßgeblich auf militärische Bedürfnisse abgestellt war und zivile Bedürfnisse nachrangig bewertete, dann konnte es schon passieren, dass die Kartoffeln wochenlang auf einem Abstellgleis lagen, bis sie zur Hälfte verrottet waren.

Die staatliche Kontrolle erstreckte sich auch auf die Öffentlichkeit und die politische Willensbildung. Die Zensur beobachtete und unterdrückte die öffentlichen (und teils auch nichtöffentlichen) Meinungsäußerungen, um Vielstimmigkeit zu vermeiden. Die Briefe von und an Soldaten wurden zensiert, um unliebsame Nachrichten unter der Decke zu halten.

(3.) Das Ende der breiten gesellschaftlichen Entscheidungsfindung zeigte sich zunächst in einer Delegation der Entscheidungsvollmachten an die Exekutive. Auch in parlamentarisch regierten Staaten trat das Parlament als Ort der Willensbildung und Entscheidungsfindung weitgehend in den Hintergrund; zumeist tagte es in reduzierter Form weiter, etwa, wie in Deutschland, als „Hauptausschuss", der eine verkleinerte Abbildung des Reichstags war und 30 (von 397 Abgeordneten) umfasste. Ein innenpolitischer Waffenstillstand sollte die Vorkriegskonflikte stillstellen. Mehrheitsentscheidungen wurden zugunsten von Konsensentscheidungen vermieden, weil man gegenüber sich selbst und dem Ausland nicht als uneinig dastehen mochte. Stattdessen regierten die Ministerien, die Bürokratien oder häufig neu eingesetzte Spezialstäbe, ministerielle Sonderabteilungen oder auch halbstaatliche *public-private partnerships,* die große Aufgaben wie Rohstoff- oder Lebensmittelversorgung bündeln sollten.

Teil dieser Verlagerung in die Exekutive war eine zunehmende Attraktivität autokratischer Strukturen, denen man größere Reaktionsschnelligkeit und höhere Effizienz zusprach. Überall ging (vor allem ab der zweiten Kriegshälfte) die tatsächliche Entscheidungsgewalt an zivile oder militärische Quasidiktatoren über. Lloyd George in Großbritannien (ab 1916), Georges Clemenceau in Frankreich, die faktische Militärdiktatur Hindenburg-Ludendorff im Deutschen Reich: Gerade in den Ländern, die relativ „demokratisch" waren, wurde im Krieg die Entscheidung von einer zivilen oder militärischen, autoritär regierenden Exekutive an sich gerissen. In Großbritannien wurde erstmals (1915) ein Rüstungsministerium unter Führung des Liberalen und ehemaligen Pazifisten Lloyd George gegründet, dessen Kompetenzen ständig wuchsen: von der Verantwortung für Rüstung und Geschütze über die technologische Entwicklung von Waffensystemen bis hin zur Aufsicht über die Bodenschätze und die Einfuhr von Brennstoffen. Im Zeichen der (wenn auch erzwungenen) Homogenität, die die vorher sehr unterschiedlichen und antagonistischen Interessen (etwa von Unternehmern und Arbeiterbewegung oder der verschiedenen Religionsgemeinschaften oder von Parteien) plötzlich integriert hatte, wurde die pluralistische Vorstellung verschiedener Interessen, die in einem Staat zum Tragen kommen sollten, auch die Idee von Opposition und anderen Staatsvorstellungen, nun mit dem Stigma der Staatsfeindlichkeit belegt. Als ein Zentralbegriff für die neue Homogenität wurde zunehmend der Begriff des „Volks" aufgewertet, der sich nicht nur ethnisch und national, sondern auch sozial (das „ganze"

Volk, „Volk" als Chiffre für „die kleinen Leute") als Schlüsselbegriff für eine integrierte Gemeinschaft benutzen ließ. Eine solche Begrifflichkeit gibt es in verschiedenen Sprachen („the people" stand im Englischen immer mehr dafür, „la nation" im Französischen, „il popolo" in Italien, „narod" in den slawischen Sprachen); die Tradition der Integration ist schon älter, erfuhr aber im Ersten Weltkrieg eine weitreichende Zuspitzung.

Eine kurzfristige Folge dieser Politiken war auch eine umfassende Zentralisierung. Die lokale oder regionale Selbstverwaltung kam an ein Ende, föderale Strukturen traten zurück. Die Ausschaltung von Marktmechanismen erforderte eine zentrale Berechnung von Bedürfnissen und eine zentrale Steuerung der Logistik bei der Verteilung. Das wiederum schrieb einen großen Teil der Verantwortung der operativen Verwaltung zu, die durch den Krieg enorm aufgebläht wurde. Für viele kluge Zeitgenossen kündigte sich damit unausweichlich die Staats- und Wirtschaftsform der Zukunft an: der Sozialismus.

Die Militarisierung des Politischen, die im Krieg eine gewisse innere Logik zu haben schien, wurde weit in den Frieden verlängert. Politik wurde vom Ausnahmezustand her und damit immer mehr in Kategorien des Kriegs gedacht. Krieg war nicht mehr, wie Clausewitz einmal formuliert hatte, die Fortführung der Politik mit anderen Mitteln, sondern umgekehrt: Die Politik habe dem Krieg zu dienen; auch sie sei, wie der deutsche General Erich Ludendorff knapp formulierte, „eben Krieg".[5] Politik als Fortführung des Kriegs mit anderen Mitteln: Das war wiederum der Ausgangspunkt für Carl Schmitts berühmte Definition von Politik, die auf der Unterscheidung von Freund und Feind beruhte.[6] Diese antagonistische Konzeption hielt eine Opposition für tendenziell feindlich, diffamierte den Kompromiss und öffnete der Gewalt Tür und Tor, denn der moderne Krieg verachtet die Regeln. Schmitt hat zwar manche dieser Auslegungen abgestritten, unter „Freund/Feind" auch ein Regelverhältnis verstehen wollen (wie es die Regeln des frühmodernen Staatenkriegs vorsahen) und insgesamt darauf hingewiesen, dass es ihm hauptsächlich um eine Unterscheidung von Moral und Recht gehe. Aber unter Bedingungen des totalen Massenkriegs mit seiner „Heimatfront", die ja auch immer auf der Suche nach dem „inneren Feind" war, gehört Schmitts Definition in den Zusammenhang einer Brutalisierung der Politik, die in der Zwischenkriegszeit zu beobachten ist.[7]

Eine ganz ähnliche Analogisierung zwischen Krieg und Politik gab es auch auf der anderen Seite des politischen Spektrums. Selbstverständlich hielt Lenin die Politik des Klassenkampfs für Krieg. Noch grundlegender hat es der italienische Theoretiker Antonio Gramsci ausformuliert, der die wichtigste Figur der italienischen kommunistischen Partei in der Zwischenkriegszeit war und deshalb von Mussolini von 1926 bis kurz vor seinem Tod 1937 eingesperrt wurde. Hier, im faschistischen

5 Zit. n. ebd. 238.

6 Schmitt, Der Begriff des Politischen. Die ursprüngliche Fassung war 1927 erschienen.

7 Zur Brutalisierung der Politik (und des Lebens generell): Enzo Traverso, Im Bann der Gewalt. Der europäische Bürgerkrieg 1914–1945, München 2008.

Gefängnis, formulierte er seine politische Theorie aus. Er fasste Politik generell als Krieg auf und unterschied – eine Lehre aus dem Ersten Weltkrieg – zwei politische Strategien: den „Bewegungskrieg", also die schnelle Eroberung von politischen Machtpositionen, wie sie Revolutionen zu eigen ist, und den „Stellungskrieg": die geduldige Durchsetzung von Machtoptionen, die auf das Mitmachen der Vielen, auf die Zivilgesellschaft und die langsame Eroberung gesellschaftlicher Hegemonie setzt. Dass auch Politik ohne Gewalt nicht zu denken ist, war ihm selbstverständlich; auch er als politischer Gefangener verstand sich als „Kriegsgefangenen", der mit diesem Los ganz nüchtern habe rechnen müssen.[8]

Allerdings wäre die Idee, dass von den autokratischen Ad-hoc-Lösungen des Ersten Weltkriegs ein direkter Weg zu den Diktaturen der Zwischenkriegszeit führte, doch zu einfach. Nicht alles lief ohne Weiteres auf Autokratie hinaus. Denn der Krieg ermöglichte auch Demokratisierungs- und Beteiligungsdynamiken, nicht zuletzt deshalb, weil er auf allen Seiten als ein Krieg von Völkern und nicht von Eliten verstanden wurde. So war etwa die Autokratisierung des Entscheidungsprozesses dadurch gebremst, dass die Parlamente nach wie vor ein Mitspracherecht bei Steuerbewilligung und Kredit hatten. Da der Krieg in allen Ländern im Wesentlichen durch Kreditaufnahme und (in geringerem Maß) Steuern finanziert wurde, waren die parlamentarischen Vertretungen hierbei im Spiel. Der Hauptausschuss des Reichstags, der bei Beginn des Krieges die Funktion eines Parlaments im Kleinen übernahm, hat während des Kriegs sehr an Bedeutung als politischer Akteur gewonnen. Hier entstand in der engen Zusammenarbeit von Sozialdemokraten, Linksliberalen und Zentrumspartei die „Weimarer Koalition", die die Weimarer Republik wenigstens in ihrer Anfangszeit bestimmen sollte. Am 19. Juli 1917 veröffentlichte der Hauptausschuss eine Resolution, die im scharfen Gegensatz zur Heeresleitung und zur Reichsleitung einen Verständigungsfrieden forderte. Die Demokratie der Weimarer Republik hat also auch ihre Wurzeln im Krieg.

Der Krieg führte weiterhin zu einem Ausbau des Sozialstaates – weil man für die Soldatenfrauen und die Kriegerwitwen sorgen musste, weil die Kinder der Arbeiterfrauen, die in der Kriegsindustrie schufteten, versorgt werden mussten, weil invalide Soldaten ein Auskommen brauchten. Die Arbeiterschaft erkannte auch bald, dass von ihrem Mitwirken der Krieg abhing; sie benutzte das nicht, um sich dem Krieg zu verweigern, sondern um mehr soziale Rechte und höhere Löhne einzuklagen. Mit dem Ersten Weltkrieg trat die Arbeiterbewegung als politische Mitspielerin überall auf den Plan. In Deutschland war sie die große Gewinnerin des Regimewechsels von 1918/19 und der erste Reichspräsident der Weimarer Republik, Friedrich Ebert, war ein Sozialdemokrat. In Großbritannien, wo erst 1906 die Labour Party gegründet worden war, war sie bereits 1924 erstmals an der Regierung beteiligt; und

8 Vgl. Thomas Mergel, Die Kühlheit des Revolutionärs. Antonio Gramsci: Quaderni del carcere (1926–1937), in: Uffa Jensen u. a. (Hg.), Gewalt und Gesellschaft. Klassiker modernen Denkens neu gelesen, Göttingen 2011, 143–153.

in Frankreich kam 1936 die erste „Volksfront", eine sozialistisch-kommunistische Koalition, an die Macht, mit Léon Blum als erstem Premierminister.

Auch wenn die Zwischenkriegszeit auf den ersten Blick die Kolonisierung der Welt ungebrochen weiterführte und vor dem Zweiten Weltkrieg mehr an Land und Bevölkerung kolonisiert war als je bevor:[9] Für die meisten Imperien und Kolonialreiche sollte der Krieg die Dämmerung einleiten oder gleich den Auftakt zu einem Ende bilden. Das galt nicht für Russland, wohl aber für Österreich-Ungarn und das Osmanische Reich, die als Nationalstaaten wieder aufwachten. Das galt für Großbritannien und Frankreich, die bemerkten, wie sehr sie in der Kriegsführung von ihren Kolonien abhängig waren; nicht nur in Hinsicht auf die eingesetzten Soldaten: Allein aus Indien kamen 1,5 Millionen Soldaten für das Britische Reich; beinahe eine Million Afrikaner hat unter französischer Flagge gedient. Auch die Finanzierung war ohne die Kolonien nicht mehr möglich. Als eine Folge wurde das Britische Empire zum stärker auf Gleichberechtigung beruhenden *British Commonwealth of Nations* (1931) umgestellt, auch um den immer stärker hervortretenden Bestrebungen der Kolonien auf Selbständigkeit entgegenzukommen. Das französische Kolonialreich wandelte sich nicht so schnell. Die Forderung auf Gleichstellung wurde verweigert, und die Enttäuschung vor allem der vielen Kolonialsoldaten darüber mündete in Unabhängigkeitsbewegungen, die zum großen Teil erst nach 1945 erfolgreich sein sollten. Die Wurzel der Auflösung der Kolonialreiche liegt im britischen wie im französischen Fall jedoch im Ersten Weltkrieg. Und natürlich galt es für das Deutsche Reich, das durch den Weltkrieg als Kolonialmacht abdankte. Italien konnte sein erst vor kurzem erworbenes Kolonialreich in Libyen und am Horn von Afrika dagegen bis zum Ende des Zweiten Weltkriegs halten.

8.2 Staat als Klassenherrschaft: der Bolschewismus

Es war auch eine Folge des Ersten Weltkriegs, dass in dem Land, das wohl der größte Verlierer des Kriegs war, in Russland, ein gesellschaftliches und politisches Experiment begann, das das 20. Jahrhundert prägte: der Bolschewismus. Er ist nicht zu denken ohne die lange Erfahrung der begrenzten Gestaltungsfähigkeit eines russischen Staates, dessen Durchsetzungsfähigkeit vor Ort gerade im Kontext von Reformbemühungen – die ja immer Verstaatlichungsbemühungen waren – bis ins 20. Jahrhundert sehr schnell an Grenzen gestoßen war.[10] Entstanden war die bolschewistische Bewegung Anfang des 20. Jahrhunderts als eine Radikalisierung der marxistisch geprägten Arbeiterbewegung, die auf eine avantgardistische Kaderpartei (und nicht etwa auf die Gewerkschaften oder eine Basisbewegung) als Motor einer umfassenden Revolution setzte. Im Verlauf der Theorieentwicklung der Anfangs-

9 Matthew G. Stanard, Interwar Crises and Europe's Unfinished Empires, in: The Oxford Handbook of European History, 1914–1945, hg.v. Nicholas Doumanis, Oxford 2016, 223–241.

10 Kurzer Abriss bei Baberowski, Der rote Terror, 17–28.

zeit, die maßgeblich durch Wladimir Iljitsch Lenin geprägt war, sowie der praktischen Erfahrungen im Krieg kam es dabei zu einer grundlegenden Umgestaltung der Marxschen Staatstheorie. Marx hatte die Theorie vertreten, dass jede Staatsform Ausdruck einer bestimmten Epoche des Klassenkampfs sei und dass jeder Staat das Instrument der Interessen der jeweils herrschenden Klasse sei. Wenn nach der proletarischen Revolution die Arbeiterklasse herrsche, so müsse sie das zunächst in der Form der Diktatur tun, um konterrevolutionären Bestrebungen Herr zu werden – so wie man das aus der Französischen Revolution kannte. Sobald aber die Herrschaft des Proletariats unbestritten sei und die anderen Klassen als eigene Interessen nicht mehr existierten, werde der Staat „absterben", wie die berühmte Formulierung lautete – seine Funktionen seien schlicht nicht mehr nötig. „Das Eingreifen einer Staatsgewalt in gesellschaftliche Verhältnisse wird auf einem Gebiet nach dem anderen überflüssig und schläft dann von selbst ein."[11]

Dahinter stand ein im Grunde frühmodernes Verständnis vom Staat als öffentlicher Gewalt, das bei jenem nur die Herrschaftsfunktionen sah und nicht die Organisation, den Ausgleich von Interessen, die Reduktion von Komplexität, die Integration. Staat: Das war für Marx und Engels im Wesentlichen der Staat der Zensur und der absolutistischen Verwaltung, des Militärs, der Polizei und des Gefängnisses. Es war nicht der Staat von Bildung, Recht, zunehmender politischer Partizipation und sozialem Ausgleich. Diese leitenden Ideen hatten beide im Vormärz und im Umfeld der Revolution von 1848/49 entwickelt; die neueren Entwicklungen, wie sie oben unter dem Begriff der Inneren Staatsbildung diskutiert wurden, tauchten bei ihnen kaum mehr auf. Lediglich die Pariser Kommune, die aber eben eine kommunale und überdies kurzfristige revolutionäre Erscheinung war und deshalb nur sehr begrenzt als ein Versuch von „Staat" angesprochen werden kann, haben beide genau wahrgenommen.

Ähnlich Lenin, der aus einer Atmosphäre des Polizeistaats kam und von den radikalen Ideen avantgardistischer Revolutionäre beeinflusst war: Er hat in „Staat und Revolution" 1917 im Gewand einer Marx-Erklärung, faktisch aber einer neuen Staatstheorie, eine Konzeption zusammengefasst, die er schon früher entwickelt, aber durch den Krieg deutlich radikalisiert hatte: dass die Arbeiterklasse den (allein als Klassengewalt gedachten) Staat gewaltsam zerschlagen und ihn durch Institutionen unter eigener Kontrolle ersetzen müsse, um nun „eine Unterdrückung der Minderheit der Ausbeuter durch die Mehrheit der Ausgebeuteten" sicherzustellen. Über ein „Absterben des Staates" sprach Lenin nur in wolkigen Formulierungen: „Schließlich macht allein der Kommunismus den Staat völlig überflüssig, denn es ist niemand niederzuhalten, ‚niemand' im Sinne einer Klasse, im Sinne des systematischen Kampfes gegen einen bestimmten Teil der Bevölkerung."[12] Das war die Utopie. Wenn allerdings ein Staat (so Lenin) im Wesentlichen reine Verwaltung (also nicht Gewaltsystem) und durch die Arbeiter kontrolliert sei, dann höre er

11 Karl Marx/Friedrich Engels, Anti-Dühring (1878), Berlin 1975, 262 (MEW 20).
12 Lenin, Staat und Revolution, 247.

auf, ein „politischer Staat", also eine repressive Institution zu sein. Damit verwandelte Lenin die Vorstellung vom Absterben des Staates im Grunde in eine empirische Tautologie: Wenn die Arbeiter den Staat beherrschen, ist es früher oder später per definitionem kein Staat mehr. Stalin hat Lenin in einer (von ihm selbst als „dialektisch" bezeichneten) Wendung radikalisiert: Vorbedingung für das Absterben des Staates mit der Herrschaft des Proletariats sei die höchste Entfaltung der Staatsgewalt zur stärksten und mächtigsten aller bisherigen Staatsgewalten.[13] Die Umsetzung der Utopie vom Ende des Staates erforderte also eine bisher ungekannte Gewalt ebendieses Staates. Im Grunde war das nur eine klassentheoretisch motivierte Modernisierung und Radikalisierung des jakobinischen Bekenntnisses in der Französischen Revolution, dass zur Herstellung von Tugend der Terror notwendig und wünschenswert sei.

Damit war theoretisch begründet, was die praktische Erfahrung auch aus dem Ersten Weltkrieg war: Der Bolschewismus entstand als Kriegskommunismus, der in der gewaltsamen Organisation der Gesellschaft ein neues Gesellschaftsmodell durchsetzte, das auf der Okkupation von Staatsfunktionen durch eine Avantgardepartei beruhte und den dauerhaften Kampf gegen Klassenfeinde, Abweichler, Verräter, Renegaten als seine Mission erkannte. Man darf sich das nicht als ein im Voraus durchgeplantes Modell vorstellen; vielmehr wurden unter dem Druck der Verhältnisse vielfach Ad-hoc-Lösungen durchgeführt; die Entwicklung mancher Institutionen geschah mehr oder weniger unintendiert. Damit wurde aber im Effekt ein neues Staatsmodell realisiert, das sich zwar in vieler Hinsicht gar nicht so sehr von anderen Staaten unterschied.[14] Auch in der Sowjetunion gingen Menschen in öffentliche Schulen und machten staatlich anerkannte Abschlüsse. Auch hier gab es eine öffentliche Verwaltung, die (mehr oder minder) regelhaft handelte, und auch hier gab es eine Justiz (unbeschadet der Frage, inwieweit sie „Recht" sprach). Auch hier gab es einen polizeilichen Zwangsapparat, Militär und Gefängnisse. Auch hier gab es Formen sozialstaatlicher Abfederung von Risiken, auch hier gab es politische Ämter und staatliche Institutionen.

Aber der große Unterschied bestand darin, dass der „bürgerliche Staat" sich als eine *allgemeine* Institution verstand, die u. a. das Institut der untereinander gleichen Staatsbürger hervorgebracht hat (wie unvollständig auch immer). Der Staat Lenins und Stalins war dagegen in seinem eigenen Selbstverständnis explizit Machtausdruck nur eines Teils der Gesellschaft (wie groß auch immer): des Proletariats. Kaufleuten, Rentiers (die also vom Ertrag ihrer Kapitalanlagen lebten) oder auch Mönchen – Gruppen, eben, die man zu den Ausbeuterklassen zählte – wurde deshalb im Sowjetstaat das Wahlrecht verweigert. Und dieser Staat wurde geleitet von einer Avantgardeorganisation, die beanspruchte, die wahren Interessen dieses Proletariats zu vertreten: der Bolschewistischen Partei. Diese explizite Partikularität des staatlichen Repräsentationsanspruchs ist der grundlegende theoretische

13 Schroeder, Wandlungen der sowjetischen Staatstheorie, 20.

14 Zum Staat der Sowjetunion ausführlich: Plaggenborg, Die Organisation des Sowjetstaates.

Unterschied zu bürgerlichen Staatsverständnissen. Dass deshalb die Unabhängigkeit von Institutionen wie der Justiz aus Prinzip nicht gegeben sein konnte und auch nicht sollte, lag nahe. Dass Systemopposition nicht in ihren Mitteln, sondern per se illegitim war, erwuchs nicht nur aus der Staatstheorie, sondern auch aus den Homogenitätspostulaten des Weltkriegs, und war durchaus kein exklusiv russisches Thema: „Feinde des Volkes" kannte man auch im Westen.

Es tut im Rahmen unseres Arguments nichts zur Sache, dass die leninistische Staatstheorie dem „bürgerlichen" Staatsverständnis vorwarf, im Kern ebenfalls Ausdruck einer Klassenherrschaft zu sein. Von Bedeutung ist aber, dass die Marxsche Prognose, es werde nach der sozialistischen Revolution am Ende zu einem Absterben des Staates kommen, niemals auch nur zu einem Quäntchen realisiert wurde. Vielmehr verwirklichte die bolschewistische Staatsentwicklung den Totalen Staat, und das über lange Zeit. Auch die Bolschewiki haben mit dem Konzept der durch eine Avantgarde vertretenen „Klasse", die (freilich erst nach der Liquidierung aller anderen) quasi eine umfassende Repräsentation dessen ist, was man anderswo „Gesellschaft" nannte, und die den Staat übernimmt, im Grunde eine Parallele zum nationalen oder faschistischen „Volk" (das ja ebenfalls seine Feinde liquidieren muss) geschaffen.

Der zentrale Punkt war die Sicherheit des Rechts.[15] Recht und Verfassung galten nur in Abhängigkeit von der politischen Maßgabe. Nach Lenin beruhte die Diktatur (des Proletariats) auf der von allen Gesetzen unbehinderten, vielmehr nur auf Gewalt gestützten Autorität. Mit dem Gerichtsdekret vom 5. Dezember 1917 dispensierten die Bolschewiki geltendes Justizrecht und lösten damit zugleich alle bisherigen Rechtsinstitutionen (Gerichte, Staatsanwaltschaft, Rechtsanwaltschaft) auf. Von da ab galt nur ein revolutionäres Rechtsempfinden, das nicht kodifiziert und inhaltlich völlig unbestimmt war. Früher geltende Gesetze sollten nur angewendet werden, sofern sie diesem revolutionären Bewusstsein nicht widersprachen. Das bedeutete schlicht eine Auslöschung des bisherigen Rechts, und damit ergab sich eine grundlegende Erwartungsunsicherheit: Wenn ich nicht weiß, ob ich recht oder unrecht handle, weil die Kriterien dafür nicht allgemein kommuniziert und verlässlich befolgt werden, dann lebe ich in einem ständigen Zustand der Unsicherheit, die das Handeln erschwert. Es entstand ein „Maßnahmenstaat", für den Stefan Plaggenborg den Begriff des permanenten Ausnahmezustands diskutiert hat; die (physische) Gewalt blieb allem politischen Handeln eingeschrieben; besonders an der Peripherie tobte sich eine unkontrollierte und schrankenlose Gewalt aus, vor allem gegen ethnische Minderheiten, und der sowjetische Staat entwickelte sich zum bis dato gewaltsamsten Staatsmodell, gerade wie Stalin postuliert hatte – jedoch eben nicht darüber hinaus.[16] Die Opfer der Herrschaft des Stalinismus werden auf zwischen vier und 20 Millionen Menschen geschätzt. Wohl wurden wieder Rechtsordnungen konstruiert – mehrere Verfassungen, deren Autoren häufig bald

15 Zum Folgenden: Plaggenborg, Staatlichkeit als Gewaltroutine.
16 Baberowski, Der rote Terror.

danach hingerichtet wurden –, wohl wurden Mitte der 1920er Jahre Rechtsbücher in Kraft gesetzt: das Strafgesetzbuch, die Gerichtsverfassung, das Zivilrecht. Auch eine Staatsanwaltschaft wurde wieder eingerichtet (jedoch keine Rechtsanwaltschaft). Das hinderte die Bolschewiki aber nicht, diesen „Normenstaat“ durch den „Maßnahmenstaat“ zu ersetzen, sofern jener gängiger war [zu dieser Unterscheidung s. u.]. Die Bürger hatten gegen ihren Staat keine Handhabe, und Stalins Säuberungen liefen ohne Schwierigkeiten im rechtlichen Gewande der neuen Gerichtsverfassung und Strafprozessordnung ab, inszenierten diese vielmehr in Schauprozessen. Vor allem gab es ein konstitutives Moment im bolschewistischen Herrschaftssystem, das durch die völlige Abwesenheit jeglicher Rechtlichkeit ausgezeichnet war: die Lager.[17] Die sowjetische Gesellschaft beruhte über Jahrzehnte auf Tausenden von Lagern, die zweierlei leisteten: erstens die Abschiebung aller, die man als mögliche Abweichler auch nur vermuten mochte, und zweitens die millionenfache Zwangsarbeit, ohne die die sowjetische Industrialisierung niemals möglich gewesen wäre. Vor allem die Rohstoffgewinnung hing in hohem Maß von der Zwangsarbeit ab, und das Argument liegt nahe, dass die Repressivität des Sowjetsystems auch funktional zu erklären ist, nämlich dadurch, dass man Häftlinge für die Lager brauchte. Zwischen 1930 und 1953 waren mindestens 18 Millionen Menschen in Lagern inhaftiert. Erst nach Stalins Tod bewegte sich die sowjetische Staatsordnung langsam auch in Richtung einer rechtlichen Selbstbindung des Staates. Aber erst in den 1980er Jahren, während der Perestroika, wurden Bedingungen geschaffen, die auch Bürgerrechte im Blick hatten.

8.3 Staat als Ausdruck der Volksgemeinschaft im Nationalsozialismus

Im Grunde kann man beim Nationalsozialismus (und anderen Faschismen, die hier nur am Rande betrachtet werden) eine ähnlich utopische Konstruktion feststellen: Dem Staat, der ein reines Herrschaftsinstrument ist, gegenüber steht ein „eigentliches“ Kollektiv, das (rassisch gedachte) Volk, dessen spezifischer Ausdruck der Staat sein soll, es aber nicht ist. Den Staat zu erobern und in seinem Sinn umzugestalten, ist die Aufgabe des Volkes, dessen reinster Ausdruck die Partei und deren Inkarnation der Führer ist, so dass der Staat und das Volk identisch werden. Doch während die Bolschewiki die alten staatlichen Institutionen einfach ersetzten und damit zwar zunächst amateurisierten, aber gleichzeitig treue Gefolgschaft und revolutionäre Institutionen in einem gewannen, war der Nationalsozialismus nicht in diesem Maße Revolution. Die Frage der Einbindung staatlicher Institutionen, die Konflikte mit ihrem Widerstreben, ihr Umbau in einem nationalsozialistischen

17 Hierzu: Ralf Stettner, „Archipel GULag“. Stalins Zwangslager – Terrorinstrument und Wirtschaftsgigant. Entstehung, Organisation und Funktion des sowjetischen Lagersystems 1928–1956, Paderborn 1996.

Sinne sind ein langdauerndes Forschungsthema gewesen.[18] Auch den NS-Staat darf man sich nicht als die Durchführung eines Masterplans vorstellen, sondern er entwickelte sich in vieler Hinsicht ebenfalls aus Ad-hoc-Lösungen.

Die nationalsozialistische Strategie, teilweise eine Lernerfahrung aus dem italienischen Faschismus, der – so die Perspektive der Nationalsozialisten – nach der Machtübernahme vom Staatsapparat aufgesogen und domestiziert worden war, ging in eine andere Richtung als die der Bolschewiki: Statt die etablierten Institutionen zu zerstören, verklammerten sie Partei und Staat, vor allem auf den unteren Ebenen, wo der NS-Ortsgruppenleiter quasi der geborene Ortsbürgermeister war; sie höhlten die Institutionen aus, nicht nur, indem sie sie nationalsozialistisch überformten, sondern auch dadurch, dass sie parallele Einrichtungen schufen, parastaatliche Institutionen, führerunmittelbare Sonderapparate und neue Ämter, die (meist in heftigen Konflikten) Kompetenzen an sich zogen und so einerseits die staatlichen Strukturen entmachteten, sie aber dadurch auch zwangen, mitzuziehen, um nicht außen vor zu bleiben bzw. gar in den Verdacht zu geraten, dem neuen Staat entgegenzuarbeiten. Politik wurde informalisiert, persönliche Beziehungen, Netzwerke und die Ideologisierung politischer Zwecke schoben eine neue Form staatlichen Handelns an, die, wie die neuere Forschung herausgearbeitet hat, alles andere als ineffizient war.[19] Das heißt nicht, dass die staatlichen Strukturen nicht offen gewesen wären für eine Zusammenarbeit mit dem Nationalsozialismus. Gerade auch die Bürokratie und der Zwangsapparat (am wenigsten das Rechtswesen und die Wehrmacht) waren durchaus bereit für den neuen Staat und unterstützten ihn nachhaltig.[20] Sie waren aber in den Augen der nationalsozialistischen Aktivisten zu langsam, zu wenig radikal, zu bedenkenträgerisch in rechtlicher Hinsicht. Deshalb hatten die parastaatlichen Institutionen auch eine Beschleunigungsfunktion bei der Errichtung dessen, was der emigrierte Jurist Ernst Fraenkel den „Doppelstaat" genannt hat: der Normenstaat, also ein Regierungssystem, „das mit weitgehenden Herrschaftsbefugnissen zwecks Aufrechterhaltung der Rechtsordnung ausgestattet ist, wie sie in Gesetzen, Gerichtsentscheidungen und Verwaltungsakten der Exekutive zum Ausdruck gelangen", und der Maßnahmenstaat: ein „Herrschaftssystem der unbeschränkten Willkür und Gewalt, das durch keinerlei rechtliche Garantien eingeschränkt ist".[21]

Der Staat wurde also nicht abgeschafft, er wurde integriert und instrumentalisiert. Viel eher lässt er sich als ein permanenter Ausnahmezustand beschreiben – wie die Sowjetunion zu Anfang auch. Bemerkenswerterweise wurde die Weimarer Verfassung niemals aufgehoben; sie wurde nur bis zur Unkenntlichkeit entwertet durch das Ermächtigungsgesetz vom 24. März 1933 und verschiedene Notverord-

18 Als eine klassische Darstellung: Broszat, Der Staat Hitlers.

19 Wichtige Einzelforschungen in: Reichardt/Seibel, Der prekäre Staat.

20 Christiane Kuller, ‚Kämpfende Verwaltung'. Bürokratie im NS-Staat, in: Dietmar Süß/Winfried Süß (Hg.), Das ‚Dritte Reich'. Eine Einführung, München 2008, 227–245.

21 Fraenkel, Der Doppelstaat, 21.

nungen, vor allem die „Verordnung des Reichspräsidenten zum Schutz von Volk und Staat", vulgo „Reichstagsbrandverordnung", die am 28. Februar 1933 nach dem Reichstagsbrand erlassen wurde und die Fraenkel die „Verfassungsurkunde des Dritten Reiches" genannt hat. Bürgerliche Rechte, Parteien, Gewaltenteilung wurden per Dekret abgeschafft, Gesetze bedurften der Zustimmung des Parlaments nicht mehr und konnten auch von der Verfassung abweichen, Recht wurde rückwirkend angewandt: All diese Bestimmungen wurden in einem legalen Rahmen erlassen.

Hinter der nationalsozialistischen Staatsidee stand ebenso wie hinter der bolschewistischen eine Vorstellung von Homogenität, die Pluralität als Bedrohung wahrnahm und die, wenn man so will, die jakobinische Vorstellung des einheitlichen Volks fortführte. Sie äußerte sich darin, dass alle Parteien verboten waren bis auf eine. Dass es nur noch eine Vertretung der Arbeiterschaft gab, die Deutsche Arbeitsfront, statt verschiedener (und miteinander unter Umständen konkurrierender) Gewerkschaften. Und dass nur mehr einer für die Gesamtheit der Deutschen stand: der Führer Adolf Hitler. Auf ihn wurde das ganze politische System zugeschnitten, und er regierte unter Vernachlässigung der herkömmlichen Institutionen, dagegen in enger Verbindung mit denen, die zu ihm Zugang hatten: eine Führungsclique, die sich ständig um Hitlers Gunst und Aufmerksamkeit stritt. Gegen dieses Bild vom Nationalsozialismus als einer Ein-Mann-Diktatur ist schon zeitgenössisch, prononciert dann ab den 1970er Jahren die These vertreten worden, beim NS-System habe es sich um eine „Polykratie" gehandelt.[22] Gemeint ist damit eine Herrschaftsform, die auf der Konkurrenz der einzelnen Organisationen und ihrer Leiter beruhte, die sich gegenseitig übertrumpften, aber auch neutralisierten, so dass Hitlers Führerposition umso stärker wurde. Ein „schwacher Diktator", wie ihn Hans Mommsen nannte, war er aber deshalb nicht; man mag vielmehr an die absoluten Monarchen der Frühen Neuzeit denken, die auch absolut sein konnten, weil sie die Aushandlungen der konkurrierenden und kooperierenden Gruppen „darunter" auf eine allgemeingültige Grundlage stellen konnten. In diesen permanenten Rivalitäten und Überbietungswettbewerben setzte sich meist die radikalere Position durch, so dass es zu einer „kumulativen Radikalisierung" kam, die – so Mommsen – nicht von Hitler als Person herrührte, sondern in die Struktur der nationalsozialistischen Staatsführung eingebaut war. Der englische Historiker Ian Kershaw hat zur Erklärung der kumulativen Radikalisierung mit der Mentalität der Mitarbeiter argumentiert: dass diese von sich aus dem Führer „entgegenarbeiten" wollten, also seinen vermuteten Willen in ihren – möglichst radikalen – Aktionen vorauseilend umzusetzen versuchten.[23] Die älteren Thesen, dass daraus resultierend die NS-Herrschaft ein großes Chaos war und den Keim der Selbstzerstörung in sich trug, werden heute nicht mehr aufrechterhalten. Im Gegenteil: Es wird ihr heute eine

22 Zum Folgenden: Rüdiger Hachtmann, Polykratie – Ein Schlüssel zur Analyse der NS-Herrschaftsstruktur? Docupedia Zeitgeschichte 2018. https://docupedia.de/zg/Hachtmann_polykratie_v1_de_2018#cite_note-ftn49-49, letzter Zugriff: 14.11.2021.

23 Ian Kershaw, Hitler. 1889–1936, Stuttgart 1998, 663.

erschreckende Effizienz und Mobilisierungsfähigkeit attestiert. Der „Führerstaat" funktionierte mit und ohne die etablierten staatlichen Institutionen, und diese veränderten sich dadurch sehr grundlegend auf den Führerstaat hin.

Eine Schwierigkeit teilen alle charismatisch organisierten Systeme: Wenn die Dinge schieflaufen, wird schnell die Führerfigur verantwortlich gemacht. Hier zeigte sich der Nationalsozialismus in eigenartiger Weise immun, bis in die letzten Kriegstage. Dem kam zugute, dass schon vor der „Machtergreifung" an einem Hitler-Nimbus als dem Retter des deutschen Volkes gearbeitet wurde.[24] Insbesondere kam dieser Mythos zum Tragen, als die Weltwirtschaftskrise der frühen 1930er Jahre, die ein Nagel am Sarg der Weimarer Republik gewesen war, in erstaunlich kurzer Zeit bewältigt wurde und innerhalb weniger Jahre Vollbeschäftigung herrschte – nach einer Arbeitslosenquote von ca. 30 Prozent 1932! [Wir wissen heute, dass vor allem die schuldenfinanzierte Rüstungspolitik dafür verantwortlich war.] Dass die ökonomische Teilhabe der Vielen mit dem Aufschwung nicht mithielt, wurde verwunden. Die außenpolitischen Erfolge – so wie die Deutschen das sahen – taten ein Übriges: Die Eingliederung des Saarlandes (1935), die Remilitarisierung des Rheinlands (1936 – der erste flagrante Verstoß gegen den Versailler Vertrag), der „Anschluss" Österreichs und die Besetzung des Sudetenlandes (1938), die Besetzung der Tschechoslowakei (1939), der „Stahlpakt" mit Italien und der Hitler-Stalin-Pakt (1939): Hier schien sich den Deutschen in rasender Geschwindigkeit eine neue Ära der Respektabilität nach der Demütigung der Niederlage im Ersten Weltkrieg aufzutun. Allein das Tempo, mit dem sich hier Geschichte abspielte, schien Unmögliches möglich zu machen. Darüber hinaus vermochte eine großangelegte Propagandamaschine unter der Leitung von Joseph Goebbels, Hitler als Verheißung mit der deutschen Geschichte zu verknüpfen und das Bild zu vermitteln, die Deutschen seien (fast) am Ende ihres Leidensweges angelangt. Doch nur mit „Verführung", wie lange Zeit gerne argumentiert wurde, lässt sich die Folgebereitschaft der Deutschen ebenso wenig erklären wie mit einer Verschwörung der Eliten gegen die Demokratie, wie das in den 1970er Jahren gerne geschah – was keineswegs falsch ist. Man muss, jedenfalls in den Jahren bis zum Kriegsbeginn und wohl auch danach, einen tiefen Glauben an eine Sendung und eine Mission der Deutschen – die sich ja so als das erste Volk der Welt fühlen konnten – und ihres Führers in Anschlag bringen, um nicht nur zu erklären, warum die staatlichen Errungenschaften, die 1919 stürmisch gefeiert worden waren, wie das allgemeine Wahlrecht oder die Rechte für die Arbeiterschaft, wenige Jahre später so achselzuckend hingegeben wurden. Sondern auch, um die Folgebereitschaft bis hinein in einen massenmörderischen Krieg zu erklären, dessen massenmörderischen Vorgänger so viele noch miterlebt hatten.

Dieses System zielte also für viele durchaus auf Integration, auf eine Zuspitzung des Gleichheitsversprechens, das die Nation seit dem 19. Jahrhundert dargestellt hatte: „Volksgenosse" zu sein bedeutete ein Moment der Gleichheit mit den anderen,

---

24 Klassisch: Ian Kershaw, Der Hitler-Mythos. Führerkult und Volksmeinung (1980), München 2018, 27–68.

eine Verbundenheit zudem, die über das Versprechen der staatsbürgerlichen Gleichheit hinausging; die anderen waren „artfremd", „Volksfeinde", waren also nicht Teil desselben Rechtskosmos.[25] Das teilt der nationalsozialistische Staatsbegriff mit dem bolschewistischen: Staat wurde gedacht als politische Funktion einer seit je schon als zusammengehörig begriffenen sozialen Gruppe, die zur Realisierung von Utopien diente; er war nicht gedacht als eine Institution separat von der Gesellschaft, sondern als deren Überformung und Verschmelzung mit ihr. Rüdiger Hachtmann bezeichnet das, was im Nationalsozialismus entstand, als „Neue Staatlichkeit": eine Abkehr von den juristisch gedachten Zuständigkeiten und Rücksichten, stattdessen eine dynamische, auf „charismatischen Verwaltungsstäben" (Max Weber) beruhende Strategie von Durchherrschung, die, muss man ergänzen, die Ziele, die sie erreichen wollte, von den dafür einzusetzenden Mitteln völlig entkoppelte.

Der nationalsozialistische Staat war nicht nur nach innen terroristisch, er war auch nach außen imperialistisch. Im Krieg, der von Anfang an vorbereitet und 1939 vom Zaun gebrochen wurde, zeigte sich wieder die Doppelheit von staatlichen und parastaatlichen Institutionen: Denn zwar war die Wehrmacht, in der sich immer wieder Skeptiker gezeigt hatten, in ihren Führungsebenen auf Linie gebracht worden; auf Dauer nicht ganz erfolgreich, wie sich am 20. Juli 1944 zeigte. Aber wie die Forschung seit vielen Jahren akzentuiert, war das staatliche Militär doch sehr zum Mitmachen bereit, und ihre systematische Beteiligung am Vernichtungskrieg ist erdrückend nachgewiesen.[26] Doch die Funktion der Eliteeinheiten der Waffen-SS war auch hier eine beschleunigende und radikalisierende: Diese neuen parallelen militärischen Einheiten, die nicht dem militärischen Apparat, sondern dem Reichsführer SS unterstanden, waren zwar militärisch weniger kompetent, übertrafen aber die Wehrmachtssoldaten an Motivation, Opferbereitschaft und Brutalität deutlich. Die (von der Waffen-SS zu unterscheidenden) SS-Einsatzgruppen, die vorrangig an der Vernichtungspolitik vor allem in Osteuropa beteiligt waren, fungierten in ähnlicher Weise als ein Radikalisierungsmoment bei Erschießungen und in Vernichtungslagern. Geschätzte 60 Millionen Tote im Zweiten Weltkrieg, sechs Millionen ermordete Juden: Diese Zahlen liefern nur eine dürre Beschreibung für das nationalsozialistische Gewaltpotential.

25 Der Soziologe Ralf Dahrendorf hat dieses Gleichheitsversprechen auch als eine Liquidierung der traditionellen staatsbürgerlichen Ungleichheit in Deutschland und eine Voraussetzung für das Demokratieprojekt nach 1945 charakterisiert: „Der Volksgenosse verbietet die Wiederkehr des Untertanen; darin liegt sein spezifisch modernes Gesicht." Dahrendorf, Gesellschaft und Demokratie in Deutschland, 448.

26 Als kurze Zusammenfassung: Gerd R. Ueberschär, Die Legende von der sauberen Wehrmacht, in: Enzyklopädie des Nationalsozialismus, hg. v. Wolfgang Benz u. a., Stuttgart 2007[5], 110 f.

8.4 Fließende Übergänge

In beiden Regimes wurden die individuellen Menschen geringgeschätzt, standen große Kollektive und überpersönliche Gesellschaftsvorstellungen am Horizont. Jedoch teilt der nationalsozialistische zumindest mit dem stalinistischen Führerstaat, dass politische Macht auf persönliche Beziehungen zum Führer, auf Netzwerke, auf Geschenke und Gefälligkeiten, auf Loyalität und Protektion, aber auch auf persönliche Rivalität bis hin zu Denunziation und Mord gegründet war. In dieser Hinsicht wiesen beide Systeme Züge des mittelalterlichen Personenverbandsstaates auf und beide sind auch so bezeichnet worden.[27] Die persönlichen Loyalitäten und Netzwerke hebelten die organisierten Strukturen der Staatlichkeit aus und ersetzten sie. Man kann das nicht simpel als Rückfall bezeichnen. Das Problem, dass institutionalisierte Staatlichkeit von den Personen, die sie tragen, weitgehend abstrahiert, stellt ja gleichzeitig ein Legitimationsproblem speziell der politischen Moderne dar, das Max Weber mit dem Begriff der charismatischen Führung beschrieben hat: Erwartungen und Zuschreibungen, dass eine „außeralltäglich" begabte Führerpersönlichkeit – es handelt sich eigentlich immer um Männer – eine Ganzheit herstellen kann, die durch Entfremdung, Spezialisierung und Fachlichkeit nicht mehr möglich ist.[28] Charismatische Führer können unlösbare Knoten lösen, sie können Extreme zusammenbringen, sie setzen sich mit Leichtigkeit über mechanische Regeln hinweg. Die Sehnsucht nach dem charismatischen Führer, die sich auch in Demokratien bis heute regelmäßig äußert – nach Weber: notwendigerweise –, war in der Zwischenkriegszeit besonders ausgeprägt. Als Führer (russ. Vožd') traten nicht nur Hitler und Stalin auf; auch in Polen, Jugoslawien, Ungarn, Spanien oder Italien waren diese Erwartungen virulent, und sie waren es auch in der US-Demokratie, wo Franklin D. Roosevelt ähnliche charismatische Erwartungen ansprach.

Bolschewismus und Nationalsozialismus waren die extremsten Ausprägungen einer Form von Staatlichkeit, die als Mittel, um Homogenität und Eindeutigkeit herzustellen, zu äußerster Gewalt bereit war.[29] Zu diesem Zweck wurden herkömmliche staatliche Institutionen aufgegeben, entwertet oder umgebaut zugunsten von „beweglichen" Organisationsformen; das Recht wurde instrumentell gehandhabt, die Geheimpolizei war allgegenwärtig, um Abweichung auszuschalten. Die Gleichheit der Bürger/Untertanen wurde in sozialer Hinsicht mehr propagiert als tatsächlich hergestellt; aber man sollte nicht unterschätzen, wie sehr diese Idee bei vielen verfing: Der Staat als Erschaffer einer allgemeinen Gleichheit und einer, sozusagen, Gemeinschaftlichkeit der Gesellschaft. Nun könnte man argumentieren, dass das Ziel der Herstellung von Homogenität im Grunde schon bei der Figur des Staatsbürgers anfängt, sich fortsetzt über die Gleichheit innerhalb der Nation, die mehr

27 Baberowki, Der rote Terror, 15; Rainer F. Schmidt, Die Außenpolitik des Dritten Reiches, Stuttgart 2002, 46.

28 Weber, Wirtschaft und Gesellschaft, 140.

29 Baberowski/Doering-Manteuffel, Ordnung durch Terror.

oder weniger erzwungene Gleichheit in Schulpflicht, Steuernzahlen und anderen Dingen, die alle Staatsbürger nun mal tun müssen. Die Homogenität, die beide Systeme anstrebten, hieß aber eben auch Partikularität: Die Herrschaft der Klasse oder der Rasse war gleichzeitig die Herrschaft über die (und die Liquidierung von) anderen Klassen oder Rassen. Das Staatsvolk musste sozusagen erst hergestellt werden.

Dass diese Vision stark war, zeigt sich daran, dass sich die Momente einer staatlich ermöglichten, erzwungenen oder gestalteten Homogenität auch in anderen Gesellschaften der europäischen Zwischenkriegszeit auffinden lassen.[30] Der Totale Staat war kein diskretes, eindeutig abgrenzbares Phänomen, sondern es gab Übergangsformen und verschwimmende Grenzen zum demokratischen Gegenentwurf. Die parlamentarische Demokratie war in Europa ein kurzlebiges Phänomen; bereits seit Anfang der 1920er Jahre nahm die Zahl der autoritären Regierungen und Diktaturen deutlich zu.[31] Von den 1918 gegründeten „neuen" Demokratien war 1939 so gut wie keine mehr vorhanden. Es dominierten autoritäre, faschistische oder protofaschistische Regime – die Unterschiede waren nicht leicht festzumachen; ob man das österreichische System ab 1933 „autoritär", „faschistisch" oder nach der Eigenbezeichnung „ständestaatlich" nennen sollte, war (und ist) umstritten. Aber es handelte sich nicht um putschistische Regime von kleinen Gruppen, selbst wenn sie durch einen Staatsstreich an die Regierung gekommen waren. Zumeist (und meist nicht zu Unrecht) legitimierten sich die neuen Regime aus einem „Auftrag des Volkes", und daraus leiteten sie den Anspruch ab, sich nicht um Gesetze und Verfassungen kümmern zu müssen; dem Anspruch, „Konsensdiktatur" (Gunther Mai) zu sein, korrespondierte die Verachtung für Institutionen, Rechte und Verfahren. Diese Regime zeigten Momente des Totalen Staates etwa insofern, als sie die Parlamente, die Medien und das Justizwesen zu kontrollieren oder auszuschalten suchten, dass sie *Checks and Balances* aufhoben oder dass sie die Gruppe derer, die zum Staat dazugehörten, beschränkten und etwa die Juden ausschlossen. Man muss erwähnen, dass dieser Prozess in vielen Ländern durchaus auf die Zustimmung oder zumindest die Indifferenz vieler Menschen stieß und es kaum jemals breiten zivilgesellschaftlichen oder auch gewaltsamen Widerstand (man mag Spanien nennen) gegen die Einführung der Diktaturen gegeben hat.

Die europäischen Diktaturen, soweit sie nicht bolschewistisch waren, erstrebten keineswegs eine vollständige Kontrolle über die Unternehmen und ihre Wirtschaftstätigkeit. So total wollte der Staat dann doch nicht sein. Sie drängten aber durchaus darauf, dass die Unternehmen ihre Ziele nach staatlichen Prioritäten ausrichteten. Das galt vor allem für die Rüstung. Ein Verhältnis zwischen Staat und Wirtschaft wurde praktiziert, das unter dem Begriff „Korporatismus" eine starke staatliche Kontrolle verstand und das beanspruchte, die Ziele der Wirtschaft politisch vorzugeben und die Interessen aller Beteiligten, auch der Arbeitnehmer, zur Geltung

30 Zum Folgenden: Mai, Europa 1918–1939, 183–201.

31 Vgl. hierzu auch die Beiträge in: Christoph Gusy (Hg.), Demokratie in der Krise: Europa in der Zwischenkriegszeit, Baden-Baden 2008.

kommen zu lassen. Dafür band der Staat die Unternehmen und ihre Verbände mit den Arbeitnehmervertretungen in ein System der gemeinsamen Entscheidungen ein, nicht unbedingt freiwillig. Das Ziel des Korporatismus war vor allem, dem Staat Schiedsrichterfunktion zwischen beiden zuzusprechen; freilich hatten die Arbeitgeber meist mehr davon. Den Klassenkonflikt ignorieren oder eliminieren zu wollen: Dahinter stand ebenfalls eine Vorstellung von gesellschaftlicher Harmonie und Homogenität. Einen solchen Korporatismus gab es in unterschiedlicher autoritärer Zurichtung in vielen europäischen Staaten; ausgeprägt in den diktatorischen und faschistischen Staaten, auch die autoritären Systeme wie Österreich oder das vorfranquistische Spanien verfolgten eine solche Strategie.[32] Doch in demokratischen Staaten wie Deutschland und Frankreich wurde ebenfalls eine Wirtschaftspolitik praktiziert, die den Staat als Schiedsrichter sah. Die staatliche Zwangsschlichtung, die bei Arbeitskämpfen den Staat automatisch ins Spiel brachte, ist ein deutsches Beispiel. Charles Maier hat postuliert, dass die korporatistische Stabilisierung ein in ganz Europa systemübergreifend genutztes Mittel war, den beschleunigten ökonomischen und sozialen Wandel nach dem Ersten Weltkrieg unter Kontrolle zu halten.[33]

Die Grenzen waren also in mancherlei Hinsicht durchaus fließend. Auch in den liberalen Systemen zeigten sich in der Zwischenkriegszeit Züge, die Wolfgang Schivelbusch als „entfernte Verwandtschaft" bezeichnet hat.[34] War also der demokratische Staat so in jeder Hinsicht anders? In den USA wurde die Demokratie nicht abgeschafft. Aber die Bekämpfung der Weltwirtschaftskrise durch den demokratischen Präsidenten Franklin D. Roosevelt trug doch eine Reihe autoritärer Kennzeichen, die von dem linken amerikanischen Journalisten John T. Flynn 1944 als ein sanfter Weg in einen gewissermaßen moderaten amerikanischen Faschismus gekennzeichnet wurde.[35] Roosevelts „New Deal", eine Wirtschafts- und Ordnungspolitik, die durch einen massiv gesteigerten Einfluss des Staates auf wirtschaftliches und privates Verhalten aus der Krise kommen wollte, war nicht nur für sich eine enorme Erhöhung staatlicher Eingriffe, sondern wurde auch mit Mitteln durchgesetzt, die die kritische Öffentlichkeit aushebelten. Handverlesene Journalisten, die selektiv mit Nachrichten versorgt wurden, ein exklusiver Zugang zum damals neuen Medium Radio, eine kampagnenartige Politik, die Überraschungen bot: Das waren Versatzstücke, die man auch aus autoritären Regimen kannte. Allerdings hatte Roosevelt mit einer heftigen Opposition zu kämpfen, der er sich regelmäßig in Wahlen stellen musste, auch die obersten Gerichte ließen sich nicht ohne Weiteres vor seinen Karren spannen. Und auch die Wirtschaft wurde in den kapitalis-

32 Zu Spanien vor Franco, unter Betonung des Pragmatismus: Karin Nowak, Spanien zwischen Diktatur und Republik. Korporatismus, organisierte Interessen und staatliche Sozialpolitik 1919–1936, Essen 2001.

33 Charles S. Maier, Recasting Bourgeois Europa. Stabilization in France, Germany, and Italy in the Decade after World War I, Princeton 1988[2].

34 Schivelbusch, Entfernte Verwandtschaft.

35 John T. Flynn, As We Go Marching, New York 1944.

tischen USA natürlich nicht einfach kolonisiert. Der liberale Kapitalismus wurde im New Deal nicht ernsthaft in Frage gestellt.

Auch jenseits der Wirtschaftspolitik und der Klassenkonflikte gab es in Europa nach dem Ersten Weltkrieg in demokratischen Staaten Politiken, die eine staatlich gesteuerte Homogenisierung der Lebensformen erstrebten. Das schwedische „Volksheim" war zwar keine sozialdemokratische Erfindung, wurde aber im sozialdemokratischen Staat der Zwischen- und Nachkriegszeit zu einem Modell ausgebaut. Sozialstaatliche Fürsorge und die Vorstellung von Geborgenheit in einer harmonischen Gesellschaft korrespondierten mit einer ausgeprägten Erwartung an das angepasste Verhalten der Einzelnen und einer hohen Macht der Behörden, das Leben der Menschen zu kontrollieren. Der Sozialstaat diente in Schweden nicht nur dazu, Daseinsvorsorge zu leisten, sondern auch dazu, „ein ‚gesundes' und ‚frisches' Volk zu schaffen"[36], und mit dieser Zielsetzung griff der Staat tief in die private Lebensführung ein, bis hin zur Zwangssterilisierung alkoholkranker, sozial abweichender oder debiler Menschen. Zeitgenössisch wurde das schwedische Volksheim in die Nähe der nationalsozialistischen Volksgemeinschaft gerückt.[37]

Die zeitgenössische Diskussion zog deshalb die Grenze zum Totalen Staat weit weniger scharf und betonte an ihm weniger das Terroristische, sondern mehr das Integrative. Der italienische Philosoph Giovanni Gentile, ideologischer *Mastermind* des Faschismus, beschrieb den (totalen) faschistischen Staat 1927 als einen „Volksstaat und als solchen demokratischen Staat *par excellence*", weil Staat und Bürger geradezu ineinander übergingen.[38] Otto Hintze meinte ganz ähnlich – im Anschluss an Carl Schmitt! –, dass die Funktion des Totalen Staats darin bestehe, die Gesellschaft zu durchdringen und zu „sozialisieren". Insofern werde aus dem Obrigkeitsstaat ein Volksstaat, der die verschiedenen Interessen der Gesellschaft in sich aufnehme. Hintze sah also eine Aufhebung der Trennung von Staat und Gesellschaft. Allerdings gestand er auch zu, dass in einem solchen Staat die Willensbildung sehr viel schwieriger und nicht mehr durch parlamentarische Methoden, sondern durch „neue diktatorische Methoden" zu erreichen sein werde.[39]

Während nach dem Zweiten Weltkrieg die politischen Systeme des Westens sich explizit von allen Formen des Totalen zu entfernen suchten, waren die politischen Systeme im Einflussbereich der Sowjetunion zunächst an deren Form von Staatlichkeit orientiert. Nach einer Aufbauphase, die stalinistisch geprägt war, wenngleich ohne kollektive Vernichtung, allerdings mit einer gründlichen Gleichschaltung politischer Konkurrenz im Sinne von Parteien, Öffentlichkeit, Medien, nichtstaatlichen Institutionen, wurden auch in den Ostblockländern, die sich nun „Volksdemokra-

36 Thomas Etzemüller, Die Romantik der Rationalität. Alva & Gunnar Myrdal. Social Engineering in Schweden, Bielefeld 2010, 106.

37 Götz, Ungleiche Geschwister. Vgl. die Kritik von Thomas Etzemüller daran: https://www.hsozkult.de/publicationreview/id/reb-3026, letzter Zugriff: 29.10.2021.

38 Zit. n. Müller, Contesting Democracy, 106.

39 Otto Hintze, Wesen und Wandlung des modernen Staates, in: ders., Staat und Verfassung, 470–496, 473f.

tien" nannten, Staatlichkeiten installiert, die zumindest dem Anschein nach Pluralität und Staatsbürgerlichkeit zuließen.[40] Die führende Rolle der Partei wurde in den politischen Institutionen und in den „Massenorganisationen" festgeschrieben. Daneben existierten durchaus andere Parteien, deren Systemloyalität jedoch Bedingung für ihre Existenz war. Es gab – wenngleich um den Preis des Karriereverzichts und der möglichen gesellschaftlichen Marginalisierung – die Möglichkeit, der marxistisch-leninistischen Sozialisation zu entgehen. Die Schule und der Wehrdienst funktionierten selbstverständlich als Schulen des Sozialismus; aber sie hatten ihre Schlupflöcher. Das Justizsystem verstand sich natürlich als parteilich im proletarischen Sinne. Aber in der DDR funktionierte es in unpolitischen – also zivil- und vielen strafrechtlichen – Gegenständen anerkanntermaßen gut, nicht zuletzt deshalb, weil nicht wenige Juristen aus der Zeit vor 1945 übernommen wurden (was auch für die Polizei und die Verwaltung galt). Vor allem in Polen beließ man der katholischen Kirche einen großen, im Ostblock einzigartigen Freiraum, den diese zur Etablierung eines eigenen Milieus nutzte, aus dem am Ende die Widerstandspotentiale für den Systemwechsel kamen. Darüber hinaus veränderten sich die staatlichen Systeme im Ostblock selbst; auch hier kam es nach 1945 zu einem Wirtschaftsaufschwung, der Freiräume schuf und Begehrlichkeiten weckte. Die Abschottung durch den Eisernen Vorhang funktionierte immer nur begrenzt und mit der Zeit immer schlechter. Tourismus und Besuchsmöglichkeiten, die elektronischen Medien und die mit ihnen transportierte Unterhaltungs-, besonders die Popkultur, Wirtschaftsaustausch und internationaler Sport führten zu einer intensiven Wahrnehmung der westlichen Systeme und erzeugten Wünsche, die die Akzeptanz für einen Totalen Staat immer mehr begrenzten. Der reale Sozialismus hatte regelmäßig mit Aufständen zu tun.[41] Der Totale Staat bedarf der Abgrenzung nach außen ebenso wie der umfassenden Kontrolle nach innen. Nach 1945 schwächte er sich im Ostblock deutlich ab. Martin Sabrow hat dieser „Entgewaltung" eine große Bedeutung für den gewaltlosen Verlauf der Revolution von 1989 zugesprochen.[42]

Dass sich in der DDR, in Polen oder in Ungarn immer wieder Protest gegen das System regte und zwischen dem Volksaufstand in der DDR 1953 und den Massenprotesten und der Massenflucht 1989 im ganzen Ostblock eher Kontinuitäten als Brüche herrschten, hatte nicht nur damit zu tun, dass der nationale Widerstandsgeist gegen die „Fremdherrschaft" (so lautet der gern gepflegte Mythos) so groß war, sondern auch mit den Freiräumen, die das System ließ. Es schrieb zwar die Kontrolle ganz groß und seine Geheimdienste durchdrangen den Alltag. Aber es setzte eben mehr auf präventive Beobachtung und die Isolation potentieller Abweichler als auf Deportation oder Liquidierung. Die terroristische Druckglocke, die über der Sowjet-

40 Zum Folgenden (und zur Prekarität der Herrschaft): Thomas Lindenberger, Herrschaft und Eigen-Sinn in der Diktatur. Studien zur Gesellschaftsgeschichte der DDR, Köln 1999.

41 Hendrik Bispinck u. a. (Hg.), Aufstände im Ostblock. Zur Krisengeschichte des realen Sozialismus, Berlin 2004.

42 Martin Sabrow, ‚1989' und die Rolle der Gewalt in Ostdeutschland, in: ders. (Hg.), 1989 und die Rolle der Gewalt, Göttingen 2012, 9–31.

union Stalins geherrscht hatte, lähmte die Länder des Ostblocks nicht mehr. Insofern wird man mit dem Begriff des Totalen Staates den Satellitenstaaten der UdSSR nach 1945 nicht mehr gerecht. Hier wird man eher eine autoritäre Staatlichkeit attestieren, die keineswegs nur zum Schein postulierte, das Wohl der Menschen im Blick zu haben: eine „Fürsorgediktatur“[43], die aber freilich den Herrschaftsanspruch der Partei der Arbeiter und Bauern reflektierte und insofern nach wie vor eine partikular begründete Vorstellung vom Staat hatte. Allerdings: wenn es – wie imaginiert – nur noch Arbeiter- und Bauernklasse (sowie die hier niemals integrierte „Schicht“ der Intelligenz) gab: Dann repräsentierte der Staat ja doch „alle“.

Demgegenüber findet sich im maoistischen und postmaoistischen China ein geradezu klassisches Modell von Totalem Staat, in dem in mancher Hinsicht noch ausgeprägter als unter Stalin die Gesellschaft auf den parteibeherrschten Staat hin zugerichtet wurde und in der der Terror (unmittelbar staatlich, aber auch vorgeblich aus der Gesellschaft, jedoch staatlich induziert wie in der „Kulturrevolution“) noch sehr viel mehr auf Dauer und systemisch war als in der UdSSR. Bemerkenswerterweise hat China nach einer Phase der „Entgewaltung“, in der westliche Politologen eine Annäherung an ihr Modell erwarteten, den Charakter der staatlichen Gewalt und Kontrolle in den letzten Jahren nicht nur umgestellt, sondern auch erweitert. Die blutige Niederschlagung der Protestbewegung auf dem Tiananmen-Platz am 3. und 4. Juni 1989, die vermutlich Tausende Menschen ihr Leben kostete, machte den Unterschied zu den osteuropäischen Entwicklungen überdeutlich. Von da an wurde die Politik der Reform eingestellt und es begann eine neue Phase der Repression, die unter der aktuellen Führung Xi Jinpings bisher unerreichte Ausmaße angenommen hat. Nach wie vor gibt es Lager (gegenwärtig sind geschätzt eine Million der muslimischen Uiguren in Lagern inhaftiert) und massive Gewalt gegen Aufstände (die in China immer häufiger waren als in der Sowjetunion); aber es gab von vornherein eine explizite Politik von Gehirnwäsche und Umerziehung, und, seit dies technisch möglich wird, auch eine umfassende elektronische Überwachung, die die Menschen im Alltag begleitet und durch ein Punktesystem explizit sozial erwünschtes Verhalten herstellen will. Und das, so scheint es, auch durchaus bei vielen auf Zustimmung stößt.[44] Diese Kultur der allseitigen Kontrolle, die von vielen „digitaler Leninismus“ genannt wird, kann vielleicht als eine Homogenitätsutopie neuen Typs gelten.

43 Jarausch, Fürsorgediktatur.

44 Kai Strittmatter, Die Neuerfindung der Diktatur. Wie China den Überwachungsstaat aufbaut und uns damit herausfordert, München 2018.

9. Die Steuerung der Gesellschaft im Interventionsstaat

Wo die Grenze zwischen einem Totalen Staat liegt, der die Gesellschaft beherrschen und nach seinem Gusto zurichten möchte, und einem Interventionsstaat, der im Interesse des Funktionierens von Gesellschaft politische Steuerungsstrategien praktiziert, ist also nicht leicht zu sagen. Als idealtypische Begriffe beschreiben sie etwas sehr Unterschiedliches; in der Realität ist die Entfernung nicht notwendig so groß. Korporatismus könnte man auch als eine interventionsstaatliche Strategie beschreiben; die Angleichung von Lebenslagen (wenngleich nicht die Utopie der Gleichheit) liegt durchaus im Horizont des wohlfahrtsstaatlichen Interventionismus. Einige Stichworte sind schon gefallen, um die Unterschiede zu beschreiben: „Homogenität" ist ebenso wenig ein Zielbegriff des staatlichen Interventionismus wie „Harmonie" der Sozialbeziehungen, „Freiwilligkeit" und „Wahlfreiheit" dagegen schon. Der Interventionsstaat will die Gesellschaft nicht kolonisieren, sondern mit staatlichen Mitteln ihr Funktionieren erleichtern; vor allem tut er das nicht mit terroristischen Mitteln. Und man wird den Begriff des Interventionsstaates im 20. Jahrhundert so gut wie ausschließlich im Rahmen demokratischer Systeme finden. Will heißen: Die Regierungen dieser Staaten leben damit, dass das Wahlvolk ihre Strategien unter Umständen ablehnen kann. Dahinter stehen unterschiedliche Verhältnisse zwischen Gesellschaft (oder „Volk") und Staat. Der Totale Staat basiert auf der Vorstellung, dass ein „Volk" sich den Staat schafft, der Ausdruck dieses Volkes sein soll und umgekehrt dieses Volk wieder formen soll (indem er die Reinheit der Rasse oder der Klasse herstellt). Diese utopische Identitätsvorstellung ist meilenweit entfernt vom Zweck des Interventionsstaates. Es handelt sich bei ihm um gezielte Steuerungsleistungen in Bereichen, wo die Gesellschaft selbst das nicht leisten kann. Der Interventionsstaat hat wenig Utopisches und viel Pragmatisches an sich. Aber, wie gesagt: Es handelt sich um idealtypische Unterscheidungen.

Der sozialdemokratische Politiker Ferdinand Lassalle prägte 1862 den Begriff des Nachtwächterstaates, um einen Staat zu bezeichnen, der sich nur auf den Schutz des Privateigentums beschränkt und lediglich die innere Sicherheit und Ordnung, nicht die positive Ausgestaltung der Gesellschaft zum Ziel hat. Diese Beschreibung – Lassalle wollte den Staat als einen Klassenstaat charakterisieren – war bereits damals nicht zutreffend. Wie gesehen, hat der Staat schon zu Zeiten Lassalles intensiv in die Gesellschaft eingegriffen. Auch rechtliche Gebote und polizeiliche Verbote, auch Schulpflicht und Infrastrukturpolitik steuern eine Gesellschaft. Allerdings hat sich der Staat in zweierlei Hinsicht lange Zeit zurückgehalten: Er hat wenig in Wirtschaftskreisläufe interveniert und er hat sich wenig um die soziale Sicherung seiner Bürger gekümmert. Beides soll im Folgenden diskutiert werden. Freilich hat auch der Merkantilismus der Frühen Neuzeit versucht, das Wirtschaftsverhalten besonders in Bezug auf den Außenhandel zu steuern, und auch die Vorstellungen von einer „Guten Policey" haben Vorstellungen von den Aufgaben eines Staates beschrieben, die bis heute wirksam sind. Das waren aber, aufs Ganze gesehen, punktuelle, praktisch wenig wirksame Interventionen, die nur Teilbereiche des Wirtschaftens und nicht allzu viele Menschen betrafen.

Die Industrialisierung seit dem späten 18. Jahrhundert brachte neue Probleme und Problemlösungen mit sich, denn es zeigte sich, dass die Wirtschaftskraft der Privatunternehmen nicht ausreichte, um vor allem große Infrastrukturinvestitionen zu stemmen. So wurde die Eisenbahn, das größte Infrastrukturprojekt des 19. Jahrhunderts, zwar in ihren Anfängen von Privatunternehmen entwickelt; in den meisten europäischen Ländern (allerdings nicht im Pionierland Großbritannien und auch nicht in den USA, wo solche Infrastrukturprojekte von besonderer Bedeutung für die Staatsbildung waren!) wurden die einzelnen regionalen Eisenbahnen aber verstaatlicht oder in *public-private partnerships* organisiert, um nationale Netze möglich zu machen. Ähnlich verhielt es sich beim Telegraphie- und beim Telefonnetz; Gas und Strom wurden nach privaten Anfängen meist kommunalisiert. Eine Ausnahme war die Post, die bereits von Anbeginn der Staatsbildung, seit dem Späten Mittelalter, hoheitlich betrieben wurde.[1] Der Transport und die Verbreitung von Nachrichten war so essenziell für die Errichtung und Aufrechterhaltung von Herrschaft, dass die Staaten von Anfang an auf sie Wert legten. Ein wichtiger Faktor ihres Entstehens liegt in der geheimen Nachrichtenübermittlung zwischen Herrschaftsinhabern – anfangs war die Post kein öffentlich angebotener Dienst.

Der staatliche Interventionismus trat vor allem dann ein, wenn die einzelnen Akteure und ihre Ressourcen vom Umfang überfordert waren, oder wenn es sich um eine so langfristige Investition handelte, dass Renditeerwartungen nicht zu beziffern waren. Das war umstritten, und immer wieder ist über das notwendige Ausmaß staatlicher Intervention gestritten worden. Dabei stand im 19. Jahrhundert nicht in Frage, dass auch staatliches oder kommunales wirtschaftliches Handeln renditeorientiert sein sollte. Eine Epochenschwelle ist wiederum der Erste Weltkrieg. Mit ihm entstand erst das, was man schon zeitgenössisch als „Interventionsstaat" bezeichnete: konstante staatliche Einflussnahme in einer liberalen Ordnung.[2] Die ökonomischen Schübe nach dem Zweiten Weltkrieg haben dessen Ausformung

1 Wolfgang Behringer, Im Zeichen des Merkur. Reichspost und Kommunikationsrevolution in der Frühen Neuzeit, Göttingen 2003.

2 Vec, Interventionsstaat.

massiv vorangetrieben, ebenso wie das verbesserte Wissen von der Gesellschaft mittels Statistik, ökonomischen Modellierungen und Demoskopie.

Die Formen der Intervention sind vielfältig; ein Staat kann ein bestimmtes ökonomisches Verhalten erzwingen (etwa durch Gesetze); er kann Anreize negativer oder positiver Art setzen (etwa durch Steuern, Prämien oder Geschlechterquoten); er kann selbst aktiv werden oder Institutionen einsetzen oder fördern, die solche Aufgaben erledigen. Insgesamt aber hat nicht nur die Aktivität des Staates im 20. Jahrhundert massiv zugenommen; es haben auch die Erwartungen der Bürger an einen solch interventionistischen Staat zugenommen. Es wäre heute in keiner Staatsform mehr möglich, dass „der Staat" sich in einer Wirtschaftskrise für unzuständig erklären würde.

Die unterschiedliche Reichweite der Intervention: Das waren Visionen für die einen und Schreckbilder für die anderen. Am einen Ende war da die sozialistische Planwirtschaft, die in ganz neuer Weise eine staatliche Überformung der Gesellschaft bedeutete und der man seitens ihrer Gegner Ineffizienz und Entmündigung des Einzelnen attestierte. Am anderen Ende war der (neo-)liberale, sich möglichst wenig einmischende Staat, der sich (so die Gegner) um soziale Ungleichheit nicht kümmerte und nur die Reichen im Auge hatte. Beides sind Pole, zwischen denen sich Mischformen einbürgerten und die nur selten ganz konsequent umgesetzt wurden. Am Anfang aber stand der Traum von der Effizienz durch Steuerung von oben. Er ist, wie so vieles andere, ein Kriegskind.

9.1 Krieg, Sozialismus, Krisenpolitik

Der Erste Weltkrieg ließ, wie beschrieben, den Staat in bisher ungekannter Weise zu einem allzuständigen Akteur werden, dessen Eingreifen in die Gesellschaft durch keine Grenzen gehindert war.[3] Viele kluge Beobachter, auch Liberale wie Max Weber oder Walter Rathenau, der Chef des Elektrokonzerns AEG, der die Kriegswirtschaft mitorganisiert hatte, sahen die kriegsbedingte Kommandowirtschaft als Blaupause für die Staatlichkeit der Zukunft an. Staatliche Steuerung sollte der Krisenhaftigkeit der kapitalistischen Wirtschaft entgegenwirken. „Sozialismus" wurde also nicht allein als Instrument der Umverteilung verstanden, noch weniger als eine Metapher für eine revolutionär umgestaltete Gesellschaft der Gleichheit, gar eines „Neuen Menschen", sondern als staatliche Organisationsform mit zentraler Planung der Wirtschaft. Das schien vielen das Modell der Zukunft, auch, um die bedrohlichen Krisen, die da regelmäßig kamen, abzufedern oder vielleicht ganz abzuschaffen. Es ging bei dieser Sozialismusvorstellung also nicht nur um die Minderung oder gar Aufhebung sozialer Ungleichheit, sondern auch um die Erhöhung der Erwar-

3 Ein Überblick: Wolfram Fischer u. a. (Hg.), Handbuch der europäischen Wirtschafts- und Sozialgeschichte, Bd. 6: Europäische Wirtschafts- und Sozialgeschichte vom Ersten Weltkrieg bis zur Gegenwart, Stuttgart 1987, 171–174.

tungssicherheit für alle und damit, wenn man so möchte, um einen besser funktionierenden Kapitalismus.

Die Vorstellung, dass man wirtschaftliches Handeln zentral planen könne, wurde zunächst in Russland nach der Revolution von 1917 umgesetzt, interessiert beobachtet im Westen. Der Bolschewismus verstaatlichte das Eigentum an Produktionsmitteln, legte Löhne und Preise zentral fest, richtete ein staatliches Monopol des Außenhandels ein und wollte die Wirtschaftsentwicklung mithilfe von Fünfjahresplänen steuern.[4] Damit schufen die Bolschewiki den Markt als wirtschaftliches Handlungsfeld weitgehend ab. Nach 1945 wurde das Wirtschaftssystem auf den ganzen sowjetischen Herrschaftsbereich ausgedehnt. Auch der Nationalsozialismus hat mit solchen Mitteln gearbeitet, allerdings nicht mit einer Rundumsteuerung der Wirtschaft und auch nicht mit einer Abschaffung des Marktes, sondern um alle möglichen Ressourcen auf die Aufrüstung hin zu orientieren und kriegsfähig zu werden.

Kurzfristig lagen die Vorteile einer Zentralverwaltungswirtschaft auf der Hand: Mit den damit gegebenen Zwangsmitteln konnte man durchaus eine Wirtschaft dahin lenken, kurzfristige Ziele zu erreichen; das galt gerade im Krieg. Hinter dem Konzept stand eine bestimmte Vorstellung von effizienter Wirtschaft. Die Zentralverwaltungswirtschaft der sozialistischen Staaten huldigte dem Großunternehmen, dem nach allgemeiner Ansicht die Zukunft gehörte. Der kleine Handwerker oder Händler kam darin nicht vor; nach marxistischer Lesart waren solche Wirtschaftsformen ohnehin dem Untergang geweiht. Die Unternehmen wurden verstaatlicht und zu großen Komplexen zusammengebaut. Das galt auch für Wirtschaftsformen, wo das nicht unbedingt funktional war, etwa die Landwirtschaft; die Bauern wurden zwangskollektiviert. Auch der Handel wurde zu großen Konglomeraten organisiert. Das Ganze stand unter der Kuratel eines von der Einheitspartei gesteuerten Staates, der nach dem Prinzip des „demokratischen Zentralismus" funktionierte, also nach einem hierarchisch-zentralistischen System, in dem die höhere, von den unteren gewählte Ebene weisungsbefugt war. Ausschlaggebend war mithin nicht „local knowledge", sondern der Blick auf das große Ganze. Diese Gremien entschieden nicht primär nach wirtschaftlicher Logik, sondern nach politischen Prioritäten. Das ermöglichte unter bestimmten Umständen eine erhebliche Effizienz (unter massiven humanen Opfern), etwa bei der Industrialisierung der Sowjetunion oder beim Wiederaufbau nach dem Zweiten Weltkrieg, hatte aber die Vernachlässigung der Mitsprache von unten und der lokal oder kulturell spezifischen Bedingungen „eingebaut". Mittelfristig stellte sich darüber hinaus das Problem, dass zum Zweck der Planung riesige Bürokratien entstanden, die auf Produktionsergebnisse fixiert waren, nur schleppend auf Konsumentenbedürfnisse reagierten und technologische Innovation eher behinderten als beförderten.[5]

4 Zur sozialistischen Planwirtschaft generell: Berend, Markt und Wirtschaft, 114–157.

5 Am Beispiel der DDR: André Steiner, Von Plan zu Plan. Eine Wirtschaftsgeschichte der DDR, München 2004.

Allerdings hatten Planungsmomente auch in anderen politischen Systemen ihren Platz. Frankreich hat nach 1945 mit dem Konzept der *planification* planerische und marktwirtschaftliche Elemente vereint und als Vorbild für andere Staaten gewirkt. Auch die Franco-Diktatur in Spanien hat sich in ihrer Spätphase, als sie stärker auf industrielle Modernisierung setzte, daran orientiert. Nicht in Hinsicht auf die Setzung von Zielen, sondern auf eine Steuerung durch Anreize haben viele westliche Marktwirtschaften jedenfalls insofern „geplant", als sie das Verhalten der Produzenten und Konsumenten anleiten wollten. Planung als solche war nicht des Teufels; die Frage war, in welchem Maße man die gesellschaftlichen oder ökonomischen Kräfte freisetzte oder zwang.

9.2 Der Staat als steuernder Akteur

Wie ein Verhältnis zwischen Staat und Wirtschaft zu konzipieren sei, das, ohne den freien Austausch an Gütern und Dienstleistungen einzuschränken, dennoch die Krisenhaftigkeit der kapitalistischen Konjunkturen unter Kontrolle halten könnte, beschäftigte deutsche und britische Ökonomen im Gefolge der Verwerfungen des Ersten Weltkriegs. Insbesondere die 1929 schockartig einsetzende Weltwirtschaftskrise führte zu Überlegungen, wie man solche Krisen vermeiden oder zumindest abflachen könne. Der englische Ökonom John Maynard Keynes entwickelte in den 1930er Jahren eine Wirtschaftstheorie, die darauf abzielte, den in einer Krise eintretenden Abfall der Nachfrage (Unternehmen kaufen keine Investitionsgüter, weil sie keine Einnahmen haben; Konsumenten kaufen nicht, weil sie arbeitslos sind oder das befürchten) durch staatlichen Einsatz auszugleichen.[6] Er empfahl deshalb kreditfinanzierte staatliche Ausgabenprogramme, um die Nachfrage hoch zu halten. Das konnte sich auf die Konsumenten beziehen, denen zusätzliches Geld zur Verfügung gestellt werden sollte, sei es über staatliche Beschäftigung, über Unterstützungszahlungen oder auch einfach über Konsumschecks. Das konnte sich auch auf Unternehmen beziehen, denen man billige Kredite oder Ausfallbürgschaften anbieten konnte oder deren Waren man sich verpflichtete abzunehmen. Das konnte sich auch auf große, staatlich induzierte Investitionen etwa im Infrastrukturbereich beziehen. Dieses *deficit spending* würde zunächst die Staatsschulden erhöhen. Aber da die Konjunktur weniger einbrechen und sich schneller wieder erholen würde, würden die Steuereinnahmen schneller wieder sprudeln und der Staat könne seine Schulden schneller wieder abzahlen.

Diese Theorie, die zunächst kontraintuitiv wirkt – denn in einer Krise sinken ja auch die Steuereinnahmen, so dass ein Staat ebenfalls zu sparen hat –, wurde während der Weltwirtschaftskrise schon diskutiert. Die deutsche Regierung unter Heinrich Brüning folgte ihr allerdings nicht und befolgte wie eine gute Hausfrau

6 Volker Caspari, John Maynard Keynes (1883–1946), in: Heinz D. Kurz (Hg.), Klassiker des ökonomischen Denkens, Bd. 2, München 2009, 161–186.

bei sinkenden Einnahmen einen strikten Sparkurs, der indes dazu führte, dass die Wirtschaftstätigkeit einbrach. Die Zahl der Arbeitslosen schoss in den Himmel: 1932 waren 5,6 Millionen Menschen erwerbslos, das entsprach einer Quote von 30 Prozent. Man hat Brüning in dieser Situation Versagen vorgeworden; er hätte, so meinten viele, über höhere Staatsausgaben die Nachfrage stützen sollen. Allerdings gehört zu einer schuldenbasierten Politik im Sinne Keynes' auch, dass der Staat kreditwürdig ist. Der Berliner Wirtschaftshistoriker Knut Borchardt stellte 1979 die These vom Versagen der deutschen Wirtschaftspolitik in Frage und verwies auf die Überschuldung des Weimarer Staates aufgrund einer generösen Sozialpolitik während der 1920er Jahre, die dessen Kreditfähigkeit in Frage gestellt und deshalb den Handlungsspielraum massiv eingeschränkt habe. Die „Borchardt-These" wurde über Jahrzehnte intensiv diskutiert.[7] Ihr Hintergrund lag in der politischen Konsequenz: Hätte es eine Wirtschaftspolitik gegeben, die die Krise erfolgreich bekämpfen und so den Aufstieg des Nationalsozialismus hätte verhindern können? Allerdings haben andere europäische Regierungen (Großbritannien, Frankreich) in der Krise eine ähnliche Sparpolitik praktiziert, und dies auch teilweise gezwungenermaßen, denn sie hatten ebenfalls Probleme mit ihrer Kreditwürdigkeit. Die US-amerikanische Regierung unter Franklin D. Roosevelt war ab 1933 die erste, die in der Krise keynesianische Konzepte anwandte – nicht zufällig das Land mit der größten ökonomischen Kapazität und die Siegermacht, die im Ersten Weltkrieg kaum gelitten hatte.[8] Die Roosevelt-Regierung stimulierte die Nachfrage mit großen staatlichen Infrastrukturprojekten oder Hilfen für die Landwirte, damit diese nicht in die Schuldenfalle gerieten. Damit etablierte sie ein Modell, dem nach dem Zweiten Weltkrieg die ganze Weltwirtschaft folgte. Allerdings stellte sich der Erfolg nicht sofort ein; auch in den USA hielt die Krise über Jahre an, und eigentlich erst der Zweite Weltkrieg hat diese Politik mit Erfolg gekrönt. Denn die Rüstungsindustrie schuf nun, ebenso wie danach im Kalten Krieg, enorm viele Arbeitsplätze. Die Nationalsozialisten folgten ebenfalls diesem Prinzip des *deficit spending*, zunächst im Bereich von Arbeitsbeschaffung und Ankurbelung der Nachfrage, von Anfang an aber vor allem mit einer massiven Rüstungspolitik, die mit Finanztricks die staatliche Verschuldung verschleierte, eine Verschuldung, die, wäre sie bekannt geworden, die umgehende Staatspleite bedeutet hätte. 1938 entfielen 80 Prozent der staatlichen Ausgaben auf die Wehrmacht.[9] Das war kein krisenbedingtes *deficit spending* mehr,

7 Knut Borchardt, Zwangslagen und Handlungsspielräume in der großen Wirtschaftskrise der frühen dreißiger Jahre. Zur Revision des überlieferten Geschichtsbildes (1979), in: Michael Stürmer (Hg.), Die Weimarer Republik. Belagerte Civitas, Königstein 1980, 318–339. Zur Diskussion zusammenfassend: Albrecht Ritschl, Knut Borchardts Interpretation der Weimarer Wirtschaft. Zur Geschichte und Wirkung einer wirtschaftsgeschichtlichen Kontroverse, in: Jürgen Elvert/Susanne Krauss (Hg.), Historische Debatten und Kontroversen im 19. und 20. Jahrhundert, Stuttgart 2001, 234–244.

8 Ein verständlicher Abriss des Programms: Price Fishback/John Joseph Wallis, What Was New about the New Deal? In: Nicholas Crafts/Peter Fearon (Hg.), The Great Depression of the 1930s: Lessons for Today, Oxford 2013, 290–322.

9 Adam Tooze, Ökonomie der Zerstörung. Die Geschichte der Wirtschaft im Nationalsozialismus, München 2008, 247.

sondern eine massive Überlastung der eigenen Wirtschaftskraft, die auf einen Kolonisierungs- und Plünderungskrieg zulief, wie es der Zweite Weltkrieg ja auch war.

Eine „Keynesianische Revolution" nach dem Zweiten Weltkrieg, wie dies lange behauptet wurde, hat es nicht gegeben.[10] Vielmehr gehörten die Ideen von Keynes zu einem Instrumentenkasten, aus dem die Regierenden sich eklektisch, je nach Situation und Machtverhältnissen bedienten. Deutliche nationale Unterschiede lassen sich leicht auffinden. Der Begriff stand aber doch für Gemeinsamkeiten, für ein neues und geteiltes Verständnis von einem Staat, der als regelmäßiger Akteur in die Wirtschaftskreisläufe eingriff, nicht um sie zu bestimmen, sondern um sie vor krisenhaften Ausschlägen zu bewahren. In den meisten westlichen Staaten, vor allem in Skandinavien und den USA, etablierte sich diese Grundhaltung in den Jahren des Wirtschaftsaufschwungs bis in die 1970er Jahre; in der Sozialdemokratie wurde der Keynesianismus als ein Moment der „gemischten Wirtschaft" begrüßt: nicht liberal, aber auch nicht sozialistisch. Weniger zum Schlagwort wurde der Keynesianismus in der Bundesrepublik, wo das Konzept der „Sozialen Marktwirtschaft" eher einen Staat propagierte, der den Ordnungsrahmen setzt und selbst nur zurückhaltend tätig wird.[11] Das hier besonders ausgeprägte Wirtschaftswunder führte allerdings zunächst dazu, dass keine Krisen zu bewältigen waren, sondern dass der Wohlstand zu verwalten und zu verteilen war, und der Keynesianismus hatte ja als Krisenwissenschaft begonnen. Erst langsam kam die Theorie auch nach Deutschland und führte in der zweiten Hälfte der 1960er Jahre unter dem Einfluss der Sozialdemokratie zur Vorstellung, man könne eine „Globalsteuerung" (Karl Schiller) betreiben, die ein „Ende aller Krisen" bedeuten würde.[12] Keynesianismus wurde von einer Krisenstrategie zu einer generellen Steuerungstheorie.

Das waren Blütenträume. Mit der eigentlich politisch ausgelösten Ölpreiskrise 1973 begann eine strukturelle ökonomische Krise, die über Jahre dauerte und in der sich die hergebrachten keynesianischen Instrumente als stumpf erwiesen. Die neoliberalen Stimmen, die sich dagegen erhoben, postulierten, dass der Staat sich möglichst wie früher aus der Wirtschaft heraushalten sollte. Allerdings sollte sich binnen kurzem zeigen, dass der Rückzug des Staates weder durchzuhalten war noch durchweg positive Effekte zeigte.

Die Voraussetzungen für solche Formen der Staatsintervention waren aber nicht selbstverständlich. Sie lagen in größeren finanziellen Spielräumen. Diesen Prozess kann man seit dem späten 19. Jahrhundert, besonders aber mit und nach dem Ersten Weltkrieg verzeichnen. Eine zunehmende Zahl von Bürgern wurde besteuert und die Steuereinnahmen stiegen.[13] Das galt erst recht im Wirtschaftsboom nach dem Zweiten Weltkrieg. Eine progressive Einkommenssteuer bürgerte sich seit dem

10 Zum Folgenden: Hall, The Political Power of Economic Ideas.

11 Alexander Nützenadel, Wachstum und kein Ende. Die Ära des Keynesianismus in der Bundesrepublik, in: Werner Plumpe/Joachim Scholtyseck (Hg.), Der Staat und die Ordnung der Wirtschaft, Stuttgart 2012, 119–137.

12 Metzler, Am Ende aller Krisen?

13 Zum Folgenden: Webber/Wildavsky, History of Taxation and Expenditure.

späten 19. Jahrhundert europaweit ein und explodierte nach 1945 zeitweilig. Lag der Spitzensteuersatz vor dem Ersten Weltkrieg überall bei unter 5 Prozent, wobei niedrige Einkommen überhaupt nicht besteuert wurden, so lag er in den 1970er Jahren in einzelnen Ländern bei über 90 Prozent. Die Schwedin Astrid Lindgren schrieb das satirische Märchen „Pomperipossa in Monismanien" (1976), als sie bemerkte, dass sie auf ihr Einkommen 102 Prozent Steuern zahlte; sie löste damit eine Debatte über den extremen Grenzsteuersatz in Schweden aus. Heute liegt der Spitzensteuersatz in den meisten europäischen Ländern bei 40–50 Prozent.

Eine andere Quelle für die zunehmende Bewegungsfreiheit des Staates war die Staatsverschuldung, die ebenfalls beständig stieg. Der Schuldenstaat ist eine permanente Erscheinung des 20. und sicher auch des 21. Jahrhunderts. Man hat den Staaten, die Schulden machten, im 19. Jahrhundert unsolides Wirtschaften vorgeworfen. Mit dem aktiven Interventionsstaat zog dieses Argument nicht mehr, denn der Kredit von heute sollte ja eine Investition und damit der Nutzen von morgen sein. Der Staat weitete also mit dem Kredit seinen Handlungsspielraum aus und konnte so die Zukunft gestalten. Das geschah durch Staatsanleihen, die für eine gewisse Laufzeit und zu einem gewissen Prozentsatz ausgegeben wurden. Da Staaten nicht so einfach bankrott gehen wie Unternehmen, wurden Staatsanleihen als im Allgemeinen sichere Wertanlagen geschätzt. Das galt nur mehr begrenzt, wenn die Staatsverschuldung so zunahm, dass ganz offensichtlich wurde, dass hier über die Verhältnisse gelebt wurde. Der Umgang des Staates mit seinen Schulden hatte also eine unmittelbare Auswirkung auf seine Möglichkeiten, wieder an neues Geld zu kommen. Aber so lange die Wirtschaft mehr oder weniger beständig wuchs, hielten sich die Sorgen im Rahmen.

Man könnte die Verschuldungskurve nach dem Zweiten Weltkrieg bei eigentlich jedem Staat der westlichen Welt zeigen; Deutschland ist keine Ausnahme. Hatte die deutsche Staatsverschuldung in Friedenszeiten bis dato nur wenige Prozent des Bruttoinlandsprodukts betragen (mit Ausnahme der Zeit nach 1933), so stieg sie gerade in den Jahren des Wirtschaftswunders steil an. 1950 lag sie bei 20 Prozent, wuchs aber bis Anfang der 1980er Jahre auf über 40 Prozent und Anfang des 21. Jahrhunderts auf über 60 Prozent an. Mit diesem Anstieg lag die Bundesrepublik international bis zu den 1980er Jahren mit an der Spitze. Seit dem Ende des Jahrtausends zeigte sich jedoch europaweit ein Umdenken, das die Schuldenlast auch wieder senken wollte. Der Vertrag von Maastricht legte 1992 fest, dass ein Staat maximal ein jährliches Defizit von drei Prozent des Bruttoinlandsprodukts in seinem Haushalt aufweisen dürfe; überdies dürfe seine Gesamtverschuldung höchstens 60 Prozent des BIP betragen. Dies ist ein Richtwert, der politischen Druck erzeugt, was aber noch nicht heißt, dass er eingehalten wird. 2018 wurde er von der Hälfte der EU-Mitglieder nicht erreicht, dabei von den meisten alten Mitgliedern, die einen Schuldensockel mit sich herumschleppen, den sie nicht mehr loswerden. Manche Staaten sind heute mit 100 Prozent ihrer gesamten Wirtschaftsleistung und mehr verschuldet. Vor allem die ehemaligen sozialistischen Staaten, die keine Altschulden mitgebracht haben, weisen dagegen noch deutlich geringere Staatsschulden auf.[14] Staatsbankrotte, wie in Argentinien allein in diesem Jahrtausend zweimal, konnten in Europa bisher durch die EU vermieden werden.

Steuern und Schulden: Gestützt auf diese Finanzmittel wurde der Staat nach dem Zweiten Weltkrieg in allen europäischen Ländern zum wichtigsten wirtschaftlichen Akteur.[15] Am ausgeprägtesten war das im liberalen Traditionsland Großbritannien, wo 1945 eine komfortable Labour-Mehrheit eine Reihe von Reformen in Gang setzte, die man ohne Weiteres als „sozialistisch" bezeichnen könnte. Sie verstaatlichte Schlüsselindustrien, darunter die Kohleindustrie (die schon seit 1938 teilweise staatlich war) und die Stahlindustrie; die Gas- und Stromversorgung, die vorher teilweise kommunal gewesen war; Telefon, Radio und Transport, darunter die Eisenbahnen. Dafür wurde eine eigene Rechtsform gewählt, die der *public corporation* – am besten zu übersetzen als Öffentliche Körperschaften unter Staatskontrolle, allerdings nach Marktprinzipien agierend, kapitalistische Wirtschaftsunternehmen unter Staatsaufsicht. Auch die meisten anderen europäischen Länder ließen ihre Infrastruktur staatlich beaufsichtigen oder gar betreiben, wie in der Bundesrepublik, wo es bis 1997 ein Post- und Fernmeldeministerium gab, wo die Eisenbahn staatlich und der ÖPNV kommunal war. Anders als in Großbritannien war aber das wichtigste Motiv dafür nicht wirtschaftliche Effizienz, sondern die Hoheit über systemrelevante Infrastrukturen – man dachte an einen möglichen Krieg. Deshalb waren Eisenbahner und Postler auch Beamte, die nicht streiken durften.

In der Bundesrepublik und anderswo waren es vor allem die Sozialdemokraten, die in dieser Weise auf einen intervenierenden Staat setzten, der gleichwohl die kapitalistische Eigentumsordnung nicht aus den Angeln hob, mehr noch: der effizienter und rationaler zu agieren beanspruchte. Seit den späten 1960er Jahren hob in Europa ein „sozialdemokratisches Jahrzehnt" an, das die Erwartungen an die gesellschaftsstrukturierende Macht eines planenden Staates überschießen ließ. Mit dem Regierungsantritt Willy Brandts 1969 wurde in der Bundesrepublik eine weitreichende Reform des Regierungsapparats in Gang gesetzt, die besonders auf eine Stärkung der steuernden Momente hinauslief. Der Staatsrechtslehrer Horst Ehmke, ab 1969 Chef des Bundeskanzleramts, war der Vordenker eines Umbaus dieser Behörde, die bisher nur so etwas wie das Büro des Bundeskanzlers gewesen war, in eine Machtzentrale, die die Arbeit der Ministerien koordinieren sollte. Alle Ministerien fanden sich in entsprechenden Abteilungen im Kanzleramt abgebildet, und alle Initiativen, die aus den Ministerien kamen, wurden hier gegengecheckt und auf die Passförmigkeit mit der generellen politischen Linie überprüft. Eine neu eingerichtete Planungsabteilung war für die strategischen Leitlinien zuständig, die wiederum an die Ministerien weitergeleitet wurden. Diese Vorstellung von koordinierender (also nicht autoritärer) Steuerung entsprach der oben erwähnten Idee von der „Globalsteuerung" der Wirtschaft. Beide Vorstellungen funktionier-

14 https://de.statista.com/statistik/daten/studie/163692/umfrage/staatsverschuldung-in-der-eu-in-prozent-des-bruttoinlandsprodukts/, letzter Zugriff: 14.10.2021.

15 Hall, Governing the Economy.

ten weniger gut als die Allmachtphantasien ihrer Schöpfer es nahelegten. Aber das Konzept einer gewissermaßen sanften Lenkung der Gesellschaft durch den Staat blieb in der Welt und tauchte besonders in Krisen immer wieder auf.

Die aussagekräftigste Kennzahl für das Ausmaß an Staatsinterventionismus ist die Staatsquote, die den Anteil der Staatsausgaben am Bruttoinlandsprodukt bezeichnet. Sie lag bei den europäischen Staaten 1890 zwischen 10 und 15 Prozent, nach dem Zweiten Weltkrieg zwischen 20 und 30 Prozent, nach 1990 zwischen 40 und 70 Prozent; das wiedervereinigte Deutschland verzeichnete knapp 50 Prozent.[16] Fast die Hälfte aller generierten Werte also läuft seither durch die Hände des Staates. Das Gesetz der wachsenden Staatsausgaben ist bereits 1892 durch den deutschen Ökonomen Adolph Wagner formuliert worden (nach dem es auch das „Wagnersche Gesetz" heißt). Es sagte aus, dass bei Wirtschaftswachstum und wachsenden Pro-Kopf-Einkommen die Staatsausgaben überproportional zunähmen; nicht nur wegen des (von Wagner erst in nuce zu erkennenden) Wohlfahrtsstaates, sondern vor allem wegen der Erwartungen der Bürger an die Leistungen des Staates. Dies zeigte sich am allerdeutlichsten in der Epoche der Wohlstandsgesellschaft nach dem Zweiten Weltkrieg, die, so möchte man annehmen, der Staatsintervention am wenigsten bedurft hätte. Doch die politischen Gestaltungsansprüche einerseits, die Erwartungen der Bürger andererseits, den Wohlstand zu sichern und zu vermehren, führten genau in dieser Phase zu zunehmender Staatstätigkeit. Gesetzliche Instrumente wurden geschaffen, die die Konjunkturplanung zu einer staatlichen Aufgabe machten und einerseits zum Ziel hatten, Krisen abzufedern oder sogar ganz zu verhindern. Andererseits standen – nicht nur in den Ländern, wo Sozialdemokraten regierten – nun auch verteilungspolitische Aufgaben im Vordergrund: Der Staat hielt es auch in kapitalistischen Ländern für seine Aufgabe, soziale Gerechtigkeit herzustellen.

9.3 Der Wohlfahrtsstaat[17]

Dass der Staat als Zentralorganisation etwas mit der sozialen Absicherung seiner Bürger, gar mit Umverteilung zu tun haben sollte, war dem 19. Jahrhundert ein fremder Gedanke. Die äußerst kümmerliche Armenunterstützung, die vielerorts auch an eine moralische Prüfung gebunden war, weil man fehlende Arbeitswilligkeit und Liederlichkeit vermutete, war eine kommunale Angelegenheit und nahm die Herkunftsgemeinde in die Pflicht. Wenn Menschen von Armut bedroht waren, mussten sie sich also in ihren Heimatort begeben, um dort Armenunterstützung zu bekommen, die zumeist zum Leben zu wenig und zum Sterben zu viel war. Das

16 Vgl. https://de.statista.com/statistik/daten/studie/249719/umfrage/historische-staatsquoten-ausgewaehlter-laender-im-vergleich/, letzter Zugriff: 14.10.2021.

17 Das ist der international eingeführte Begriff. Im Deutschen wird aus historischen Gründen der Begriff des Sozialstaats benutzt. Die Begriffe unterscheiden sich nur im Detail und werden hier synonym gebraucht. Vgl. zum Folgenden auch, mit breiter historischer Einbettung: Kaufmann, Varianten des Wohlfahrtsstaats sowie als Überblick: Hartmut Kaelble, Sozialgeschichte Europas, 332–360.

betraf vor allem die Alten, denn da noch keine Rentensysteme existierten, bedeutete Alter zumeist Armut. Seit jeher hatte es aber schon selbstorganisierte Risikoabsicherungen gegeben, insbesondere die lokalen Unterstützungskassen für Handwerker und Arbeiter. Kirchliche Fürsorge und private caritative Aktivitäten sprangen im Notfall ein. Den Staat selbst aber interessierte dies im Konkreten nicht.

Der erste zaghafte Versuch einer staatlichen Organisation in Europa schloss an die Selbstverwaltungstradition an; er wurde nach der Gründung des Deutschen Reiches unter der Ägide des Kanzlers Otto von Bismarck unternommen, der damit das unruhige Proletariat befrieden wollte. Das wirkte vorbildhaft, allerdings sind die anderen europäischen Staaten erst Jahrzehnte später nachgefolgt. 1883 wurde eine Krankenversicherung, 1884 eine Unfallversicherung und 1889 eine Invaliditäts- und Altersversicherung eingeführt. Sie war an die Betriebe gebunden, erfasste demzufolge nur die Arbeiter, nicht die selbständigen Handwerker oder die Bauern. Revolutionär war die paritätische Finanzierung von Arbeitern und Unternehmern: Der konservative Junker Bismarck nahm die Unternehmer mit in Haftung für die soziale Absicherung ihrer Beschäftigten. Das gab es bis dato nirgends auf der Welt. Sie ist nicht nur dem Mut Bismarcks zu verdanken, sondern hatte Traditionen im deutschen Genossenschaftsrecht. Dieses paritätische Prinzip wurde auch bei der zunehmenden Ausweitung von Versicherungen und Leistungen beibehalten. Es war vor allem die Weimarer Republik, die den Sozialstaat maßgeblich ausbaute, nicht nur in der Versorgung von Kriegsopfern, sondern auch mit ganz neuen Instrumenten: 1927 wurde eine staatliche Arbeitslosenversicherung eingeführt – übrigens unter maßgeblicher Mitwirkung der rechten Deutschnationalen Volkspartei. Der Wohlfahrtsstaat war nicht nur ein Anliegen der Linken.

Mit diesem Versicherungsprinzip wurde also der Sozialstaat in Deutschland nicht als unmittelbar staatliche, sondern als staatlich regulierte Veranstaltung betrieben. Es handelt sich nicht um private Versicherungen, sondern um Körperschaften öffentlichen Rechts, die von den Versicherten selbst verwaltet werden, allerdings staatlicher Aufsicht unterliegen. Deutschland ist aber nur einer von mehreren Typen, wenn es um die Organisation des Wohlfahrtsstaates – notabene: damit reden wir immer über kapitalistische Gesellschaften – geht. Es haben sich im Europa des 20. Jahrhunderts jenseits des Kommunismus andere Modelle entwickelt, in einer großen Spannung zwischen privatwirtschaftlich organisierten Versicherungs- und weitgehend staatlich administrierten Modellen. Der dänische Soziologe Gøsta Esping-Andersen hat in einem einflussreichen Modell drei Typen des „Wohlfahrtskapitalismus" unterschieden.[18] Das deutsche Modell gehört bei ihm (zusammen mit Frankreich, Italien, Schweiz) zum konservativ-kontinentaleuropäischen Modell, dessen Zweck darin liegt, den Lebensstandard des Einzelnen im Krisenfall mehr oder weniger zu erhalten (zu „konservieren"), indem zu einer Grundsicherung Versicherungsleistungen wie Rente oder Arbeitslosengeld bezahlt werden. Die Leistungen sind an Berufstätigkeit und Beiträge zur Sozialversicherung gebunden. Sie

18 Esping-Andersen, The Three Worlds of Welfare Capitalism.

werden im Wesentlichen abhängig von der Höhe dieser Beiträge ausgezahlt. Am Horizont dieses Systems liegt nicht die Umverteilung, sondern die Erhaltung eines gewissen Lebensstandards.

Das „sozialdemokratisch-skandinavische Modell" (zu dem auch Belgien, die Niederlande und Österreich gehören) hat sich seit der Zwischenkriegszeit entwickelt und ist nach dem Zweiten Weltkrieg erfolgreich gewesen. Hier hängen die Leistungen nicht mehr vorrangig von der vorher geleisteten Arbeit und von den Beiträgen ab, sondern der Staat gibt Lohnersatzleistungen; daneben liefert er ein dichtes Netz an sozialen Dienstleistungen (etwa Kindergärten, aktive Arbeitsvermittlung). Hier tritt der Staat sehr unmittelbar als Player auf.

Der dritte von Esping-Andersen identifizierte Typ ist in Europa selten; in Großbritannien, das eigentlich eine Mischform darstellt, kann man in mancherlei Hinsicht davon sprechen. Vor allem finden wir es in den USA. Das angelsächsisch-liberale Modell ist durch niedrige staatliche Leistungen geprägt, für die eine Bedürftigkeitsprüfung notwendig ist. Das Ziel ist eher die Garantie eines Mindeststandards. Universale Leistungen haben demgegenüber eine geringe Bedeutung; zumeist sind diese Systeme durch Mindestlöhne und durch eine marktorientierte Steuerung von Leistungen gekennzeichnet. In Großbritannien, das erst nach dem Zweiten Weltkrieg einen modernen Wohlfahrtsstaat einführte, war die Grund- und die Alterssicherung in diesem liberalen Sinn nur eine Basissicherung, die mit Festbeträgen operierte; in die Versorgungslücke sollten private Vorsorge und betriebliche Institutionen stoßen. Das britische Gesundheitssystem jedoch ist staatlich und passt sich eher dem sozialdemokratisch-skandinavischen Modell ein. Der *National Health Service* (NHS) war (und ist) durch Steuern finanziert, Behandlungskosten und Medikamente waren kostenfrei und standen jedem Staatsbürger und jeder Staatsbürgerin offen. Der NHS genoss und genießt große Popularität in Großbritannien; allerdings führte die Steuerfinanzierung dazu, dass auf neue Herausforderungen ebenso schleppend reagiert wurde wie auf neue medizinische Möglichkeiten. Er hatte seit Beginn mit Unterfinanzierung und daraus folgender Unterversorgung zu kämpfen. Die Ärzte wehrten sich (erfolgreich) gegen den Statusverlust, nun Angestellte zu sein, und der NHS war nicht in der Lage, überall die jeweils beste Versorgung sicherzustellen. Allerdings: Für alle galt die gleiche Versorgung.

Das Idealtypische dieser Modellierung muss demgemäß betont werden. Es geht aber beim Wohlfahrtsstaat nicht einfach um soziale Unterstützung und um Absicherung, sondern auch um Staatsbürgerlichkeit. Das skandinavische Modell hält hohe staatliche Leistungen für notwendig, um staatsbürgerliche Teilhabe aufrechtzuerhalten und Stigmatisierung zu vermeiden; das systemische Problem liegt darin, dass die Leistungen nur bei einem hohen Niveau an Wohlstand voll funktionsfähig sind. Das liberale Modell trägt die alte Vorstellung mit sich, dass wohlfahrtsstaatliche Leistungen Fürsorgeleistungen für die dafür „Würdigen" sind. Es ist nicht notwendig günstiger und schließt meist einen Teil der Armen aus. Das kontinentaleuropäische Modell trägt die Züge einer zurückhaltenden Staatlichkeit, die möglichst viel den Beteiligten überlassen möchte und erst dann einspringt, wenn kein anderer dies kann (Subsidiaritätsprinzip). Damit aber denkt es auf das Individuum hin, zielt eher auf eine Grundsicherung und nimmt in Kauf, dass die Betroffenen einen sozialen Abstieg erleiden. Immer steht dahinter die Frage nach Gerechtigkeit, die aber Verschiedenes bedeuten kann: Geht es um eine basale Gleichheit, die jedem zusteht? Oder geht es um Leistungsgerechtigkeit, die jedem das zumisst, was er „verdient" (etwa durch die Beiträge, die er geleistet hat, oder auch durch nachgewiesene Leistungswilligkeit)? An solchen grundsätzlichen Gerechtigkeitsideen kann man verschiedene Wohlfahrtsstaatlichkeiten unterscheiden.[19]

Man könnte die Kategorie der Wohlfahrtsstaatlichkeit noch sehr viel weiter fassen, als das in diesen Systematisierungen geschieht. So könnte auch die Frage nach den Kosten für Schule, Hochschule und Ausbildung als ein Thema betrachtet werden. Ähnlich steht es mit der Bereitstellung oder Subventionierung von Wohnungen, Verkehr und Infrastruktur. Für das, was wir „Wohlfahrtsstaat" nennen, gibt es kein festgelegtes Aufgabentableau. Aber man kann eine Dynamik der Expansion verzeichnen, die den Ausbau der staatlichen Sicherungssysteme seit seiner Grundlegung begleitet hat. Die Politische Theorie hat dies – zunächst polemisch, dann aber analytisch – mit dem Begriff der „Daseinsvorsorge" belegt.[20] Wenn man zurückblickt, kann man den dramatischen Wandel im Blick auf den Staat erkennen: Von einem Staat, der seine Funktionen in der inneren und äußeren Friedenssicherung und Gewaltausübung sah, hin zu einem Staat, dessen Funktionen darüber hinaus vor allem in Momenten der sozialen Sorge für die Bürgerinnen und Bürger gesehen werden.

Das muss nicht unbedingt eine Relativierung des Staates als Leviathan bedeuten. Denn gleichzeitig ist nicht zu vergessen, dass der Wohlfahrtsstaat auch viel von seinen Bürgern verlangt. Je ähnlicher die Lebensformen, desto „gerechter" kann der Staat seine Leistungen verteilen, so dass der Wohlfahrtsstaat auch eine starke Dynamik hin auf eine Homogenisierung der Lebensweisen aufweist. Auch kommt er nur selten ganz ohne moralische Kriterien aus, denn die Frage, wer nun berechtigterweise in den Genuss dieser Leistungen kommt, kann auch im Hinblick auf die Lebensweise gestellt werden: Kann man der sozialstaatlichen Absicherung zumuten, für Risiken einzustehen, die von den Betreffenden selbst eingegangen wurden, etwa durch eine ungesunde Lebensweise (oder durch Impfverweigerung)? So hat auch und gerade die wohlfahrtsstaatliche Zuwendung zu einer staatlichen Überformung und Homogenisierung der Lebensführung der Einzelnen geführt; im schwedischen „Volksheim" ist diese Nivellierung geradezu zu einer positiv besetzten Vision geworden. Wohlfahrtsstaat und Individualität stehen in einer unübersehbaren Spannung zueinander.

Der wichtigste Anschub zur Entwicklung des Wohlfahrtsstaates, die nach dem Zweiten Weltkrieg zu konstatieren ist, lag wie schon nach dem Ersten Weltkrieg in

19 Cornelius Torp, Gerechtigkeit im Wohlfahrtsstaat. Alter und Alterssicherung in Deutschland und Großbritannien von 1945 bis heute, Göttingen 2015.

20 Miloš Vec, Daseinsvorsorge, in: Handwörterbuch zur deutschen Rechtsgeschichte, Bd. 1, Berlin 2006², 933–935.

der Bewältigung der Kriegsfolgen: der Verarbeitung der massiven ökonomischen Verluste der meisten, der gesundheitlichen Schäden, der Sorge für die Kriegerwitwen und -waisen, der Renten, von Flucht und Vertreibung. Er wurde gleichzeitig ermöglicht durch die ebenso massive finanzielle Aufbauhilfe der USA und den damit in den meisten Ländern einsetzenden ökonomischen Boom, der die finanziellen Spielräume für wohlfahrtsstaatliche Expansion ermöglichte. Man darf sich die Entwicklung nicht allzu schnell vorstellen, diese wohlfahrtsstaatlichen Institutionen wurden nur langsam und lange Zeit lückenhaft aufgebaut. Die Kranken-, Unfall- und Altersversicherungen erfassten für lange Zeit in den meisten Ländern nur einen Teil der Bevölkerung. Besonders die Renten waren nicht an die Wohlstandsentwicklung gekoppelt. Altersarmut war lange Zeit der Normalfall überall in Europa. Arbeitslosenversicherungen, so es sie gab, bedeuteten zumeist eine nur notdürftige Grundsicherung. Aber: Alles das hatte es in den meisten Ländern vor dem Zweiten Weltkrieg wenn überhaupt, dann nur rudimentär gegeben.

Vieles von dieser Expansion wird man auch dem Kalten Krieg, der Systemkonkurrenz und der damit gegebenen gegenseitigen Beobachtung zuschreiben können. Denn jenseits des Eisernen Vorhangs herrschte ein System, das sich die umfassende Daseinsvorsorge auf die Fahnen geschrieben hatte: die sozialistische Fürsorgediktatur.[21] Ob es sich um einen Sozialstaat handelte, ist allerdings umstritten.[22] Denn die sozialistische Sozialpolitik verteilte ihre Wohltaten keineswegs gleichmäßig. Sie ging vom Arbeiter als Kernsubjekt aus. Diejenigen, die produktiv tätig waren (was auch immer das heißen mochte), hatten Recht auf Zuwendung; die anderen standen im Schatten: die Alten und Arbeitsunfähigen, ja, auch die Familien der Arbeiter (trotz der hohen Erwerbsquote bei den Frauen dachte man dabei in der Tat im Grunde an Männer). So waren die Renten ausgesprochen niedrig, und einen Platz im Ferienheim der Gewerkschaft an der Ostsee erhielten lange Zeit die Arbeiter, die sich dort mit ihrer ganzen Betriebsgemeinschaft vom Betrieb erholen sollten, aber ihre Familien durften nicht mitkommen – Kinder seien für die Erholung der Arbeiter störend, hieß es.[23] Im Mittelpunkt der Sozialpolitik stand der Betrieb, die Kinderkrippen standen nur dessen Mitarbeiter(-innen) offen. Auch die Selbständigen – soweit es sie noch gab – waren schlechter gestellt. Einer Arbeitslosenversicherung bedurfte es nicht, weil es ein Recht auf wie auch eine Pflicht zur Arbeit und demzufolge offiziell keine Arbeitslosigkeit gab. Ein wesentlicher Unterschied zu den westlichen Ländern war eine Subventionierung der Grundversorgung: Grundnahrungsmittel, öffentlicher Nahverkehr, Wohnen. Diese Bereiche waren kostenintensiv, was dazu führte, dass vor allem die teure Wohnungspolitik niemals im notwendigen Umfang betrieben werden konnte. Und wenn, was 1970 in Polen vorkam, die staatlich festgesetzten Lebensmittelpreise erhöht wurden, führte das

21 Vgl. Peter Hübner/Christa Hübner (Hg.), Sozialismus als soziale Frage. Sozialpolitik in der DDR und Polen 1968–1976. Mit einem Beitrag von Christoph Boyer zur Tschechoslowakei, Köln 2008.

22 Beatrix Bouvier, Die DDR – ein Sozialstaat? Sozialpolitik in der Ära Honecker, Bonn 2002.

23 Christopher Görlich, Urlaub vom Staat. Tourismus in der DDR, Köln 2012.

zu politischen Protesten, die den Staat in Haftung nahmen und schnell in Systemproteste umschlagen konnten.

Ein zentrales Problem der Sozialpolitik in den sozialistischen Staaten bestand darin, dass dem Leben jenseits der Produktion (Freizeit, Konsum, Unterhaltungskultur, Urlaub) nur wenig Aufmerksamkeit geschenkt wurde. Daran entzündete sich viel Unzufriedenheit mit dem System, gerade weil die Menschen ihre Möglichkeiten seit dem Ende der 1960er Jahre immer mehr mit dem wohlhabenden Westen verglichen – das Westfernsehen lieferte ja tagtäglich Anschauungsmaterial. Als Erich Honecker 1971 SED-Generalsekretär wurde, war der Kern seines Programms die „Einheit von Wirtschafts- und Sozialpolitik“. Honecker versprach damit, in Zukunft mehr ökonomische Ressourcen auf die Befriedigung der Konsumwünsche seiner Bürgerinnen und Bürger zu verwenden und vor allem dem Wohnungsbau mehr Aufmerksamkeit zu widmen. Die Umsetzung dieses Vorhabens war aber teuer, und das zu einer Zeit, da die Entwicklung neuer Schlüsseltechnologien wie der Mikroelektronik einen massiven Ressourceneinsatz erfordert hätte. Am Ende überforderte die Einheit von Wirtschafts- und Sozialpolitik die Leistungsfähigkeit der sozialistischen Wirtschaft.[24]

Was allerdings für ganz Europa, ob Westen oder Osten, mit den 1970er Jahren zu konstatieren ist und was einen großen Unterschied zu den meisten anderen Weltteilen ausmachte: Überall gab es eine wenn auch unterschiedlich weit reichende Sicherung für die Lebensrisiken: Alter, Krankheit, Unfall, im Westen Arbeitslosigkeit. Seit dem Krieg hat sich bis zur Jahrtausendwende der Anteil am Bruttoinlandsprodukt teilweise verdoppelt.[25] Das galt auch für die sozialistischen Staaten. Insofern hat sich systemübergreifend, ob Westen oder Osten, eine grundlegende Sozialstaatlichkeit etabliert, die mehr tat, als nur Existenzsicherung zu leisten, sondern die die soziale Ungleichheit im globalen Vergleich im Rahmen hielt und verhinderte, dass die Gesellschaften in Zeiten großer wirtschaftlicher Dynamik auseinanderdrifteten. Das schuf eine große Systemakzeptanz. Diese Konstellation hat sich allerdings seit den 1990er Jahren verändert.

9.4 Staatliches Wissen über die Bürger

Die ambivalente Voraussetzung und Folge der interventionsstaatlichen Sorge für die Bürger bestand darin, dass der Staat über sie Bescheid wissen musste. Ohne Kenntnis der spezifischen Lebenslagen keine zielgenaue Unterstützung und Vorsorge. Denn sonst würde der Staat sich ja ständig dem berechtigten Vorwurf aussetzen, er verteile sein Geld ungerecht und seine Maßnahmen träfen die Falschen. Dass der Staat über seine Bürger Bescheid wissen will, ist dabei nichts Neues, wie gezeigt. Mehr

24 Charles S. Maier, Das Verschwinden der DDR und der Untergang des Kommunismus, Frankfurt 2000, bes. 118–172.
25 Tabelle (bis 1998) in: Kaelble, Sozialgeschichte Europas, 342.

noch: Es begleitete ihn von Anfang an. Zunächst war es im Zusammenhang mit der Sozialdisziplinierung und der Konfessionalisierung das Wissen um die Lebensführung, die sich innerhalb der staatlich gesetzten Sozialmoral bewegen sollte. Konfession, Haushaltszusammensetzung, legitime und illegitime Beziehungen: Das hat den Staat seit seinem Anfang interessiert. Mit der Ausweitung der Staatsfunktionen im Zuge der Inneren Staatsbildung kamen Momente des Wissens dazu, die auf die Bürger als eine Ressource blickten: Erwerbsstruktur, Steuern, Gesundheitszustand (im Zuge der militärischen Erfassung, aber auch der Vermeidung von Seuchen), Erntedaten und lokale politische Konflikte. Eine systematische staatliche Statistik entstand, regelmäßig wurden Volkszählungen durchgeführt.

Der Interventionsstaat des 20. Jahrhunderts basierte aber auf einer sehr viel intensiveren Beobachtung und Durchleuchtung von Bürgern und Gesellschaft. Dies geschah auf drei Wegen:

(1.) Zum ersten wurden wirtschaftliche und andere Aktivitäten von Bürgern, Unternehmen und Organisationen einer weitgehenden Meldepflicht unterworfen. An die Stelle der Selbstauskunft bei der Steuerzahlung trat nach dem Ersten Weltkrieg die Abschöpfung an der Quelle: Die Beschäftigten sahen die Steuern und Sozialabgaben gar nicht mehr, die sie zu bezahlen hatten, weil sie vom Lohn einbehalten wurden. Die Unternehmen ebenso wie die Selbständigen mussten ihren Umsatz und ihre Profite in Bilanzen ausweisen. Vermögenstransfers mussten registriert und dem Staat gemeldet werden. Wohnsitz, Krankheiten, Änderungen im Personenstand: International unterschied sich durchaus, was alles den Behörden mitzuteilen war. So gab und gibt es in vielen europäischen Staaten keine Einwohnermeldepflicht und kein Melderegister. Hier übernahmen häufig die Sozialversicherung oder die Wahlbehörden die Aufgabe der Registrierung. Pässe wurden nur schleppend für Auslandsreisen eingeführt – noch gegen Ende des 19. Jahrhunderts hatte man ohne Pass durch große Teile Europas reisen können.[26] Personalausweise zur Identifizierung auch im Inneren gibt es bis heute in manchen europäischen Ländern nicht – in Großbritannien hatte die Labour-Regierung 2008 die Identitätskarte eingeführt, aber die Konservativen machten dies 2010 nach ihrem Wahlsieg sogleich rückgängig. In der US-amerikanischen Autogesellschaft erfüllte nach dem Zweiten Weltkrieg der Führerschein, den fast jeder und jede besaß, die Funktion des Identitätsnachweises. Der biometrische Reisepass der Bundesrepublik enthält seit 2007 Fingerabdrücke. Nicht überall also werden die gleichen Formen der Identifizierung benutzt. Aber überall bemühte sich der Staat, seine Bürger und ihre Aktivitäten mittels einer durchgehenden Informationspflicht im Blick zu behalten.

(2.) Das ermöglicht die kontinuierliche Beobachtung und weitgehend lückenlose Dokumentierung des Lebenslaufs und seiner Stationen. Von der Geburtsurkunde über den Nachweis der Schulpflicht, die Sozialversicherungsnummer und die Berechnung der anrechnungsfähigen Rentenjahre, die Registrierung von Beschäf-

26 Zur Geschichte des Passes in der Spannung von bürgerschaftlicher Identität und staatlicher Überwachung, mit Blick auf die USA und Europa: Torpey, Invention of the Passport.

tigungsverhältnissen und Einkommen bis hin zu Bankverhältnissen und Erbschaft reichen die Dokumentationen. Das führt über das staatliche Wissensmanagement hinaus auch zur Vorstellung von einem Standardlebenslauf, an dem die Bürgerinnen und Bürger selbst ihre Biographie messen. Die Formen von Beobachtung und Wissen erzeugen die Homogenität ein Stück weit schon mit.

(3.) Ein dritter, nicht nur vom Staat begangener Weg ist die Sammlung von Makrodaten, die nicht notwendig bis zum Individuum zurückzuverfolgen sind, aber große Trends und Verteilungen anzeigen, so etwa die Lebenserwartung (auch in bestimmten Regionen und bestimmten sozialen Gruppen), den Alkoholkonsum, die Sieben-Tage-Corona-Inzidenz, die Investitionspläne von bestimmten Branchen oder die Verkehrsfrequenz von Autobahnen. Dabei werden nicht nur staatlich erhobene Daten genutzt, sondern etwa auch Wirtschaftsstatistiken. Ein häufig verwendetes Instrumentarium ist die demoskopische Befragung, die methodisch etwas anderes ist als die statistische Erhebung von Gegebenheiten, weil hier Meinungen und Einstellungen abgefragt werden, etwa die Zukunftssicherheit, die klimapolitischen Vorstellungen oder die wirtschaftliche Zufriedenheit. Wir haben es bei der Demoskopie also mit einer Art Selbstbeobachtung der Gesellschaft zu tun, die mehr auf Wahrnehmungen abzielt als auf die Feststellung von Tatsachen. Aber auch hieraus lassen sich mögliche politische Ziele und Maßnahmen ermitteln.

Alle diese Informationen sind unabdingbar, wenn der Staat BAföG, Sozialhilfe oder Rente errechnen soll, wenn die Einkommenssteuer zu berechnen ist, man zum Militär eingezogen werden soll oder grassierende Krankheiten bekämpft werden müssen. Im Zuge der Ausweitung des Sozialstaates hat der staatliche Hunger nach Daten immer mehr zugenommen. Der Staat argumentiert dabei häufig mit Gerechtigkeit. Das Aufspüren von Schwarzgeld, das auf geheimen Konten vor der Steuer versteckt werden soll, kann zwar als Überschreitung von privaten Grenzen verstanden werden, wird aber mit Blick auf die damit erreichten Gerechtigkeitseffekte legitimiert. Das zweite große Argument heißt „Sicherheit“. Bei der Kriminalitätsprävention, aber auch der Bekämpfung von Pandemien helfen diese Daten, zielgerichtete Maßnahmen – was immer umstritten sein wird – zu treffen.

Gleichzeitig aber kommt damit dem Staat eine Menge an Wissen über seine Gesellschaft zu, die ihn mit schwer kontrollierbarer Macht ausstattet. Die Erfassung der Bürgerinnen und Bürger war ein wichtiger Schritt, der es erst ermöglichte, dass die nationalsozialistische Herrschaft die Juden, die Roma und andere aussondern und ermorden konnte.[27] Die kommunistischen Diktaturen haben sich durch eine systematische Ausspähung ihrer Bürger ausgezeichnet, und das nicht vorrangig aus sozialpolitischen Gründen. Doch es handelt sich gerade nicht nur um ein Problem von Diktaturen, sondern auch um eines von demokratischen Wohlfahrtsstaaten. Die Fortschritte in der Informationstechnologie – also seit den 1960er, beschleunigt seit den 1990er Jahren – und die verschiedenen Konjunkturen der Bedrohung

27 Götz Aly/Karl-Heinz Roth, Die restlose Erfassung. Volkszählen, Identifizieren, Aussondern im Nationalsozialismus, Berlin 1984.

(sei es durch die Sowjetunion, sei es durch den Terrorismus) haben diese Durchleuchtung auf eine neue Ebene gehoben und die Metapher vom „gläsernen Bürger" aufgebracht.[28] Mit den terroristischen Bewegungen der 1970er Jahre hat die computerbasierte Polizeiarbeit einen neuen Schub erhalten. Das Durchkämmen von Massendaten wie etwa Melderegistern schützte dabei nicht vor Fehlern (der 1977 von der RAF entführte Arbeitgeberpräsident Schleyer wurde nicht aufgespürt), aber ist seither Standard geworden. Aktuelle Diskussionen um Datenspeicherung, Anzapfen von Handydaten, Sammlung von Identitätsmerkmalen auf Vorrat sind in dieser Häufung neu, nicht aber prinzipiell: Der Chef des FBI, J. Edgar Hoover, hatte nach dem Zweiten Weltkrieg im Zug einer grassierenden antikommunistischen Hysterie die Idee, von allen Bürgerinnen und Bürgern der USA Fingerabdrücke zu nehmen. Das gelang nicht. Aber die grundsätzliche Frage hat sich mit der Informationstechnologie zugespitzt: Wie viel Wissen ist notwendig für eine „Gute Policey", wie ist ein Staat, der so viel über das Leben seiner Bürger weiß, auch ganz ohne Geheimpolizei, noch demokratischer Kontrolle unterwerfbar?

Ebenfalls seit den 1970er Jahren wurde das Szenario eines wissenden und kontrollierenden Staates auch von der Seite der Anti-Atomkraftbewegung debattiert. Zur Sicherung von solchen neuen Großtechnologien, so die Vermutung, werde der Staat neue Überwachungs- und Kontrollstrategien entwickeln. Der Zukunftsforscher Robert Jungk wurde 1977 international bekannt mit seiner These vom Atomstaat.[29] Die umstrittene Nukleartechnologie, die in den falschen Händen verheerenden Schaden anrichten könne, werde, so Jungk, den Staat dazu nötigen, im Dienste der Sicherheit in ganz neuer Weise ein Überwachungsstaat zu werden, ein repressiver Staat, der die persönlichen Freiheiten im Dienste der Sicherheit massiv einschränken werde. Jungk wusste noch nichts vom Internet, das ja lange als eine Sphäre der Freiheit von Überwachung gegolten hatte und dessen Potential als „weiches" Kontrollmedium erst in den letzten Jahren offenbar wird. Er schloss an Bilder von Orwells „1984" an, entwickelte seine Dystopie aber nicht wie Orwells Kritik der Sowjetunion als Folge des Machtstrebens einzelner Gruppen, sondern aus der Eigenlogik der Großtechnologie. Jungks Buch war vor allem Technologiekritik. Gegenüber der Diskussion um den „gläsernen Bürger" akzentuierte er das repressive Moment mehr. Aber dass Wissen und staatliche Herrschaft nicht voneinander zu trennen sind: Das wurde in der Gemengelage um Atomkraft, Terrorismus und Wohlfahrtsstaat zu einer staatskritischen Melange.

Zu dieser Zeit erhob sich aber auch breiterer Protest gegen den Drang des Staates, immer mehr zu wissen. 1983 wollte die Bundesregierung eine Volkszählung vornehmen; das Gesetz dafür war nicht grundsätzlich umstritten und wurde im

28 Zum Folgenden vgl. Ralf Bendrath, Der gläserne Bürger und der vorsorgliche Staat: zum Verhältnis von Überwachung und Sicherheit in der Informationsgesellschaft, in: kommunikation@gesellschaft 8 (2007), 1–16.

29 Robert Jungk, Der Atom-Staat (1977), Reinbek 2016.

Bundestag einstimmig verabschiedet.[30] Die letzte Totalerhebung – zu unterscheiden von einem Mikrozensus, der nur Stichproben auswertete – hatte 1970 stattgefunden und war auf keine größeren Proteste gestoßen. Nun formierte sich unerwartet ein breiter Widerstand, der vor allem die Abgleichung mit dem Melderegister bemängelte sowie, dass die Daten mit Hilfe von Computern – damals noch kein allgemein genutztes, vielmehr misstrauisch beäugtes Arbeitsinstrument – ausgewertet werden sollten. „Meine Daten gehören mir" war der zentrale Slogan; manche sahen in der Volkszählung einen entscheidenden Schritt auf dem Weg zum Überwachungsstaat. Das Gegenargument lautete, dass die hier abgefragten Informationen notwendig seien, um politisch adäquat mit Problembedarf umgehen zu können. Boykottaufrufe, öffentliche Aktionen sowie eine Verfassungsbeschwerde waren erfolgreich: Zwei Wochen vor der geplanten Zählung stoppte das Bundesverfassungsgericht per einstweiliger Verfügung das Vorhaben; die Volkszählung wurde nicht abgesagt, sondern musste verschoben werden. Das endgültige Urteil im Dezember 1983 war wegweisend, weil das Bundesverfassungsgericht erstmals ein Recht auf informationelle Selbstbestimmung formulierte: Jeder Bürger und jede Bürgerin haben grundsätzlich das Recht, selbst zu bestimmen, welche Daten von ihnen erhoben und gespeichert werden dürfen. Hier wurde Staatsbürgerrechtsgeschichte geschrieben. Das Urteil ist seither Grundlage jedes Datenschutzes und international vorbildhaft geworden. 1987 wurde dann auf der Basis dieses Urteils die Volkszählung durchgeführt und fand breite Beteiligung. 99 Prozent der Bevölkerung nahmen teil. Die Volkszählung erbrachte wichtige Befunde, die die Zielgenauigkeit der wohlfahrtsstaatlichen Politik deutlich erhöhen konnten; u. a. stellte sich heraus, dass es ungefähr eine Million Wohnungen weniger gab als angenommen; auch, dass es eine Million mehr Erwerbstätige, aber 600.000 Ausländer weniger gab. Die Einwohnerzahl von München lag in Wirklichkeit um 90.000 niedriger, in Berlin lebten dagegen 133.000 Menschen mehr als gedacht.[31] Diese Erkenntnisse veränderten den regionalen Finanzausgleich, die Wohnungsbaupolitik und die Arbeitslosenzählung. Dies war allerdings bis heute die letzte vollständige Volkszählung. 2011 fand nur noch ein Zensus statt, der etwa zehn Prozent der Bevölkerung befragte.

9.5 Kritik und Krisen

Die „trente glorieuses", dreißig Jahre Aufschwung in Westeuropa hatten eine Mentalität erzeugt, wonach es ewig so weitergehen werde mit dem stetig wachsenden Wohlstand. Doch in den 1970er Jahren verdunkelte sich plötzlich der Horizont. Die internationale Strukturkrise, die mit dem Ölpreisschock 1973 anhob, brachte eine

30 Wirsching, Abschied vom Provisorium, 393–398.

31 Statistisches Bundesamt: Was hat die Volkszählung 1987 gebracht, wie wurden ihre Ergebnisse verwendet? https://web.archive.org/web/20040803193300/http://www.destatis.de/zensus/vz_87.htm, letzter Zugriff: 22.09.2021.

lange nicht mehr gekannte hohe Arbeitslosigkeit, hohe Inflation und Probleme des industriellen Strukturwandels. Die wohlfahrtsstaatlichen Sicherungssysteme, die auf dem Wirtschaftswunder aufgebaut hatten, und die bisherigen Politiken wurden dadurch bis an die Grenzen belastet. Besonders in Großbritannien führte die Krise zu einem tiefen Einbruch, zu Inflationsraten von 25 Prozent, einem rapiden Anstieg der Arbeitslosigkeit, Massenstreiks und völlig überlasteten Infrastrukturen. Das ließ die beunruhigende Frage stellen, ob die Konstruktion eines auf Wirtschaftswachstum gebauten Wohlfahrtsstaates, der die Begehrlichkeiten aus seinem stetig wachsenden Säckel bedienen kann, nicht auf Sand gebaut sei. Mehr noch: ob er sich nicht selbst sein Grab schaufle, indem er immer neue Wünsche hervorrief. Noch zu den Hochzeiten des Wirtschaftswunders hatte sich eine Kritik am Wohlfahrtsstaat entwickelt, die in den 1970er Jahren weite Kreise in der westlichen politiktheoretischen Debatte zog; unter dem Begriff „Unregierbarkeitsdebatte" ist sie klassisch geworden.[32] Sie wurde angestoßen durch eine Studie, die im Auftrag eines internationalen Netzwerks von Wissenschaftlern, Politikern, Unternehmern und Gewerkschaftern, der „Trilateralen Kommission", 1975 veröffentlicht wurde und an der u. a. der französische Soziologe Michel Crozier und der amerikanische Politikwissenschaftler Samuel Huntington mitgearbeitet hatten. Sie konstatierten eine Krise der Demokratie, die u. a. durch überhöhte Erwartungen der Bürger an die Politik und durch einen exzessiven Ausbau von Demokratie und Wohlfahrtsstaat, aber auch durch einen beschleunigten sozialen Wandel und den Abbau traditioneller Strukturen bedingt sei.[33] Diese international vergleichende, die USA, Japan und Westeuropa (das besonders schlecht wegkam) einschließende Studie wurde interessanterweise in zwei entgegengesetzten wissenschaftlichen Schulen verarbeitet: zum einen in einer marxistischen politischen Soziologie, für die der Name des Habermas-Schülers Claus Offe steht, dessen „Theorie der horizontalen Disparitäten" zu einem klassischen Konzept der Wohlfahrtsstaatssoziologie geworden ist.[34] Offe lag das Thema im Zusammenhang mit der Analyse des Spätkapitalismus schon länger am Herzen. Er argumentierte, zunächst klassisch neomarxistisch, dass der Ausbau des Wohlfahrtsstaates nichts anderes sei als eine Strategie des spätkapitalistischen Staates, um sich Massenloyalität zu sichern. Aber – und da war Offe ein Pionier – die sozialstaatlichen Zuwendungen würden ungerecht verteilt. Nicht Bedürftigkeit, sondern Lobbymacht sei ausschlaggebend dafür: Diejenigen Gruppen, die schlagkräftige Organisationen ausbauen und mit Verweigerung ihrer Leistungen drohen könnten, bekämen mehr vom Kuchen ab als Gruppen, die keine Marktmacht hätten und nicht organisierbar seien. Gewerkschaftlich organisierte Facharbeiter (oder Lokführer), die mit Streik drohen könnten, hätten also systematisch größere Macht

32 Vgl. zur Einordnung: Metzler, Staatsversagen und Unregierbarkeit.

33 Crozier u. a., The Crisis of Democracy.

34 Claus Offe, Politische Herrschaft; ders., „Unregierbarkeit". Zur Renaissance konservativer Krisentheorien, in: Jürgen Habermas (Hg.), Stichworte zur „Geistigen Situation der Zeit", Bd. 1: Nation und Republik, Frankfurt 1979, 294–318.

im Sozialstaat als alleinerziehende Mütter oder Rentner. Damit würden die Facharbeiter in das System integriert, während den alleinerziehenden Müttern nicht nur die sozialstaatliche Unterstützung, sondern auch die staatsbürgerliche Sprachfähigkeit verwehrt werde. Diese selbstproduzierten Ungleichheitseffekte brächten den kapitalistischen Staat wiederum in Legitimationsprobleme, weil er sich vorwerfen lassen müsse, er sei nicht in der Lage, die Gerechtigkeit herzustellen, die er verspreche. Besonders in wirtschaftlichen Krisen führe dies zu Verteilungskonflikten, in denen der Staat in konstanten Begründungskonflikten stehe: Warum bekommt der eine etwas und der andere nicht?

Die Unregierbarkeitsdebatte ist andererseits von liberaler und konservativer Seite aufgegriffen worden, hier zwar häufig als simple Gewerkschaftskritik, aber auch als die besorgte Frage nach der Zukunft des Leviathan formuliert.[35] Stärker als auf der Linken, die vor allem nach Legitimation durch Gerechtigkeit fragte, ist hier die These verhandelt worden, dass die selbstproduzierte Überforderung die Erfüllung der klassischen Staatsaufgaben – Sicherheit, Recht – in Frage stelle und den Staat delegitimiere. Während konservative Autoren eine Anspruchsinflation von Wohlfahrtsempfängern am Werk sahen, die mit ihren Wählerstimmen den Staat zu immer mehr Staatstätigkeit drängten und ihn dadurch überforderten, sahen linke Autoren Widersprüche des Kapitalismus am Werk. Ihre Beschreibungen des Phänomens ähnelten sich aber.

Die politische Reaktion auf die Probleme des Interventionsstaates ist mit dem Begriff „Neoliberalismus“ und den Namen Margaret Thatchers und Ronald Reagans verbunden. Der Neoliberalismus als ökonomische Theorie kritisierte die keynesianischen Konzepte und hatte im Verein damit eine andere Vorstellung von der Rolle des Staates.[36] Ökonomen wie die Wirtschaftsnobelpreisträger Friedrich von Hayek oder Milton Friedman hatten, teils schon seit Jahrzehnten, gegen die Nachfragetheorie von Keynes argumentiert und die These vertreten, der Staat könne bestenfalls indirekten Einfluss nehmen, indem er die Geldmenge kontrolliert, damit Inflation und Deflation steuert und so das Investitions- und Kaufverhalten der Unternehmen und Kunden anregt bzw. bremst. Darüber hinausgehend solle der Staat nicht aktiv werden; weil ihm ökonomische Rentabilität fremd sei, vielmehr die eigene Legitimation (etwa durch Wählerstimmen) ein Hauptinteresse darstelle, könne er nicht rational wirtschaften. Deshalb solle er sich auch aus der Sozialpolitik heraushalten, die den individuellen Akteuren überantwortet werden solle. Das originäre Spielfeld des Staates seien Sicherheit und Ordnung, Krieg und Frieden und nicht soziale Gerechtigkeit, ökonomische Planung oder Einfluss auf die Lebensstile des Einzelnen.

Hinter den neoliberalen Thesen steht ein ausgeprägter Individualismus, der zum einen durch die angelsächsische Tradition unterfüttert ist. Zum anderen gilt aber gerade für die Gründerväter, dass sie vor dem Nationalsozialismus geflohen waren und ihre Theorie explizit auf einer Kritik an den Konzepten vom Totalen Staat

35 Hennis u. a., Regierbarkeit.
36 Vgl. als kurze Einführung: Ther, Neoliberalismus.

der Zwischenkriegszeit aufbauten. Für Hayek waren, wie er bereits 1944 in seinem berühmten Buch „The Road to Serfdom" argumentierte, Bolschewismus und Nationalsozialismus zwei Seiten derselben Medaille: Sie verkörperten das Gewaltpotential kollektivistischer Konzeptionen von Staat und Gesellschaft.[37] Die neoliberale Kritik hatte nicht nur die Zielvision einer Gesellschaft, die sehr viel mehr als der Umverteilungsstaat mit sozialer Ungleichheit leben wollte, sondern sie thematisierte auch die Frage nach der Autonomie des bürgerlichen Subjekts, das von einem notwendig bürokratischen Wohlfahrtsstaat eben durch seine Fürsorge in die Entmündigung gezwungen werde. In der amerikanischen Gesellschaft, wo die Zurückhaltung gegenüber dem Staat ohnehin ausgeprägt war, traf dies auf offene Ohren. Ronald Reagan, von 1981 bis 1989 Präsident der Vereinigten Staaten, vertrat diese Wirtschaftstheorie mit Überzeugung.[38] Er befürwortete weitgehende Steuersenkungen, vor allem bei den Wohlhabenden, weil dadurch Investitionen angeregt würden und damit mittelfristig auch die Staatsverschuldung sinken würde („Trickle-down-Effekt"). Der Spitzensteuersatz, der in den 1950er Jahren bei über 90 Prozent gelegen hatte, sank unter seiner Regierung von 70 auf 28 Prozent. Zentrale und beliebte sozialpolitische Instrumente wie *Medicare* etwa, die bundesstaatliche Grundversicherung für ältere und arme Bürger, ließ Reagan dagegen unangetastet, obwohl sie einen großen Batzen im Haushalt ausmachten – das waren schließlich auch Wählerinnen und Wähler, die man nicht verschrecken wollte. Gleichzeitig initiierte er ein massives Aufrüstungsprogramm, das wie eine Konjunkturspritze wirkte. Die Verschuldung stieg deshalb erheblich an, ebenso wie die soziale Ungleichheit sich deutlich verschärfte.

Die Bedingungen waren in Großbritannien anders, denn hier, in einer seit jeher liberalen, ebenfalls eher staatskritischen Gesellschaft waren seit den Labour-Reformen nach dem Krieg viele Linien eines interventionistischen Staates eingezogen worden. Man konnte geradezu von einer Mischwirtschaft mit einem sehr hohen Staatsanteil sprechen. Margaret Thatcher übernahm 1979 das Premierministeramt von einer Labour-Regierung, die seit Jahren am Rande des Zusammenbruchs operiert hatte.[39] Thatcher beschränkte den Einfluss der mächtigen (und vielkritisierten, weil undemokratisch organisierten) Gewerkschaften; sie senkte die Steuern, die allerdings bis dato im Spitzensteuersatz bei annähernd 90 Prozent gelegen hatten und nun mit 50, später 40 Prozent auf europäisches Niveau kamen; sie reduzierte die Arbeitslosenunterstützung und privatisierte große Teile der verstaatlichten Sektoren: British Telecom, British Airways, Eisenbahn und Energieversorger. Sie verkaufte eine Million Wohnungen in Staatsbesitz, häufig zu reduzierten Preisen an die Bewohner, und ermunterte die Bürger, Aktien zu kaufen, um Vermögen anzusparen und an der Konjunktur mitzuverdienen. Ihr Ziel war eine „property owning democracy". Aber

37 Friedrich von Hayek, The Road to Serfdom (1944), London 2009.

38 Ein kurzer Abriss: Peter de Thier, Die amerikanische Wirtschaftspolitik unter Ronald Reagan, in: Aus Politik und Zeitgeschichte 28. Oktober 1988, 15–23.

39 Mergel, Großbritannien nach 1945, 179–201.

die populäre staatliche Gesundheitsversorgung im *National Health Service* wurde ebenso wenig angetastet wie *Medicare* in den USA. Weil sie die defizitären Staatsbetriebe losgeworden war, sank die Staatsverschuldung in der Ära Thatcher auch deutlich ab. Allerdings wuchs die soziale Ungleichheit stark an, vor allem deshalb, weil die indirekten Steuern zu Lasten der direkten Steuern stiegen.

Reaganomics wie Thatcherismus sind in ihren ökonomischen Auswirkungen bis heute umstritten; aber in jedem Fall konnten sie nicht den ökonomischen Erfolg verbuchen, den sie versprochen hatten, ebenso wenig wie sie den Interventionsstaat dauerhaft zurückfahren konnten. Das neoliberale Projekt ist über Großbritannien hinaus aber auch in Europa lange nicht in dem Maß durchgesetzt worden, in dem es manchmal mystifiziert wird. Nach dem Ende des Ostblocks wurden in den meisten Ländern des ehemaligen Ostblocks neoliberale Schocktherapien verabreicht, die die Bürger und die Wirtschaftsstruktur überforderten und überdies nicht „liberal" wirkten, weil in einer Gesellschaft, die auf Klientelbeziehungen beruhte und von den Nachlassverwaltern einer vorherigen Staatspartei dominiert war, Marktlogiken nicht so funktionierten, wie die liberalen Theoretiker sich dies vorstellten, Rechtsgarantien und Beteiligung nicht gegeben waren. Insofern, so Philipp Ther, beruhten sie auf einem Defizit an Demokratie.[40]

In Westeuropa wurde dagegen das neoliberale Projekt nur in Ansätzen realisiert; der Kritik von Ökonomen war es immer ausgesetzt. Freilich wurden große Unternehmen wie die Telekom oder die Bahn auch in der Bundesrepublik privatisiert. Freilich zogen der Staat und insbesondere die kommunalen Unternehmen sich aus dem sozialen Wohnungsbau zurück und generierten damit auf lange Sicht soziale Konflikte. Aber die Zahlen sprechen insgesamt eine andere Sprache als die These vom „Rückbau des Staates" sagt. Im Gegenteil wird man von einer Ausweitung der staatlichen Intervention sprechen müssen, vor allem in Bezug auf Wohlfahrtspolitik. Und das gilt nicht nur für die Bundesrepublik, die nach 1990 schwer mit dem „Aufbau Ost" beschäftigt war. In fast allen europäischen Ländern, Großbritannien eingeschlossen, stiegen die Sozialausgaben auch nach den 1970er Jahren weiterhin deutlich an, ebenso wie die Staatsquote. Sogar unter Thatcher sank die britische Staatsquote nur wenig ab und stieg danach auch wieder auf das deutsche Niveau von etwa 45 Prozent.[41] Insbesondere die „Friedensdividende" nach dem Ende des Kalten Krieges, aber auch (in Deutschland und Ostmitteleuropa) die Kosten des Umbaus haben als Anschub gewirkt, den Sozialstaat auszubauen. In der Bundesrepublik ist der Anteil der Ausgaben für soziale Sicherung am Bundeshaushalt zwischen 1990 und 2019 von 27 auf 50 Prozent gestiegen.[42] Nicht nur hier, sondern in

40 Ther, Geschichte des neoliberalen Europa.

41 Wirsching, ‚Neoliberalismus' als wirtschaftspolitisches Ordnungsmodell?, 141.

42 Antwort der Bundesregierung auf die Kleine Anfrage der Abgeordneten Christian Dürr, Grigorios Aggelidis, Renata Alt, weiterer Abgeordneter und der Fraktion der FDP – Drucksache 19/7348 – (11.03.2019). https://dip21.bundestag.de/dip21/btd/19/082/1908228.pdf, letzter Zugriff: 19.09.2021. Diese Ausgaben umfassen weit mehr als den Etat des Bundesministeriums für Arbeit und Soziale Sicherung. Die Zurechnungen haben sich im Lauf der Jahre mehrfach verändert.

ganz Europa sind nach dem Kalten Krieg neue wohlfahrtsstaatliche Leistungen eingerichtet worden, die auf neue Herausforderungen reagieren. Dazu zählen insbesondere Pflegeversicherungen, um die Versorgung alter Menschen sicherzustellen, da die klassischen Familienstrukturen dies immer weniger leisten können. Oder eine sozialstaatliche Besserstellung von denen, die keine oder nicht genug Erwerbsarbeit leisten konnten, weil sie nicht entlohnte Arbeit verrichteten wie Kindererziehung oder Pflegearbeit. Diese neuen Maßnahmen kann man als nachholende Politik interpretieren, die einer veränderten sozialen Wirklichkeit Rechnung trägt. Dass es sich dabei häufig um Wahlgeschenke handelt, tut der Einordnung in ein großes Muster des Interventionsstaats keinen Abbruch: dass dieser gesellschaftliche Schieflagen ausgleichen will. Jedoch: Sie kosten viel Geld, das häufig aus Steuermitteln aufgebracht wird und so weiterhin den Staat ins Spiel bringt.

Von einem Ende des Wohlfahrtsstaats kann also keine Rede sein. Man kann diese Projekte aus der Notwendigkeit heraus verstehen, eine Gesellschaft zusammenzuhalten. Sie offenbaren aber auch die Funktionsprobleme einer auf Dauer angelegten Selbstbindung des Wohlfahrtsstaates, der eine Gesellschaft sozial absichern muss, die sich schneller verändert, als er seine Instrumente anpassen kann. In einer alternden Gesellschaft, in der sehr viel weniger Kinder geboren werden als früher und die Menschen sehr viel länger leben, können die anfallenden Rentenzahlungen nur mehr mühsam bewältigt werden. In Deutschland müssen die Renten, die eigentlich aus Beiträgen der heute Arbeitenden und ihrer Arbeitgeber finanziert werden wollen, immer mehr staatlich finanziert werden. Fast ein Drittel des gesamten Bundeshaushalts – 2019: 102 von 343 Milliarden Euro – fließt inzwischen als Bundeszuschuss an die Rentenkasse! Dieses Phänomen, das grosso modo für ganz Europa gilt, hat deshalb in allen europäischen Staaten zu Reformbemühungen geführt, die auf eine gemischte Finanzierung zielen, um die staatliche Verpflichtung zu begrenzen, etwa (wie in den Niederlanden) einen Mix aus steuerfinanzierter, also staatlicher Grundrente, beitragsfinanzierter oder betrieblicher Alterssicherung und privatem Vorsorgebeitrag. Man kann dies als „Rückzug des Staates" interpretieren. Man kann es aber auch aus dem Strukturproblem des Wohlfahrtsstaates heraus verstehen, der auf Grund der Veränderung der Bedingungen immer schwerer in der Lage ist, seine vor Jahrzehnten abgegebene Verpflichtung einzuhalten. Und der, wenn es um neue wohlfahrtsstaatliche Notwendigkeiten geht, der erste ist, den man in Anspruch nimmt.

Zumal in Frage steht, ob der Wohlfahrtsstaat noch das leistet, was er leisten soll. Denn trotz seines Wachstums hat seit dem Ende des Kalten Kriegs die soziale Ungleichheit in Europa zugenommen. Die rasante technologische und ökonomische Entwicklung hat soziale Gruppen zurückgelassen, neue Einkommensarten und Steuerschlupflöcher geschaffen, hat mit der Globalisierung auch eine neue Steuerkonkurrenz zwischen Staaten etabliert: Hier kommt der im Wesentlichen noch national organisierte Wohlfahrtsstaat nur langsam hinterher. Dass er dem Problem der alternden Gesellschaft und ihrer gewandelten Bedürfnisse nur verzögert begegnen kann, wurde schon angesprochen. In welcher Weise der Wohlfahrtsstaat mit seinen

Leistungen selbst die Entwicklung von stabilen „Hartz-IV-Milieus" begünstigt, die das subventionierte Leben für die Normalität halten, ist umstritten. Aber es scheint, als ob die Dynamik der sozialen Mobilität, die die *trente glorieuses* noch bestimmt hatte, weitgehend zum Erliegen gekommen ist, so dass mit wohlfahrtsstaatlichen Mitteln die Aussicht auf ein besseres Leben zumindest für die Kinder nicht mehr eröffnet werden kann. Dennoch ist die Akzeptanz des Wohlfahrtsstaates hoch; seine Bedeutung für die Legitimation gerade der westlichen liberalen Gesellschaften ist vornehmlich in Krisenzeiten kaum zu überschätzen.[43] Das Sicherheitsversprechen des Leviathan ist zu einem sozialen Sicherheitsversprechen geworden, und seine Legitimität wird, so scheint es, vor allem daran gemessen.

43 Carsten G. Ullrich, Die Akzeptanz des Wohlfahrtsstaates. Präferenzen, Konflikte, Deutungsmuster, Wiesbaden 2008.

10. Supranationale Staatlichkeit als neues Modell? Das Beispiel der europäischen Integration

Dass Nationalstaaten viele Probleme nicht lösen können, die sie teilweise selbst geschaffen haben, wurde mit den Kriegen des 20. Jahrhunderts überdeutlich: Wie kann man die kriegerische Energie, die von den Nationalstaaten ausgeht, zähmen? Der Kalte Krieg machte aber auch klar, dass einzelne Nationalstaaten unter Umständen nicht mächtig genug sind, um sich zu behaupten. Staatenblöcke bildeten sich, die zunächst ideologisch und militärisch begründet waren, die aber im Lauf ihrer Zusammenarbeit ähnliche Institutionen und intensivere Kommunikation entwickelten und sich so auch in ihren Strukturen aufeinander zubewegten. Erst nach dem Zweiten Weltkrieg entwickelte sich so die Vorstellung einer westlichen demokratischen Staatengemeinschaft. Die ökonomische Entwicklung drängte ebenfalls über die Nationalstaatlichkeit hinaus; größere Märkte mit weniger Zollschranken sollten geeignet sein, den Wohlstand der Bürger zu erhöhen. Seit dem späten 20. Jahrhundert wurden andere Herausforderungen immer drängender. Die Globalisierung, die schon im späten 19. Jahrhundert einen ersten Höhepunkt erlebt hatte, ließ sich mit nationalstaatlichen Mitteln nicht kontrollieren. Und Umweltzerstörung und Umweltschutz überfordern Nationalstaaten ganz grundsätzlich. Das Nachdenken über Formen der Staatlichkeit über die Nationalstaatlichkeit hinaus, das es schon seit der Zwischenkriegszeit gab, gewann mit diesen neuen Herausforderungen an Dringlichkeit. Suprastaatlichkeit meinte dabei eine – freiwillige! – Abgabe von Souveränitätsrechten an eine internationale Ebene und damit als mittelbare Folge auch Elemente einer Staatsbürgerlichkeit oberhalb der Nationalstaaten.

Der ambitionierteste Gedanke war (und ist) gleichzeitig der entfernteste: Der Traum von einem Weltstaat, den es schon im 19. Jahrhundert gegeben hatte und der mit dem Völkerbund der Zwischenkriegszeit einen ersten, sehr begrenzten Umsetzungsversuch erfuhr, hatte nach dem Zweiten Weltkrieg neue Popularität gewonnen. Wenn man aber das wichtigste Kriterium nimmt, nämlich die jedenfalls partielle Aufgabe von Souveränität, sind die Vereinten Nationen eher kein Fall von Suprastaatlichkeit, weil die einzelnen Mitgliedstaaten weiterhin im Vollbesitz ihrer Souveränität bleiben, wenngleich sich vor allem im Völkerrecht immer deutlicher Momente einer überstaatlich (mehr oder weniger) akzeptierten Autorität herausschälen. Ebenso wenig kann ein verschleiertes Imperium, das sich als supranationaler Zusammenschluss geriert hat, wie der Ostblock unter sowjetischer Hegemonie, unter die Betrachtung fallen. Auch Militärbündnisse wie die NATO gehören nicht in diese Kategorie, obwohl man argumentieren könnte, dass die einzelnen Staat darin nicht mehr unumschränkte Herren ihrer Kriege sind. Es soll im Folgenden nur um das bisher erfolgreichste Modell einer Institution gehen, die die Nationalstaaten überschreitet und in zunehmendem Maß Momente von Staatlichkeit annimmt, dabei allerdings an Grenzen stößt: Die Europäische Union (die ich der Einfachheit halber mit ihrem Kürzel EU benenne, obwohl dieser Name erst seit 1993 existiert), ist bisher vielleicht der einzige Fall, der die nationale Staatlichkeit ihrer Mitglieder vielfach überlagert. Sie hat vor allem in rechtlicher Hinsicht Momente von Souveränität angenommen und hat Institutionen entwickelt, die in der politischen Willensbildung und der Umsetzung von Politik eine eigene, quasistaatliche Dimension ausgebildet haben. Momente einer europäischen Staatsbürgerlichkeit und „Staatsgesinnung" sind jedenfalls in nuce sichtbar. Als Pionierunternehmen wurde diese europäische Integration für andere suprastaatliche Projekte vorbildhaft. Namentlich die Organisation Afrikanische Einheit, die seit 2002 „Afrikanische Union" heißt und tatsächlich alle afrikanischen Staaten umfasst, hat sich als Vorbild die EU genommen. Für die Frage, was nach dem Nationalstaat kommt, sind Zusammenschlüsse wie die EU jedenfalls bislang noch erste Kandidaten. Sie soll im Folgenden auf die Momente von Staatlichkeit untersucht werden, die sie von Anfang an hatte oder mit der Zeit angenommen hat.[1]

Auch in Bezug auf suprastaatliche Modelle ist zunächst Thomas Hobbes die Referenz, denn auch die suprastaatlichen Modelle des 20. Jahrhunderts gingen wie dessen Modell des souveränen Staates aus der Erfahrung des Bürgerkriegs hervor: des „Europäischen Bürgerkriegs" zwischen 1914 und 1945. Mit einem großen Unterschied: Hobbes' Figur des Leviathan konzipierte den modernen Staat als einen Souverän „über" der Gesellschaft, als einen Herrscher, dem alles untertan ist. Diese Art von Souveränität ließ sich aber nicht auf suprastaatliche Einigung anwenden, die ja als ein freiwilliger Zusammenschluss gleichberechtigter Mitglieder vor sich gehen sollte. Zwar war es auch bei Hobbes zunächst ein freiwilliger Vorgang, dass die (einzeln gedachten) Menschen auf ihre naturrechtliche Souveränität, etwa das Recht zur Gewaltausübung, verzichten. Aber damit hatten sie dieses Recht endgültig aus der Hand gegeben. Die suprastaatlichen Modelle, die nach dem Zweiten Weltkrieg entstanden, beruhen dagegen auf Verträgen zwischen Staaten, die nur so lange bindend sein können, solange diese das auch wollen. Zwar sahen die EU-Regeln bis 2009 weder einen Austritt noch einen Ausschluss vor, aber hätte das Vereinigte Königreich sich für den Brexit darum geschert? Man kann mit dem Vertrag von Lissabon aus der EU auch wieder ausscheiden, auch wenn dies umständlich,

1 Als günstiger und verlässlicher, aber ganz ereignisgeschichtlicher Standard zur Europäischen Integration: Brunn, Die Europäische Einigung. Eine problemorientiertere, dabei aktuellere Untersuchung, die v. a. nach dem Verhältnis von europäischen Mythen und Realität fragt: Patel, Das Projekt Europa.

langwierig und unter Umständen teuer ist (ein Ausschluss durch die EU ist übrigens nicht möglich). Aus einem Staat alter Art kann man aber nicht auf eigenen Wunsch ausscheiden. Hier zeigte sich ein historisch neues Problem: Will man keine Gewaltanwendung, ist die Freiwilligkeit der Mitgliedschaft in der suprastaatlichen Gemeinschaft nicht dispensierbar. Damit ist aber auch deren Zusammenhalt viel fragiler und muss mit anderen Instrumenten gesichert werden.

10.1 Vorgeschichten der europäischen Einigung

„Europa“ war ein ambivalenter Sehnsuchtsort. Denn auch das Imperium Napoleons war ja ein europäisches Einigungsprojekt gewesen, der Versuch, einen europaweiten Staat unter französischer Hegemonie mit gemeinsamem Recht und ähnlicher Sozialverfassung zu begründen.[2] Der Korse selbst hat dies seinem Sekretär zufolge als explizite Vision für sein Imperium geäußert: ein zentral organisierter Einheitsstaat mit einem europäischen Gerichtshof, gleicher Währung und Maßeinheiten, einer europäischen Armee, „un même peuple“ und eine „patrie commune“. Nach Napoleons Sturz trieben die Ideen von einem europäischen Völkerbund und einem europäischen Bundesstaat Blüten.[3] Das richtete sich einerseits gegen die monarchischen Vielvölkerstaaten, andererseits aber auch gegen die neue Mode des Nationalstaats, dem schon die Zeitgenossen des Vormärz kriegerisches Potential nachsagten. Heinrich Heine war nicht der Einzige, der in einem „europäischen Vaterland“ das größere Ziel hinter der Nationsbewegung sah. Von dem italienischen Revolutionär Giuseppe Mazzini stammt der Begriff der „Vereinigten Staaten von Europa“, und damit wird deutlich, wo man das Vorbild sah. Die Europaidee war im 19. Jahrhundert eine progressive, wenn nicht gar utopische Idee, von vorneherein mit der Idee des Friedens besetzt. Und sie war eine Elitenidee – für die gewöhnlichen Leute war Europa als Identifikationsort weit weg.

Einzelne politische Theoretiker haben schon vor und nach dem Ersten Weltkrieg das Konzept des souveränen Staates für überholt erklärt.[4] Im Umfeld der „Urkatastrophe des 20. Jahrhunderts“, des Ersten Weltkriegs, traten auch Ideen zutage, die sich eine europäische Integration von unten und nicht von oben vorstellten. Vermutlich mehr zitiert als einflussreich war der Publizist Richard Coudenhove-Kalergi, ein wahrhaft internationaler Mensch: Geboren in Tokio, aufgewachsen in Westböhmen, nahm er auch die tschechoslowakische und die französische Staatsbürgerschaft an und emigrierte während des Zweiten Weltkriegs in die Schweiz und die USA. Er wollte dem „Europäischen Bürgerkrieg“, den er als einer der ers-

2 Roger Dufraisse, Die „hegemoniale“ Integration Europas unter Napoleon I., in: Berding, Wirtschaftliche und politische Integration in Europa, 34–44.

3 Zum Folgenden: Claude D. Conter, Europakonstruktivisten und Modeeuropäer. Antriebskräfte des Europadiskurses zwischen 1815 und 1914, in: Lappenküper/Thiemeyer (Hg.), Europäische Einigung, 21–43.

4 Skinner, Genealogy of the Modern State, 359 f.

ten so nannte, mit einem geeinten Europa ein Ende machen.[5] 1922 gründete er die (heute noch bestehende) Paneuropa-Union, der u. a. Albert Einstein, Thomas Mann und viele Politiker angehörten. Es war ein eher konservatives Konzept, das in mancher Hinsicht an eine Konzeption von „Abendland" erinnerte. Die Paneuropavision hatte, was viele Visionen haben: einen gewissen Mangel an pragmatischem Realitätssinn. Paneuropa war gedacht als ein lockerer Staatenbund, der nicht in die inneren Angelegenheiten seiner Mitgliedstaaten eingriff, neutral war und die verschiedensten Verfassungsformen dulden sollte. Was dieses Konglomerat dann aber am Ende zusammenhalten sollte, mal abgesehen von der großen Idee: Das wurde niemals klar. Vanessa Conze attestiert Coudenhove-Kalergi, gerade wegen seiner Vielvölkersozialisation nur wenig Verständnis für die nationalen Identitäten, Ängste und auch politischen Besonderheiten gehabt zu haben. Von einem europäischen Superstaat war bei Coudenhove indes nicht die Rede.

Solche Ideen, die sich den Bau Europas von unten her vorstellten, wirkten gegenüber den nüchternen Machtrealitäten immer ein wenig romantisch und konnten im konkreten Einigungsprozess wenig Einfluss gewinnen. Aber man sollte die begeisternde Kraft nicht geringschätzen, die solchen Vorstellungen innewohnte. Neben solchen Visionären und Visionen gab es seit dem Ersten Weltkrieg aber auch handfester motivierte. Viele Akteure hatten gerade durch den Krieg erkannt, wie abhängig die europäischen Staaten in wirtschaftlicher Hinsicht voneinander waren, und sie suchten, darauf erste Integrationsstrategien zu bauen. Das galt besonders für die vormaligen Erzfeinde Deutschland und Frankreich, wo in den politischen Führungseliten sogleich nach dem Krieg über eine verstärkte Zusammenarbeit nachgedacht wurde.[6] Einige der wichtigsten Vertreter, allen voran der französische Außenminister Aristide Briand, waren begeisterte Europäer. 1924 trat, angeführt von dem französische Nationalökonomen Charles Gide, ein internationales Komitee für eine europäische Zollunion ins Leben; wenig später, 1926, wurde die Internationale Rohstahlgemeinschaft gegründet, ein Stahlkartell unter Leitung des französischen Abgeordneten Robert Schuman, das die Stahlproduktion regeln und Überproduktion verhindern sollte, und dem nicht nur Frankreich, Deutschland, Belgien und Luxemburg, sondern auch Österreich, Ungarn und die Tschechoslowakei angehörten und in dem Gustav Stresemann bereits die Konturen eines paneuropäischen Bündnisses erkannte. Der Ausgangspunkt war die wirtschaftliche Verflechtung, und ganz besonders: die Abhängigkeit der französischen Stahlindustrie von deutscher Kohle. Die ökonomischen Beweggründe sollten im Weiteren ein bestimmendes Element bleiben.

Der nach dem napoleonischen Unternehmen erste, jedenfalls zeitweilig erfolgreiche Versuch einer Einigung Europas war dann doch wieder ein kriegerischer und imperialistischer: Auf der Basis der Vorstellung von einer Überlegenheit der arischen „Rasse" bildete das nationalsozialistische Imperium während des Zweiten

5 Hierzu: Vanessa Conze, Richard Coudenhove-Kalergi. Umstrittener Visionär Europas, Zürich 2003.
6 Krüger, Die Ansätze zu einer europäischen Wirtschaftsgemeinschaft.

Weltkriegs einen staatlich organisierten Gesamtraum aus, der im Grunde wie der koloniale Staat funktionierte, sich aber selbst als „Reich“ begriff und an Konzeptionen vom „Abendland“ anschloss. Die „Neue Ordnung Europas“ war eine hegemoniale Idee, die nicht viel mit Supranationalität, umso mehr mit Imperialität zu tun hatte.[7] Nichtsdestotrotz – oder deshalb – war es begleitet von Momenten der Staatlichkeit, über die militärische und polizeiliche Gewaltausübung, über Sklavenarbeit und Massenmord hinaus. So gab es nicht nur Pläne für eine gesamteuropäische Wirtschaftspolitik, sondern es gab auch transnationale Zahlungsausgleichsstellen, die den Warenaustausch erleichterten, für das Deutsche Reich das Devisenproblem teilweise lösten und als Vorform einer gemeinsamen Währung betrachtet werden können. Pierre Pucheu, Innenminister in Vichy, dem Restfrankreich von Hitlers Gnaden, der schon für Robert Schumans Stahlkartell gearbeitet hatte, entwarf einen Plan für einen gemeinsamen europäischen Markt ohne Zollschranken und mit einer gemeinsamen Währung, und er begeisterte damit Albert Speer und andere Nazis. Der amerikanische Diplomat George F. Kennan, einer der intimsten Kenner Europas, hatte den Eindruck, dass es mit Hitlers Neuer Ordnung nur ein Problem gebe: dass es nämlich *Hitlers* Ordnung sei.[8]

10.2 Ausgangsmotive: Deutschland kontrollieren, Kalter Krieg, wirtschaftliche Zusammenarbeit

Mit dem Scheitern des nationalsozialistischen Europa wurde aber gleichermaßen deutlich, dass solche imperialen Konzepte nicht mehr tauglich sein würden. Auch verschiedene Widerstandsgruppen gegen den Nationalsozialismus hatten die Europa-Idee von Anfang an im Portfolio, wiederum mit dem erklärten Ziel, künftige Kriege zu verunmöglichen. Nach 1945 bildeten sich in verschiedenen europäischen Ländern Bewegungen vor allem jüngerer Menschen, die eine europäische Einigung forderten, publikumswirksam Schlagbäume einrissen und sich grenzüberschreitend versammelten. Doch auch in den Politikzirkeln und Vorstandsetagen war die Frage nach „Europa“ aktuell. Dabei knüpfte man an Konzeptionen der Zwischenkriegszeit an. Die hauptsächlichste Motivation in diesen Kreisen war zunächst, Deutschland einzuhegen und einen erneuten Versuch deutscher Hegemonie zu verhindern.

Das zweite Motiv war der Kalte Krieg, der eine europäische Einigung von vornherein als eine wesentlich *west*europäische Einigung nahelegte. Der Marshall-Plan hatte ursprünglich als Angebot auch den Ländern unter Sowjetherrschaft vorgelegen, aber Stalin untersagte die Annahme der Hilfen, weil daran die Forderung eines marktwirtschaftlichen Austauschs gebunden war. Mit der kommunistischen Machtergreifung in Prag 1948 war klar, dass man hier eine (ost-)europäische Einigung von der imperialen Sorte vor sich hatte, gegen die ein Zusammenschluss der

7 Mazower, Hitlers Imperium, 509–554.
8 Judt, Geschichte Europas nach dem Zweiten Weltkrieg, 184.

westeuropäischen Staaten dringend auf der Tagesordnung schien. Die Benelux-Staaten hatten bereits soeben eine vollständige Bewegungsfreiheit für Güter und Arbeit beschlossen. 1949 entwarf der französische Politiker-Unternehmer Jean Monnet einen Plan, der als „Schuman-Plan" (nach dem französischen Außenminister Robert Schuman) weitreichende Folgen haben sollte: Die gesamte deutsche und französische Kohle- und Stahlproduktion sollte unter die Fittiche einer internationalen Behörde wandern. Andere Länder schlossen sich an – die Briten nicht, und deshalb blieben auch die skandinavischen Länder fern –, so dass 1951 die Europäische Gemeinschaft für Kohle und Stahl (EGKS) mit den sechs Mitgliedsländern Deutschland, Frankreich, Benelux und Italien gegründet wurde. Tony Judt hat auf die kulturellen Nähen hingewiesen, die die Gründer begleiteten: In allen beteiligten Ländern regierten christdemokratische (also überwiegend katholische) Parteien, und die drei dominanten Figuren hatten einen ähnlichen kulturellen Hintergrund: Sie kamen alle aus einer Randregion ihres Landes und kannten somit die „anderen" ganz gut: Alcide de Gasperi, der italienische Ministerpräsident, entstammte dem ehemals österreichischen Trentino und hatte in Wien studiert; Adenauer war Rheinländer mit Affinität zu Frankreich; Robert Schuman kam aus dem vormals zum Deutschen Kaiserreich gehörenden Luxemburg: Die Verhandlungssprache zwischen den Dreien war Deutsch![9]

Die EGKS war nur ein erster Anfang, nicht sonderlich effizient und alles andere als europaweit. Aber hier zeigten sich die ersten Grundlinien einer europäischen Integration, wie sie sich die nächsten Jahrzehnte weiterentwickeln sollte: Es war zunächst, nach der verheerenden europaweiten Not nach dem Zweiten Weltkrieg, ein Projekt zur Verbesserung der wirtschaftlichen Umstände und zur Hebung des Lebensstandards. Sodann aber war es auch ein politisches Vehikel in wirtschaftlicher Verkleidung. Die ökonomische Zusammenarbeit bedeutete ja auch eine internationale Kontrolle über das Ruhrgebiet und somit über Deutschlands industrielles Herz, ebenso wie umgekehrt die Bundesrepublik auch französische, belgische und luxemburgische Schwerindustrie mit kontrollierte. Es waren also die Hochburgen der Rüstungsindustrie, die unter internationaler Kontrolle standen. Besonders wichtig war dabei die Betonung der deutsch-französischen Kooperation, denn sie betraf den Kern der politischen Konflikte der vergangenen 150 Jahre in Europa. Die Organisation war prononciert westeuropäisch-industriell und sie war in Hinsicht auf die politische Verfassung liberal-demokratisch. Die Briten blieben trotz des Drängens durch die USA abseits, denn sie wollten keine Souveränität an eine supranationale Behörde abgeben.

Die weiteren Einigungsprojekte folgten in etwa diesem Pfad: die wirtschaftliche Einigung enger ziehen, im Gefolge dessen auch die politische Zusammenarbeit intensivieren und die Bürger näher zueinander bringen. Dass die Teilnehmer sich zur liberalen Demokratie westeuropäischer Prägung bekannten und dies eine Teilnahmevoraussetzung war, blieb unausgesprochen; die Römischen Verträge, das

9 Ebd., 187.

Gründungsdokument der europäischen Einigung, sagen nichts darüber. Anfangs stand dieses Ziel auch weniger im Vordergrund. Erst 1962 wurde das Bekenntnis zu Demokratie und Rechtsstaatlichkeit festgelegt, und auf dieser Basis wurde der Beitrittsantrag des diktatorischen Franco-Spaniens abgelehnt.

Wie weit die politische Integration Europas gehen sollte, war beim Einigungsprozess von Anfang an im Fokus. Zwei Schulen standen anfänglich einander gegenüber: Die Unionisten (oder Intergouvernementalisten) zielten auf eine Zusammenarbeit von Staaten im Sinne eines Staatenbunds – höchstens. Die Föderalisten dagegen wollten eine eigene europäische Institutionenebene, an die die nationalstaatlichen Institutionen Souveränitätsrechte abgaben. Daneben entwickelte sich eine dritte, pragmatische Linie: Guido Thiemeyer hat sie „technokratische Staatlichkeit" genannt.[10] Sie, die vor allem auf französische Vorstellungen von einem guten Funktionieren zurückging, stärkte die Verwaltungen und ließ diese die Entscheidungsinstitutionen (also etwa das Parlament) so weit unterstützen, dass diese bei konkreten Projekten kaum mehr nein sagen konnten: im Grunde eine dem Gemeinwohl verpflichtete Expertokratie. Die Technokratie ist wohl das prägendste Element in der Brüsseler Staatlichkeit.

Die einzelnen Stationen der europäischen Integration sind durch Verträge markiert: die Römischen Verträge 1957, mit denen die Gründung der Europäischen Wirtschaftsgemeinschaft (EWG) beschlossen wurde; der Single European Act (1986, Inkrafttreten 1987), der die soziale und ökonomische Konvergenz vorantrieb (u. a. durch das Ziel eines europäischen Binnenmarktes), die Befugnisse europäischer Institutionen (besonders des Europäischen Parlaments) stärkte und als Ziel eine Europäische Union ausgab; der Vertrag von Maastricht (1992/1993), der eine Europäische Union mit übergeordneten Institutionen (z. B. in der Justiz- und Innenpolitik) schuf und eine Wirtschafts- und Währungsunion (mit der Einführung des Euro 2002) auf den Weg brachte; der Vertrag von Amsterdam (1997/1999), der die Mitentscheidung des Europäischen Parlaments bei (fast) allen Fragen einführte; der Vertrag von Nizza (2001/2003), der die politischen Institutionen entscheidungsfähiger machte; schließlich der Vertrag von Lissabon (2007/2009), der wesentliche Elemente der EU-Verfassung übernahm, die kurz zuvor von Frankreich und den Niederlanden in einer Volksabstimmung abgelehnt worden war. Vor allem wurde mit Lissabon die Zuständigkeit des Europäischen Parlaments ausgeweitet und es wurden neue Institutionen geschaffen, insbesondere die eines „EU-Außenministers" (der aber „Hoher Vertreter für die Außen- und Sicherheitspolitik" heißt) und eine Intensivierung in der Sicherheits- und Verteidigungspolitik. In Lissabon wurde auch der freiwillige Austritt von Mitgliedstaaten ermöglicht.

10 Guido Thiemeyer, Konzeptionen europäischer Staatlichkeit im Widerstreit von 1945 bis heute, in: Bieling/Große Hüttmann, Europäische Staatlichkeit, 31–44. Siehe auch Hans-Jürgen Bieling/Martin Große Hüttmann, Staatlichkeit in der Europäischen Union. Dynamiken und Narrative in: Schuppert, Von Staat zu Staatlichkeit, 117–146.

10.3 Dynamik der Intensivierung

Wie man an diesen Stationen (die einen jahre- und manchmal jahrzehntelangen Vorlauf hatten) sieht, gab es eine Dynamik der Intensivierung; seit den späten 1980er Jahren hat sich das Tempo der Integration deutlich erhöht. Was als Wirtschaftsgemeinschaft begann, hatte gemeinsame politische Institutionen zur Folge, die staatliche Funktionen übernahmen. Rechtliche Regelungen wurden zentral vereinbart, von allen Mitgliedern übernommen und hatten die Entwicklung eines europäischen Rechts zur Folge, das die Mitglieder auch über die konkreten Regelungen hinaus band. Viele Gesetze sind einzelstaatlich nur dann rechtens, wenn sie mit dem europäischen Rechtsrahmen übereinstimmen, und der Europäische Gerichtshof hat z. B. in Bezug auf das Arbeitsrecht und die Freizügigkeit der Bürger enormen Einfluss auf die nationale Gesetzgebung. Es entwickelte sich eine quasistaatliche Bürokratie in Brüssel und anderswo. Auch wenn die Vertretung der Einzelstaaten (im Europäischen Rat sitzen die Staats- und Regierungschefs, im Ministerrat die Fachminister) im Normalfall das letzte Wort haben, hat sich doch eine Dynamik der europäischen Verwaltung herauskristallisiert, die mitunter ganz eigene Interessen verfolgt. Ähnliches kann man sagen für das Europäische Parlament, das seit 1979 direkt gewählt wird und seither immer hörbarer beansprucht, eine Vertretung der europäischen Staatsbürger zu sein. Seit dem Vertrag von Maastricht 1992 wurde eine gemeinsame Unionsbürgerschaft entwickelt, die, ohne die nationale Staatsbürgerschaft zu ersetzen, diese ergänzte, die aber bestimmte Bürgerrechte auch jenseits des eigenen Nationalstaats gewähren, so etwa das Wahlrecht zum Europäischen Parlament oder das kommunale Wahlrecht am Wohnsitz auch außerhalb des eigenen Landes.[11] Die allgemeine Freizügigkeit für Unionsbürger hat dazu geführt, dass man sich in jedem Land der Europäischen Union auf einen Job bewerben kann. Das Abkommen von Dublin (1990) sowie die Schengener Durchführungsabkommen nivellierten die zwischenstaatlichen Grenzen und schuf einen gemeinsamen Bewegungsraum, den „Schengen-Raum" (der allerdings nicht ganz deckungsgleich mit der EU ist) mit einer Außengrenze; Grenzkontrollen fielen weg, und mit dieser territorialen Integration war ein ganz zentrales Moment von Staatlichkeit erreicht.

Mit diesen Momenten der Staatlichkeit hat auch die staatliche Symbolik zugenommen: Seit den Römischen Verträgen schon gibt es ergänzend zur nationalen Staatsbürgerschaft die Unionsbürgerschaft, den bordeauxroten Pass erst seit 1981; seit 2005 ist der elektronische Reisepass europäischer Standard. Die Europaflagge wurde 1955 für eine andere Institution, den Europarat, eingeführt; 1986 wurde sie von der EU übernommen. Schillers/Beethovens „Ode an die Freude" ist seit 1985 die offizielle Hymne der EU – aber ohne den (deutschen) Text, um keinen Mitgliedstaat zu bevorzugen. Seit der Einführung des Euro 2002 gibt es mit der Eurozone, also den Ländern, die den Euro als Währung eingeführt haben, gewissermaßen ein „inneres Europa", zu dem die meisten ostmitteleuropäischen und südosteuropäischen

11 Hierzu besonders: Gosewinkel, Schutz und Freiheit?, 592–629.

Länder, aber auch Dänemark und Schweden nicht gehören (auch Großbritannien hatte den Euro nicht eingeführt). Der Euro ist wohl das wirkmächtigste Symbol für ein Europa ohne Grenzen: Ein Zahlungsmittel wirkt als alltägliches Medium der Zusammengehörigkeit. Trotz aller EU-Kritik in den Medien und politischen Bewegungen muss man immer wieder darauf verweisen, dass das geeinte Europa eine von vielen akzeptierte und nachdrücklich unterstützte Lebensform geworden ist. Wie die regelmäßigen demoskopischen Untersuchungen zur Messung der Einstellungen zu Europa, die Eurobarometer, erweisen, hat eine große Mehrheit der Europäer großes Vertrauen in Europa, und die Unterstützung ist in den letzten Jahren trotz der Krisen sogar noch gestiegen. Die Wirtschafts- und Währungsunion wird von drei Viertel der Europäer gutgeheißen.[12]

Das zentrale Schmiermittel für die Kohäsion dieses Europa ist nicht staatliche Gewalt, sondern Geld und vertragliche Bindung. Auch in ihren Staatlichkeitsmomenten operiert die EU meist mit finanziellen Instrumenten; sie finanziert sich aus Beiträgen der Mitglieder (eine eigene Steuer kann die EU nicht erheben). Der Gesamthaushalt der EU beträgt jedoch nur etwas mehr als zwei Prozent aller Staatsausgaben ihrer Mitglieder. Bei den Nationalstaaten ist also jedenfalls in Bezug auf Geld bislang noch sehr viel mehr Staat zu entdecken. Aber die europäischen Institutionen haben sich auf spezifische Strukturaufgaben konzentriert, z. B. Verkehrswege oder Energieversorgung in peripheren Regionen. So war die Gemeinsame Agrarpolitik, die im Wesentlichen Subventionspolitik war und zeitweise zwei Drittel des Haushalts ausmachte, ein wichtiges Instrument zur Erhaltung und Förderung einer Agrarwirtschaft, die vor allem für die südlichen Mitglieder wichtig war. Das sind Merkmale eines modernen Interventionsstaats; sie sind jedoch in freiwilligen Verträgen abgetreten, sie mit staatlichen Gewaltmitteln durchzusetzen ist nicht möglich.

10.4 Dynamik der Erweiterung

Die von vielen anvisierte Staatswerdung der EU stand in Spannung mit dem beständigen Prozess der Erweiterung, dem sie unterlag. Der Staat der Frühen Neuzeit wollte sein Territorium erweitern, um seine Macht in der Konkurrenz zu anderen Staaten auszubauen. Die EU sah sich dagegen in der geographischen Erweiterung mit der Sorge um eine „Ausdünnung" von Staatlichkeit konfrontiert, vor allem deshalb, weil die Neumitglieder in Hinsicht auf ihr wirtschaftliches Niveau und auf ihre politischen Institutionen zunehmend weiter vom Standard innerhalb der Gemeinschaft entfernt waren. Demokratie und politischer Wettbewerb, aber auch Wohlfahrtsstaatlichkeit schienen mit der Zeit immer schwerer zu garantieren.

---

12 Für eine solche Interpretation der Europäischen Einigung als eines bürgerschaftlichen Projekts argumentiert energisch Kaelble, Der verkannte Bürger. Vgl. https://www.europarl.europa.eu/at-your-service/de/be-heard/eurobarometer, letzter Zugriff: 20.11.2021.

Seit 1993 ist der Erweiterungsprozess auch formalisiert worden, dahingehend, dass jedes Land, das sich zu den Prinzipien der EU (den „Kopenhagener Kriterien") bekennt, einen Antrag auf Mitgliedschaft stellen kann (was nicht heißt, dass es aufgenommen werden muss): Wahrung der Menschenrechte, institutionelle Stabilität, demokratische und rechtsstaatliche Grundordnung, Schutz von Minderheiten, aber auch: die Fähigkeit, dem Wettbewerb im Binnenmarkt standzuhalten, Marktwirtschaft, Offenheit gegenüber dem Ausland. Dazu gehört ausdrücklich nicht ein religiöses Bekenntnis. Das „christliche Abendland" ist eine Fiktion, mit der die EU nichts zu tun hat.

Aus den sechs Staaten, die 1957 die Römischen Verträge unterzeichneten, wurde bis 2020 die Europäischen Union mit 27 Mitgliedstaaten, von denen 19 eine Wirtschafts- und Währungsunion bilden. Diese beständige Erweiterung hat den Charakter der EU verändert: Aus einer hauptsächlich in Westeuropa angesiedelten, sozusagen exklusiven Gemeinschaft wurde eine fast ganz Europa umspannende internationale Organisation, die mit erheblichen inneren Spannungen zu kämpfen hat. Die erste, die sogenannte Norderweiterung (1973) war dabei unproblematisch, denn Großbritannien, Irland, Dänemark und Norwegen waren eigentlich von Anfang an schon im Visier gewesen, zierten sich aber noch. Norwegen (das insgesamt viermal einen Antrag gestellt hat) vollzog den Beitritt dann doch nicht, weil eine Volksabstimmung die Besorgnisse reflektierte, dass dann der Wohlfahrtsstaat in Gefahr sei. Ein weiterer Versuch scheiterte 1994 aus demselben Grund. Aber Norwegen ist seit 1994 Mitglied des „Europäischen Wirtschaftsraums" und als solches an Finanzierung und Gegenfinanzierung der EU beteiligt, ohne allerdings Stimmrecht zu haben.

Diese Länder wiesen ähnliche politische Systeme und eine ähnliche Wohlstandslage auf, so dass die innere Tektonik der Europäischen Gemeinschaft nicht in Frage gestellt wurde. Man hatte es darüber hinaus noch mit einer internationalen Organisation zu tun, die tatsächlich vor allem Wirtschaftsgemeinschaft und Zollunion war (wenngleich die Weichen schon auf weitergehende Integration gestellt waren). Diese Art von Integration kollidierte nicht sehr mit den nationalstaatlichen Souveränitätsansprüchen, die vor allem von Großbritannien hochgehalten wurden, und man kann einen Teil der langwierigen Konflikte des Vereinigten Königreichs mit Brüssel auch darauf zurückführen, dass die EU sich ihrerseits veränderte und sich immer mehr integrierte, während Großbritannien ursprünglich, wenn überhaupt, nur einer Wirtschaftsgemeinschaft angehören wollte.

Auch als 1995 Österreich, Schweden und Finnland beitraten, waren Demokratie und Wohlstand keine Frage; diese Staaten waren vergleichbar. Die Beitrittswelle wäre während des Kalten Kriegs nicht möglich gewesen, weil die drei Staaten neutral waren und deshalb nicht der NATO angehörten, womit sich vor 1990 eine Mitgliedschaft in der EU nicht vertrug. Drei Jahre vorher war der Vertrag von Maastricht unterzeichnet worden, der einen enormen Schub an Staatlichkeit bedeutete, mit einer gemeinsamen Wirtschafts- und Währungspolitik (und dem Euro), einer Unionsbürgerschaft und einer engen justiziellen Zusammenarbeit: Nach dem

Ende des Kalten Kriegs machte sich stellenweise Euphorie breit, wenn schon nicht einen Welt-, dann aber doch vielleicht einen europäischen Staat auf friedlichem Wege herstellen zu können.

Die zweite Erweiterung, die Süderweiterung, die im Jahrzehnt vorher stattgefunden hatte, hatte indes schon andere Probleme mit sich gebracht. Mit Griechenland (1981), Spanien (1986) und Portugal (1986) wurden drei Länder Mitglied, die einerseits deutlich geringeren Wohlstand aufwiesen und deshalb die Frage aufwarfen, ob man sich damit nicht beständige Kostgänger ins Haus hole. Befürworter argumentierten, dass die drei Länder mit der Teilnahme am europäischen Markt die Chance hätten, sich ökonomisch zu entwickeln. Und: Es handelte sich bei allen drei Ländern um ehemalige Diktaturen. Was an diesen drei Ländern diskutiert wurde, wurde nach dem Ende des Ostblocks erst recht zum Thema: Soll die Mitgliedschaft in der EU eine Belohnung für erreichte Demokratisierung sein, oder soll sie vielmehr ein Anschub dafür sein? Die zweite Position setzte sich durch: Die drei Länder wurden aufgenommen auch deshalb, um in ihnen den Prozess einer politischen Demokratisierung und einer Verarbeitung der Diktatur voranzutreiben. Genauso war es übrigens ja bei der Bundesrepublik auch gewesen. Diese Süderweiterung fand zu einer Zeit statt, da die Instanzen von Staatlichkeit in der EU schon viel mehr Gewicht gewonnen hatten: Der Europäische Rat (als Regierungsvertretung), das Europäische Parlament, das seit 1979 direkt gewählt wurde, der Europäische Gerichtshof. Der *Single European Act,* der ein Jahr später verabschiedet wurde, war bereits auf dem Weg; er schuf einen Binnenmarkt und formulierte als Ziel die Schaffung einer Europäischen Union, also eines bundesstaatähnlichen Gebildes.

Gestützt auf die positiven Erfahrungen damit traten 2004 in der sogenannten ersten Osterweiterung die baltischen sowie die ostmitteleuropäischen Länder bei, die bis 1990 zum Ostblock gehört hatten. Auch hier wurde wieder argumentiert, dass eine Zugehörigkeit zur EU die Demokratisierung erleichtern und ökonomische Chancen bieten würde. In einem zweiten Schub schlossen sich 2007 Bulgarien und Rumänien an, 2014 noch Kroatien. Damit hatte nicht nur die EU ihren regionalen Schwerpunkt weit nach Osten verschoben, hin zu Ländern, die erst seit Kurzem ein liberales demokratisches System kannten. Es waren auch Länder beigetreten, die noch nicht viel Erfahrung mit dem Kapitalismus hatten und deren wirtschaftliches Niveau nur mit sehr viel Mühe als kompatibel zu bezeichnen war. Das Pro-Kopf-Einkommen lag 2015 in Luxemburg bei über 100.000 Dollar, in Bulgarien aber unter 7000. Damit hat die ökonomische Spreizung deutlich zugenommen. 1995 hatte das Pro-Kopf-Einkommen in Portugal, dem damals ärmsten Land der EU, bei zwei Drittel des EU-Durchschnitts gelegen. 2015 war dies Bulgarien, nun aber nur noch mit 47 Prozent.[13] Sie traten einem Gebilde bei, das mit dem Vertrag von Nizza die

13 Einige der Zahlen, die ich referiere, finden sich in einem Forschungspapier der Kreditanstalt für Wiederaufbau: Was hat uns die EU gebracht? Eine Bilanz aus 60 Jahren europäischer Integration. KfW Focus Research Nr. 163, 14.3.2017. https://www.kfw.de/KfW-Konzern/Newsroom/Aktuelles/

Regel der Einstimmigkeit zugunsten der qualifizierten Mehrheit geändert hatte und damit seine Entscheidungsfähigkeit deutlich verbessert hatte.

Die Erweiterungswellen trafen also auf eine jeweils enger zusammengeschlossene EU, und das bedeutete in der Logik der Beitrittswellen nach dem Ende des Kalten Kriegs auch: Da traten Staaten bei, die selbst noch nicht sehr lange wieder souverän waren; die meisten von ihnen hatten nur kurze oder keine Erfahrungen der nationalen Eigenständigkeit. Nach dem Ende des Kalten Kriegs hatten sie einen Schub an politischer und ökonomischer Liberalisierung durchgemacht, der die gesellschaftliche Leidensfähigkeit bis über die Schmerzgrenze strapazierte. Ihre Legitimität bezogen sie zunächst aus einem nachholenden Nationalismus, und bei manchen (Polen, Ungarn) wirkte der Traum von der eigenen Nation seit dem 19. Jahrhundert. Nun traten sie einer supranationalen Organisation bei, die Teile der soeben gewonnenen Souveränität gleich wieder kassierte. Gerade in den Ländern, die nach dem Ende des Ostblocks einen solchen nachholenden Nationalismus durchliefen, wurde diese Abgabe an Souveränität von Anfang an kontrovers diskutiert. Der Beitritt war in fast jedem Land umstritten; es zog letztlich das Wohlstandsversprechen, das sich mit der EU verband – nicht zu Unrecht. Man konnte darauf verweisen, dass die schwächeren Länder nach ihrem Beitritt immer einen schnellen Aufholprozess durchgemacht hatten: Spanien, Irland, Polen, die baltischen Länder. Gerade die südosteuropäischen, erst vor kurzem beigetretenen Länder Bulgarien und Rumänien haben beide durchgreifende Wirtschaftsreformen sowie ein hohes Wirtschaftswachstum zu verzeichnen. Das Pro-Kopf-Einkommen hat sich hier (wie auch in den früher eingetretenen Volkswirtschaften) in den ersten zehn Jahren nach dem Beitritt verdoppelt. Dazu trägt nicht zum wenigsten die hohe Zahl an Arbeitsmigranten bei, die, durch die Freizügigkeit ermöglicht, in Deutschland, Frankreich oder Österreich arbeiten und deren Rücküberweisungen Wohlstand und Wirtschaftskraft zuhause erhöhen. Dies ist übrigens ein Prozess, der auch in Spanien, Portugal, Italien oder Griechenland zu einem Aufholen geführt hat. Von daher ist die ökonomisch begründete Kritik an einer Überspannung Europas jedenfalls übertrieben (unbeschadet der Kritik im Einzelnen). Die umgekehrte Argumentation hat jedenfalls auch empirische Logiken für sich: Die Kopenhagener Kriterien für eine Vollmitgliedschaft führen dazu, dass auch in Ländern, die (noch) nicht zur EU gehören, Reformen im Vorgriff angestoßen werden: Als Sehnsuchtsort entwickelt sie einen Sog der Demokratisierung und staatlichen Stabilisierung.

News-Details_403392.html, letzter Zugriff: 14.10.2021. Für weitere statistische Informationen verweise ich auf den Google Public Data Explorer: https://www.google.com/publicdata/directory, letzter Zugriff: 14.10.2021.

10.5 Grenzen der Verstaatlichung Europas

Mit dem Ende des Kalten Kriegs hat sich eine doppelte, gegenläufige Bewegung gezeigt: Einerseits hob nun eine Dynamik der Erweiterung und gleichzeitig der Intensivierung an. Europa war für die Staaten im ehemals sowjetischen Herrschaftsbereich hochattraktiv, und trotz der Kritik an den Risiken einer solchen Erweiterung sind die meisten dieser Staaten Mitglieder geworden. Vor allem mit dem Vertrag von Maastricht hat sich die Integration deutlich intensiviert, man könnte sagen: Europa im 21. Jahrhundert ist sehr viel mehr staatliche Gemeinschaft als vor 1990.

Auf der anderen Seite aber haben diese Dynamiken sehr grundsätzliche Kritik und Absetzbewegungen gefördert. So eng wollen viele Europa gar nicht zusammenwachsen sehen. In den meisten Ländern haben sich starke europakritische Bewegungen formiert, die vielerorts an der Schwelle zur politischen Macht stehen; in einzelnen Staaten Ostmitteleuropas geben sie inzwischen politisch den Ton an, und in Ungarn und Polen ist auch die Distanz gegenüber der liberalen Demokratie, auf die Europa von Anfang an gebaut war, ein beunruhigender Begleitton. „Europa" ist hier für viele ein Feindbild – ein wohlstandsverheißendes allerdings. Hier steht, so scheint es, Geld gegen die Idee: Der Wohlstand ist nur zu haben, wenn der Traum von der nationalen Souveränität jedenfalls teilweise aufgegeben wird. Wobei zu betonen ist, dass diese Auseinandersetzungen vor allem *innerhalb* der betreffenden Gesellschaften stattfinden: eher junge, eher städtische und gebildete, kulturell liberale Europaenthusiasten stehen gegen eher ländliche, eher traditionale und weniger wohlhabende Anhänger der stolzen Nation. Fast drei Viertel der Polen identifizieren sich mit Europa (bei den unter 30-Jährigen über 80 Prozent!), und die Hälfte spricht sich für eine Vertiefung der europäischen Integration aus. Sie empfinden die autoritäre Wendung, die in ihren Ländern vor sich geht, als einen schmerzlichen Rückfall. Die Frage der politischen Formen und Zielvisionen in Hinsicht auf Europa spaltet die Gesellschaften in Ostmitteleuropa nach generationalen und kulturellen Kategorien.

Diese innere Zerrissenheit charakterisierte auch den Brexit, der 2016 durch eine umkämpfte Volksabstimmung beschlossen wurde und 2021 in Kraft trat. Erstmals trat damit ein Großstaat aus der EU aus. Die Parole des konservativen Politikers Boris Johnson „Taking back control", die ihn ins Amt des Premierministers hieven sollte, zielte präzise auf diesen Punkt: die Wiedergewinnung von nationalstaatlicher Souveränität, mit der sich nicht nur Interessen, sondern auch Begriffe wie „Stolz" und „Ehre" verbanden. Das war ein lange schwelendes Problem.[14] Großbritanniens erstes Beitrittsgesuch 1961 war durch ein französisches Veto verhindert worden; 1972 hatte das Unterhaus mit knapper Mehrheit der Konservativen gegen Labour den Beitritt beschlossen, der aber 1975 durch eine Volksabstimmung mit Zweidrittelmehrheit bestätigt wurde. Doch das Vereinigte Königreich wollte nun zwar sehr gerne eine Freihandelszone mit Kontinentaleuropa, sich aber nicht seine

14 Vgl. Mergel, Großbritannien seit 1945, 106–111, 202–210.

Sozialstandards und seine Einwanderungsregeln von Brüssel diktieren lassen. Seit dem Beitritt hat eine starke Strömung auf der Insel immer wieder den Verlust der staatlichen Souveränität beklagt. Dahinter mögen sich auch die Phantomschmerzen einer ehemaligen Weltmacht verbergen; nichtsdestotrotz ist hier ein prinzipielles Problem nationaler und europäischer Staatlichkeit angesprochen.

Für die europakritischen Bewegungen, die sich auch in westeuropäischen Ländern entwickelt haben, ist eine eigenartige Hybridität zu konstatieren. „Linke" globalisierungskritische und anti-neoliberale Argumente vermischen sich mit „rechten" nationalistischen, autoritären und identitären Positionen, wobei Europakritik sich insgesamt schon stärker mit „rechten" Positionen verbindet, die auf die Homogenität des Nationalstaats setzen. Kennzeichnend ist ein populistischer Grundzug, der die Kritik an der EU als einen Aufstand gegen „die Bürokraten in Brüssel" inszeniert. Europakritik ist auch Herrschaftskritik und nicht zuletzt Kritik an den eigenen Eliten, die die europäische Integration vorantreiben. Wie in Polen oder Ungarn oder auch in Großbritannien zeigt sich eine Konfliktkonstellation, die durch die Gesellschaften hindurch läuft. Auch in Frankreich oder Deutschland sind es vor allem ältere, kulturell traditionellere und an einer alten Idee von „Nation" festhaltenden Gruppen, die „Europa" kritisieren und die Konflikte meist als Verteilungskonflikte auffassen, bei denen sie zu verlieren befürchten. Die Grundkonflikte um eine stärkere Integration Europas oder eine stärkere Nationalstaatlichkeit sind in ganz Europa geteilte Konflikte, und sie können die staatliche Integrität in Frage stellen. In Großbritannien gibt es namentlich in Schottland und in Nordirland starke Stimmen, die lieber in der EU verblieben und dafür auch einen Austritt aus dem Vereinigten Königreich erwägen.

Die Flüchtlingskrise 2015 hat in anderer und buchstäblicher Weise die Grenzen der EU-Staatlichkeit sichtbar gemacht. Der unbehinderte Verkehr innerhalb Europas, wie er in den Verträgen von Schengen festgelegt worden war, hatte als Voraussetzung die Kontrolle der Außengrenzen; und diese sind bekanntermaßen ein klassisches und eindeutiges Merkmal des modernen Staates. Das Dubliner Übereinkommen (1990) regelte, dass jeder Asylsuchende das Recht auf ein Verfahren hat, aber nur in einem Land. Das ist gewöhnlich das Land, in dem der Betreffende das Land betritt, kann aber auch das Land sein, in dem er seine Familie hat. Als im Gefolge des Syrien-Konflikts und zunehmender Flüchtlingszahlen aus Nordafrika die Grenzen der Länder in Süd- und Südosteuropa förmlich überrollt wurden, hebelte die deutsche Bundeskanzlerin Angela Merkel in einem einsamen Entscheid die Regeln von Dublin aus: Diejenigen, die in Deutschland einen Asylantrag stellten (und das waren Anfang 2015 40 Prozent aller in der EU registrierten Asylbewerber), wurden nicht in die Länder ihrer Einreise zurückgeführt. Umgekehrt schleuste Ungarn im August 2015 die Flüchtlinge, die an seiner (EU-Außen-)Grenze strandeten, nach Deutschland weiter, anstatt selbst Asylverfahren einzuleiten; Anfang 2016 schloss es seine Grenze ganz: beides flagrante Verletzungen des Dublin-Verfahrens. Dessen Reform (in der sogenannten Dublin-IV-Verordnung 2016) sah eine gemeinsame Zuständigkeit für alle Asylsuchenden und eine Verteilung auf die verschiedenen Ländern vor – was allerdings von den ostmitteleuropäischen Ländern der Visegrád-Gruppe (Polen, Ungarn, Tschechien, Slowakei) schlicht verweigert wurde. Die EU hatte keine effektive Handhabe, ihre eigenen Regeln bei ihren Mitgliedern durchzusetzen.

Nationale Grenzschließungen oder neue Grenzkontrollen ohne europäische Abstimmung gab es auch in der Corona-Krise wieder, als Deutschland im März 2020 als erstes europäisches Land wieder Grenzkontrollen einführte und im Gefolge die Grenzen ganz schloss; andere Staaten folgten. All das waren durchweg nationale Alleingänge. Die Frage, die damit angesprochen wird, ist weniger die nach Recht oder Rechtsverletzung, sondern: Wie stabil sind die Grenzen der EU, wie bindend sind die EU-Vereinbarungen im Falle einer Krise? Denn jedenfalls in Bezug auf die Außengrenzen hat sich erwiesen, dass Schengen eine Regelung für die guten Zeiten ist. In Hinsicht auf die Geltungskraft seiner äußeren und die Nivellierung seiner inneren Grenzen auch in Krisenzeiten hat es die EU als Staat also noch nicht sehr weit gebracht.

Es ist aber auch geradezu ein Mantra von EU-Forschern, dass Krisen regelmäßig zu einer Vertiefung der europäischen Integration führen. Ebendies könnte mit den Finanzkrisen am Anfang der 2010er-Jahre tatsächlich der Fall sein. Mit der Eurokrise geriet die EU 2009 in eine existenzielle ökonomische Bedrohung. Was vordergründig die Folge einer internationalen Bankenkrise war, die 2007 in den USA angefangen hatte, wuchs sich sehr schnell zu einer Finanzkrise einiger europäischer Staaten aus, deren tiefere Ursache die unvollständige Währungsunion von Maastricht war. Denn zwar war 2002 eine gemeinsame Währung eingeführt worden, nicht aber – zentrales Merkmal von Staatlichkeit – eine einheitliche Finanzpolitik. Umgekehrt wurde argumentiert, dass manche Länder mit dem Euro überfordert waren, weil sie damit einer internationalen Marktkonkurrenz ausgesetzt waren, die sie nicht mitgehen konnten. Die einzelnen Länder – im Mittelpunkt stand Griechenland – operierten zwar mit der gemeinsamen Währung, aber in der Haushaltspolitik agierten sie nach nationalem Gutdünken; teilweise waren sie hochverschuldet und standen am Rande der Staatspleite – ohne dass man in Brüssel darüber genau Bescheid gewusst hätte. Umgekehrt war im Vertrag ausgeschlossen, dass die EU für die Schulden ihrer Mitgliedstaaten haften darf. Als sich aber zeigte, dass die Stabilität der gesamten Eurozone auf dem Spiel stand, beschlossen die Mitglieder der Eurozone einen Rettungsschirm, der diese Nichtbeistandsklausel umging: Es waren die Mitglieder, nicht die EU selbst, die für Kredite garantierten, zu besseren Konditionen als sie die kaum zahlungsfähigen Länder auf dem freien Markt bekommen hätten. 2012 wurde der Europäische Stabilitätsmechanismus (ESM) – faktisch ein völkerrechtlicher Vertrag – verabschiedet, der diese Kredite möglich macht. Dafür mussten sich die Kreditnehmer gefallen lassen, dass im Gegenzug zu den Hilfspaketen ihre Haushaltspolitik von der EU genau beobachtet und kontrolliert wurde. Der aufsehenerregendste Fall war das fast bankrotte Griechenland, wo öffentlichkeitswirksam Kontrolleure aus Brüssel aufliefen, um die Haushaltspolitik zu überwachen. Dies war vielleicht nicht der erste, aber ein besonders eklatanter Fall, wo „Europa" die nationalstaatliche Souveränität effektiv begrenzte. Dieser Vertrag ist übrigens auf Dauer gestellt, ein Austrittsrecht für seine Mitglieder ist nicht vorgesehen.

Damit war, wenngleich auf Umwegen, ein neues Niveau an Staatlichkeit erreicht: die Verfügung über Kredite und haushaltspolitische Souveränitätsrechte. Denn über den Umweg des ESM konnte die Europäische Zentralbank, die in diesen Tagen an Bedeutung enorm gewann, den gefährdeten Staaten Geld leihen, um diese zu stabilisieren. Und den ersten Strauß mit dem Kapitalismus bestand die EU umgehend: Als 2012 – Griechenland schien fürs Erste gerettet – Finanzmarktspekulanten gegen andere Länder, darunter das sehr viel größere Italien, wetteten und der Euro ernsthaft in Gefahr geriet, äußerte der EZB-Präsident Mario Draghi, dass die EZB den Euro retten werde, „whatever it takes. And believe me, it will be enough." Mit diesem Wort wurde Draghi berühmt: Die EZB werde Staatsanleihen der überschuldeten Länder in jeder Höhe aufkaufen. Das verdarb den Spekulanten den Appetit.

Der Geburtsfehler von Maastricht: eine gemeinsame Währung ohne eine gemeinsame Haushaltspolitik, wurde in der Eurokrise wohl bemerkt, und daraus erwuchs die Forderung, in einem Europäischen Konvent, also einer Art verfassunggebender Versammlung, das rechtliche Fundament für eine Angleichung der Finanzpolitik der einzelnen Staaten zu schaffen, bis hin zur Forderung, die Schulden der Gemeinschaft aus dem nationalstaatlichen Rahmen zu lösen und zu vergemeinschaften. Damit wäre ein weiterer Zuwachs an Staatlichkeit erreicht. Die EU hätte dann gemeinsame Schulden, würde aber auch die Haushalte der einzelnen Staaten auf ihre finanzielle Solidität hin kontrollieren. Ein finanzielles Ausgleichssystem, wie es in der Bundesrepublik im Länderfinanzausgleich besteht, wonach die reicheren Länder den ärmeren Ländern Unterstützungszahlungen leisten, wäre damit wohl unausweichlich. Wie viel Akzeptanz das bei den Nettozahlern unter den Mitgliedstaaten und den Steuerzahlern finden würde, steht indes dahin.

Das grundlegende Problem der Konstruktion Europas in Bezug auf Staatlichkeit zeigt sich also in vielerlei Gestalt: Souveräne Nationalstaaten haben einen Teil ihrer Souveränität freiwillig abgegeben an eine politische Superstruktur, welche aber nicht über die Gewaltmittel verfügt, ihre eigene Souveränität durchzusetzen, so dass diese im Grunde immer eine „geliehene" ist. Deshalb ist die Frage nach der Legitimität der EU und ihrer Politik immer eine Frage, die sich an die Einzelstaaten und ihre Bürger richten muss. Viele Regelungen, die seit Langem angestrebt wurden oder schon in der konkreten Vorbereitung waren, sind demzufolge nicht umgesetzt worden, weil sich einzelne Staaten oder ihre Bürger dagegen wandten. Ein wichtiges Beispiel ist der Versuch, eine europäische Verfassung zu installieren. Verfassungen gelten bekanntlich seit dem 19. Jahrhundert als Gründungsurkunden von Staaten. Der Entwurf, der von einem Europäischen Konvent erarbeitet und 2004 von den Staats- und Regierungschefs aller Mitgliedstaaten unterzeichnet wurde, scheiterte aber in Frankreich und den Niederlanden, Mitgliedern der ersten Stunde, in Volksabstimmungen. Die meisten Regelungen sind dann 2007, von den Staatschefs abgesegnet, in den Vertrag von Lissabon übernommen worden; aber ein (wie auch immer konstruiertes) europäisches Staatsvolk hat dem nicht zugestimmt. Gibt es ein solches überhaupt?

Damit ist ein grundsätzliches Problem angesprochen: die Mitbestimmung der Bürgerinnen und Bürger. Der Vorwurf des Demokratiedefizits ist alt. Europa wurde ursprünglich als ein technokratisches interstaatliches Modell gebaut – nicht Bürger, sondern Staaten sollten zusammenarbeiten und Souveränität abgeben. Es gab zwar eine parlamentarische Versammlung, deren Mitglieder aber nicht von den Bürgern gewählt, sondern von den Einzelstaaten entsandt waren und die kaum Einfluss hatte. Seit den 1960er Jahren schälte sich aber immer stärker ein Europa der Bürger heraus, das auf Mitbestimmung gebaut war, und deren Reichweite ließ Fragen offen. 1979 wurde erstmals das Europäische Parlament direkt gewählt, aber nur mit großer Mühe und über lange Zeit konnte es sich einen größeren Einfluss erkämpfen. Dennoch blieb und bleibt es gegenüber der europäischen Technokratie (der Europäischen Kommission in Brüssel) und den Regierungen der Mitgliedsländer im Hintertreffen: Obwohl die Strukturen vorhanden wären, haben die Kompetenzen sich noch nicht in Richtung auf eine europäische Demokratie entwickelt.[15] Eine solche ist aber eben auch schwer denkbar, weil wir es immer noch mit einzelstaatlich verlaufenden und einzelstaatlich bewerteten demokratischen Willensbildungsprozessen zu tun haben. Man stelle sich vor: Eine knappe Mehrheit der Deutschen stimmt einer Regelung zu, der eine große Mehrheit der Tschechen widerspricht, die dennoch in der Minderheit wären – eine solche Entscheidung wäre nicht denkbar.

Tschechen und Deutsche könnten aber auch nicht leicht eine Debatte darüber führen und durch ihre Diskussion Willensbildung betreiben, wie sich dies Rousseau vorgestellt hatte. Die meisten würden einander ja gar nicht verstehen: Die Vielsprachigkeit der Europäischen Union ist ein wesentliches Hindernis für ein Staatsvolk, das sich untereinander über seine Politik verständigen soll. Zwar gibt es Staaten wie Belgien oder die Schweiz, die keine gemeinsame Landessprache haben; hier hat es sich eingebürgert, dass die Sprachen der anderen Landesteile wenigstens rudimentär gelernt werden. Die EU hat aber 24 Amtssprachen – das sind 552 Übersetzungskombinationen! Die Diskussion im Europäischen Parlament wird durch Tausende von Dolmetschern ermöglicht, und hier wie in den anderen europäischen Institutionen behilft man sich mit einem Set von Standardsprachen: Englisch, Französisch, Deutsch, und die Forderung nach einem eingeschränkteren Sprachregime verstummt nicht. Die „anderen" klagen aber verständlicherweise, dass ihnen damit der eigensprachliche Ausdruck verwehrt sei.[16] In den Institutionen lässt sich die Vielsprachigkeit bewältigen, aber damit können noch lange nicht die Bürger miteinander sprechen.

15 Guido Thiemeyer, Legitimationsmuster europäischer Politik und das Problem des Demokratiedefizits, in: H-Soz-Kult 18.06.2020, http://www.hsozkult.de/debate/id/diskussionen-5009, letzter Zugriff: 14.10.2021.

16 Peter A. Kraus, Europäische Öffentlichkeit und Sprachpolitik, Frankfurt 2004.

Insofern scheint die nationalstaatliche Verfasstheit der EU schwer überwindbar. Das gilt auch in der Außenpolitik. Gemessen daran, dass die EU mit 500 Millionen Einwohnern und einem Anteil am Welthandel von einem Drittel ökonomisch ein internationaler Riese ist, bleibt sein politischer Einfluss weit hinter Staaten wie den USA, Russland oder China zurück. Die Außenpolitik wird im Wesentlichen national betrieben, weil die einzelstaatlichen Interessen Vorrang haben. Von Souveränität nach außen kann noch keine Rede sein. Dass die EU auch als militärischer Faktor in der Welt keine Rolle spielt, liegt zweifellos an der überragenden Rolle der NATO als Schutzverband. Doch auf das Ende einer bipolaren Welt und den zunehmend sichtbaren Rückzug der USA aus Europa sind noch Antworten zu geben.

Wohin der Weg führt und inwieweit die EU ein Modell für eine zukünftige, postnationale Staatlichkeit abgibt, ist derzeit kaum zu sagen. Festzustellen ist, dass bei aller Dynamik der Integration, die in der Rückschau eindrucksvoll wirkt, die nationalen Eigeninteressen ausgesprochen zäh erscheinen und nach dem Ende des Kalten Kriegs neue Vitalität gewonnen haben. Die alten Ost-West-Fronten existieren nicht mehr, und man kann als Mitgliedstaat nun mit Russland flirten und dies als Druckmittel gegenüber der EU einsetzen. Da die EU nicht über eine klassische Staatsgewalt verfügt, ist sie ein Ort des Verhandelns, der Kompromisse, der Deals. Geld ist eine wichtigere Währung als Gewalt. Wie wichtig ist im Vergleich mit den Geldströmen aber das, was man ein wenig wolkig die „europäische Wertegemeinschaft" nennt? Die Konflikte, die es seit etwa 2015 vor allem mit Polen und Ungarn gibt, entzünden sich an einer Politik, die Rechtsstaatlichkeit, Unabhängigkeit der Medien und politische Konkurrenz beschränken will und sich dabei auf die nationale Souveränität beruft. Die Idee einer illiberalen Demokratie hat lange Tradition in Ostmitteleuropa, bricht sich aber am Selbstverständnis der EU. Inwieweit deren Entscheidungsstrukturen, die trotz ihrer Modernisierung einen Hang zum Konsens haben, mit solchen grundlegenden Abweichungen zurechtkommen, ist derzeit noch nicht absehbar.

Dieses nationale Selbstverständnis ostmitteleuropäischer Staaten war nun keineswegs unbekannt. Das prinzipielle Argument hinter „Europa" nach 1990 war die Annahme, dass nicht nur die Friedenssicherung, sondern auch wirtschaftlicher Wohlstand für die beteiligten Staaten ein hoher Wert sei und dass sie in dessen Dienst politische Integration mittragen würden. Wie sich im Zusammenhang mit den ostmitteleuropäischen Staaten, aber auch mit Großbritannien herausstellt, ist damit aber weder die Frage nach dem nationalen Stolz dispensiert noch, wo die (wie auch immer imaginierten) kulturellen Traditionen bleiben, die im Zuge der europäischen Integration womöglich ins Hintertreffen geraten. Denn die EU ist auch kulturell ein ausgesprochenes Modernisierungsprojekt, das wegen der ihr innewohnenden Dynamik, die gerade auf die Jüngeren, Gebildeten, Urbanen große Anziehung ausübt, vielen Konservativen Angst macht.

10.6 Nach Hobbes?

Die Momente fehlender Staatlichkeit fallen also ins Auge[17]:

(1.) Es gibt keine Souveränität nach außen, was sich im Fehlen einer gemeinsamen Außen- und Verteidigungspolitik und besonders im Fehlen einer europäischen Armee zeigt.

(2.) Allen Tricks im Zusammenhang mit dem ESM zum Trotz gibt es hier bestenfalls Anzeichen einer finanzpolitischen Hoheit, die darüber hinaus nur in Krisenzeiten abgefragt wird. Ansonsten achten die Mitgliedstaaten sehr auf ihre finanzpolitische Hoheit. Ein eigenes Budget, das auf selbsterhobenen Steuern beruht, gibt es nicht.

(3.) Es fehlen auch Instrumente der Staatsgewalt gegenüber den eigenen Bürgern: Polizei, Strafgerichtsbarkeit. Die Institutionen, die es gibt (wie z. B. die Europäische Polizeibehörde), haben bestenfalls koordinierende Funktion. Vor allem gibt es keine Instrumente zur Disziplinierung der Mitgliedstaaten, abgesehen von finanziellen Zuwendungen bzw. deren Verweigerung – und diese werden selten gezückt.

Allerdings spricht viel für das Argument, dass sich eine Übertragung von Souveränitätsmomenten von den Nationalstaaten auf Europa gewissermaßen schleichend vollzieht.[18] Das gilt insbesondere für die Rechtsetzung. Der Europäische Gerichtshof ist zunehmend von einem Schiedsgericht zu einer rechtsformulierenden Institution geworden, die auch beansprucht, nationalen Rechten übergeordnet zu sein. Nicht allein in den „großen“ Prozessen gegen Einzelstaaten hat er neue Normen geschaffen, die das Recht der Einzelstaaten grundlegend verändert haben, sondern mehr noch in „kleinen“ Entscheidungen, die etwa die Regeln für Likörverkauf bestimmten, die Lohnstandards für Arbeitskräfte aus anderen EU-Ländern festsetzten, die Fahrtenschreiber für LKWs zur Pflicht machten oder die die Herkunftsbezeichnungen für Parmaschinken, Feta oder Thüringer Bratwurst schützten.

Das gilt weiterhin für die Verwaltung. „Brüssel“ ist keineswegs ein solches bürokratisches Monster, wie es häufig dargestellt wird. An die Administrationen der Einzelstaaten reicht die Europäische Kommission bei Weitem nicht heran. Aber seine Verwaltung durchdringt die Verwaltung der Einzelstaaten; sie verknüpft sich mit ihnen; Verfahren werden vereinheitlicht. Umgekehrt werden regelmäßig Spezialisten und Spezialistinnen aus den Ministerien der Einzelstaaten in die Brüsseler Administration entsandt, wo sie für mehrere Jahre tätig sind. Sie bringen Zielvorstellungen und Politikstile mit und nach Hause zurück – und natürlich dauerhafte Netzwerke.

Die europäische Hochschulreform, die sich unter dem Namen „Bologna-Prozess“ fragwürdigen Ruhm erworben hat, kann als Beispiel für einen solchen schleichenden Prozess gelten, der vor allem über die Hochschuladministrationen der Mitglied-

17 Zum Folgenden: Kaelble, Der verkannte Bürger, 14–16.

18 Zum Folgenden: Patel, Das Projekt Europa, v. a. 224–266. Petra Deger, Die Europäische Union als Gestaltungsraum – postsouveräne Territorialität oder das Ende moderner Staatlichkeit?, in: Jureit/Tietze, Postsouveräne Territorialität, 273–297.

staaten verlief. In ihm wurde auf der Basis einer gemeinsamen Erklärung – keines zwischenstaatlichen Vertrags! – der europäischen Bildungsminister seit 1999 ein gemeinsamer Hochschulraum geschaffen, der die nationalen Hochschulsysteme ganz grundlegend umgestaltet hat. Mit dem konsekutiven Studium von Bachelor und Master auf der Basis von Studienpunkten (die eine gewisse Arbeitszeit abbilden) und festgelegten Lerneinheiten (Modulen) sind inzwischen alle Hochschulen im Bereich der EU befasst. Das führt zu Standardisierungen, etwa, wie Lehrveranstaltungen organisiert sein sollen oder auf welche Weise Prüfungen abzulegen sind – und dies auch für verschiedene Fächerkulturen. Das Physikstudium in Valencia soll sich in denselben Studienpunkten abbilden lassen wie das Geschichtsstudium in Berlin. Dass diese Bildungssysteme einzelstaatlich und vielerorts, so in Deutschland, sogar föderal organisiert sind, fällt kaum mehr ins Gewicht. Ein Ausstieg aus „Bologna" erscheint den Einzelstaaten trotz der anhaltenden Kritik nicht mehr möglich, weil sie damit ein System der Normierung und Standardisierung von Studienleistungen verlassen, das die Anerkennung von Abschlüssen auch über das eigene Land hinaus sicherstellt. In dieser Weise ist die akademische Ausbildung in vieler Hinsicht heute den Einzelstaaten entzogen.

Insgesamt haben wir es bei „Europa" mit einem eigentümlichen Modell von koordinierter Staatlichkeit zu tun, die im Grunde ständig auf den *good will,* auf Verhandeln und auf Kompromisse angewiesen ist. Man könnte sagen: ein musterhaftes Erprobungsfeld für die Techniken, die man unter dem Begriff „Governance" zusammenfassen kann. Abgesehen von den lautstarken Kritikern, die aus dieser koordinierten Form von Staatlichkeit auf ein wie immer geartetes Versagen schließen, haben viele kluge Beobachter dafür eher positive Begriffe gefunden. Der Politikwissenschaftler Philippe Schmitter hat sie eine „neue post-hobbesianische Ordnung" genannt, eben wegen des Fehlens eines gewalttätigen Leviathans; ein „Netzwerk, in dem Souveränität gepoolt und geteilt wird", ein „staatsähnliches Gebilde, ohne doch ein Staat zu sein".[19] Michael Gehler, Herfried Münkler und andere sprechen im Lichte dieser Diskussionen von der EU als einem „Imperium", das allerdings einer eindeutigen Hegemonialmacht ermangelt.[20]

Ein wichtiges politisches Ziel der europäischen Integration ist allerdings (bislang) erreicht, auch wenn den meisten Zeitgenossen dies kaum mehr auffällt, weil es inzwischen so selbstverständlich erscheint, was es nicht ist: Der Kontinent, der den modernen Staat erfunden hat und dessen Staaten über Jahrhunderte hinweg die meisten und die mörderischsten Kriege geführt und zu erdulden hatten, ist seit 70 Jahren die bei Weitem friedlichste Gegend der Welt. Es scheint, als ob die Frie-

19 Vgl. Tanja A. Börzel, EU-Staatlichkeit – wie viel und wozu? Berliner Arbeitspapier zur Europäischen Integration Nr. 16, 2013. https://www.polsoz.fu-berlin.de/polwiss/forschung/international/europa/partner-und-online-ressourcen/arbeitspapiere/2013-16_Boerzel_EU-Staatlichkeit.pdf, letzter Zugriff: 29.12.2021.

20 Michael Gehler, Die europäische Union – ein postmodernes Imperium? In: ders./Robert Rollinger (Hg.), Imperien und Reiche in der Weltgeschichte. Epochenübergreifende und globalhistorische Vergleiche, Wiesbaden 2014.

denssicherung als das zentrale Ziel von Hobbes sich in diesem politischen Modell auch und gerade auch ohne einen Leviathan erreichen lässt. Schätzungsweise (auf der Basis von Rüstungsausgaben im Vergleich mit anderen Staaten) werden pro Jahr in der EU zwischen 500 Milliarden und knapp zwei Billionen Euro eingespart, weil keine Kriege zu führen sind: Das ist eine ganz erkleckliche Friedensdividende, vor deren Hintergrund sich ein Corona-Hilfspaket von 750 Milliarden Euro gar nicht mehr so bombastisch ausnimmt.

11. Staatlichkeit in der Krise?

Seit dem 19. Jahrhundert war es den Historikern erschienen, als ob die Verstaatlichung der Welt unaufhaltsam sei. Das mochte man negativ sehen oder positiv. Man mochte im Totalen Staat die Vergewaltigung der gesellschaftlichen Pluralität sehen oder, umgekehrt, endlich eine Entsprechung von homogen gedachter Gesellschaft im homogenen Staat. Den Interventionsstaat mochte man als Hersteller sozialer Gerechtigkeit preisen oder, umgekehrt, als eine staatliche Usurpation von gesellschaftlichen Bereichen und Entmündigung der freien Menschen. Man mochte in der Tendenz zur übernationalen Staatlichkeit die Überwindung einer Pathologie des 19. Jahrhunderts und den Weg zu einer schlussendlich friedlichen Weltregierung erhoffen oder, umgekehrt, die Nivellierung der unterschiedlichen Nationalgesellschaften in eine universale Funktionärsherrschaft. Aber der Staat war in jeder Perspektive so etwas wie eine historische Konstante, und die Verbreitung des Modells über die Welt schien der natürliche Weg der Geschichte.

Diese Teleologie der Verstaatlichung der Welt ist in den letzten Jahrzehnten fragwürdig geworden. Die postkoloniale Entwicklung der außereuropäischen Länder hat die Übertragbarkeit des europäischen Modells auf andere Gesellschaften gründlich in Frage gestellt.[1] Der Kalte Krieg hatte die politische Veränderungsgeschwindigkeit heruntergebremst, weil jeder grundlegende Wandel das sorgsam austarierte internationale Gleichgewicht in Frage gestellt hätte. Nach seinem Ende sind allerorten Experimente zu sehen – internationale Organisationen wie die EU einerseits, regionale Sezessionsbewegungen (gerade in Europa), zusammenbrechende Staaten und transnationale Bürgerkriege, aber auch autoritäre und diktatorische Weiterentwicklungen des Totalen Staates, die indes nicht überall so erfolgreich sind wie das chinesische Modell, sondern sich in erbitterten Auseinandersetzungen mit demokratischen Bewegungen herausgebildet haben und behaupten müssen. Ein weiteres dynamisches Moment liegt in der Veränderungsgeschwindigkeit des Kapitalismus, die mit den Begriffen der Globalisierung und der digitalen Revolution nur ungefähr beschrieben ist. Transnationale Unternehmen haben heute eine Form und eine

1 Reinhard, Verstaatlichung der Welt.

Macht erreicht, gegenüber der die Macht der Nationalstaaten in Frage steht. Aber auch in den liberalen europäischen Gesellschaften wird die Frage gestellt, was der Staat soll, was er kann, und ob er das kann, was er soll.

11.1 Grenzen der Steuerbarkeit

Seit den Krisendebatten der 1970er Jahre stand die Frage nach der Leistungsfähigkeit dieser Formen von staatlicher Steuerung in liberalen Gesellschaften auf der Tagesordnung. Unter dem Schlagwort einer „Überforderung" des Staates wurde einerseits gefragt, ob der Staat sich mit seinen vielen Aufgaben nicht zu viel zumute. Andererseits wurde die Frage gestellt, ob die Menschen nicht zu viel vom Staat erwarteten, und ob der Staat sich nicht wieder eher auf den Kernbereich seiner Aufgaben konzentrieren solle, anstatt sich so umfassend für die Gesellschaft verantwortlich zu fühlen.[2] In vielen Bereichen (meist jenseits des Wohlfahrtsstaates) wurde seither die staatliche Belastung zu reduzieren gesucht – immer von heftiger Kritik begleitet, die eine neoliberal begründete Flucht aus der Verantwortung im Spiel sah. In vielen Ländern Europas wurden Teile der öffentlichen Infrastruktur privatisiert: Telekommunikation, Eisenbahn, Post. Doch auch in Bereichen, wo es nicht nur um finanzielle Belastung ging, zog der Staat sich im letzten Drittel des 20. Jahrhunderts zurück. Das bis dato öffentlich-rechtliche Fernsehen wurde seit Mitte der 1980er Jahre um einen privaten Sektor erweitert, so dass wir in den europäischen Staaten überall duale privat/öffentliche Rundfunksysteme haben.

Beim Kern der Staatlichkeit nach innen, also der Garantie von Sicherheit und Recht, gab es in Europa aber wenig Privatisierung, obwohl auch hier inzwischen von einer Überforderung des Staates die Rede ist.[3] Trotz mancher Relativierungen – z. B. private Sicherheitsdienste, auch im öffentlichen Auftrag – scheint in Europa nicht in Zweifel zu stehen, dass Rechtsprechung, Polizei oder internationale Sicherheit in die Hände des Staates gehören. Das ist anders als in den USA und vielen anderen Staaten, wo es privat geführte Gefängnisse und private Sicherheitsdienste, auch private Kriegsunternehmer gibt, die komplementär zur öffentlichen Sicherheit arbeiten, aber staatlicherseits nicht leicht zu kontrollieren sind.

Bei vielen Projekten, insbesondere solchen, die mit Zukunftsfähigkeit und der sozialen Ausgestaltung der Gesellschaft zu tun haben, ist derzeit allerdings der Staat gefragt wie nie, und es sind nicht wenige, die ihm hier ungebührliche Zurückhaltung vorwerfen: Ausbau von Verkehrs- und Funknetzen, bezahlbarer Wohnraum, ökologische Wende. Die Forderung nach einem bedingungslosen Grundeinkommen, die in vielen Ländern erhoben wird, nimmt den Staat als Verwalter eines gesellschaftlichen Gesamtkapitals und als Verteiler nach Gerechtigkeitskriterien in die Verantwortung.

---

2 Vgl. Ellwein/Hesse, Der überforderte Staat.

3 Daase u. a., Der überforderte Staat.

Dies alles aber bedingt nicht nur einen zunehmenden Ausbau staatlicher Kapazitäten, sondern stößt auch auf Schwierigkeiten der Durchsetzung. Denn viele Maßnahmen treffen auf den Widerstand der Betroffenen oder organisierter Interessengruppen, und es ist begreiflicherweise der Staat, der bei den Protesten ins Visier genommen wird. Dieses Problem kann man sowohl bei großen Infrastrukturprojekten wie auch bei Rentenreformprojekten in Frankreich und Italien beobachten. Häufig funktionieren diese Proteste nach dem Motto „Not in my backyard“: Prinzipiell hält man ein Atomendlager für notwendig; nur nicht gerade in der eigenen Nachbarschaft. In Großstädten Bebauungsflächen zu schaffen, wird begrüßt, aber es wird dabei ein Biotop zerstört. Dass die Rentensysteme auf Dauer nicht finanzierbar sind, wird weithin geteilt, aber eine längere Lebensarbeitszeit wird von vielen für unzumutbar gehalten. Das Problem dabei ist nicht, dass solche Fragen prinzipiell umstritten sind und unterschiedliche Interessen ausgehandelt werden müssen, sondern dass der Staat in Haftung genommen wird für die Verfolgung von Zielen, die eigentlich auf breite Zustimmung stoßen. Diese Debatten könnte man aber auch als einen Demokratisierungseffekt betrachten: Je stärker die Zivilgesellschaft, je besser die Akteure ihre Stimme erheben können, desto mehr werden sie politische Projekte kritisch beäugen und also auch behindern können. Wie vertragen sich also demokratische Mitsprache und staatliche Durchsetzungsfähigkeit?

Ein weiteres Problem des Interventionsstaats zeigt sich jenseits von politischen Auseinandersetzungen und Grundsätzen. Denn Politik besteht ja nicht nur in der Festsetzung von allgemeinen Grundsätzen, sondern zu einem großen Teil in einer operativen Umsetzung, die aber immer technizistischer wird und mehr Detailkenntnis verlangt, die sich darüber hinaus permanent rapide ändert. Das hat schon seit dem Anfang des 20. Jahrhunderts immer mehr dazu geführt, dass der Gesetzgeber nur noch Rahmenrichtlinien setzen kann, während die sich häufig schnell ändernden Detailbestimmungen in Regierungsverordnungen festgelegt werden, die viel schneller zu prozessieren sind, allerdings von den Parlamenten nicht mehr im Einzelnen kontrolliert werden können – was sie auch heillos überfordern würde. Darüber hinaus stellt sich immer mehr die Frage nach den Fachkompetenzen von Parlamenten und Regierungen. Ob das nun Finanzierungsdetails der Krankenversicherung, Inhaltsstoffe in Lebensmitteln oder Waffensysteme sind: Die Regelungsprobleme im Detail sind (als eine Folge des Zuwachses an Interventionsstaat!) mittlerweile so komplex und diffizil geworden, dass die Legislative wie auch die Exekutive häufig überfordert damit sind, die Probleme überhaupt zu identifizieren und die intendierten und nichtintendierten Folgen von etwaigen Regelungen zu überblicken. Hier kommen die betroffenen Unternehmen, Interessenverbände, Experten ins Spiel. Denn sie vertreten nicht allein bestimmte Interessen, sondern sie verfügen auch über Kompetenzen, wie sie in der staatlichen Administration nur mehr begrenzt vorhanden sind (nicht zuletzt deshalb, weil der Staat, verglichen mit Unternehmen, schlecht zahlt). Auf diese Expertise sind staatliche Verwaltungen häufig angewiesen, weil sie sonst keine guten Gesetze und Verordnungen machen können. Damit können nicht nur Lobbyisten ihre Interessen erfolgreich durchsetzen – das wird gehörig skandalisiert, falls es an die Öffentlichkeit kommt. Weniger beachtet ist jedoch die damit verbundene Frage an die Steuerungskapazitäten von politischen Systemen, die sich gewissermaßen selbstproduziert überfordern: Wenn ein Staat so vieles regeln will (was auch von ihm erwartet wird!), das aber nicht alles leisten kann, dann produziert er entweder Enttäuschung – oder er produziert mehr Staat, expandiert also. Hierin liegt ein systematisches Moment staatlicher Überforderung.

Mit diesen Einschränkungen kann man allerdings durchaus attestieren, dass der Interventionsstaat heute, in den liberalen Demokratien ebenso wie in den autoritären Systemen Europas, selbstbewusst und auch weitgehend erfolgreich steuert. Die Medien haben sich allerdings verändert. Sein Hauptmedium ist eher Geld als Polizei, er zielt eher auf Anreize als auf Verbote, eher auf Einbindung der Betroffenen als auf *ordre du mufti*. Das wichtigste Mittel sind die Zentralbanken und die Steuerung von Geldmenge und Kreditkosten – neoliberale Steuerungsinstrumente, wenn man so will, allerdings mit einem ausgesprochenen Niveau an *fine-tuning*. Dass hier „geplant" wird, im Sinne der Prognose, wenn auch nicht nach dem Muster von sozialistischen Planwirtschaften, ist selbstverständlich. Schon die Krisen am Ende der Nullerjahre, erst recht Corona haben aber eine direkte staatliche Interventionspolitik mit sich gebracht, die man nicht anders bezeichnen kann denn als einen modernisierten Keynesianismus, und das mit großem Beifall von allen Seiten.[4] Was der Staat hierbei tut, könnte dem Lehrbuch entstammen: Er nimmt sehr, sehr viel Geld in die Hand, um Investitionstätigkeit und Konsum aufrechtzuerhalten, Arbeitslosigkeit zu vermeiden und damit Erwartungssicherheit herzustellen.

11.2 Die Debatte um die *Failed States*

Aus der Perspektive anderer Weltgegenden wird diese Handlungsfähigkeit des Staates in Europa noch sehr viel deutlicher, und deutlich wird auch, dass es sich in Europa um ein Luxusproblem handelt, denn anderswo steht der Staat als Institution sehr viel grundsätzlicher in Frage. Staatlichkeit konnte sich in außereuropäischen (und das hieß eigentlich immer: postkolonialen) Gesellschaften immer nur gebrochen entwickeln, brach sich an Loyalitätsmustern wie Familie, Ethnie, Herkunftsregion, auf die sich bei den Menschen der erste Solidaritätsaffekt richtete. So etwas Abstraktes wie ein Staat oder gar ein Nationalstaat fungierte bestenfalls als sekundäre Ressource und hier häufig auch als Melkkuh, die nicht als das „Eigene" verstanden wurde.[5] Steuereinnahmen und Steuermoral waren nicht auf ein europäisches Maß zu bringen, die Staatsquote lag in den meisten Staaten bei lediglich etwa 20 Prozent,

4 Skidelsky, Keynes für das 21. Jahrhundert (im Gefolge der Bankenkrise). Ders., Keynes. Die erneute Rückkehr des Meisters, in: Wirtschaftsdienst des ZBW – Leibniz-Informationszentrum Wirtschaft 2020. https://link.springer.com/content/pdf/10.1007/s10273-020-2760-x.pdf, letzter Zugriff: 20.09.2021 (im Zusammenhang mit Corona).

5 Hierzu Schlichte, Staat in der Weltgesellschaft. Schlichte führt aber den Problembefund letztendlich auf die Globalität der Beziehungen zurück, was nun weniger überzeugt.

wodurch dem Staat einfach Schlagkraft fehlte. Die Eindringtiefe staatlicher Maßnahmen ging genauso weit, dass sie dem Einfluss regional oder ethnisch wichtiger *Big Men* nicht widersprach. Gleichzeitig aber waren die demokratischen Kulturen fragil und ständig von einem Umkippen in autoritäre oder repressive Regime bedroht; die Gewalt, die im Namen des Staates gegen die eigenen Bürgerinnen und Bürger ausgeübt wurde, war demokratisch nicht kontrollierbar. Statt einer Staatsgewalt, die zumindest Sicherheit versprach, entwickelte sich eine Militarisierung des Politischen und damit das genaue Gegenteil dessen, was der Leviathan tun soll: Hier werden die Menschen zwar unterdrückt, aber deshalb noch lange nicht beschützt.

Doch diese militarisierte und gleichzeitig wenig invasive Staatlichkeit ist ebenfalls prekär. Seit den 1990er Jahren entstand in der Politikwissenschaft und im Völkerrecht eine Debatte um „gescheiterte Staaten", die die entscheidenden Funktionen in Bezug auf die Staatsgewalt nicht mehr erbringen können, in denen die institutionellen Strukturen in Kämpfen rivalisierender Machtgruppen (Volksgruppen, Clans, Warlords) zerfallen.[6] Seit 2005 gibt es sogar einen Index, eine Rangliste staatlicher Instabilität: den *Failed States Index* (der 2014 in „Fragile States Index" umbenannt wurde, weil dem Eindruck entgegengewirkt werden sollte, ein Staat sei „gescheitert" und also nicht mehr zu retten). Die zeitliche Verortung ist nicht zufällig; denn so lange der Kalte Krieg herrschte, legte er eine Druckglocke auf alle politischen Systeme, deren Zentralgewalt durch die Ost-West-Konfrontation aufrechterhalten wurde (und sei es durch den direkten Eingriff einer der Supermächte). Seit dem Ende des Kalten Kriegs hatten gerade fragile Diktaturen oder Herrschaften in multiethnischen Staaten immer mehr mit Zerfallsproblemen zu kämpfen. Dazu kam der Druck der Globalisierung, der zwar zu einer höheren Mobilität – auch und gerade der Eliten – führte; der die Konkurrenzfähigkeit der heimischen Produkte auf dem Weltmarkt in Frage stellte; der aber gerade bei Rohstoffen diejenigen Inhaber von Herrschaft bevorteilte, die Zugang dazu hatten (auch Drogen würde man unter diesen Umständen zu „Rohstoffen" rechnen). Ethnische Konflikte, eine schwache Zentralgewalt und damit zusammenhängend eine grassierende Korruption, Kämpfe um Rohstoffgebiete und oft auch eine Tradition des Faustrechts führten gerade Staaten in Afrika an den Rand der Existenz.[7] Parastaatliche Strukturen entstanden, die insbesondere von regionalen Häuptlingtümern beherrscht wurden, die ihre Legitimität gerade daraus bezogen, dass sie als Schutzmacht gegenüber den zentralstaatlichen Zugriffen funktionierten.

Dabei tauchte das Moment der asymmetrischen Kriege wieder auf, das lange Zeit aus der Kriegführung mehr oder minder verbannt schien.[8] Die europäische Staatenwelt, die im Zuge des Westfälischen Friedens ab 1648 entstand, basierte auf selbständigen, einander prinzipiell gleichberechtigten Staaten, die nicht nur allein

6 Polenz, Failing States.

7 Zum Zusammenhang von Kolonialismus und dem Scheitern von Staaten vor dem Hintergrund anderer sozialer Ordnungen: Trotha, Die Zukunft liegt in Afrika.

8 Herfried Münkler, Die neuen Kriege, Reinbek 2002.

zur Kriegführung berechtigt waren, sondern die auch faktisch die Monopolisten der Kriegführung waren, wenngleich Partisanen oder Guerilla (wie die Kämpfer im spanischen Unabhängigkeitskrieg gegen Napoleon hießen) selbstredend in jedem Krieg virulent waren – allerdings als gewissermaßen nichtoffizielle Kombattanten. Nun zeigten sich plötzlich neue Akteure im Kriegsgeschehen, die als „offizielle" Gegner wahrgenommen zu werden beanspruchten: regionale Warlords, private Kriegsunternehmer, kleine radikale Gruppen, die mit Hilfe von Anschlägen oder gezielten Überraschungsangriffen nicht ein Gebiet erobern oder eine Schlacht gewinnen wollten, sondern den Gegner verunsichern, schädigen und ihn zu unverhältnismäßig hohen militärischen und finanziellen Investitionen zwingen wollten. Auch etablierte Staaten arbeiten in solchen Kriegsgebieten mit privaten Militärfirmen, für deren Söldner keine nationale Trauer angesetzt werden muss, wenn sie nicht zurückkehren; die aber auch nicht leicht staatlicher Disziplin zu unterwerfen sind.

In Asien wirkte Afghanistan wie ein Brandbeschleuniger, der auch die staatlichen Ordnungen im Mittleren Osten und in Nordafrika befallen hat. Hier, wo sich schon die britische Kolonialherrschaft die Zähne an den Stammesstrukturen ausgebissen hatte, hatte ein Putsch 1973 die politischen Strukturen einer auf Aushandlung gegründeten konstitutionellen Monarchie durch sozialistische Strukturen ersetzt, die (erst recht, als die Sowjets 1979 einmarschierten) aber nur einen dünnen staatlichen Firnis über eine zerrissene Gesellschaft legten, in denen der Guerillakampf gegen die Besatzer niemals zum Erliegen kam und die nach dem Ende der Sowjetunion postwendend zur Gründung der Islamischen Republik Afghanistan (unter pakistanischer Kuratel) führten. Die Taliban – vornehmlich dem Stamm der Paschtunen zugehörig – waren aus Religionsschulen hervorgegangen, die in Pakistan von geflüchteten Afghanis besucht wurden. Hier fand das ursprünglich von der Arabischen Halbinsel kommende Terrornetzwerk al-Qaida als internationale Organisation islamistischer Kämpfer Unterschlupf, ein Vorbild für andere Organisationen. Dazu kamen Konkurrenzen lokaler und regionaler Stammes- und Milizenführer, die sich mitunter zu Warlords mauserten, die große Teile Afghanistans beherrschten. In Afghanistan ist seit 50 Jahren Bürgerkrieg, und nur die wenigsten derer, die dort leben, kennen eine friedliche Gesellschaft. Um „Staat" geht es dabei häufig nicht mehr. Kenner der Region wie Conrad Schetter argumentieren, dass zwar die staatliche Ordnung bedroht oder gar nicht mehr existent sei, dass die soziale Ordnung aber unverändert fortexistiere, weil es eben eine soziale Ordnung von Tribalismus, Ehre und Gewaltbereitschaft sei.[9]

In Afghanistan wie auch in Syrien, dem Irak oder Libyen ist es häufig die Intervention durch Groß- oder Regionalmächte, die hier den Bürgerkrieg zum Ausbruch bringt. Nicht, dass es die Interessensdifferenzen nicht vorher schon gegeben hätte. Aber gerade in diesen Ländern hat häufig eine brutale, meist auf eine Volks- oder

9 Conrad Schetter, Krise, Katastrophe und soziale Ordnung. Der Bürgerkrieg in Afghanistan, in: Thomas Mergel (Hg.), Krisen verstehen. Historische und kulturwissenschaftliche Annäherungen, Frankfurt 2012, 99–116.

Religionsgruppe gestützte Diktatur zwar keine Rechtsstaatlichkeit gesichert, aber wenigstens einen Bürgerkrieg verhindert. Ein Sonderfall war der Islamische Staat, der schon in seinem Namen einen Anspruch trug, den Warlords nicht haben.

Die These von den *Failed States* hat den Eindruck erweckt, als ob das Staatlichkeitsmodell, das von Europa ausging, mehr oder minder an ein Ende gekommen sei. Jedenfalls hat sich die Frage gestellt, inwieweit dieses Modell überhaupt auf Dauer exportierbar ist. Es beruht nämlich auf der sehr europäischen Annahme, dass Staatlichkeit an nationale Zugehörigkeit gebunden sei. Dem ist nun aber in vielen Teilen der Welt nicht so, weil weder Nationalitäten in einem europäischen Sinn existieren noch die Staaten darauf beruhen.[10] Vielmehr handelt es sich bei den meisten Staatlichkeiten in Afrika oder Asien (in Lateinamerika liegt die Sache etwas anders) um mehr oder weniger künstlich entstandene, meist ethnisch und/oder religiös vielfältige Gebilde, die entweder als Koalitionen oder als hegemoniale Diktaturen eine gewisse Stabilität gewinnen. Korruption und Gewalt, häufig aber auch inzwischen eine Wohlstandserfahrung sind die Schmiermittel, diese Gesellschaften friedlich zu halten. Das Argument lautet also nicht, dass diese Staaten durch endogene (Korruption) oder exogene (Einfluss von Groß- und Regionalmächten) Faktoren an der Ausbildung einer funktionierenden Staatlichkeit gehindert sind, sondern dass das normative Vorbild, das des europäischen Nationalstaates, fehl am Platze ist, weil dessen Bedingungen gar nicht bestehen. Was allerdings eine offene Frage ist: Die Friedlichkeit einer sozialen Ordnung wäre aus dieser Warte auch außerhalb Europas ein politisches Ziel. Was aber, wenn man Conrad Schetter folgt, der auch die Friedlichkeit für eine sehr europäische Sache hält?

11.3 Konkurrenz für den Staat: Transnationale Organisationen

Der Staat ist, wie bisher immer wieder argumentiert wurde, zusammen mit und durch den modernen Kapitalismus gewachsen und hat durch ihn seine Machtmittel erhalten. Der Kapitalismus – eine im Wesentlichen europäische Erfindung – hat den Staat – ebenfalls eine im Wesentlichen europäische Erfindung – stark gemacht. Schon Karl Marx aber hatte argumentiert, dass der Staat mehr oder minder nur ein nützlicher Helfer für den strukturell überlegenen Kapitalismus sei, der im Streben nach ständiger Erweiterung von Produktion und Profit sich weder um staatliche Grenzen noch um Staatsangehörigkeiten schere und der die staatlichen Akteure und ihre Politik in Dienst nehme, um seine Ziele zu erreichen: der Staat als Büttel des Kapitalismus. War eine wichtige Erkenntnis des 19. und 20. Jahrhunderts, dass der Staat gegenüber dem Kapitalismus doch ein sehr eigenständiger Akteur war und er sich in vieler Hinsicht als fähig erwies, den Kapitalismus einzuhegen, so hat im Zuge der Globalisierung ein neuer transnationaler Kapitalismus in einem Maß an

10 Der Klassiker der Nationalismusforschung, Benedict Anderson, war 1983 noch ausgesprochen optimistisch, dass ein solches *nation building* planmäßig möglich sei. Anderson, Die Erfindung der Nation.

Macht gewonnen, dass vielerorts schon von einer Ablösung der politischen Staatlichkeit durch ihn gesprochen wird. In jedem Fall spielen transnationale Unternehmen heute vielfach auf Augenhöhe mit Staaten mit. Das gilt auch für die Wertschöpfung. Bereits 2016 waren unter den 100 finanzstärksten Organisationen der Welt nur mehr 29 Staaten. Der Rest waren Konzerne. Die Spitzengruppe der ersten zehn war noch von Staaten bestimmt, aber bereits bei den ersten 50 waren die Privatunternehmen schon in der Überzahl. Walmart setzte mehr Geld um als Spanien oder Australien.[11] Staatliches Handeln sieht sich immer mehr in einer nachgeordneten Rolle: Rohstoffkonzerne sind die faktischen Herrscher in Abbaugebieten, Autokonzerne dominieren die Beschäftigungsstruktur in ihrer Region so weit, dass politische Entscheidungen nach ihrem Gusto getroffen werden; die großen Internetkonzerne können politische Strategien maßgeblich beeinflussen, und große Länder etablieren sich in Konkurrenz zu ihren Nachbarn als Steueroasen, um Unternehmen anzuziehen. Insofern verwundert es nicht, wenn diese von den Forschern aus dem Umkreis der Diskussion zur „begrenzten Staatlichkeit“ als „Koproduzenten von Staatlichkeit“ (Gunnar Folke Schuppert) bezeichnet werden. Jedoch muss man auch hier vorsichtig sein mit Untergangsprognosen. Die ubiquitären Diagnosen, dass staatliche Autorität die transnationalen Konzerne nicht regulieren könne, beziehen sich zumeist auf die Steuerpolitik und meinen Staaten, die durch ihre Dumping-Steuersätze diese Art Regulierung gar nicht *wollen,* sondern die sich damit Standortvorteile in der internationalen Konkurrenz zu verschaffen suchen. Auch westliche Staaten regulieren das Internet, zwingen Konzerne zu gesetzeskonformem (oder auch nur politisch genehmem) Verhalten, etwa in Fragen des Datenschutzes – freilich mit Verzögerung, denn wie schon bei der Regulierung der Arbeitsbedingungen in der Industrie im 19. Jahrhundert dauerte es, bis der Staat mit der wirtschaftlichen Dynamik mitzuhalten lernte. Ausgerechnet die kapitalismusfreundlichen USA haben seit Anfang des 20. Jahrhunderts immer wieder Großunternehmen, die eine Monopolstellung gewonnen hatten, zerschlagen, von der Standard Oil Company Rockefellers (1906) bis zur Telefongesellschaft At&T (1982); derzeit läuft ein solches Verfahren gegen Facebook. Es könnte sein, dass der Staat wie schon in den vergangenen industriellen Revolutionen seinen Rückstand mit der Zeit aufholt und die Kontrolle wieder zurückgewinnt. Allerdings sprechen manche Argumente dafür, dass die digitale Ökonomie hier eine systematisch höhere Dynamik aufweist und schwerer zu kontrollieren ist.

Apple, Walmart oder Volkswagen sind nur ein Typ von Konkurrenz; der andere Typ ist älter, agiert eher mit herkömmlichen Gewaltmitteln und bleibt auch mehr im Dunkeln. Die Rede ist von der Mafia und anderen Formen der organisierten Kriminalität, die ebenfalls transnational agieren, hier häufig zu einer Konkurrenz für den Staat werden und sich mitunter geradezu als ein Gegenmodell verstehen. Die Mafia (ich benutze das Wort, das sich ursprünglich nur auf die sizilianische Regionalform bezog, als Sammelbegriff) ist auch in Zusammenhang mit der Staats-

11 Milan Babić u. a., Wer ist mächtiger: Staaten oder Konzerne? In: Makronom 19. Juli 2018. https://makronom.de/wer-ist-maechtiger-staaten-oder-konzerne-27317, letzter Zugriff: 27.09.2021.

bildung entstanden:[12] aus Schlägertrupps von süditalienischen Großgrundbesitzern, die sich ihre lokale Herrschaft über die Bauern durch das Vordringen des italienischen Staaten nicht nehmen lassen wollten. Die Mafia und ihre Schwesterorganisationen waren also von Anfang an antistaatliche Organisationen, die sich auf der Basis von Geheimhaltung und engem (häufig familiär verstärktem) Zusammenhalt transnationalisierten. Eine entscheidende Rolle spielte die italienische Emigration in die Vereinigten Staaten am Ende des 19. und am Beginn des 20. Jahrhunderts. Die Kontrolle über die Gewerkschaften, während der Prohibition über die Alkoholproduktion und den Alkoholschmuggel sowie damals schon Prostitution und Waffenhandel wurden hier die hauptsächlichen Einkünfte. Menschenhandel und Drogen kamen nach dem Zweiten Weltkrieg dazu. Wie bei den protostaatlichen Organisationen der Frühen Neuzeit (der East Indian Company, der staatlich protegierten Piraterie oder den privaten Militärunternehmern des Dreißigjährigen Kriegs) ist auch bei der Mafia die Grenze zur Offizialität fließend. Illegales Geld will legal werden und wird zur Gründung legaler Unternehmen verwendet; Politiker werden bestochen oder erpresst oder stehen den Organisationen ohnehin nahe; in den USA waren im 20. Jahrhundert Kontakte zwischen Politikern und Mafiosi durchaus häufig; Letztere finanzierten den Wahlkampf Ersterer und konnten auf geschäftliche Vorteile rechnen. Nur wenige Organisationen sind dabei so stabil wie die italienischen Mafia-Organisationen. Andere Formen der Organisierten Kriminalität (wie sie nach dem Kalten Krieg vor allem aus Osteuropa kamen) sind wesentlich kurzlebiger und oft von wenigen Personen abhängig. Bei den italienischen Organisationen handelt es sich dagegen um langlebige Verbände, die intern so etwas wie staatsähnliche Funktionen (Ordnung, Gewaltmonopol, wohlfahrtsstaatliche Funktionen) übernommen haben und vor allem in einigen italienischen Regionen protostaatlich agieren. Aber man erinnere sich an die gewalttätige Gründung von Staaten in der Frühen Neuzeit. In Anlehnung daran hat Charles Tilly die Staatsbildung nüchtern als „organized crime" bezeichnet, als das Geschäft der Staaten den Schutz und damit die Schutzgelderpressung (in Form von Steuern).[13]

11.4 „Governance"

Diese Funktions- und Durchsetzungsprobleme der herkömmlichen Staatlichkeit spiegeln sich in einem theoretischen Begriff, der kaum zufällig zum Ende des 20. Jahrhunderts aufkam und seither die Diskussion beherrscht: Governance.[14] Dieser Begriff meint eine Form von Regieren, die so weit wie möglich auf autoritäre Eingriffe verzichtet, sondern stattdessen auf Selbststeuerung, auf Aushandlung oder

12 John Dickie, Cosa Nostra. Die Geschichte der Mafia, Frankfurt 2006.

13 Charles Tilly, War Making and State Making as Organized Crime, in: Evans u. a., Bringing the State Back In, 169–191.

14 Vgl. Schuppert/Zürn, Governance.

auf die Formulierung erreichbarer Ziele anstatt von Visionen setzt. Es handelt sich also um eine Form der „weichen Steuerung".[15] Wer „Governance" sagt, meint auf jeden Fall nicht den Leviathan als autoritäre Regierung von oben. Anfangs wurde darunter eher ein neoliberales Konzept verstanden, das den Staat absichtlich aus bestimmten Bereichen heraushalten wollte; „Privatisierung" und „Entstaatlichung" schwangen dabei mit. Mit der Zeit hat sich „Governance" aber als ein gewissermaßen realistisches Konzept etabliert, das das Wissen um die begrenzten Steuerungsmöglichkeiten des Staates widerspiegelt: von einem gewollten Rückzug also hin zur Einsicht, dass die Macht des Staates nicht (mehr) so weit reicht wie gedacht und in unterschiedlichen Weltgegenden unterschiedliche Ausprägung und Akzeptanz findet. Dieser Begriff hat sich insbesondere für Steuerungspraktiken in westlichen Staaten eingebürgert, weil er darauf hindeutet, dass unter Umständen manche staatlichen Ziele leichter zu erreichen sind, wenn man nicht die harte Hand von Polizei, Staatsanwaltschaft und Verwaltung anlegt, sondern wenn Anreizsysteme, Aushandlung an runden Tischen, Wettbewerbssysteme oder Belohnungen zum Zuge kommen. Er reflektiert nicht nur einen Prozess der Pluralisierung von politischen Problemen und deren Lösung, sondern in mancher Hinsicht auch einen Prozess der Demokratisierung: dass nämlich die Bürgerinnen und Bürger sich nicht mehr ohne Weiteres anweisen und reglementieren lassen. Solche Strategien zeigen sich auch in der Kooperation mit transnationalen Unternehmen. Der Begriff ist inzwischen aber in ähnlicher Weise als Zauberwort für Unternehmensführung oder Universitäten etabliert. Er meint nicht allein eine kooperations- und diskursorientierte Form der Steuerung, sondern auch eine Verlagerung von Konflikten: Eine Unternehmensführung (oder eine Universitätsleitung) erspart sich Schwierigkeiten, wenn sie die Entscheidung, wie eine Abteilung umstrukturiert werden soll, wer befördert und wer entlassen werden soll, nicht selbst trifft, sondern die Abteilung selbst dies entscheiden lässt. Das wird dort zu Streit führen, und es wird Hauen und Stechen geben. Aber die Leitung verkämpft sich nicht und begibt sich nicht in Konflikte, in denen sie sich immer Feinde macht.

Der Governance-Begriff findet aber auch Anwendung für Gesellschaften, in denen das westliche Staatsmodell nur begrenzt oder gar nicht erfolgreich ist.[16] In „Räumen begrenzter Staatlichkeit" ermöglicht er, hier nicht nur Anomie und Chaos, nicht nur *Failed States* zu sehen, sondern Ordnungsstiftung zu identifizieren, die ohne den Staat westlicher Prägung vor sich geht. Diese Diskussion reflektiert einerseits eine neue Bescheidenheit der westlichen Perspektive auf politische Ordnungen. Andererseits gilt hier besonders, was man der Governance-Theorie generell vorwirft: dass sie nämlich die Realität von Macht, sozialer Ungleichheit und Gewalt zu unterschätzen neigt.[17] Wo Warlords regieren, haben rechtliche und Verwaltungsverfahren nur begrenzte Wirksamkeit, haben benachteiligte Gruppen –

15 Göhler, Weiche Steuerung.

16 Vgl. Risse u. a., Regieren ohne Staat.

17 Hilz, Governance in der Kritik, 284–286.

darunter eigentlich immer: Frauen und Mädchen – keine Chance, sich Gleichberechtigung und Mitsprache zu erkämpfen, ist sozialer und kultureller Wandel meist nicht vorgesehen.

Der Governance-Begriff reflektiert einen Wandel im Verständnis von Staatlichkeit dahingehend, dass der Hobbessche Leviathan nicht mehr als deren Norm schlechthin gilt, sondern als eine spezifische Form, die in einer bestimmten historischen Situation (nämlich der europäischen Bellizität der Frühen Neuzeit, mit Konfessionskonkurrenz und Nationenbildung) historische Leistungen vollbracht hat, die aber nicht einfach transferiert werden konnten und können. Er hat allerdings normative Implikationen. So achtet „Governance" z. B. wenig darauf, welche Akteure tatsächlich bei der weichen Steuerung partizipieren, denn häufig werden diese nicht durch Wahl oder Bestellung legitimiert, sondern platzieren sich selbst. Typischerweise funktionieren solche Formen der selbstorganisierten Steuerung in einer Herrschaft der Engagierten und/oder der Kompetenten; informelle und nicht beauftragte Verhandlungsführung überwiegt die offizielle Legitimation. Und dies – die offizielle Legitimation durch Wahl oder Bestellung – war, so könnte man argumentieren, doch ein historischer Gewinn, weil dadurch auch diejenigen teilhaben konnten, deren Weg zur Macht zunächst weit war.

11.5 Wiederaufstieg des Staats?

Die bisherigen Überlegungen stellen die Krise des Staates (genauer: der westlichen, modernen Herrschaftsanstalt) als Schaffer von Ordnung in den Mittelpunkt. Nun scheint aber mit Blick auf die internationalen politischen Entwicklungen seit einer Reihe von Jahren genau das Gegenteil der Fall: In durchaus „modernen" Ländern wie Russland, China, der Türkei oder Ungarn ist mitnichten von einer Krise des Staates die Rede; hier hat sich vielmehr ein autoritäres Staatsmodell etabliert, das insofern neu ist, als es sich im Allgemeinen unter Berufung auf ein (wie auch immer verstandenes und organisiertes) Volk legitimiert, aber wenig um Pluralismus, Gewaltenteilung oder Minderheitenrechte bekümmert ist, sondern eine Form der (nationalen und häufig auch nationalistischen) Staatlichkeit präsentiert, die ganz auf Macht und Machtmonopol setzt und insofern den alten Leviathan wieder zum Vorschein kommen lässt. Diese Konjunktur wirkte zunächst irritierend, denn die meisten Theorien von politischer, ökonomischer und kultureller Modernisierung hatten bisher angenommen, dass ökonomische, kulturelle und politische Modernisierungsprozesse in Abhängigkeit voneinander verliefen.[18] Dass also eine ökonomische (Wohlstands-) Entwicklung früher oder später immer auch von einer politischen Demokratisierung begleitet sein müsse, weil nämlich die wohlhabend gewordenen Gruppen sich nicht mehr politisch bevormunden lassen würden. Dass eine solchermaßen politisch

18 Hierzu: Thomas Mergel, Modernisierung, in: Europäische Geschichte Online 2011. http://ieg-ego.eu/de/threads/modelle-und-stereotypen/modernisierung, letzter Zugriff: 20.09.2021.

und ökonomisch moderne Gesellschaft sich auch kulturell modernisieren müsse, dem Individuum mehr Gestaltungsfreiheit zugestehen müsse, weil die Menschen nach ihrer eigenen Façon leben wollten: Das war die (west-)europäische Erfahrung, und so, dachte man, werde es überall sein. In China, Russland und anderswo war es aber nicht so. Dass kapitalistische Hyperentwicklung wie in China möglich sei, wenn gleichzeitig eine korrupte Kommunistische Partei eine riesige, keineswegs homogene Gesellschaft unter Kuratel hält: Das hätte man nicht für möglich gehalten. Dass die ehemaligen kommunistischen Staaten Ostmitteleuropas unter dem Schirm der Europäischen Union prosperieren und gleichzeitig einen aggressiven, illiberalen Nationalismus mit deutlich antipluralistischer und autoritärer Schlagseite entwickeln: Das hatte man nicht erwartet. Diese Art Staat hatte als überholt und nicht mehr zustimmungsfähig gegolten; noch irritierender ist für westliche Beobachter der Umstand, dass ein solches Regieren bei vielen Bürgerinnen und Bürgern auf Zuspruch stößt. Häufig verbinden sich mit solchen Optionen auch traditionelle, oft religiöse Vorstellungen von einem guten Leben und einer guten Ordnung, die man schon längst auf dem absteigenden Ast wähnte. Ein expliziter Antiliberalismus, der von Opposition nicht viel hält, verbindet sich gerne mit einem aggressiven Nationalismus, der sich um seine Identität sorgt und das westliche Modell als ebenso imperialistisch wie moralisch verdorben kennzeichnet. Die hier aufscheinende Vorstellung einer guten Gesellschaft ist die einer homogenen Gemeinschaft, die nach innen harmonisch funktioniert und die scharfe Grenzen nach außen zieht. Diese Staaten sind auch durchaus in der Lage, Konzernen Regeln zu setzen, mehr noch: sie zu einem Wirtschaftsverhalten zu zwingen, das ihren politischen Zielen entspricht. Die Grenze zwischen Staat und Wirtschaft ist dabei nicht immer ganz klar, und staatliche (oder quasistaatliche) Unternehmen werden auch außenpolitisch in Dienst genommen. Die Großmächte unter ihnen – Russland, China – agieren expansionistisch, und für eine solche Politik braucht es einen starken Staat. Man kann aus diesen Beobachtungen schließen, dass es womöglich nicht der Staat als solcher ist, wohl aber der Staat der liberalen Demokratie, der da unter Druck steht. Er steht im Verdacht, „weich" zu sein, was nicht viel anderes heißt als: weniger autoritär, partizipativer, pluralistischer als das alte Modell vom Leviathan.

Diese Sicht unterschätzt indes die Handlungsfähigkeit auch des „weichen" westlichen Staates. Wenngleich konstant von Klagen begleitet, ist die Sicherheit auf Straßen, die Verlässlichkeit der Polizei und die Unbestechlichkeit der Justiz nirgendwo so gesichert wie in den liberalen europäischen Staaten. In den Erwartungen und Erfahrungen der Vielen ist die Legitimität der staatlichen Institutionen weitaus höher. Im Korruptionsindex von Transparency International finden sich auf den ersten zehn Plätzen mit der geringsten Korruption acht westeuropäische Staaten (Deutschland liegt auf Platz 9).[19] Auf die interventionsstaatliche Handlungsfähigkeit im Zusammenhang mit den Finanzkrisen am Beginn des 21. Jahrhunderts, aber

19 CPI 2020: Tabellarische Rangliste. https://www.transparency.de/cpi/cpi-2020/cpi-2020-tabellarische-rangliste/, letzter Zugriff: 16.12.2021.

auch mit Corona wurde schon hingewiesen. Für den letzteren Fall muss man auch die staatliche Fähigkeit zur Ordnungsleistung im Umgang mit der Pandemie hervorheben: Ein Lockdown muss ebenso wie eine Masken- oder Testpflicht erst einmal durchgesetzt werden. Dass dies in China erfolgreicher geschieht als in Deutschland, verwundert nicht; aber auch hier wirkt staatliche Disziplinierung (so sie sich selbst dazu entschließt) durchaus erfolgreich – nicht allein durch den Einsatz von Staatsgewalt und weitgehender Überwachung, sondern vor allem auch durch eine konstante Kommunikation, die zwar auf Grund ihrer Offenheit viele verunsichert hat (etwa in Bezug auf die Impfrisiken), die aber auch offenbar eine weit überwiegende Mehrheit überzeugt hat, aus freien Stücken mitzumachen.

Allerdings zeigt sich besonders im Zusammenhang mit den Corona-Protesten seit 2020, aber auch schon davor eine gewandelte Erwartung an den Staat, die den konservativen Vertretern der Unregierbarkeitsdebatte ohne weiteres Recht zu geben scheint: Dass der Staat Sicherheit und Wohlstand zu garantieren habe, gilt als selbstverständlich, dass er aber auch Gewalt, und zwar auch gegen seine eigene Bürger auszuüben befugt sei: Das wird ihm bestritten. Die Proteste richten sich gegen einen Staat, der Zwang ausübt, und dies wird bei Corona-Demonstrationen als Ausweis von „Diktatur" denunziert. Hier liegt jedoch offenbar ein Missverständnis vor, denn die Ausübung von Zwang ist ja keineswegs Kriterium für eine Diktatur. Zwang auszuüben ist vielmehr Wesensmerkmal eines Staates; würde er das nicht, wäre er kein Staat. Jeder, auch der demokratische Staat zwingt alltäglich: zur Steuerzahlung, zum Anhalten an der Ampel, in die Schule oder ins Militär. Die Frage ist einerseits die nach der Verhältnismäßigkeit der Mittel. Zum anderen aber und vor allem geht es darum, wie legitimiert er für die Gewaltausübung ist: Das Gewaltmonopol ist ein *rechtlicher* Tatbestand.[20] Und hier hat der demokratische Staat gute Gründe, sich durch korrekte Entscheidungsverfahren, durch Wahlergebnisse und die alltägliche Unterstützung der Vielen für legitimiert zu halten. Dass sich aber hier ein Bild vom Staat verbreitet hat, der zwar Dienstleister sein soll, nicht aber mehr Staatsgewalt – in Hobbes' Worten: der beschützen soll, aber nicht unterdrücken darf –, das weist auf eine grundlegende Wandlung der Erwartungen an den Staat.

Diese Frage ist eine, die auch die Zukunftsfähigkeit des Planeten und der Menschen darauf betrifft. Denn es kann durchaus sein, dass die globalen Herausforderungen, die derzeit dringend anstehen, stärkeren Zwang für unabweisbar halten lassen: Klima, Welternährung, globale Ungleichheit, Migration und Flucht. Inwieweit hier Anreize und Angebote helfen, ob nicht auch Verbote, Strafen und Zwang für notwendig gehalten werden, ist bislang noch nicht absehbar und wird wohl auch umstritten bleiben. Nicht zu Unrecht lässt sich vermerken, dass autoritäre Regime durchaus auf Erfolge bei der Bewältigung großer Modernisierungsaufgaben verweisen können, wie etwa die Industrialisierung der Sowjetunion und vor allem die rapide Entwicklung Chinas von einem bitterarmen, kaum industrialisierten Land zu einem technologischen und ökonomischen Weltchampion. Doch zweierlei ist

20 Vgl. Grimm, Das staatliche Gewaltmonopol.

deutlich: Erstens lassen sich die anstehenden Herausforderungen nicht mehr national und auch nicht europäisch bewältigen. Sie brauchen globale Kooperation, und hierbei hilft der Leviathan nicht viel. „Global" bedeutet bis auf Weiteres: Verhandeln. Zweitens: Man mag vielleicht über die Wege streiten. Aber ob nun Verbote oder Anreize, ob steuerliche oder technologische Innovationen: All dies muss ja auch durchgesetzt werden, und vermutlich gegen erbitterte Widerstände. Insofern ist die Zeit des Staates wohl noch nicht vorbei.

Abschließende Überlegungen

Staat und Staatlichkeit als historische Phänomene zu untersuchen: Darum ging es in diesem Buch. Was wir unter „Staat" verstehen, ist dabei eine europäische „Erfindung", die in der Frühen Neuzeit gemacht und äußerst erfolgreich perfektioniert wurde – freilich keine Erfindung in einem intentionalen Sinne. Soziologisch würde man von Emergenz sprechen. „Staatsbildung" ist insofern ein missverständlicher Begriff, weil er nach Absicht klingt. Reinhard Blänkner hat stattdessen „Staatsentstehung" vorgeschlagen.[1] Vor der Moderne und außerhalb Europas gab es selbstredend politische Strukturen, Machtinstitutionen, die vielleicht nicht zu einem „Staat" als Gesamtkunstwerk wurden, aber Funktionen von Staatlichkeit erfüllten. Eine Begleiterscheinung der europäischen Expansion war jedoch, den europäischen Typus politischer Herrschaft zu exportieren, weil sich damit die Vorstellung von einer überlegenen Institution verband, die eine Gesellschaft höchst wirkungsvoll disziplinieren und mobilisieren konnte. Dieser Export gelang nur in Teilen erfolgreich: Die Art von administrativer Durchdringung, Rechts- und Gewalthoheit, Homogenisierung der Bevölkerung, von kontrollierbarem Staatsgebiet war und blieb Spezifikum einer Landschaft „Europa", die Traditionen und Ideen teilte. Die europäische Staatenwelt lebte auch davon, dass da jenseits der Grenze Ähnliche waren, denen man dieselben Rechte zugestehen mochte und mit denen man auf Augenhöhe kämpfen und verhandeln konnte. Ein wichtiges Movens war dabei die zweite große europäische Erfindung, der Kapitalismus, der – nachdem Europa gegenüber den außereuropäischen Konkurrenten jahrhundertelang militärisch unterlegen und kulturell rückständig war – mit der Zeit so viel Überschüsse generierte, dass er eine militärische und kulturelle Entwicklung erlaubte, die den Staat überhaupt erst ermöglichte.

Freilich ist der Begriff des „Staates" dabei ein Idealtypus. Und auch der moderne Staat hat, wie wir gesehen haben, sein Gesicht teilweise ziemlich grundlegend gewandelt. Auch *Fragile States* sind Staaten, auch der Totale Staat, der seinen Bürgern (Untertanen?) keine Luft zum Atmen lässt, ist einer, der Interventionsstaat ebenso

1 Blänkner, Strukturprobleme des frühmodernen Staates.

wie der Nachtwächterstaat. Ein Moment hat sich aber durchgezogen: die Frage nach der Gewalt als Movens und als Telos des Staates. Staat ist, wie Wolfgang Reinhard immer wieder argumentiert hat, vor allem Staatsgewalt; und zwar sowohl nach innen, im Monopol der legitimen staatlichen Gewalt, als auch nach außen. Im Anschluss an eine lange Tradition der europäischen Staatslehre habe ich an Thomas Hobbes' „Leviathan" angeknüpft. Hobbes sieht in der Sehnsucht nach Überwindung des Bürgerkriegs die eigentliche Motivation, einem Staat alle Gewalt abzutreten und sich ihm zu unterwerfen. Das ist natürlich eine Modellierung, denn die meisten Menschen wurden dafür nicht gefragt. Reinhard, der der europäischen politischen Kultur eine spezifische, auf Vernichtung zielende Gewaltkultur attestiert, argumentiert eigentlich entgegengesetzt: Weil da jemand effektiv Gewalt ausüben (also Krieg führen) will, deshalb muss ein Staat her. Der Zweck des Staates wäre dann nicht Frieden, wie bei Hobbes, sondern im Gegenteil: Krieg. Und Krieg schien in Europa gerade in der Hochphase des allmächtigen Staates im 20. Jahrhundert die Normalität schlechthin zu sein schien.

Die Souveränität, auf die Hobbes solchen Wert legt und die bis heute durch die Köpfe derer geistert, die da fragen, ob die BRD überhaupt ein souveräner Staat sei oder nicht doch bloß eine GmbH: Diese Souveränität ist das eifersüchtig gehütete Zentralmoment des modernen Staates. Der Begriff ist – ganz besonders in der deutschen Denktradition – zum Schlüsselbegriff für den Mythos des modernen Staates geworden, der angeblich „über" der Gesellschaft existiert, eine Art Dach, aber auch eine historische Zielbeschreibung: Nur Völker, die einen Staat haben, können auch eine Geschichte haben, hieß es im 19. Jahrhundert. „Souveränität" bedeutet, dass niemand diesem Staat die Entscheidungsgewalt streitig machen kann. Das richtete sich nicht nur gegen Mitbewerber, andere Fürsten also, sondern auch auf alternative Machtinstitutionen wie Kirchen, Unternehmen oder auch Städte. Staatliche Souveränität bedeutete, dass sein Gesetz für all diese galt und das einzige war. Das war zunächst ein Anspruch, und zwar ein hoher, sehr hoher Anspruch. Selbst das Urbild des Souveräns, der absolute Fürst, musste andere Interessen bedenken und sich mit ihnen abstimmen. „Souveränität" ist häufig, erst recht, wenn mehrere an der Herrschaft beteiligt sind (etwa bei einem parlamentarischen System), etwas Umstrittenes und in seiner Umsetzung sehr pragmatisch Gehandhabtes. Es kam vor allem, wen wundert es, im Krieg zum Tragen.

Diese Souveränität war zunächst der Ausgangspunkt, auf den sich die innere Staatsbildung stützte, im Verlauf derer – beschleunigt seit dem 18. Jahrhundert – der Staat nicht nur Gewaltorganisation, sondern vor allem auch gesellschaftsgestaltende Kraft wurde. Recht, Polizei, Bildung, Religion, regelmäßige Steuern: Diese Dimensionen basierten zunächst auf einer Trennung von „Staat" und „Gesellschaft", die historisch neu war und die es überhaupt erst erlaubte, dass sich neue Mitspieler wie Vereine oder Parteien etablierten. Ab dem Moment, da es um Innere Staatsbildung ging, ging es eben nicht mehr nur um Macht und Krieg, sondern es ging auch um die Gestaltung einer „guten Gesellschaft". Und Staatsmodelle zeichneten sich in ihrer Konkurrenz fortan durch unterschiedliche Gesellschaftsmodelle aus.

Gegenüber Reinhard soll im Anschluss daran das Moment des Mitmachens und der Loyalität stärker betont werden. Es scheint, als ob es im europäischen Staat, und darüber hinaus, eine Dynamik der zunehmenden Inklusion und der zunehmenden Partizipation gegeben hätte. Ein Staat, der für alle da zu sein beansprucht, der ein „Allgemeinwohl" anstrebt, konnte jedenfalls nicht auf Dauer nur die Veranstaltung kleiner Eliten sein. Die Bürger mussten ein Staatsbewusstsein entwickeln, das sie auch von „ihrem" Staat reden ließ. Wenn man die Bürger in Massen in die Kasernen und in die Schule schickte, wenn man ihnen kontinuierlich Steuergeld abnahm und sie tagtäglich mit Rechts- und Verwaltungsakten begleitete, dann wollten diese Bürger vielleicht auch mitreden. Diese inklusive Dynamik zeigte sich besonders, als der Nationalstaat auf den Plan trat – eine ganz europäische Erfindung, die der auf der ganzen Welt gekannten Kategorie des Untertanen mit der Zeit den Garaus machte. Denn die Gegenkategorie des Staatsbürgers hatte eine Suggestion der Gleichheit, und auch eine der Gleichberechtigung. So war es zwar keine Notwendigkeit, aber wohl auch kein Zufall, dass die kontinuierliche Staatlichkeit, die auf lokaler Ebene erstmals von den Griechen ausprobiert worden war, auch eine Dynamik der Demokratisierung entfaltete. Dieses Argument läuft indes ganz entgegengesetzt zur Vorstellung des 19. Jahrhunderts, wonach der Staat als eine sittliche Idee sich über den Köpfen der Menschen, über der Gesellschaft etablierte. Die Spannung zwischen „oben" und „unten", zwischen dem Staat als einer Herrschaftsinstitution „über" und einer Veranstaltung „der" und „für die" Gesellschaft, ist, so glaube ich, systematisch eingebaut, und ich würde argumentieren, dass nur mit dem *Top-down*-Approach die Durchsetzung, aber auch die Popularität des Staates nicht zu erklären ist, des Staates, der ja schließlich nicht nur Recht brachte, sondern auch biographische Erwartungssicherheit und, im 20. Jahrhundert, Risikovorsorge und eine Moderierung der sozialen Konflikte. Der Begriff der Sicherheit, der den europäischen Staat seit den Bürgerkriegen begleitet hat, erfuhr im Zeichen der *sozialen* Sicherheit eine ganz neue Bedeutung und Ausweitung.

Allerdings, und noch einmal: Vieles davon ist idealtypisch zugespitzt. Der Staat war nicht so erfolgreich wie man sich lange Zeit erzählt hat. Seine Souveränität ließ sich auch nach innen häufig nur partiell durchsetzen. Man sollte die vielen staatsfernen Zonen nicht vergessen, die es bis weit ins 20. Jahrhundert in den Bergregionen und den ländlichen wie städtischen Unterschichten gab; konkurrierende Machtausüber – ob Großgrundbesitzer, Räuberbanden oder die Mafia – gab es vor allem hier. Bildung war ebenso ungleich verteilt wie Einkommen; dass zwischen „Recht haben" und „Recht bekommen" ein Unterschied ist, wissen nicht erst die Anwälte von heute, und natürlich waren Reiche und Arme, Junge und Alte, Männer, Frauen und Kinder dem Staat gegenüber in höchst unterschiedlichen Positionen. All das ist richtig. Nur: Der selbstgesetzte Anspruch jedes Staates, seine Bürger gleich zu behandeln, allen Sicherheit und Recht zu gewähren, fiel auf ihn selbst zurück, wenn er systematisch dagegen verstieß. So gut wie alle Reform- und manche Revolutionsbewegungen seit dem 18. Jahrhundert nahmen ihren Ausgang bei der Klage, dass der Staat etwas versprach, was er nicht hielt.

Dass der Staat in dieser Weise ein historisches Phänomen ist, das nicht nur seine Gestalt ändert, sondern vielleicht auch wieder ganz verschwindet, ist eine Diskussion, die seit der extremsten Ausprägung staatlicher Gewalt in der ersten Hälfte des 20. Jahrhunderts nicht mehr verstummt ist. Sie hat sich einerseits in internationalen politischen Organisationen niedergeschlagen, von denen die erfolgreichste, die EU, quasistaatliche Funktionen angenommen hat und Momente von Souveränität erreicht hat, die aber noch nicht zum Entscheidenden: zum Kriegführen nämlich, reichen. Sie zeigt sich ebenfalls in den vielen Diskussionen über eine Funktionsüberlastung des Staates oder in der Diskussion um die *Failed States.* Sie zeigt sich auch darin, dass Staatlichkeit und Territorialität, die lange eng miteinander verschweißt waren, wieder auseinandertreten.[2] Das Territorium verliert an Bedeutung als Ressource für staatliche Macht (was nicht heißt, dass der Mythos eines angeblich angestammten Territoriums nicht weiterhin wirkt). Die Migrationsbewegungen nach dem Zweiten Weltkrieg, Phänomene wie die doppelte Staatsbürgerschaft und die EU-Unionsbürgerschaft (die z. B. ein kommunales Wahlrecht auch außerhalb des eigenen Staates zugesteht), aber auch sozialstaatliche Anrechte wie Rentenansprüche, die man „mitnehmen" kann, haben dazu geführt, dass Staatsbürgerlichkeit deterritorialisiert wird. In der Türkei oder in Russland fühlt man sich auch für die Türken und Russen verantwortlich, die die Bürger anderer Staaten sind, weil sie „Landsleute" sind (wie eine neue russische Rechtskategorie seit 1999 lautet).[3]

Andererseits ist auch ein Wiederaufstieg staatlicher Steuerungsansprüche, und zwar erfolgreicher, nicht abzustreiten. Die Kategorie der Governance, die mit der Internationalisierung der Ebenen ebenso ins Spiel kommt wie mit der Funktionsüberlastung, aber sich eben auch mit der Krisenpolitik zeigt – von oben und ohne die Beteiligten ist auch hier heute wenig durchzusetzen –, ist zwar nicht als Handlungsform neu. Verhandelt hat man ja immer. Neu ist sie aber als ein Analysekonzept, um diese politischen Handlungsformen zu fassen. Um es wiederum zuzuspitzen: Frühere Kanzler saßen womöglich am Schreibtisch und unterschrieben Anweisungen oder Positionspapiere oder hielten Reden an ihre Getreuen. Heutige Regierende sitzen im Auto, auf dem Weg von einem Treffen zum nächsten, und telefonieren, oder sie sitzen in Zoom-Meetings. Es scheint, als ob die Kommunikationsform auch eine andere Form von Politikmachen generiere. Es mag ein semantischer Hinweis sein, dass das Reden vom „Staat" heute im Alltag eher selten vorkommt. Wen man als Akteurin identifizieren kann, ist „die Politik", die uns dieses und jenes vorschreibt oder unterlässt. Dieser Begriff assoziiert viel eher ein soziales System denn eine Herrschaftsinstitution.

Das Bild ist derzeit facettenreich: Einerseits *Failed States,* andererseits eine Staatsgewalt wie in China, die den Leviathan gewissermaßen wie im Bilderbuch exerziert. Einerseits eine Legitimationskrise der liberalen Demokratien und ein Aufstieg der autoritären Steuerungskonzepte. Andererseits aber auch starke Stimmen des Unmuts

2 Zentral für diese Beobachtung: Maier, Consigning the Twentieth Century to History.

3 Gosewinkel, Schutz und Freiheit? 576–578, 648–650.

wie im Arabischen Frühling, in Hongkong oder auch in Ostmitteleuropa, die sich an den liberalen Demokratien orientieren und die nicht dadurch verschwinden, dass sie zum Schweigen gebracht werden. Einerseits Durchgriffsprobleme, etwa bei der Verfolgung der Organisierten Kriminalität, andererseits erstaunliche staatliche Autorität in Krisen, auch in den liberalen Demokratien, allen lautstarken Protesten zum Trotz, die sich mühsam als „Volkes Stimme" zu inszenieren suchen. Eine ebenso lautstarke Unzufriedenheit in den sozialen Medien mit dem Staat als solchem und der Demokratie im Besonderen konkurriert mit einer großen Systemzufriedenheit in liberalen Demokratien, die sich aus Umfragen ergibt – wenngleich das Stehvermögen der Demokratie inzwischen nicht mehr so sicher erscheint wie noch vor wenigen Jahren. Internationale Handlungsüberforderung, etwa in der Flüchtlingsfrage einerseits, andererseits erfolgreiche, auch internationale wirtschaftspolitische Steuerungsleistungen, besonders in Krisen. Die Krise der Staatlichkeit, die man in den 1990er Jahren als gewissermaßen unabwendbares Schicksal von den *Failed States* in die westlichen Staaten überschwappen sah, hat als These auch eine starke Teleologie. Ähnlich ist es mit der These, dass transnationale Unternehmen quasistaatliche Funktionen für sich beanspruchen und dadurch den Staat überflüssig machen würden. Diese neoliberalen (oder anarchistischen, je nach Standort) Wunsch- oder Albträume hatten immer mehr Utopiepotential als Realisierbarkeit. Staatlichkeit hat als Herrschaftsinstrument eine Eigendynamik, die nicht ohne Weiteres dispensiert werden kann. Allerdings aber wird sie sich in mancher Hinsicht verändern. Das Stichwort „Governance" steht idealtypisch für die eine Option, Chinas expansiver und zunehmend technologischer Überwachungsstaat für die andere. Aber vermutlich wird auch in China viel mehr verhandelt als es von außen aussieht. Wahrscheinlich werden, anders als die Visionäre der westlichen Demokratie sich das nach dem Zweiten Weltkrieg dachten, diese beiden Modelle auf lange Zeit nebeneinander her existieren – und womöglich noch manche anderen. „Der" Staat „an sich", dem man eine bestimmte Form und eine historische Mission zusprach, war ja selbst ein Konstrukt, das ohne einen enormen geschichtsphilosophischen Überschuss nicht auskam. Er wird zur Bewältigung der anstehenden Zukunftsprobleme vermutlich auch weiterhin gebraucht. Ob allerdings die historisch einzigartige Friedlichkeit, die den post-westfälischen Staat in Europa seit 70 Jahren auszeichnet, am Ende ein Zukunfts- oder ein Schwächemoment ist: Darüber verbieten sich für einen Historiker die Spekulationen.

Literaturhinweise

Anderson, Benedict, Die Erfindung der Nation. Zur Karriere eines folgenreichen Konzepts (am. 1983), Frankfurt 2005[2].

Anderson, Margaret L., Practicing Democracy. Elections and Political Culture in Imperial Germany, Princeton 2000.

Anter, Andreas, Max Webers Theorie des modernen Staates, Berlin 2014[3].

Armitage, David, Every Great Revolution is a Civil War, in: Baker, Keith Michael/Edelstein, Dan (Hg.), Scripting Revolutions, Stanford 2015, 57–68.

Asch, Ronald G./Duchhardt, Heinz (Hg.), Der Absolutismus – ein Mythos? Strukturwandel monarchischer Herrschaft in West- und Mitteleuropa (ca. 1550–1700), Köln 1996.

Baberowski, Jörg, Das Justizwesen im späten Zarenreich 1864–1914, in: Zeitschrift für Neuere Rechtsgeschichte 13 (1991), 156–172.

Baberowski, Jörg, Autokratie und Justiz. Zum Verhältnis von Rechtsstaatlichkeit und Rückständigkeit im ausgehenden Zarenreich 1864–1914, Frankfurt 1996.

Baberowski, Jörg, Der rote Terror. Die Geschichte des Stalinismus, Frankfurt 2007.

Baberowski, Jörg/Doering-Manteuffel, Anselm, Ordnung durch Terror. Gewaltexzesse und Vernichtung im nationalsozialistischen und im stalinistischen Imperium, Bonn 2006.

Bagehot, Walter, Die englische Verfassung (1867), hg. v. von Klaus Streifthau, Neuwied 1971.

Bayly, Christopher A., Die Geburt der modernen Welt. Eine Globalgeschichte 1780–1914, Frankfurt 2006.

Behrisch, Lars (Hg.), Vermessen, Zählen, Berechnen. Die politische Ordnung des Raums im 18. Jahrhundert, Frankfurt 2006.

Berding, Helmut (Hg.), Wirtschaftliche und politische Integration in Europa im 19. und 20. Jahrhundert, Göttingen 1984.

Berend, Ivan T., Markt und Wirtschaft. Ökonomische Ordnungen und wirtschaftliche Entwicklung in Europa seit dem 18. Jahrhundert, Göttingen 2007.

Beyrau, Dietrich u. a. (Hg.), Reformen im Russland des 19. und 20. Jahrhunderts, Frankfurt 1996.

Beyrau, Dietrich u. a. (Hg.), Formen des Krieges. Von der Antike bis zur Gegenwart, Paderborn 2007.

Bieling, Hans-Jürgen/Große Hüttmann, Martin (Hg.), Europäische Staatlichkeit. Zwischen Krise und Integration, Wiesbaden 2016.

Blänkner, Reinhard, Strukturprobleme des frühmodernen Staates, in: Carney, Frederick S. u. a. (Hg.), Jurisprudenz, Politische Theorie und Politische Theologie, Berlin 2004, S. 399–435.

Blockmans, Wim u. a. (Hg.), Empowering Interactions. Political Cultures and the Emergence of the State in Europe, 1300–1900, London 2016.
Böckenförde, Ernst-Wolfgang, Die Entstehung des Staates als Vorgang der Säkularisation (1967), in: ders., Recht, Staat, Freiheit. Studien zur Rechtsphilosophie, Staatstheorie und Verfassungsgeschichte, Frankfurt 1991, 92–114.
Bösch, Frank/Hoeres, Peter, Außenpolitik im Medienzeitalter. Vom späten 19. Jahrhundert bis zur Gegenwart, Göttingen 2013.
Boldt, Hans u. a., Staat und Souveränität, in: Brunner, Otto u. a. (Hg.), Geschichtliche Grundbegriffe. Historisches Lexikon zur politisch-sozialen Sprache in Deutschland, Bd. 6, Stuttgart 1990, 1–154.
Bonney, Richard, The Limits of Absolutism in *Ancien Régime* France, Aldershot 1995.
Bredekamp, Horst, Thomas Hobbes, Der Leviathan. Das Urbild des modernen Staates und seine Gegenbilder 1651–2001, Berlin 2003.
Brendle, Franz, Das konfessionelle Zeitalter, Berlin 2010.
Breuer, Stefan, Der Staat. Entstehung, Typen, Organisationsstadien, Reinbek bei Hamburg 1998.
Broszat, Martin, Der Staat Hitlers. Grundlegung und Entwicklung seiner inneren Verfassung (1969), München 2000[15].
Brubaker, Rogers, Staats-Bürger. Deutschland und Frankreich im historischen Vergleich, Hamburg 1994.
Brunn, Gerhard, Die Europäische Einigung von 1945 bis heute, Ditzingen 2017[4].
Brunner, Otto, Land und Herrschaft. Grundfragen der territorialen Verfassungsgeschichte Österreichs im Mittelalter (1939), Darmstadt 1984.
Buggeln, Marc, Das Versprechen der Gleichheit. Steuern und soziale Ungleichheit in Deutschland von 1871 bis heute, Habil. MS HU Berlin 2021.
Burg, David F., A World History of Tax Rebellions. An Encyclopedia of Tax Rebels, Revolts, and Riots from Antiquity to the Present, New York 2004.
Burkhardt, Johannes, Frühe Neuzeit (16.–18. Jahrhundert), Königstein 1985.
Burkhardt, Johannes, Der Dreißigjährige Krieg, Frankfurt 1992.
Burkhardt, Johannes, Der Dreißigjährige Krieg als frühmoderner Staatsbildungskrieg, in: Geschichte in Wissenschaft und Unterricht 45 (1994), 487–499.
Burkhardt, Johannes, Die Friedlosigkeit der Frühen Neuzeit. Grundlegung einer Theorie der Bellizität Europas, in: Zeitschrift für Historische Forschung 24 (1997), 509–574.
Burkhardt, Johannes, Die These vom Staatsbildungskrieg im Widerstreit der Forschung, in: Rohrschneider, Michael/Tischer, Anuschka (Hg.), Dynamik durch Gewalt? Der Dreißigjährige Krieg als Faktor der Wandlungsprozesse des 17. Jahrhunderts, Münster 2018, 71–92.
Calic, Marie-Janine, Südosteuropa. Weltgeschichte einer Region, München 2016.
Clark, Christopher/Kaiser, Wolfram (Hg.), Culture Wars. Secular-Catholic Conflict in Nineteenth-Century Europe, Cambridge 2003.
Crozier, Michael u. a., The Crisis of Democracy. Report on the Governability of Democracies to the Trilateral Commission, New York 1975.
Czempiel, Ernst-Otto, Der Primat der auswärtigen Politik. Kritische Würdigung einer Staatsmaxime, in: Politische Vierteljahresschrift 4 (1963), 266–287.
Daase, Christopher u. a. (Hg.), Der überforderte Staat. Zum Wandel der Sicherheitskultur, Frankfurt 2013.
Dahrendorf, Ralf, Gesellschaft und Demokratie in Deutschland, München 1965.

Daunton, Martin, Trusting Leviathan. The Politics of Taxation in Britain, 1799–1914, Cambridge 2001.
Demandt, Alexander, Antike Staatsformen. Eine vergleichende Verfassungsgeschichte der Alten Welt, Berlin 1995.
Demel, Walter, Reich, Reformen und sozialer Wandel 1763–1806, Stuttgart 2005.
Dendorfer, Jürgen, Was war das Lehenswesen? Zur politischen Bedeutung der Lehensbindung im Mittelalter, in: Schlotheuber, Eva/Schuh, Maximilian (Hg.), Denkweisen und Lebenswelten des Mittelalters, München 2004, 43–64.
Desrosières, Alain, Die Politik der großen Zahlen. Eine Geschichte der statistischen Denkweise, Berlin 2005.
Dipper, Christof, Moderne, Version: 2.0, in: Docupedia-Zeitgeschichte, http://docupedia.de/zg/Dipper_moderne_v2_de_2018, letzter Zugriff: 10.01.2022.
Dittrich, Lisa, Europäischer Antiklerikalismus. Eine Suche zwischen Säkularisierung und Religionsreform, in: Geschichte und Gesellschaft 45 (2019), 5–36.
Dreier, Horst, Staat ohne Gott. Religion in der säkularen Moderne, München 2018.
Duchhardt, Heinz, Absolutismus – Abschied von einem Epochenbegriff?, in: Historische Zeitschrift 258 (1994), 113–122.
Duchhardt, Heinz „Westphalian System“. Zur Problematik einer Denkfigur, in: Historische Zeitschrift 269 (1999), 305–315.
Duchhardt, Heinz, Barock und Aufklärung, München 2007.
Dülffer, Jost u. a., Vermiedene Kriege. Deeskalation von Konflikten der Großmächte zwischen Krimkrieg und Erstem Weltkrieg 1856–1914, München 1997.
Dyson, Kenneth H. F., The State Tradition in Western Europe. A Study of an Idea and Institution, Oxford 1980.
Ellwein, Thomas/Hesse, Joachim Jens, Der überforderte Staat, Baden-Baden 1994.
Ertman, Thomas, Birth of the Leviathan. Building States and Regimes in Medieval and Early Modern Europa, Cambridge U. P. 1997.
Esping-Andersen, Gøsta, The Three Worlds of Welfare Capitalism, New York 1990.
Evans, Peter B. u. a. (Hg.), Bringing the State Back In, Cambridge U. P. 1985.
Fahrmeir, Andreas, Citizenship. The Rise and Fall of a Modern Concept, New Haven 2007.
Felix, Joël, The Financial Origins of the French Revolution, in: Campbell, Peter Robert (Hg.), The Origins of the French Revolution, Basingstoke 2006, 35–62.
Fenske, Hans u. a., Geschichte der politischen Ideen. Von Homer bis zur Gegenwart, Frankfurt 2008[3].
Feuchter, Jörg/Helmrath, Johannes (Hg.), Parlamentarische Kulturen vom Mittelalter bis in die Moderne. Reden – Räume – Bilder, Düsseldorf 2013.
Flüchter, Antje/Richter, Susan (Hg.), Structures on the Move. Technologies of Governance in Transcultural Encounters, Berlin 2012.
Foucault, Michel, Geschichte der Gouvernementalität, 2 Bde., Frankfurt 2004.
Fraenkel, Ernst, Der Doppelstaat. Recht und Justiz im „Dritten Reich“ (1940), Frankfurt 1974.
Frie, Ewald/Planert, Ute (Hg.), Revolution, Krieg und die Geburt von Staat und Nation, Tübingen 2016.
Friedeburg, Robert von, Luthers Vermächtnis. Der Dreißigjährige Krieg und das moderne Verständnis vom ‚Staat‘ im Alten Reich, 1530er bis 1790er Jahre, Frankfurt 2021.
Funk, Albrecht, Polizei und Rechtsstaat. Die Entwicklung des staatlichen Gewaltmonopols in Preußen 1848–1918, Frankfurt 1986.
Gammerl, Benno, Staatsbürger, Untertanen und Andere. Der Umgang mit ethnischer Heterogenität im Britischen Weltreich und im Habsburgerreich, Göttingen 2010.

Gawantka, Wilfried, Die sogenannte Polis. Entstehung, Geschichte und Kritik der modernen althistorischen Grundbegriffe. Der griechische Staat, die griechische Staatsidee, die Polis, Stuttgart 1985.

Geyer, Dietrich, Das russische Imperium. Von den Romanows bis zum Ende der Sowjetunion. Hg. von Baberowski, Jörg/Lindner, Rainer, Berlin 2020.

Geyer, Michael, Ein Vorbote des Wohlfahrtsstaates. Die Kriegsopferversorgung in Frankreich, Deutschland und Großbritannien nach dem Ersten Weltkrieg, in: Geschichte und Gesellschaft 9 (1983), 230–277.

Gironda, Vito Francesco, Die Politik der Staatsbürgerschaft. Italien und Deutschland im Vergleich 1800–1914, Göttingen 2010.

Göhler, Gerhard (Hg.), Weiche Steuerung. Studien zur Steuerung durch diskursive Praktiken, Argumente und Symbole, Baden-Baden 2009.

Götz, Norbert, Ungleiche Geschwister. Die Konstruktion von nationalsozialistischer Volksgemeinschaft und schwedischem Volksheim, Baden-Baden 2001.

Gosewinkel, Dieter, Staatsbürgerschaft und Staatsangehörigkeit, in: Geschichte und Gesellschaft 21 (1995), 533–556.

Gosewinkel, Dieter, Einbürgern und Ausschließen. Die Nationalisierung der Staatsangehörigkeit vom Deutschen Bund bis zur Bundesrepublik Deutschland, Göttingen 2003[2].

Gosewinkel, Dieter, Schutz und Freiheit? Staatsbürgerschaft in Europa im 20. und 21. Jahrhundert, Berlin 2016.

Gotthard, Axel, Das Alte Reich 1495–1806, Darmstadt 2005[2].

Grimm, Dieter, Das staatliche Gewaltmonopol, in: Heitmeyer, Wilhelm/Hagan, John (Hg.), Internationales Handbuch der Gewaltforschung, Wiesbaden 2002, 1297–1313.

Haas, Stefan, Die Kultur der Verwaltung. Die Umsetzung der preußischen Reformen 1800–1848, Frankfurt 2005.

Hall, Peter A., Governing the Economy. The Politics of State Intervention in Britain and France, New York 1986.

Hall, Peter A. (Hg.), The Political Power of Economic Ideas. Keynesianism across Nations, Princeton 1989.

Hamilton, Alexander/Madison, James/Jay, John, Die Federalist Papers. Vollständige Ausgabe, hg. und übersetzt von Barbara Zehnpfennig, München 2007.

Handbuch der europäischen Verfassungsgeschichte im 19. Jahrhundert, Bd. 1: Um 1800, hg. v. Brandt, Peter u. a., Bonn 2006; Bd. 2: 1815–1847, hg. v. Daum, Werner u. a., Bonn 2012; Bd. 3: 1848–1870, hg. v. Daum, Werner u. a., Bonn 2020.

Hansen, Mogens Herman, Die Athenische Demokratie im Zeitalter des Demosthenes. Struktur, Prinzipien und Selbstverständnis, Berlin 1995.

Hansmann, Marc, Wege in den Schuldenstaat. Die strukturellen Probleme der deutschen Finanzpolitik als Resultat historischer Entwicklungen, in: Vierteljahrshefte für Zeitgeschichte 55 (2007), 425–461.

Hartmann, Heinrich, Der Volkskörper bei der Musterung. Militärstatistik und Demographie in Europa vor dem Ersten Weltkrieg, Göttingen 2011.

Hartmann, Peter Claus, Die Steuersysteme in England und Frankreich am Vorabend der Französischen Revolution. Ein Strukturvergleich, in: Hinrichs, Ernst u. a. (Hg.), Vom Ancien Régime zur Französischen Revolution. Forschungen und Perspektiven, Göttingen 1978, 43–65.

Hellmuth, Eckhardt, Der Staat des 18. Jahrhunderts. England und Preußen im Vergleich, in: Aufklärung 9, 1 (1996), 5–24.

Hennis, Wilhelm u. a. (Hg.), Regierbarkeit. Studien zu ihrer Problematisierung, Stuttgart 1977.

Henshall, Nicholas, The Myth of Absolutism. Change and Continuity in Early Modern European Monarchy, London 1992.

Hildermeier, Manfred, Geschichte der Sowjetunion. Entstehung und Niedergang des ersten sozialistischen Staates, München 1998.

Hilz, Markus, Governance in der Kritik, in: Möltgen-Sicking, Katrin/Winter, Thorben (Hg.), Governance. Eine Einführung in Grundlagen und Politikfelder, Wiesbaden 2019, 269–296.

Hinrichs, Ernst, Fürsten und Mächte. Zum Problem des europäischen Absolutismus, Göttingen 2000.

Hintze, Otto, Staat und Verfassung. Gesammelte Abhandlungen zur allgemeinen Verfassungsgeschichte, hg. v. Gerhard Oestreich, Göttingen 1970.

Hobbes, Thomas, Leviathan. Erster und zweiter Teil, Stuttgart 1970.

Hobsbawm, Eric J., Nationen und Nationalismus. Mythos und Realität seit 1780, Frankfurt 1991.

Hochgeschwender, Michael, Die Amerikanische Revolution. Geburt einer Nation: 1763–1815, München 2016.

Iseli, Andrea, Gute Policey. Öffentliche Ordnung in der Frühen Neuzeit, Stuttgart 2009.

Jansen, Christian/Borggräfe, Henning, Nation, Nationalität, Nationalismus, Frankfurt 2007.

Jarausch, Konrad, Fürsorgediktatur, in: Docupedia-Zeitgeschichte, https://docupedia.de/zg/F%C3%BCrsorgediktatur#cite_ref-3, letzter Zugriff: 10.01.2022.

Jellinek, Georg, Allgemeine Staatslehre (1900), Darmstadt 1959[6].

Jessen, Ralph, Polizei im Industrierevier. Modernisierung und Herrschaftspraxis im westfälischen Ruhrgebiet 1848–1914, Göttingen 1991.

Judson, Pieter M., Habsburg. Geschichte eines Imperiums, München 2017.

Judt, Tony, Die Geschichte Europas nach dem Zweiten Weltkrieg, Bonn 2006.

Jureit, Ulrike/Tietze, Nikola (Hg.), Postsouveräne Territorialität. Die Europäische Union und ihr Raum, Hamburg 2015.

Kaelble, Hartmut, Sozialgeschichte Europas. 1945 bis zur Gegenwart, München 2007.

Kaelble, Hartmut, Der verkannte Bürger. Eine andere Geschichte der europäischen Integration seit 1950, Frankfurt 2019.

Kaelble, Hartmut, Die Gesellschaften der Europäischen Union. Zusammenwachsen und Auseinanderfallen, 1957–2017 (2017), in: ders., Eine europäische Gesellschaft? Beiträge zur Sozialgeschichte Europas vom 19. bis ins 21. Jahrhundert, Göttingen 2020, 185–200.

Kappeler, Andreas, Russland als Vielvölkerreich. Entstehung – Geschichte – Zerfall, München 2008[2].

Kaufmann, Franz-Xaver, Varianten des Wohlfahrtsstaats. Der deutsche Sozialstaat im internationalen Vergleich, Frankfurt 2001.

Kirsch, Martin, Monarch und Parlament im 19. Jahrhundert. Der monarchische Konstitutionalismus als europäischer Verfassungstyp – Frankreich im Vergleich, Göttingen 1999.

Knöbl, Wolfgang, Polizei und Herrschaft im Modernisierungsprozeß. Staatsbildung und innere Sicherheit in Preußen, England und Amerika 1700–1914, Frankfurt 1998.

Koselleck, Reinhart, Kritik und Krise. Zur Pathologie der bürgerlichen Gesellschaft (1959), Frankfurt 2018[14].

Koselleck, Reinhart, Preußen zwischen Reform und Revolution. Allgemeines Landrecht, Verwaltung und soziale Bewegung von 1791 bis 1848, Stuttgart 1967.

Kreiser, Klaus, Der osmanische Staat 1300–1922, München 2008[2].

Kroll, Frank-Lothar, Zwischen Autokratie und Konstitutionalismus. Herrschaftsbegründung und Herrschaftsausübung im späten Zarenreich, in: Hasselhorn, Benjamin/Knorring, Marc (Hg.), Vom Olymp zum Boulevard. Die europäischen Monarchien von 1815 bis heute – Verlierer der Geschichte?, Berlin 2018, 101–124.

Krüger, Peter, Die Ansätze zu einer europäischen Wirtschaftsgemeinschaft in Deutschland nach dem Ersten Weltkrieg, in: Berding, Helmut (Hg.), Wirtschaftliche und politische Integration in Europa im 19. und 20. Jahrhundert, Göttingen 1984, 149–168.

Kühne, Thomas, Dreiklassenwahlrecht und Wahlkultur in Preußen 1867–1914, Düsseldorf 1994.

Langewiesche, Dieter, Nationalismus im 19. und 20. Jahrhundert. Zwischen Partizipation und Aggression, in: ders., Nation, Nationalismus, Nationalstaat in Deutschland und Europa, München 2000, 35–54.

Langewiesche, Dieter, Der gewaltsame Lehrer. Europas Kriege in der Moderne, München 2019.

Lappenküper, Ulrich/Thiemeyer, Guido (Hg.), Europäische Einigung im 19. und 20. Jahrhundert, Paderborn 2013.

Lenin, Wladimir Iljitsch, Staat und Revolution. Die Lehre des Marxismus vom Staat und die Aufgaben des Proletariats in der Revolution (1917), in: ders., Marxismus und Staat, Staat und Revolution. Kritische Neuausgabe, hg. v. Wladislaw Hedeler u. a., Berlin 2019, 155–280.

Leonhard, Jörn, Die Büchse der Pandora. Geschichte des Ersten Weltkriegs, München 2014.

Leonhard, Jörn, Der überforderte Frieden. Versailles und die Welt 1918–1923, München 2018.

Leonhard, Jörn/von Hirschhausen, Ulrike, Empires und Nationalstaaten im 19. Jahrhundert, Göttingen 2009.

Leppin, Hartmut, Das Erbe der Antike, München 2010.

Levitan, Kathrin, A Cultural History of the British Census. Envisioning the Multitude in the Nineteenth Century, New York 2011.

Locke, John, Zwei Abhandlungen über die Regierung, hg.v. Walther Euchner, Berlin 2020[16].

Lüdtke, Alf (Hg.), „Sicherheit" und „Wohlfahrt". Polizei, Gesellschaft und Herrschaft im 19. und 20. Jahrhundert, Frankfurt 1992.

Lundgreen, Christoph (Hg.), Staatlichkeit in Rom? Diskurse und Praxis (in) der römischen Republik, Stuttgart 2014.

Mager, Wolfgang, Republik, Gemeinwohl, in: Brunner, Otto u. a. (Hg.), Geschichtliche Grundbegriffe. Historisches Lexikon zur politisch-sozialen Sprache in Deutschland, Bd. 5, Stuttgart 1984, 549–651.

Mai, Gunther, Europa 1918–1939. Mentalitäten, Lebensweisen, Politik zwischen den Weltkriegen, Stuttgart 2001.

Maier, Charles S., Consigning the Twentieth Century to History. Alternative Narratives for the Modern Era, in: American Historical Review 105 (2000), 807–831.

Maier, Charles S., Leviathan 2.0. Die Erfindung moderner Staatlichkeit, in: Rosenberg, Emily S./Iriye, Akira/Osterhammel, Jürgen (Hg.) Geschichte der Welt. 1870–1945: Weltmärkte und Weltkriege, München 2012, 33–286.

Maier, Charles S., Once within Borders. Territories of Power, Wealth, and Belonging since 1500, Cambridge MA 2016.

Malia, Martin, History's Locomotives. Revolutions and the Making of the Modern World, New Haven 2006.

Marshall, Thomas H., Staatsbürgerrechte und soziale Klassen (1949), in: ders., Bürgerrechte und soziale Klassen, Frankfurt 1992, 3–94.

Mazower, Mark, Der dunkle Kontinent. Europa im 20. Jahrhundert, Berlin 2000.

Mazower, Mark, Hitlers Imperium. Europa unter der Herrschaft des Nationalsozialismus, München 2008.

Meier, Christian u. a., Demokratie, in: Brunner, Otto u. a. (Hg.), Geschichtliche Grundbegriffe. Historisches Lexikon zur politisch-sozialen Sprache in Deutschland, Bd. 1, Stuttgart 1972, 821–899.

Meier, Mischa, Geschichte der Völkerwanderung. Europa, Asien und Afrika vom 3. bis zum 8. Jahrhundert n. Chr., München 2020.

Mergel, Thomas, Großbritannien nach 1945, Göttingen 2005.

Mergel, Thomas, Parlamentarische Kultur in der Weimarer Republik. Politische Kommunikation, symbolische Politik und Öffentlichkeit im Reichstag, Düsseldorf 2012[3].

Metzler, Gabriele, Am Ende aller Krisen? Politisches Denken und Handeln in der Bundesrepublik der sechziger Jahre; in: Historische Zeitschrift 275 (2002), 57–103.

Metzler, Gabriele, Staatsversagen und Unregierbarkeit in den siebziger Jahren?, in: Jarausch, Konrad H. (Hg.), Das Ende der Zuversicht? Die siebziger Jahre als Geschichte, Göttingen 2008, 243–260.

Metzler, Gabriele, Der Staat der Historiker. Staatsvorstellungen deutscher Historiker seit 1945, Frankfurt 2018.

Montesquieu, Charles-Louis de Secondat, Baron de la Brède e de M., Vom Geist der Gesetze. Auswahl, Übersetzung und Einleitung von Kurt Weigand, Stuttgart 2011.

Moraw, Peter, Von offener Verfassung zu gestalteter Verdichtung. Das Reich im späten Mittelalter, 1250–1490, Frankfurt 1989.

Müller, Jan-Werner, Contesting Democracy. Political Ideas in Twentieth-Century Europa, New Haven 2011.

Münkler, Herfried, Im Namen des Staates. Die Begründung der Staatsraison in der Frühen Neuzeit, Frankfurt 1987.

Münkler, Herfried, Imperien. Die Logik der Weltherrschaft vom Alten Rom bis zu den Vereinigten Staaten, Berlin 2005.

Nolte, Ernst, Diktatur, in: Brunner, Otto u. a. (Hg.), Geschichtliche Grundbegriffe. Historisches Lexikon zur politisch-sozialen Sprache in Deutschland, Bd. 1, Stuttgart 1972, 900–924.

Nolte, Paul, Was ist Demokratie? Geschichte und Gegenwart, München 2012.

Oestreich, Gerhard, Strukturprobleme des europäischen Absolutismus, in: Vierteljahrschrift für Sozial- und Wirtschaftsgeschichte 55 (1968), 329–347.

Offe, Claus, Politische Herrschaft und Klassenstrukturen. Zur Analyse spätkapitalistischer Gesellschaftssysteme, in: Kress, Gisela/Senghaas, Dieter (Hg.) Politikwissenschaft. Eine Einführung in ihre Probleme, Frankfurt am Main 1969, 155–189.

Osterhammel, Jürgen, Kolonialismus. Geschichte, Formen, Folgen, München 1995.

Osterhammel, Jürgen, Die Verwandlung der Welt. Eine Geschichte des 19. Jahrhunderts, München 2009.

The Oxford Handbook of the Welfare State, hg. v. Francis G. Castles, Oxford 2010.

Parker, Geoffrey, The Military Revolution. Military Innovation and the Rise of the West, 1500–1800, Cambridge 1988.

Parlamentarismus in Deutschland von 1815 bis zur Gegenwart. Historische Perspektiven auf die repräsentative Demokratie, hg. v. Biefang, Andreas u. a., Düsseldorf 2022.

Patel, Kiran Klaus, Das Projekt Europa. Eine kritische Geschichte, München 2018.

Paulmann, Johannes, Diplomatie, in: Dülffer, Jost/Loth, Winfried (Hg.), Dimensionen internationaler Geschichte, München 2012, 47–64.

Paulmann, Johannes, Globale Vorherrschaft und Fortschrittsglaube. Europa 1850–1914, München 2019.

Plaggenborg, Stefan, Die Organisation des Sowjetstaates, in: Handbuch der Geschichte Russlands, Bd. 3, hg. v. Gottfried Schramm, Stuttgart 1992, 1413–1525.

Plaggenborg, Stefan, Staatlichkeit als Gewaltroutine. Sowjetische Geschichte und das Problem des Ausnahmezustands, in: Lüdtke, Alf (Hg.), Staats-Gewalt. Ausnahmezustand und Sicherheitsregimes, 2008, 117–144.

Pohl, Walter, Personenverbandstaat, in: Reallexikon der Germanischen Altertumskunde, Bd. 22, Berlin 2003[2], 614–618.

Pohl, Walter/Wieser, Veronika (Hg.), Der frühmittelalterliche Staat. Europäische Perspektiven, Wien 2009.

Polenz, Rupert, Failing States – Verlust von Staatlichkeit, in: Hoeres, Peter u. a. (Hg.), Herrschaftsverlust und Machtverfall, München 2013, 301–311.

Raphael, Lutz, Recht und Ordnung. Herrschaft durch Verwaltung im 19. Jahrhundert, Frankfurt 2000.

Reichardt, Sven/Seibel, Wolfgang (Hg.), Der prekäre Staat. Herrschen und Verwalten im Nationalsozialismus, Frankfurt 2011.

Reinalter, Helmut/Klueting, Harm (Hg.), Der aufgeklärte Absolutismus im europäischen Vergleich, Wien 2002.

Reinhard, Wolfgang, Das Wachstum der Staatsgewalt. Historische Reflexionen, in: Der Staat 31 (1992), 59–75.

Reinhard, Wolfgang (Hg.), Verstaatlichung der Welt? Europäische Staatsmodelle und außereuropäische Machtprozesse, München 1999.

Reinhard, Wolfgang, Geschichte der Staatsgewalt. Eine vergleichende Verfassungsgeschichte Europas von den Anfängen bis zur Gegenwart, München 2000[2].

Reinhard, Wolfgang, Geschichte des modernen Staates: Von den Anfängen bis zur Gegenwart, München 2007.

Reinhard, Wolfgang (Hg.), 1350–1750. Weltreiche und Weltmeere, München 2014 (Geschichte der Welt, hg. v. Akira Iriye u. Jürgen Osterhammel).

Reinhard, Wolfgang, Die Unterwerfung der Welt. Globalgeschichte der europäischen Expansionen 1415–2015, München 2016.

Reinkowski, Maurus, Die Dinge der Ordnung. Eine vergleichende Untersuchung über die osmanische Reformpolitik im 19. Jahrhundert, München 2005.

Richter, Hedwig/Wolff, Kerstin (Hg.), Frauenwahlrecht. Demokratisierung der Demokratie in Deutschland und Europa, Hamburg 2018.

Rinke, Stefan, Revolution in Lateinamerika. Wege in die Unabhängigkeit, München 2010.

Risse, Thomas u. a. (Hg.), Regieren ohne Staat? Governance in Räumen begrenzter Staatlichkeit, Baden-Baden 2007.

Ritter, Gerhard A., Das britische Parlament im 18. Jahrhundert, in: ders., Parlament und Demokratie in Großbritannien, Göttingen 1972, 69–121.

Roberts, Michael, The Military Revolution 1560–1660, Belfast 1956.

Roeck, Bernd, Der Morgen der Welt. Geschichte der Renaissance, München 2017.

Rogers, Clifford J. (Hg.), The Military Revolution Debate. Readings on the Military Transformation of Early Modern Europe, Boulder 1995.

Rousseau, Jean-Jacques, Vom Gesellschaftsvertrag oder Grundsätze des Staatsrechts. In Zusammenarbeit mit Eva Pietzger übersetzt und herausgegeben von Hans Brockard, Stuttgart 2020.

Rutz, Andreas, Die Beschreibung des Raums. Territoriale Grenzziehungen im Heiligen Römischen Reich, Köln 2018.

Schaefer, Karl Christian, Merkantilistische Wirtschaftspolitik, in: Tilly, Richard H. (Hg.), Geschichte der Wirtschaftspolitik. Vom Merkantilismus zur sozialen Marktwirtschaft, München 1993, 8–33.

Schieder, Theodor, Wandlungen des Staats in der Neuzeit, in: Historische Zeitschrift 216 (1973), 265–303.

Schieder, Theodor, Typologie und Erscheinungsformen des Nationalstaats (1966), in: ders., Nationalismus und Nationalstaat, hg. v. Dann, Otto/Wehler, Hans-Ulrich, Göttingen 1992, 65–86.

Schivelbusch, Wolfgang, Entfernte Verwandtschaft. Faschismus, Nationalsozialismus, New Deal 1933–1939, Frankfurt 2005.

Schlichte, Klaus, Der Staat in der Weltgesellschaft. Politische Herrschaft in Asien, Afrika und Lateinamerika, Frankfurt 2005.

Schmidt, Georg, Der Dreißigjährige Krieg, München 2018[9].

Schmitt, Carl, Die geistesgeschichtliche Lage des heutigen Parlamentarismus (1923), Berlin 1991.

Schmitt, Carl, Politische Theologie. Vier Kapitel zur Lehre von der Souveränität (1922), Berlin 1993.

Schmitt, Carl, Der Begriff des Politischen. Text von 1932 mit drei Corollarien, Berlin 2015.

Schroeder, Friedrich-Christian, Wandlungen der sowjetischen Staatstheorie, München 1979.

Schröder, Hans-Christoph, Die Revolutionen Englands im 17. Jahrhundert, Frankfurt 1986.

Schulz, Andreas/Wirsching, Andreas (Hg.), Parlamentarische Kulturen in Europa. Das Parlament als Kommunikationsraum, Düsseldorf 2012.

Schulze, Winfried, Gerhard Oestreichs Begriff der „Sozialdisziplinierung" in der Frühen Neuzeit, in: Zeitschrift für Historische Forschung 14 (1987), 265–302.

Schuppert, Gunnar Folke/Zürn, Michael (Hg.), Governance in einer sich wandelnden Welt, Wiesbaden 2008.

Schuppert, Gunnar Folke (Hg.), Von Staat zu Staatlichkeit. Beiträge zu einer multidisziplinären Staatlichkeitswissenschaft, Baden-Baden 2019.

Siemann, Wolfram, Deutschlands Ruhe, Sicherheit und Ordnung. Die Anfänge der politischen Polizei 1806–1866, Tübingen 1985.

Siemann, Wolfram, Der Schutz von „Staat" und „Verfassung" im 18. Jahrhundert, in: Aufklärung 7/2 (1994), 5–27.

Skalweit, Stephan, Der ‚moderne Staat'. Ein historischer Begriff und seine Problematik, Opladen 1975.

Skidelsky, Robert, Die Rückkehr des Meisters. Keynes für das 21. Jahrhundert, München 2010.

Skinner, Quentin, A Genealogy of the Modern State, in: Proceedings of the British Academy 162 (2009), 325–370.

Spieß, Karl-Heinz, Das Lehnswesen in Deutschland im hohen und späten Mittelalter, Idstein 2002.

Stead, Philip John, The Police of France, London 1983.

Steinmetz, Willibald, Europa im 19. Jahrhundert, Frankfurt 2019.

Sternberger, Dolf/Vogel, Bernhard (Hg.), Die Wahl der Parlamente und anderer Staatsorgane. Ein Handbuch, 2 Bde., Berlin 1969.

Stichweh, Rudolf, Der frühneuzeitliche Staat und die Universität. Zur Interaktion von Politik und Bildungssystem im Prozess ihrer Ausdifferenzierung (16.–18. Jh.), Frankfurt 1991.

Stollberg-Rilinger, Barbara, Der Staat als Maschine. Zur politischen Metaphorik des absoluten Fürstenstaates, Berlin 1986.

Stollberg-Rilinger, Barbara, Das Heilige Römische Reich Deutscher Nation. Vom Ende des Mittelalters bis 1806, München 2006.

Strelitz-Risse, Anna-Lena, Das Zensuswahlrecht. Erscheinungsformen, Begründung und Überwindung am Beispiel Frankreichs und Deutschlands, Berlin 2018.

Ther, Philipp, Die neue Ordnung auf dem alten Kontinent. Eine Geschichte des neoliberalen Europa. Berlin 2014.

Ther, Philipp, Neoliberalismus, in: Docupedia-Zeitgeschichte, 2016. https://docupedia.de/zg/Ther_neoliberalismus_v1_de_2016, letzter Zugriff: 14.10.2021.

Tilly, Charles (Hg.), The Formation of National States in Western Europe, Princeton NJ 1975.

Tilly, Charles, Coercion, Capital, and European States, Cambridge MA 1992.

Tilly, Charles, Die europäischen Revolutionen 1492–1992, München 1993.

Tilly, Charles/Blockmans, Wim (Hg.), Cities and the Rise of States in Europe, A. D. 1000 to 1800, Boulder 1994.
Tocqueville, Alexis de, Über die Demokratie in Amerika (1835/1840), Leipzig 2021.
Tooze, Adam, Statistics and the German State. The Making of Modern Economic Knowledge, Cambridge 2001.
Torpey, John, The Invention of the Passport. Surveillance, Citizenship, and the State, Cambridge 2000.
Trotha, Trutz von, Die Zukunft liegt in Afrika. Vom Zerfall des Staates, von der Vorherrschaft der konzentrischen Ordnung und vom Aufstieg der Parastaatlichkeit, in: Leviathan 28 (2000), 253–279.
Ullmann, Hans-Peter, Der deutsche Steuerstaat. Geschichte der öffentlichen Finanzen, München 2005.
Ullmann, Hans-Peter, Der Bürger als Steuerzahler im Kaiserreich, in: ders., Staat und Schulden. Öffentliche Finanzen in Deutschland seit dem 18. Jahrhundert, hg. v. Berghoff, Hartmut/van Rahden, Till, Göttingen 2009, 211–224.
Vec, Miloš, Interventionsstaat, in: Handwörterbuch der deutschen Rechtsgeschichte, Bd. 2, hg. von Cordes, Albrecht u. a., Berlin 2011[2], 1279–1283.
Vogel, Ursula, Is Citizenship Gender-Specific?, in: Vogel, Ursula/Moran, Michael (Hg.), The Frontiers of Citizenship, Basingstoke 1991, 58–85.
Voigt, Rüdiger (Hg.), Handbuch Staat, Wiesbaden 2018.
Walter, Uwe, Der Begriff des Staates in der griechischen und römischen Geschichte, in: Hanos, Theodora/Lehmann, Gustav Adolf (Hg.), Althistorisches Kolloquium aus Anlaß des 70. Geburtstages von Jochen Bleicken, Stuttgart 1998, 9–27.
Watts, John, The Making of Polities. Europe 1300–1500, Cambridge 2009.
Webber, Carolyn/Wildavsky, Aaron, A History of Taxation and Expenditure in the Western World, New York 1986.
Weber, Eugen, Peasants into Frenchmen. The Modernization of Rural France, 1870–1914, Stanford 1976.
Weber, Max, Wirtschaft und Gesellschaft. Grundriß der verstehenden Soziologie (1922), Tübingen 1985[5].
Weber, Max, Politik als Beruf, in: ders., Gesammelte Politische Schriften, hg. v. Winckelmann, Johannes (1921), Tübingen 1988[5], 505–560.
Weichlein, Siegfried, Nation und Region. Integrationsprozesse im Bismarckreich, Düsseldorf 2004.
Wesel, Uwe, Geschichte des Rechts in Europa. Von den Griechen bis zum Vertrag von Lissabon, München 2010.
Wienfort, Monika, Ländliche Rechtsverfassung und bürgerliche Gesellschaft. Patrimonialgerichtsbarkeit in den deutschen Staaten 1800–1855, in: Der Staat 33 (1994), 207–239.
Wirsching, Andreas, ‚Neoliberalismus' als wirtschaftspolitisches Ordnungsmodell? Die Bundesrepublik Deutschland in den 1980er Jahren, in: Plumpe, Werner/Scholtyseck, Joachim (Hg.), Der Staat und die Ordnung der Wirtschaft, Stuttgart 2012, 139–150.
Wirsching, Andreas, Abschied vom Provisorium. Geschichte der Bundesrepublik Deutschland 1982–1990, München 2006.
Zimmer, Matthias, Moderne, Staat und internationale Politik, Wiesbaden 2008.